图书在版编目（CIP）数据

平和年鉴. 2024 /中共平和县委党史和地方志研究室编. -- 北京 : 方志出版社, 2024.10.-- ISBN 978-7-5144-6455-9

Ⅰ.Z525.74

中国国家版本馆CIP数据核字第2024L85U80号

责任编辑：王娜
责任校对：张玉霞
责任印制：梅中英
出 版 者：方志出版社
地　　址：北京市朝阳区潘家园东里 9 号（国家方志馆4层）
邮　　编：100021
网　　址：http://www.zgfzcb.cn
发　　行：方志出版社图书营销中心（010-67110500）
印　　刷：福州报业鸿升印刷有限责任公司
开　　本：889毫米×1194毫米　1/16
印　　张：21
字　　数：574千字
版　　次：2024年10月第1版
印　　次：2024年10月第1次印刷
定　　价：280.00元

《平和年鉴（2024）》编纂委员会

《平和年鉴（2024）》编辑部

编辑说明

一、《平和年鉴》是由中共平和县委、平和县人民政府主办，中共平和县委党史和地方志研究室负责编纂的地方综合年鉴。2014 年首次出版，2024 年卷为第 11 卷。

二、《平和年鉴》以马克思列宁主义、毛泽东思想、邓小平理论、“三个代表”重要思想、科学发展观、习近平新时代中国特色社会主义思想为指导，坚持辩证唯物主义和历史唯物主义的立场、观点和方法，客观记载平和县各年度自然、政治、经济、文化、社会和生态等方面的发展情况。

三、《平和年鉴（2024）》记述时间为 2023 年 1 月 1 日至 12 月 31 日，个别事项的记述时间适当上溯或下延。采用分类编辑法，主体内容分为类目、分目、条目 3 个层次，以条目为记述的基本层次，少数包含多方面资料的条目在文内用楷体标题标明各段资料的主题。全书设专文、大事记、县情概貌、中共平和县委员会、平和县人民代表大会、平和县人民政府、政协平和县委员会、纪检监察、群众团体、法治、军事、外事 侨务 台港澳事务、经济管理、农业 农村、柚茶产业、工业、商贸流通、金融业、交通、邮政 通信、城乡建设、生态环境保护、教育 科技、文化、体育 旅游、卫生健康、社会生活、应急管理、乡镇、荣誉、附录。卷首设置彩页专辑以突显平和的年度特色和地方特色。条目文体以记述体为主，兼具说明体。

四、《平和年鉴（2024）》中“党”或“党的”特指中国共产党，其他党派名称用全称或规范简称。各单位名称根据有关文件规定使用规范化简称。

五、《平和年鉴（2024）》数字用法、标点符号用法分别采用国家标准《出版物上数字用法》（GB/T 15835—2011）、《标点符号用法》（GB/T 15834—2011）。计量单位采用国家技术监督局 1993 年 12 月发布的《量和单位》系列国家标准，考虑到社会使用习惯，全书中“亩”不作统一换算。

六、《平和年鉴（2024）》所采用的资料主要来自全县机关、群众团体、企事业单位，部分内容由编辑人员采编于公开出版的报纸杂志。采用的数据以县统计局提供为准，不属于县统计局统计范围的数据，以各供稿单位提供的数据为准，部分数据因四舍五入等原因，总数与分项之间存在合理范围内误差。

七、为方便查阅，《平和年鉴（2024）》前有目录，后有索引。索引按主题词音序排列。

平和县地图

比例尺1:350 000

编制单位：福建省地图出版社　审图号：漳S〔2024〕011号　资料截至：2023年12月

平和名片

国家生态县

国家农产品质量安全县

中国特色农产品优势区

全国重点产茶县

全国绿化先进集体

全国农业现代化示范区创建名单

国家电子商务进农村综合示范县

全国“互联网 + 农产品”出村进城试点县

第三批全国农村创业创新典型县

全国创建无邪教示范县

全国电商示范百佳县

全国茶业百强县

福建省全域生态旅游示范县

福建省级第五轮第一批平安县

福建省级园林县城

福建省闽台乡建乡创合作样板县

中国民间文化艺术（龙艺）之乡

数知平和 2023

全境面积	2309.54 平方千米	固定资产投资（不含农户）	92.77 亿元
全县林地面积	117809.39 公顷	一般公共预算总收入完成	12.92 亿元
全县海拔 1000 米以上的山	64 座	地方一般公共预算收入完成	9.17 亿元
地区生产总值	318.18 亿元	社会消费品零售额	120.48 亿元
农林牧渔业总产值	119.86 亿元	城镇居民人均可支配收入	41544 元
规模以上工业总产值	188.95 亿元	农村居民人均可支配收入	26955 元

平和县城全景图　（卢达鹏 摄）

产业发展项目建设提升年

2023 年，平和县开展“产业发展项目建设提升年”活动，实施“七比一看”竞赛。建强项目前期办，举行集中签约、开竣工活动，持续推进西三线闽粤支干线、东坑储备粮库扩建、科技产业园等重点项目，固定资产投资完成 92.77 亿元，比上年增长 9.1%。官峰水库被列入国家“十四五”中型水库规划，主体工程开工建设。梨仔坑应急水源工程成功试通水；持续推进城乡供水一体化工程，供水保障有效落实。全年固定资产投资项目入库 147 个，投资额 135.49 亿元。新增新上规模工业企业 45 家。

2023年1月29日，平和县“产业发展项目建设提升年”动员大会召开　（县融媒体中心 供图）

2023年，平和县推进省级重点项目——平和县科技产业园建设。图为位于山格镇的科技产业园
（林泽霖 2023年12月17日 摄）

2023年4月11日，漳州福熠食品产业园项目施工现场 （王志晖 摄）

2023年6月19日，平和县九峰镇污水处理厂及配套管网工程（二期）施工现场（九峰镇 供图）

2023年9月12日，平和县馨荣茶叶生产基地项目建设基本完工。图为馨荣茶叶生产基地

（九峰镇 供图）

2023年10月9日，平和县举行2023年第四季度重点项目集中开竣工活动，参加漳州市2023年第四季度重点项目集中开竣工活动项目共有11个，总投资53.5亿元。图为梨仔坑应急水源工程试通水现场

（县融媒体中心 供图）

乡村振兴

2023 年，平和县继续推进特色产业发展、农村人居环境整治提升、乡村生态环境保护、乡村民生改善等，实施“十镇百村”试点示范工程项目 77 个，建设省级“一村一品”示范村 6 个，改造危桥 6 座，新建、改造农村公路 55 千米、乡镇污水配套管网 12.2 千米。编制村庄规划 38 个，驻村第一书记、乡贤促进会实现全县各村全覆盖。实施文峰高速至三平、九峰互通至镇区路面等改造，安厚农场至安厚互通连接线工程建成通车，3 个安全生态水系建成投用。南胜镇欧寮村成为省级闽台乡建乡创合作样板村。

2023年，平和县南胜镇欧寮村被列为省级闽台“乡建乡创”合作样板村　（南胜镇 供图）

在第二十三届中国国际投资贸易洽谈会“第二届乡村振兴产业展”上，平和县国强乡新建村与厦门众创指购科技股份有限公司签约村企“山海协作”项目，共同打造新建村红色文化旅居康养基地。图为2023年5月8日拍摄的国强乡新建村半岭古村落
（国强乡 供图）

2023年5月5日，芦溪镇连益村雪茄烟采收
（芦溪镇 供图）

2023年8月5日，霞寨镇在西安村稻蛙菜种养基地举办“夏粮迎丰收 稻香盈满仓”主题活动。图为群众在夏收体验、农趣活动、田间写生中共同度过愉快的丰收时节
（霞寨镇 供图）

2023年8月24日，平和县气象局气象志愿小分队到田间地头开展水稻秋收直通式气象服务（卢达鹏 摄）

平和县小溪镇溪洲村农业结构调整示范项目

（图片摄于2023年10月13日 小溪镇 供图）

2023年11月16日，平和县山格镇新陂村菜农在采摘“如玉45号”苦瓜 （卢达鹏 摄）

2023年12月26日，平和县坂仔镇生态立体农业项目示范点农户在喂养蛋鸡

（张芯昕 摄）

社会民生

2023 年，平和县完成 11 个为民办实事项目。加快平和县金华小学扩建、平和县第六实验小学等 14 个项目建设。县医院迁建主体结构封顶，县公立中医院组建有序推进，搭建数字公共卫生服务一体化平台。推进“公建民营”“医养结合”改革，完成 3 家敬老院和 3 家区域性养老服务中心建设，建成 2 个长者食堂，新东社区入选“全国示范性老年友好型社区”。开通 5 条“定制班车进校园”线路。村级生命公园建成 4 个、开工建设 33 个。成立全市首个县级社会治理中心。推进国家食品安全示范城市创建工作，守护群众“舌尖上安全”。开展重大事故隐患专项排查整治，完成户内燃气设施安全更新改造。

2023年8月8日，位于南胜镇云后村的云后桥危桥改造项目完成建设并通车

（赖桂碧 摄）

2023年8月10日，平和县医院迁建工程施工现场

（李润南 摄）

2023年2月3日，平和县国强乡开展非物质文化遗产“走水尫”民俗活动。图为“走水尫”环节

（国强乡 供图）

2023年6月18日，平和县举行南山古城端午节“赛龙舟”活动（赖桂碧 摄）

2023年10月23日，台湾雾峰后裔参访团一行到平和县五寨乡埔坪雾峰林家开展探亲祭祖、文化交流活动（县台联 供图）

2023年，平和智慧体育公园建成投用　　（赖桂碧 2023年11月20日摄）

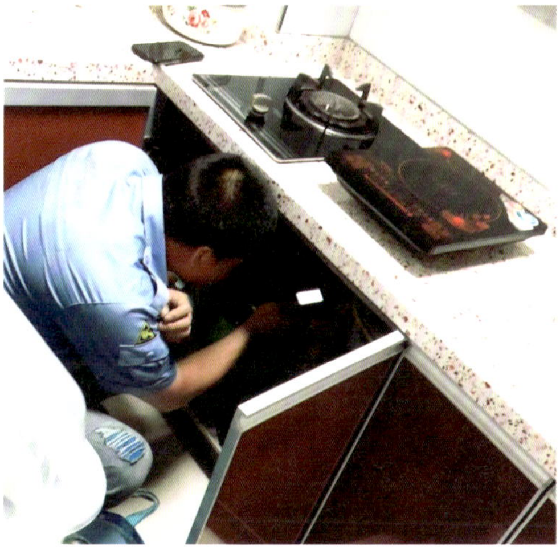

2023年5月16日，平和县安然公司工作人员到小溪镇康桥丽景一期开展户内燃气设施安全更新改造　（县城管局 供图）

2023年12月，为持续深化殡葬改革工作，扎实推进乡风文明，助力文明村镇创建工作，平和霞寨镇在建设村先行规划建设公益性生命公园项目　（霞寨镇 供图）

2023年8月24日，平和县小溪镇城东社区普查员逐家逐户开展单位清查　（县统计局供图）

2023年9月9日，平和县开通5条校园定制班车。图为平和职校“校园定制班车”

（县交通运输局）

2023年10月7日，平和县市管局工作人员到平和一中开展校园食品安全检查及食安创城检查

（县市管局 供图）

全域旅游

2023 年，平和县引进三平康养小镇项目，高峰谷入选 2023 年福建省职工疗休养示范基地名单，大芹威士忌观光园获评福建省观光工厂，灵通山景区创成国家 AAA 级旅游景区。与大埔县签订《闽粤边区红色旅游战略联盟合作框架协议》。深度推动“旅游 +”，促进农文旅融合发展，打造兼具农业、文化和旅游特色的新业态，打响“行旅世界 · 心归平和”品牌，启动“琯溪有点田 缤纷乡村旅”2023 年春耕开耕活动，推进霞寨镇全域旅游开发项目等项目建设，完成大溪镇大松梯田、坂仔镇山边村、国强乡高坑村“花溪梦田”等田园景观提升。2023 年 12 月，平和县被福建省文旅厅认定为第四批福建省全域生态旅游示范县。

2023年，大芹威士忌观光园（福建大芹陆宜酒业有限公司）获评福建省观光工厂　　（大溪镇 供图）

2023年，平和县灵通山成功创建国家AAA级旅游景区。图为灵通山悬空寺　（卢达鹏 摄）

2023年4月14日，首届“琯溪有点田 缤纷乡村旅”春耕文化旅游季在平和县山格镇开幕
（县融媒体中心 供图）

2023年4月14日，平和县机关单位工作人员体验插秧农事活动
（县融媒体中心 供图）

2023年4月14日，平和县小学生体验犁地农事活动
（县融媒体中心 供图）

2023年5月12日，游客在国强乡花溪梦田亲子休闲示范片参加摸鱼活动
（国强乡 供图）

2023年5月16日，2023年平和县文旅经济发展大会暨主题旅游季活动启动仪式在平和县霞寨镇高峰谷景区举行，活动以“行旅世界　心归平和”为主题，旨在以“茶旅”为媒，以“农旅”为引，以“文旅”为魂，结合平和丰富的资源禀赋，打响“行旅世界　心归平和”品牌　（林泽霖 摄）

2023年10月，平和全域旅游集散服务中心建成投用　（赖桂碧 供图）

茶产业发展

2023 年，平和县茶叶种植面积 4180.6 公顷，产量 1.52 万吨。平和白芽奇兰品牌价值评估 36.67 亿元，位列中国茶叶区域公用品牌价值榜第 33 名。改进制茶工艺，加大推介力度，举办“三平杯”白芽奇兰暨首届柚香奇兰茶王赛等赛事，参加北京“三茶统筹”（统筹发展茶文化、茶产业、茶科技）高峰论坛等活动，全县涉茶产值 5.6 亿元，茶叶价格创历史新高。柚香奇兰茶产量突破 200 吨，柚花用量超 500 吨，新增产值 1.2 亿元，增势明显。

白芽奇兰母树
（林泽霖 2023年4月23日摄）

白芽奇兰茶
（林泽霖 2023年4月23日摄）

2023年4月23日，“奇香奇兰·福建福茶”2023年平和白芽奇兰茶开采仪式在崎岭乡彭溪村茶王谷举行（曾炎山 摄）

2023年4月23日，“奇香奇兰·福建福茶”2023年平和白芽奇兰茶采茶比赛现场（林泽霖 摄）

2023年4月6—10日，平和县关工委承办省市县关工委“种子工程”制茶师（平和白芽奇兰）研习班

（县关工委 供图）

2023年5月28日，平和县九峰镇三坑村茶农在晾晒茶叶 （卢达鹏 摄）

“柚香飘北京 产业促振兴”北京福建会客厅·平和县特色食品展销会白芽奇兰展区
（图片摄于2023年6月20日 县工信局 供图）

2023年7月27日，平和县老年大学书画班举办助力茶产业发展主题书画笔会　（县委老干局 供图）

2023年9月26日，平和县九峰茶叶协会成立。图为全体会员、嘉宾等大合影　（卢达鹏 摄）

纪念“平和暴动”95 周年暨传承红色文化系列活动

2023 年 3 月 8 日，平和县举行纪念“平和暴动”95 周年暨传承红色文化系列活动。该系列活动包括向平和暴动烈士纪念碑敬献花篮仪式、红色文化展演活动、闽粤边区红色旅游战略联盟框架协议签字仪式、闽南师范大学红色文化与乡村振兴研究基地和平和县青少年革命传统教育基地授牌仪式、平和党史故事文集《峥嵘岁月》（第三辑）首发式等，并开展植树、线上党史知识和国防教育知识有奖竞答、向革命老区新时代文明实践站赠书、文学采风暨红色书籍分享等活动，激励全县上下发扬革命精神，汲取奋进力量，凝聚起“奋进平和、奋发平和、奋斗平和”的思想共识和强大合力。

2023年3月8日，平和县举行向平和暴动烈士纪念碑敬献花篮仪式。图为仪式现场　（林泽霖 摄）

2023年3月8日，平和县举行纪念“平和暴动”95周年暨传承红色文化展演活动。图为演出人员合影

（长乐乡 供图）

2023年3月8日，纪念“平和暴动”95周年暨传承红色文化展演活动在平和县长乐乡举行。图为舞蹈表演《红星闪闪》

（长乐乡 供图）

目　录

专　文

大事记

县情概貌

中共平和县委员会

平和县人民代表大会

平和县人民政府

政协平和县委员会

纪检监察

群众团体

法治

军 事

外事 侨务 台港澳事务

经济管理

农业 农村

柚茶产业

工　业

商贸流通

金融业

交 通

邮政 通信

城乡建设

生态环境保护

教育 科技

文 化

体育 旅游

卫生健康

社会生活

应急管理

乡 镇

荣 誉

附 录

索 引

专 文

平和县学习贯彻习近平新时代中国特色社会主义思想主题教育

2023年，平和县坚持以习近平新时代中国特色社会主义思想为指导，认真学习贯彻习近平总书记关于主题教育重要讲话和重要指示批示精神，按照中央部署和省委、市委、县委要求，紧紧围绕“学思想、强党性、重实践、建新功”的总要求，牢牢把握深入学习贯彻习近平新时代中国特色社会主义思想这一主题主线和根本任务，深入贯彻新发展理念、积极服务和融入新发展格局、推动高质量发展，深入实施“深学争优、敢为争先、实干争效”行动，深入开展“产业发展项目建设提升年”活动和“七比一看”竞赛，高效统筹“四区”建设、“五优”创建，奋力将平和打造成高质量发展的“进步之星”“后起之秀”，为加快建设现代化滨海城市贡献平和力量。

一、以“链”为擎，在组织领导、宣传引导上做出新水平

坚持把开展主题教育作为全县最重要的一项重大政治任务，坚决扛起政治责任，切实加强统筹谋划，抓紧抓细抓实组织、部署、宣传、推动等各项工作，确保主题教育有序开展、稳步前进。一是建强“组织链”。第一时间成立主题教育领导小组及办公室，组建5个专项工作组及9个联络小组，建立“领导小组牵头抓总、办公室统筹联动、工作专班分工负责、联络小组严督实导”的运行机制。二是贯通“上下链”。先后召开主题教育工作会议、培训会和“县—乡—村”三级视频联动部署加温会，动员全县35个党委、29个党总支、766个党支部、2.2万余名党员全面参与，确保主题教育上下联动、一体推进。联络小组下沉一线先后开展4轮联络指导，督促指导各参学单位同频共振、同向发力，推进主题教育各项工作有序开展。三是扩大“覆盖链”。采取“线上+线下”“双轮”驱动宣传，充分运用“6112”全媒体传播矩阵，增设3个专题专栏，发布主题教育相关信息1142篇，被上级媒体平台采用刊发373篇次（其中，央级媒体2篇次，省级媒体145篇次，市级媒体226篇次），在主要交通位置设立广告牌、悬挂宣传标语，启动“万屏联动”循环刊播宣传标语数百万条次，营造了浓厚的主题教育氛围。

二、以“学”为纲，在凝心铸魂、锤炼党性上得到新提升

坚持把理论学习贯穿始终，引导全县党员干部及时跟进学、全面系统学、聚焦主业学、融入实践学，持续用党的创新理论武

装头脑、锤炼党性。一是以上率下带动学。组织开展县处级领导班子主题教育读书班3期7天的学习，围绕7个主题开展专题研讨27次，组织党委（党组）理论学习中心组学习36次，领导班子成员讲专题党课24次。全县各基层党组织开展专题研讨2100多次、集中学习5300多次，基层党委书记、党支部书记讲专题党课770多场次。二是挖掘资源专题学。挖掘整合本地特色资源，开发20门主题教育专题党课，优化资源做“菜单”、基层按需“点菜”。用足用好习近平总书记2次到平和考察调研留下的理论“富矿”，在西坑党校创设“习近平生态文明思想和乡村振兴战略重要论述”主题教室，教育引导党员从理论源头和实践起点，深刻感悟党的创新理论的真理力量和实践伟力。主题教育开展以来，已有8000余名学员到此参观学习。三是内外联动一体学。将县委党校作为主教学点，在乡镇打造坂仔西坑党校、长乐红军党校、南胜镇欧寮、霞寨镇高峰谷等4个分教学点和24个现场教学点，通过1个线上教育平台辐射全县262个村（社区），实现县乡村主题教育全覆盖。相关经验做法在《八闽快讯》（交流版）刊载，《平和打造乡村振兴党建课堂，让主题教育走深走实》在漳州新闻播发。四是分类指导覆盖学。全县184家“两新”党组织全覆盖召开主题教育工作会议，并依托“三会一课”、主题党日、读书会、志愿活动等方式，引导“两新”党员主动担当作为。驻外党组织通过“送学上门”“领学到家”等形式送课送学，确保党员“流动不失管”。县老干局推动“支部书记领学+微党课”“支部集体研学+主题党日”“党员个人自学+云学习”等三个结合，并开展送学上门活动，保障离退休党员干部在主题教育中“不缺课”“不漏学”“不掉队”。团县委以团支部为基本单位，组织开展“青年大学习”网上主题团课专题学习，参学团员、青年2万余人次。

三、以“实”为先，在攻坚克难、解忧纾困上实现新突破

坚持调研开路，县处级领导班子带头深入基层一线，特别是到困难多、群众意见集中、工作打不开局面的地方，摸排问题、查找原因，研究解决问题的思路和对策。一是深入调查研究。印发《关于在全县大兴调查研究的实施方案》，推行“一线调研法”，聚焦最突出最迫切的问题，明确14个方面的调研内容，确定29个调研选题。县处级领导深入农村、社区、企业等基层单位，聚焦平和工业园区标准化建设、花山溪流域综合整治、柚茶产业可持续发展等方面，共开展专题调研270次、建言献策活动282场，收集群众意见建议1116条。二是开展一线办公。县处级领导带头深入基层一线现场办公，了解企业发展状况和面临的困境，现场为企业协调解决问题，及时破难点、疏堵点。开展主题教育以来，县处级以上领导班子共走访园区、企业、实验室223个，开展现场办公234次，解决企业诉求45件，协调解决群众急难愁盼问题56个。三是做实成果转化。组织召开调研成果交流会和典型案例剖析会，做好调查研究“后半篇”文章，系统梳理归整调研数据和查找问题情况。截至目前，共形成高质量调研报告29篇，研究解决问题68个，提出改进工作的办法和举措596条。《平和县实施大排查大调研行动纵深推进主题教育》在漳州信息刊载交流。

四、以“干”为要，在围绕中心、服务大局上取得新成效

坚持以“为发展建新功”为目标，教育引导广大党员干部在实干担当、促进发展上下真功、出实招。一是促发展环境优化。围绕“七比一看”竞赛，精准评估、动态分析、奋力冲刺，取得2023年总分排名全市第四的好成绩。组织开展企业和重点项目调研，平和工业园区标准化建设工作方案进一步优化，安厚机械产业园和五寨生态木业产业园基础设施进一步完善，招商引资成效进一步凸显。2023年，“一把手”带队外出招商17次，新签约项目69个，总投资124.97亿元。二是促农业转型升级。推广生态种管模式，召开全县乡村振

兴工作推进会和现场会，启动琯溪蜜柚“轻剪轻肥”生态种管科技宣传月，建立退果蜜柚树综合开发利用基地1个，推动蜜柚产业绿色发展。出台《平和县退果还耕种植结构调优技术指导方案》，建成旱粮种植、稻蛙生态立体循环种养、高山生态米种植、高优农业产业园等4个结构调整示范片。三是促项目建设提升。超序时推进4个省级重点项目和61个市级重点项目，其中，官峰水库列入国家“十四五”中型水库规划，主体工程开工建设；梨仔坑应急水源工程成功试通水；持续推进城乡供水一体化工程，供水保障有效落实；有序推进平和县医院迁建项目建设和县公立中医院组建，切实增进民生福祉。

五、以“改”为重，在真抓实改、树立新风上展现新气象

坚持认真检视查摆，进一步确定整治重点，明确整治责任，制定完善改进措施，有力推进整改整治，以扎扎实实的整改工作成效取信于民。一是聚焦民生解难题。坚持问题导向，聚焦群众急难愁盼问题，梳理形成具有区域性、代表性的12个问题作为县级问题。构建“县委牵头抓总、县领导班子成员牵头负责、相关职能部门具体落实整改”的工作体系，集中力量解决农村幸福院使用管理不到位、农村集体“三资”监管不到位、农村群众饮水安全缺乏保障、学校办学水平差距大等问题，努力把民生诉求变成满意答卷。二是纵深推进抓专项。针对问题清单中群众反映强烈、长期未能解决的突出问题，制定专项整治方案，明确责任领导、责任单位。特别是针对“系统性推进花山溪综合整治不够”的问题，出台倒排工期实施方案，从健全供水安全保障体系、实施化肥减量行动、建设生态果园、加快农业种植结构调整等方面，多维度持续开展综合治理，实现流域水质稳定达标，县城饮用水水源达标率100%。三是动态更新促整改。对全县各参学单位梳理出来的399个问题清单，实行台账式、动态化管理，项目化推进，明确整改目标、整改措施、整改时限，并建立“旬报”制度，以钉钉子精神抓好落实，努力将一项项“问题清单”转化为“成绩清单”，所有问题全部完成整改销号。

（供稿：县委组织部）

平和县创新耕地保护做法纪实

20世纪80年代起，平和县开始推广种植琯溪蜜柚，创下种植面积、产量、产值、市场份额、出口量和品牌价值6项全国第一，赢得“世界柚乡·中国柚都”美誉。全县种植面积 4.67万公顷、产量130万吨，琯溪蜜柚成为平和的支柱产业，但也造成耕地面积大量减少。近几年来，平和县以牢牢守好耕地保护红线为政治责任，以园地改造为耕地为主要路径，以耕地恢复整治为主要目标，以全国农业现代化示范区创建为抓手，结合花山溪饮用水水源地风险突出问题整治工作，努力“找回”耕地，推进农业产业结构由“以柚为主”向“以粮为新”转变，取得一定成效。

一、主要经验做法

1. 做足两项准备，确保试点“可落地”。

一是精准划定实施区域。将产值低、效益差的蜜柚园地改造为耕地，邀请省地质测绘院专业技术人员对全县园地进行全面摸排，梳理出可开发“园改耕”潜力资源5万亩，在此基础上，考虑就近、稳定水源和坡度平缓两个条件，进而梳理出具备开发为水田的潜力园地1333.33公顷。

园地改造优先安排花山溪流域两侧坡度小于15度重点地块，优先安排集中连片地块，优先安排与原有耕地特别是永久基本农田连片地块。二是科学制定实施方案。立足前期摸排情况，经过多轮研究论证，出台《平和县县级土地开发新增耕地项目实施方案》《关于加快实施县级土地开发新增耕地项目的通知》等文件，明确实施程序、部门职责、后期维修管护、新开发耕地二次流转等事项，做到有章可循。

2. 探索两种模式，确保项目“可实施”。

一是创新国有企业代建机制。明确新增耕地项目实施的业主单位为相关乡镇政府，代建单位为县属国企，待乡镇政府、村集体、村小组、村民等签订四方协议，完成土地流转后，由县属国企全程负责“园地改耕地”建设项目的统筹建设和前期资金筹集，青苗一次性补偿、工程建设直接费、水利基础设施维修及管护等费用由县属国企代付。待县级土地开发新增耕地项目经省级验收并备案入库后，再由县政府统一以每亩20万元支付给国企，有效解决耕地开发资金不足问题。二是拓宽资本参与渠道。先后出台《关于引入社会资本（民间资本）推进园地改耕地土地开发项目实施试点方案》《引入社会资本（民间资本）推进县级旱地开发项目工作方案》等。

3. 健全两项机制，确保耕种“可持续”。

一是完善管护长效机制。建立耕地保护大数据监督模型，探索推行耕地和永久基本农田保护“田长制”，明确每块耕地“守护者”，形成耕地保护“天眼”“地网”，确保耕地保护责任延伸至基层、落实到田间地头。出台土地开发项目新增耕地后续管护规定，由县财政统筹设立专项资金，委托村级对新增耕地管护10年，定额补助一年一付，确保新增耕地每年至少种植一季符合相应耕地地类属性的农作物，确保田埂坡堤、水利设施等后期有人管、有保障。二是激活运营增效机制。成立平和现代农业发展公司，引入新型农业生产经营主体，重塑一二三产融合发展全链条。开展“琯溪有点田”认种活动，有100多个省市县单位、1万多人认领农田约153公顷；举办春耕文化旅游季，打造6条田园农旅线路，发展农耕文化体验、农事研学教育实践等项目。推广大溪梯田生态米、稻菜轮作等模式，打造霞寨镇稻蛙生态立体循环种养示范基地、山格镇高优农业产业园等示范项目建设，推出“田里优选”系列农特产品。确保新增耕地有人种，农田农用，农田粮用。

二、主要工作成效

在统筹经济发展、生态保护与粮食安全过程中，逐步优化耕地空间布局，增强粮食安全保障能力，进一步改善花山溪流域水质。一是有效增加耕地。根据2022年度国土变更调查数据，较2021年增加耕地数量489.93公顷，耕地由降反升，根据2023年国土变更调查“二上”成果，较2022年可增加耕地数量129.65公顷。2022—2023年两年来，已验收入库补充耕地项目90个，新增耕地293.75公顷，含水田279.98公顷，平和县新增耕地产能变化率全省第一，新增水田完成率全省第二，补充耕地完成率全省第二，有效保障粮食安全。二是改善生态环境。结合花山溪水源地综合整治，实行园地改造为耕地，恢复耕地工作，实施农田生态系统修复项目，建设环花山溪万亩高标准生态农田和万亩农田生态系统缓冲带，有效减少农药、化肥使用量，减少入河污染，花山溪流域水质明显改善。三是促进村集体与村民双增收。完成新增耕地项目后，村集体可获得每亩5万元新增耕地后期管护费用以及新开发的耕地（水田）二次流转或引入项目经营的租金，“园改耕”项目涉及的116个行政村，每村每年仅通过管护费和租金就可增加村财收入35万元以上，村财收入明显增加。同时，村民在获得去青补偿金之外，还可通过土地流转、农田务工等渠道，实现多元收入、稳定增收，有效解决农户因蜜柚价格不稳造成的长期亏损，没有资金进行农业转型的问题。

（供稿：县自然资源局）

平和县创建福建省全域生态旅游示范县侧记

平和县自启动创建福建省全域生态旅游示范县工作以来，县委、县政府始终秉承“绿水青山就是金山银山”的理念，大力实施“全域旅游、全面发展”战略，以“行旅世界·心归平和”为主题，着力打造“朝圣养生、原乡生活、特色文化、山水康体”等四大体验，深入实施旅游要素升级、旅游产业提升、交通体系完善、市场营销推广和资源保护开发等五大重点工程，全力推动全域生态旅游示范县创建，文旅经济发展成效显著。2023 年 12 月，平和县被福建省文旅厅认定为第四批福建省全域生态旅游示范县。

一、高标准定位，构建旅游发展新格局

严格按照省、市部署要求，把创建福建省全域生态旅游示范县摆在重要位置，成立以县委书记为组长、县长为第一副组长的平和县创建全域旅游工作领导小组，提供了“党委统筹、政府负责、部门乡镇分工”的制度保障。同时，把全域旅游工作纳入政府年度考核指标体系；建立景区和非景区景点安全管理专项整治、旅游市场安全综合监管等联席会议制度，成立平和县餐饮酒店行业协会等多个涉旅协会，进一步加强文旅市场行业自律等机制保障；同时，将“加快发展全域旅游”纳入《平和县国民经济和社会发展第十四个五年规划和二〇三五年远景目标纲要》，编制完成《平和县全域旅游规划设计》，积极推动多规合一，以规划引领全域旅游高质量发展。出台了《平和县扶持产业发展奖励暂行办法》《平和县促进民宿发展实施办法》《关于推动文旅经济高质量发展若干措施》等系列政策，努力突破旅游发展的瓶颈与障碍，不断完善全域旅游发展的体制机制、政策措施、产业体系。

二、快节奏建设，夯实旅游发展新基础

按照“惠民生、补短板”要求，从旅游六要素入手，着力完善城乡旅游软硬件配套设施和服务水平。

1. 旅游交通路线不断优化。加快旅游道路建设，实现国家 AAAA 级旅游景区通四级双车道及以上等级公路。增设 42 个旅游交通标识牌，完善旅游引导标识系统。推动旅游客运或公交路线向旅游景区延伸，在平和车站、高峰谷景区、三平风景区等合理布局建设停车场。

2. 旅游基础设施不断完善。创新“政府指导、民营投入”模式，改造提升集旅游咨询、餐饮、购物、非遗文化、观光工厂等多种业态于一体的平和县全域旅游集散服务中心，推动“接二连三”产业融合发展；大力推进旅游厕所建设，加强旅游厕所管理，打造平和休闲美食夜市，引进贵宾舍等连锁酒店，改造提升青云宾馆、名峰山庄等住宿设施，培育福庆楼、桃源居、欧寮等一批特色民宿。

3. 旅游服务水平不断提升。对照创建指标，从“吃、住、行、游、购、娱”旅游六要素入手，清单化推进补短板工作，着力完善城乡旅游软硬件配套和服务水平。开发“云上平和”小程序，构建“一机游平和”智慧旅游服务，编制平和全域旅游智慧导览图和《平和全域旅游指南》电子书，完善景区智能导览功能。全面加强旅游业经营单位信用管理，完善旅游投诉处理机制，开展旅游行业专项整治行动和涉旅部门联合整治行动。加快旅游人才培养引进，为我县旅游产业可持续发展提供坚强的人才保障。

三、深层次融合，激发旅游发展新动能

坚持以文塑旅、以旅彰文，深度推动“旅游 +”，大力促进农文旅融合发展，打造兼具农业、文化和旅游特色的新业态、新主体、新模式。

1. “农业 + 旅游”尽显张力。依托琯溪蜜柚、白芽奇兰茶等资

源优势，举办“柚见花开”赏花游、蜜柚采摘游，打造金牌旅游村——柚海布达拉宫高寨村。平和国家现代农业（蜜柚）产业园入选国家现代农业产业园认定名单。推出田园艺术景观——大溪千亩梯田，休闲农业——印象半径，立体循环农业——“稻蛙菜”，“蛙天下”水乡渔村休闲渔业基地入选为福建省“水乡渔村”休闲渔业基地。以及成为全省典型的互动式体验农业示范点——“琯溪有点田”等多种业态的农旅融合产品，不断激发农业的多种功能丰富旅游产业链，让农村一二三产业融合发展成为农耕文化、民俗文化等的传承体。

2.“文化＋旅游”日臻完善。开展文旅产业链招商，引进三平康养小镇等重点文旅项目。举办“行旅世界·心归平和”“柚见花开·心归平和”“醉美茶缘·香约平和”“引客入平”踩线等系列主题旅游季活动，围绕“一乡镇一主题”策划开展系列营销、文旅节庆活动。

3.“其他＋旅游”蓬勃开展。创新发展“其他＋旅游”，推进多业态深度融合发展。如，在乡村旅游点印象半径举办闽西南气排球特色赛、在崎岭举办“茶之旅”茶山越野跑等体育旅游活动；建成灵龙谷等一批研学旅游基地；建成5家县级职工疗休养示范基地和高峰谷省级养生旅游休闲基地，推动疗养旅游发展；推动大溪镇云端筑梦园区（大芹陆宜酒业观光工厂）、文峰镇茶王谷茶叶观光工厂等建设。通过发展“旅游＋”让人流、资金流加速聚集，推动业态品质、服务品质加速提升。

四、多渠道营销，展示平和旅游新品牌

立足本地资源禀赋，打造特色鲜明、具有较强带动力的旅游产品，创新宣传手段，不断培育壮大文旅文创品牌。

1.树立旅游品牌形象。坚持品牌培育，巩固提升三平国家AAAA级旅游景区品牌形象，又相继完成高峰谷国家AAAA级旅游景区、大溪镇省级全域生态旅游小镇、灵通山国家AAA级旅游景区、名峰山国家AA级旅游景区、大芹威士忌观光园省级观光工厂等品牌创建。相继培育了1个全国乡村旅游重点村（芦溪镇蕉路村）、3个省级金牌旅游村（芦溪镇蕉路村、霞寨镇高寨村、国强乡新建村）。精心策划和打造县内外精品旅游线路，高峰谷景区、绳武楼等景区景点入选“稻花香里说丰年”全国乡村旅游精品线路、全国百条红色茶乡旅游精品线路、福建省百条红色旅游线路和花样漳州红色旅游精品线路。

2.办好引流活动。举办2023年平和县文旅经济发展大会，以及“柚见花开·心归平和”“醉美茶缘·香约平和”等主题旅游季活动、“引客入平”踩线活动、旅游摄影及短视频大赛、旅游伴手礼包装设计大赛及平和县全域旅游集散中心正式运营启动仪式等，精心策划和打造一批县内外精品旅游线路，持续激发旅游经济消费活力。

3.积极参与线下展会。发动全县文旅企业参与厦门“98”国际投洽会和各级旅游博览会、文博会、漳州花博会、漳州美食文化节等，宣传推广平和文旅资源。深化与省旅游发展集团、省民宿协会、省自驾游协会、市文旅康养集团、各大旅行社等合作，在推广平和全域旅游、“引客入平”、项目招商等各方面发挥积极作用。

4.创新线上宣传推广。优化设计“行旅世界·心归平和”logo，推出“五福系列”宣传短视频，通过举办摄影及短视频大赛、旅游伴手礼包装设计大赛、拍摄制作“游平和·心平和”旅游宣传短视频，并借助东南网、厦门卫视等主流媒体和“花样漳州 文旅之声”“平和文旅之声”等抖音号、视频号进行全方位、多角度的报道和推广，持续加强平和全域旅游宣传。

（供稿：县文体旅局）

大事记

1月

5日，平和县举行2023年第一季度重点项目集中开竣工。平和县重点项目集中开竣工共9个，总投资24.72亿元。其中开工项目6个，总投资19.05亿元；竣工项目3个，总投资5.68亿元。

5日，市委副书记黄水木、市政协副主席戴鹏飞带队到平和县督导社会稳定等工作。

10日，平和县在润和广场开展以“矢志不渝110 新征程上保安宁”为主题的全国第37个“110宣传日”活动，并举行集中返还仪式。现场返还赃款折合人民币3.5万元。

10日，平和县举行县公安交通指挥中心奠基仪式。该项目规划选址平和县北环路以东、县人民法院以西地块，占地面积3.18万平方米，主要建设交通指挥中心及附属用房，配套建设机动车驾驶人考试场地。

10日，平和县召开省市驻村工作座谈会，驻村第一书记们畅谈一年工作感受，分享工作经验，共绘新年发展蓝图。

11日，市委副书记黄水木带队到平和县小溪镇、大溪镇和五寨乡，开展乡村振兴等工作调研，并慰问部分困难群众、困难党员和专家人才。

11日，县委书记蔡绿璇带队到九峰镇、崎岭乡宣讲党的二十大精神，并开展节前安全检查和白芽奇兰茶产业提升调研等工作。

11日，“新思想耀八闽 福小宣在平和”一镇一品（理论+文艺）示范宣讲暨成果展演活动在芦溪镇举行。

12日，县委书记蔡绿璇带队到小溪镇、文峰镇开展走访慰问活动，并检查安全生产工作。

13日，平和县2023年文化科技卫生“三下乡”集中服务活动在秀峰乡启动。

13日，市委常委、政法委书记张慧德到平和县慰问基层政法队伍及平安建设一线工作人员。

16日，县长黄永健走访慰问春节期间值班值守工作人员和困难群体。

18—19日，平和县召开全县领导干部警示教育大会。

25日，平和县召开2023年驻外商会、企业家代表新春恳谈暨招商推介大会。大会上，举行驻外招商联络处授牌仪式，新设立的7个驻外招商联络处主要负责北京、香港、上海、珠三角、福州、厦门、泉州等地区的招商引资工作。

28日，平和县召开全县乡村振兴“柚香奇兰”产业发展座谈会。

29日，平和县2023年工作会暨“产业发展项目建设提升年”动员大会召开。

29日，平和县召开“深学争优、敢为争先、实干争效”行动部署会。

29日，平和县召开县委农村工作会议。

30日，县委书记蔡绿璇带队

到霞寨镇、坂仔镇、小溪镇等乡镇，实地调研花山溪综合整治和水环境提升工作。

31日，县长黄永健带队到霞寨镇西安村、坂仔镇山边村、小溪镇溪州村等地，开展花山溪两岸退果还耕工作，实地察看土壤、水质、生长环境等，详细了解退果还耕进展情况。

31日，县委书记蔡绿璇带队到小溪镇、平和工业园区等地调研企业复工复产工作。

是月，财政部公布2022年县级财政管理绩效综合评价考核结果，排名全国前300，获上级奖励资金400万元。

2月

1日，副市长余向红到平和县现场调研文化旅游项目建设，并召开工作推进会。

1日，农历正月十一日国强乡高坑村开展“非遗”闹春“走水尫”民俗活动。

2日，县长黄永健到官峰水库工程建设指挥部进行调研，听取官峰水库、梨仔坑水库应急水源和琯城水厂工程项目推进工作汇报，召开重点水源工程项目推进会，协调解决项目推进中遇到的问题和困难，部署下阶段工作。

2日，平和县第三实验小学被教育部、中央军委政治工作部认定为“中小学国防教育示范学校”。

3日，市委副书记黄水木带队到平和县走访调研民营企业、节后复工复产工作和农业农村工作。

6日，中共平和县纪委十四届三次全会召开。

7日，省自然资源厅党组书记陈永共带队到平和县开展耕地“进出平衡”工作推进情况调研。

7日，市委书记张国旺、市长王进足带队到平和县督导推进花山溪饮用水水源地风险突出问题整改工作。

7日，漳州市委书记张国旺参加平和县委常委班子2022年度民主生活会。

8日，2022年度市对县党委政府安全生产和消防工作目标责任考核会在平和县召开。

8日，霞寨镇举办“化肥减量增效”课堂。共计4天，各村工作队长、村干部、种植大户及业务人员参加培训，开展15个村专场培训，共有360人参加培训。

13日，市政协主席吴文团带队到平和县开展“产业发展项目建设提升年”推进情况视察活动。

13日，县长黄永健带队到山格镇和县工业园区调研工业项目建设推进情况，协调解决项目建设中遇到的相关问题，推动工业项目建设提质增效。

15日，省农业农村厅“两直两前”调研实践小分队深入平和县基层一线就白芽奇兰茶产业发展开展“直奔现场、直达一线、靠前服务、靠前指导”调研实践活动。

15—18日，县长黄永健带队赴北京开展招商考察活动，与企业洽谈交流，深入沟通对接，宣传推介平和，助推项目招引，推进产业合作。

16日，福建省文物局公布第二批革命文物名录。平和县3处不可移动文物入选，分别为平和福塘建筑群——万顺大厝（朱德率领南昌起义军回师入闽纪念馆）、平和张氏积庆堂（红三团游击基点旧址）、平和西爽楼（平和县军事管制委员会旧址）。

17日，市委常委、政法委书记张慧德带队到平和县调研基层矛盾纠纷排查化解工作。到镇村两级综治中心、边界村，现场指导基层矛盾纠纷排查化解工作。

20—23日，副县长谢钟琛带领县农业农村局、县工商联、柚香奇兰重点加工企业等赴广西横州市考察调研茉莉花茶产业。

21日，平和县生态环境保护工作暨花山溪饮用水水源地综合整治工作推进会召开。

21日，平和县机械制造产业专题招商推介会在泉州市举办，共签约8个项目，总投资10亿元。

21日，山东省蓬莱区政协党组书记、主席王嗣强一行9人，到平和县开展“戚继光文化弘扬发展”工作情况考察。

22日，县长黄永健带领县直相关单位及乡镇的有关负责人到泉州开展招商引资活动，走访考察企业，宣传推介平和。

22日，平和县举办纪念“平和暴动”95周年暨文学采风及红色文化分享会。

22—23日，省计生协会党组书记、常务专职副会长陈星到平和县调研计生协会工作。

23日，市委副书记黄水木带队到平和县调研基层健康服务、信访维稳、重点项目建设、食品安全等工作。

23日，平和公路分中心联合县交通运输局组织开展2023年公路防寒防冻恶劣天气应急抢险实战演练，开启防寒防冻“双备战”模式。

23日，平和县村支部书记“谋项目、比作为、促振兴”擂台赛举行决赛。12位村支部书记从全县262个村（社区）“领头雁”中脱颖而出，决赛评出一、二、三等奖和优秀奖。

25日，平和县组织24个美食商家、旅游企业、非遗传承人等参加“花样漳州 食全食美”漳州市首届美食文化节开幕式。

27日，漳州市政协副主席戴鹏飞一行4人到平和县走访了解企业开工情况。

27日，平和县召开花山溪饮用水水源地综合整治工作汇报会，聚焦省委“深学争优、敢为争先、实干争效”行动，进一步提高思想认识，强化责任担当，加压推进花山溪饮用水水源地综合整治工作。

27日，平和县相关部门、协会与福建农林大学相关专家、学者开展柚花可食性研讨座谈，推进平和县“柚香奇兰”产业发展。

28日，县委书记蔡绿璇和县长黄永健带队到南胜、五寨、国强、安厚、大溪等乡镇，督导重点项目建设工作。

28日，平和县召开农村集体“三资”清理整治专题推进会。

28日，第九届“两岸情·心田缘”保生大帝文化节开幕。来自台湾信士代表团以及四方香客近万人云集心田宫。坂仔镇心田村是“海峡两岸民间交流基地（同名同宗村）”，心田村心田宫是台湾台中市元保宫的母宫，现为漳州市对台重点宫庙。

是月，平和县智慧体育公园（和乐公园）整体施工建设全部完工，投入使用。智慧体育公园（和乐公园）位于平和县山格镇，占地面积5万平方米，总投资约2000万元，引入海绵城市建设理念，主要建有运动场地、园林铺地、景观看台、绿化种植、照明工程等配套措施。

3月

1日，副市长林少金带领市直有关单位负责人到平和县调研一季度工业经济“开门稳”“开门红”工作。

2日，平和县召开创建福建省全域生态旅游示范县工作推进会。

3日，平和县2023年“学雷锋·树新风·文明实践我先行”主题活动在小溪镇阳明公园启动。

7日，县长黄永健带队到霞寨、坂仔镇实地调研花山溪水质监测点位情况，进一步推进综合整治，推动平和县生态环境保护工作。

8日，平和县纪念“平和暴动”95周年，在长乐乡平和暴动烈士纪念碑举行祭奠平和暴动革命烈士活动。县领导蔡绿璇、黄永健等县领导和县直有关单位负责人、长乐乡党员干部参加祭奠革命烈士活动。

8日，平和县举行纪念“平和暴动”95周年暨传承红色文化系列活动。活动内容有纪念“平和暴动”95周年暨传承红色文化展演活动，举行闽粤边区红色旅游战略联盟框架协议签字仪式，举行闽南师范大学红色文化与乡村振兴研究基地、平和县青少年革命传统教育基地授牌仪式，平和党史故事文集《峥嵘岁月》（第三辑）首发式，开展植树活动等。

8日，县委书记蔡绿璇、县长黄永健带队到乡镇现场推进重点项目建设。

8—9日，省林业局副局长刘亚圣带领省、市林业局相关负责人到平和县督导林业生态保护工程，调研退果还林、名木保护和灵通山自然保护区工作。

10日，平和县委书记蔡绿璇，县长黄永健带领县各套班子在家领导来到南胜镇子坑村梨子坑水库，与干部职工、武警官兵、民兵等一起参加义务植树活动。

10日，乡村振兴网络媒体漳州公益行走进平和，深入了解平和县数字化经济和智慧乡村治理发展情况。

14日，国家林业局集体林权制度改革领导小组原副组长、省林业厅原厅长黄建兴带队到平和县调研深化集体林业改革工作。

14日，漳州市2023年“乡村振兴 健康先行”市级医疗卫生专家到平和县坂仔镇开展义诊服务。

15日，平和县开展“3·15”国际消费者权益日暨创建国家食品安全示范城市宣传活动。

15—19日，平和县组队参加漳州市第三届中小学人工智能与机器人挑战赛，获一等奖12名（6组）、二等奖30名（15组）、三等奖26名（13组），其中智能仓储赛项获得全市总冠军1组，亚军2组（中、小学各1组），季军1组。

16日，市人大常委会副主任沈茂欣带队到平和县开展《中华人民共和国水土保持法》和《福建省水土保持条例》执法检查。

17日，县委书记蔡绿璇到小溪镇、山格镇、平和黄井工业园区、文峰镇调研督导生态环境突出问题。

19日，平和县芦溪镇秀芦村入选第六批中国传统村落名录村落名单。

20日，平和县召开“平和柚香奇兰”产业暨柚花文化旅游和春耕开耕活动推进会。

21日，省林业局和尤溪县竹木加工集中区联合组成调研学习组到平和县开展木业园区标准化厂房建设考察工作。

21日，全国台联副会长郑平带队到平和县五寨乡、坂仔镇就海峡两岸民间交流基地建设和管理工作开展调研。

21日，县长黄永健带队到平和工业园区调研建陶企业“煤改气”工作。

22日，平和县召开创建福建省全域生态旅游示范县工作汇报会。

22日，福建省人民政府驻北京办事处和平和农业发展公司在大溪镇大松村举行“琯溪有点田”签约认领仪式。

22日，平和县生态木业产业提升暨广西招商引资专场推介会在广西贵港举行，现场共签约9个项目，总投资约14亿元。

22—23日，县委书记蔡绿璇带队在广西贵港开展招商推介会，并到当地各企业开展招商考察。

23日，市政协副主席陈仁朝带队到平和县督导项目进展情况。

24日，全国国防教育示范学校揭牌仪式在平和县第三实验小学举行。

26日，崎岭乡开展以“福籽同心爱中华·福茶同源兴崎岭”为主题的“铸牢中华民族共同体意识”进民族村活动。

27日，平和县“七比一看”暨首季“开门红”工作推进会召开。

27日，平和县第一季度环保工作会议暨生态环境保护委员会全体会议召开。

28日，市委副书记黄水木、副市长兰万安带队到平和县督导推动梨仔坑水库项目建设，调研推进乡村振兴“十镇百村”试点示范工作。

28日，平和县召开听取全县重点水利项目汇报暨官峰水库工程建设指挥部全体会议。

29日，平和县在小溪镇举行2023年“铸牢中华民族共同体意识主题月”活动。

31日，全市公安机关推进“派出所主防”工作现场会在平和县召开。

31日，平和县举行“漳州市社会治理研究中心平和实践基地”“平和县信访+社会治理服务中心”揭牌仪式。“平和县信访+社会治理服务中心”设有律师工作室和心理咨询室，由闽南师大法学院提供日常法律、心理咨询服务，协助县信访局做好化解矛盾等工作，在每月县领导信访接待日，各安排一名法律和心理咨询专业人员全程参与接访并开展相关培训等。

31日，县委书记蔡绿璇带队调研县城学校规划布局情况，推动平和县教育事业高质量发展。

是月，中宝（福建）食品科技有限公司入选2023年福建省知识产权优势企业名单，并获10万元资金扶持。这是平和县企业首次获此项奖励。

4月

2日，平和县举行2023年第二季度重点项目集中开竣工活动。2023年第二季度重点项目集中开竣工活动项目共10个（开工项目6个、竣工项目4个），总投资20.5亿元，涵盖城市综合体、文化旅游、食品加工和食品包装、环保、新型建材和基础设施等领域。

3日，市委常委、市纪委书记、市监委主任陈文聪带领市纪委监委领导班子到平和县开展“重走习近平总书记在闽足迹”主题活动，实地感悟习近平总书记在闽期间抓“三农”工作的创新理念和生动实践，并在西坑村主持召开全面推进乡村振兴工作座谈会。

3日，平和县启动2023年就业帮扶“授渔计划”活动。残疾人与助残志愿者签订师徒结对协议书，活动为爱心师傅颁发2023年就业帮扶“授渔计划”聘书。

4日，县委书记蔡绿璇带队到霞寨镇、山格镇调研农业种植结构调整和项目建设工作。

6日，市、县两级农业农村局在国强乡联合举办2023年“放心农资下乡进村”宣传活动。

6日，县长黄永健到霞寨、坂仔等乡镇开展调研花山溪水质监测点情况。

6日，漳州市“对乡镇（街道）教育督导”工作现场会在平和县召开。

7日，“柚香奇兰 匠心之作”平和白芽奇兰制茶师研习班在平和高峰生态谷开班。此次研学班培训共5天，通过理论授课、实操演示、研讨交流以及理论考试模式开展。

10日，平和书协陈圣典书法作品入展“翰墨清风润金融”全国书画名家廉洁文化小品展。

10—11日，平和乡贤林广兆及陈良勇二人回平和参观考察。

11日，小溪镇宝善村“禾康幸福大食堂”正式启用。禾康幸福大食堂由宝善村委会投资600多万元建成，面积2000多平方米，提供一日两餐，社区65周岁及以上老人可享受优惠政策，幸福大食堂在提供就餐的基础上，还配备娱乐室、读书、棋牌等休闲娱乐区域。

11日，平和团县委、平和乡村振兴党建学院举办“团”聚青春力量，助力“产业发展项目建设提升年”活动暨平和县青年创业人才专题培训班，来自平和各个行业的55名创业青年参加培训。

12日，平和县召开打击治理电信网络新型违法犯罪工作联席会议。

12日，2023中国茶叶大会暨第十七届新昌大佛龙井茶文化节开幕，中国农业品牌研究院在会上公布2022中国地理标志农产品（茶叶）品牌声誉评价核心成果及百强榜，平和白芽奇兰榜上有名。

13日，全市统战工作第一季度现场推进会在平和县召开。

14日，平和县启动“琯溪有点田 缤纷乡村旅”2023年春耕开耕活动。

14日，首届“琯溪有点田 缤纷乡村旅”春耕文化旅游季在漳州市平和县山格镇开幕。此次活动聚集平和县各乡镇农文旅资源，通过开幕式+农耕体验等配套活动，结合农村旅游观光、农特产品营销、农村特色餐饮、农耕研学等内容，多角度深入推介漳州乡村振兴品牌“琯溪有点田”项目。

15日，平和县召开国家现代农业产业（柑橘）技术体系平和琯溪蜜柚高质量发展座谈会。中国工程院副院长、中国工程院院士、国家现代农业产业（柑橘）技术体系首席专家邓秀新，省农业农村厅党组成员、总畜牧兽医师吴顺意，省农科院副院长汤浩，县长黄永健出席会议。

15日，厦漳泉台商交流联谊会在平和县重点台商投资企业福建大芹陆宜酒业有限公司举办。66名来自福建各地的台商协会会长以及台商代表参加交流联谊会。

16日，世界和平亲善会理事长余淑琴一行5人到平和开展乡村振兴筑梦城市文旅IP参访交流活动。

17日，副市长郑立敏带领市山水办、市山水工作专班二组到平和县督导山水林田湖草沙项目建设推进情况。

17日，省委巡视十组巡视平和县工作动员会召开。2023年4月17日至5月26日，省委巡视十组对平和县开展巡视。

18日，平和县召开“七比一看”竞赛工作推进会，听取1—3月全县“七比一看”竞赛各项目标任务完成情况的汇报，逐项分析工作推进中存在的问题和短板，部署下一步重点工作。

19日，市委副书记黄水木带队到平和县文峰镇调研推进乡村振兴等工作。先后察看三坪村、闽粤边特委机关旧址红色旅游公路建设现场，认真听汇报、问情况、作指导。

19日，平和县在国家AAAA级旅游景区高峰谷景区建成全县首个地理标志驿站——平和白芽奇兰茶地标驿站，并正式揭牌运营。

20日，平和县举办中小学生防震减灾书画比赛。

20日，市人大常委会副主任林俊德带队到平和县开展农用地土壤污染防治立法调研，并召开立法调研座谈会。

21日，县长黄永健带队到坂仔镇、大溪镇等地，调研推进花山溪流域整治工作。

22日，内蒙古自治区林草局党组成员、副局长铁牛和省林业局、市林业局相关负责人到平和县考察生态木业产业。

22日，市台联领导带领市台联“青委会”成员、在平和县创业的台湾青年和定居平和县的台湾青年，到芦溪镇开展“共续血脉亲情，共筑精神家园”漳台青年参观、调研活动。

23日，“奇香奇兰·福建福茶”2023年平和白芽奇兰茶开采仪式在崎岭乡彭溪村茶王谷举行。此次活动巧用“三个一”形式，开展祈福祭茶、春茶开采、评选采茶能手、茶王谷观景平台与平和社科基地揭牌等多项活动。

23日，平和县参加第十六届福建省戏剧水仙花奖比赛的选手朱忠信获专业组表演奖三等奖，县潮剧传承保护中心获组织奖。

24日，漳州市政协台港澳侨工作座谈会在平和县召开。

24日，副市长郑立敏到平和县主持召开山水林田湖草沙项目推进工作会议。

25日，市政协副主席黄井南一行31人，到平和县开展乡村振兴工作调研。

26日，第23个世界知识产权日，平和县在小溪润和广场举行2023年知识产权宣传周主题活动启动仪式。

26日，福建省农业农村厅农机化处处长杨斌一行到平和县调研农机购置补贴工作、农机服务春耕生产情况，调查了解平和县用户安装微喷灌设备使用情况等。

27日，平和县召开第一季度工作会议暨全县干部作风整治提升推进会。

27日，县委书记蔡绿璇带领县应急局、县消防救援大队等部门，开展“五一”国际劳动节前安全生产大检查。到县防汛指挥部，检查救援物资储备和落实防汛备汛应急管理工作等情况，到平和一中察看学生就餐环境和校园安全管理工作落实情况，到福建西蝉木业有限公司和平和中晟燃气有限公司详细了解各企业安全生产责任制度落实、安全风险管控、隐患排查治理、现场安全防护设施管理等方面工作开展情况，并到平和工业园区召开座谈会。

27日，平和县第四实验小学举行“五育花开和美童年”建校十周年庆典活动。

28日，平和县“全民阅读·书香平和——图书进农家，助力乡村行”活动启动。启动仪式上共向全县45个新时代文明实践所（站）赠送3300册图书。

28日，县长黄永健带领县工信局、县农业农村局、县生态环境局和山格镇主要负责人到厦门开展招商引资，走访对接企业，推动项目落地。

29日，平和县在第五实验小学举行“河长杯”学校师生现场书法比赛决赛。参加此次现场决赛的师生共有215名，其中获得一等奖86名，二等奖129名。

5月

4日，市委书记张国旺带队到平和县督导花山溪饮用水水源地风险突出问题整改工作。实地察看小流域综合治理、生态滤床异位处理、流域水质达标等情况。

6日，中国国民党前副主席、台湾海基会前董事长江丙坤生平事迹陈列室在平和县大溪镇江寨村揭牌。江丙坤祖籍地在平和县大溪镇，生前多次携家人前往祖籍地祭祖省亲，江丙坤生平事迹陈列室主要由生平事迹、破冰之旅、八次协商、三顾桑梓、家族荣光等五部分组成。福建省黄埔军校同学会专职副会长赖华栋，市委常委、宣传部部长、统战部部长吴卫红，天福集团董事长李瑞河，台湾海基会原副秘书长、江丙坤办公室主任高文诚及夫人，市委统战部、台盟漳州市委会、市台联、市漳台交流协会有关领导及江氏宗亲参加揭牌仪式。

7日，平和县崎岭白芽奇兰茶协会在平和县崎岭乡彭溪村举办首届彭溪白芽奇兰民间斗茶赛。评定一等奖1名、二等奖3名、三等奖8名。

8日，市退役军人事务局党组书记、局长张国海带队到平和县调研退役军人就业创业和服务保障体系建设。

8日，平和县召开官峰水库工程建设攻坚指挥部全体会议暨重点水利项目推进会。

9日，全县防汛抗旱工作推进会暨防汛抗旱综合业务培训会召开。

10日，县长黄永健应邀参加在北京召开的“中国传统制茶技艺及相关习俗”申遗成功暨“三茶统筹”高峰论坛。作了题为《柚香奇兰·国饮新品——一杯“快乐的茶”》的主题推介及展示，向与会嘉宾朋友、投资方等推介柚香奇兰茶。

10日，平和县2023年防灾减灾宣传周、防震减灾宣传月启动仪式暨学校地震应急演练主场活动在平和广兆中学举行。

10—11日，福建省委党史方志办副主任曹宛红一行到平和县小溪镇、长乐乡、九峰镇、文峰镇等地开展“坚持‘两个结合’，促进修志为用，推动地方志事业创新性发展”专题调研。

11日，县长黄永健到北京新里程健康集团公司开展招商引资活动，向企业推介“柚香奇兰”产业。

12日，县委书记蔡绿璇到五寨、南胜等乡镇调研乡村振兴工作。

16日，副市长郑立敏带队到平和县调研并召开第二季度山水林田湖草沙一体化保护和修复项目现场推进会。

16日，2023年平和县文旅经济发展大会暨主题旅游季活动在高峰谷启动。此次活动以“行旅世界·心归平和”为主题，现场共设置16个展位，15个乡镇和高峰谷景区展示各自的文旅文创产品、特色美食、非遗文化等。在启动仪式上，平和县集中签约10个文旅项目。

18日，副市长兰万安带队到平和县调研推进水土保持工作。

20日，2023年漳州市白芽奇兰茶春茶产销“手拉手”对接会暨“品茶人生·心归平和”茶之旅品鉴活动在平和县崎岭乡举行。

20日，在福建省第九届残疾人运动会暨第七届特殊奥林匹克运动会上，平和县参与漳州代表团进行比赛，获四金两银三铜的佳绩。

23日，县委书记蔡绿璇带队到泉州市南安市水头镇希尔顿欢朋酒店开展招商引资活动。

23日，县长黄永健到小溪镇桥南市场、平和一中食堂、平和悦泰餐饮服务有限公司、美团外卖平台等地调研督导国家食品安全示范城市创建工作。

23日，由市委文明办、市委教育工委、团市委、市妇联、市关工委联合举办的2023年度漳州市“新时代好少年”事迹发布会在漳州三中举行。平和县南胜中心小学六年级学生陈梁玉获评2023年度漳州市“新时代好少年”。

24日，省政协原副主席李祖可带队到平和县调研茶产业发展情况。

25日，县长黄永健带领县住建局、自然资源局、城管局等主要负责人到山格、小溪等乡镇调研指导经营性自建房安全隐患排查整治工作。

25日，平和县书协举办迎接“八闽丹青奖”第四届福建省书法双年展投稿点评会。

26日，漳州新农人“双百双万”素质提升工程（蜜柚种植产业升级）专题培训班在平和县坂仔镇举办。市委副书记黄水木出席活动并讲话。

26日，平和县侯山宫举行后殿启建安座五周年庆典暨“闽台第一财神庙”揭匾仪式。

28日，平和县首届人工智能与机器人挑战赛在平和县金华小学举办。全县21所学校500多名选手参赛。金华小学代表队获智慧物流赛项“冠军”。

30日，平和县在平和一中体育馆举办主题为“学习二十大 童心永向党”的“六一”文艺表演。县领导蔡绿璇、黄永健等与广大师生一起观看文艺演出，共同迎接“六一”国际儿童节。

30日，平和县在坂仔镇举行2023年扫黑除恶暨反洗钱专题宣传活动。

31日，在台闽籍社团到“海峡两岸民间交流基地（同名同宗村）”五寨乡埔坪村参访，开展以“寻根闽山闽水 共话乡音乡亲”主题的恳亲活动。

是月，平和县少体校女子篮球队在2023年漳州市少年儿童篮球锦标赛得冠，在漳州市少年儿童三人篮球锦标赛中得亚军。

是月，平和县官峰水库工程被列入“十四五”全国规划的中型水库名单，建设任务以供水为主，兼顾灌溉及消能发电，工程概算总投资11.42亿元。

6月

1日，市政府副秘书长、市行政服务中心主任戴晓清带队到平和县行政服务中心调研指导工作。

1日，县委书记蔡绿璇到崎岭乡调研白芽奇兰产业发展和官峰水库建设工作。

1日，平和县开展2023年防汛抢险救灾应急综合演练。此次演练由县人武部、应急管理局、水利局、卫健局、气象局、消防救援大队、特警大队、蓝天救援队等8支队伍组成应急救援力量参与。

1日，“阳明古邑 翰墨书香”中华优秀传统文化进校园书画展在九峰中心小学开展。

2日，市委副书记黄水木带队到平和县督导推动水土保持和乡村振兴工作。实地察看平和县好又多木业有限公司家居新材料生产项目、文峰镇中心幼儿园提升项目等的水土流失治理情况、前埔村产业发展、村庄建设、乡村治理等情况。

2日，“相约古城·味爱平和”平和县特色食品走进漳州古城展销会在漳州古城开幕。此次展销会为期3天，来自平和县的企业、经销商展出各式果干、蜂蜜、茶叶、酒品、茶点、饮品等特色产品。

3日，平和县疾病预防控制局举行揭牌仪式，标志着平和县公共卫生体系建设开启新征程。

5日，平和县生态环境治理执法司法协同中心揭牌成立。该中心由县法院牵头，与生态行政执法部门等17家单位共同设立。

5日，平和县餐饮酒店行业协会揭牌成立。

5日，在2023年六五环境日国家主场活动现场直播上，平和县“科学减肥增效，绿色环保种植”生态文明志愿服务项目，被公布为“美丽中国，我是行动者”2023年十佳公众参与案例。该活动由生态环境部、中央文明办联合开展，经过组织推荐、线上投票、专家审议和网络公示等环节。

6日，市政协副主席戴鹏飞带队到平和县开展基层政协“两个薄弱”工作有关情况调研，并召开座谈会，指导推动解决基层政协“基础工作薄弱、人员力量薄弱”的问题。

6日，平和县国土空间总体规划（2021—2035年）专家评审会议在漳州宾馆召开。

6日，县长黄永健带队调研花山溪流域监测点位和县级土地开发项目。黄永健一行到霞寨镇中润监测点、寨北监测点和坂仔镇和平东风监测点，实地察看各个水质监测点位情况和汇入花山溪流域的支流、干流情况；在文峰镇龙山村、龟仔头作业区调研县级土地开发项目。

9日，县委书记蔡绿璇主持召开全县城乡饮用水安全工作推进会。

9—11日，平和县举办首届柚香奇兰、第十六届平和白芽奇兰暨首届“三平杯”茶王赛审评活动。此次茶王赛按照标准严格验收，来自全县各茶企、茶叶合作社等茶叶产销单位及茶叶种植户选送的270份茶样，其中颗粒形茶样172份，条形茶样48份，柚香奇兰茶样50份。赛事共设置颗粒形茶样茶王1名，金奖10名，优质奖24名；条形茶样茶王1名，金奖2名，优质奖3名；柚香奇兰茶样茶王1名，金奖6名，优质奖5名。

11日，第七届“文化和自然遗产日”福建非遗宣传展示主会场活动在漳州市举办。平和县参展的非遗项目有漳州白皮饼制作技艺、平和白芽奇兰茶制作工艺、平和麦芽糖制作技艺、平和老菜脯腌制技艺和漳州窑（平和青花瓷）烧制技艺等。

11—12日，由省科协联合省委宣传部、省教育厅主办的2023年福建省“科普希望行”系列活动在平和县举行。活动期间，4位来自不同领域的专家学者赴平和四中、霞寨中心小学、南胜中心小学等8所学校开设科普讲座。

12日，副市长林少金带队到平和县调研督查民族宗教工作。市领导一行先后到侯山宫、基督教小溪礼拜堂、三平寺，通过实地走访、听取汇报和现场交流等方式，了解平和县民族宗教工作开展情况。

13日，市委副书记黄水木带队到平和县，调研推进乡村振兴“十镇百村”试点示范工作，检查督导耕地保护、花山溪生态环境突出问题整改和包保主体食品安全等工作。

15日，县委书记蔡绿璇带领党政代表团到福州市闽侯县开展对口帮扶工作。

15日，福建省残疾人体育运动管理中心副主任张宇带队到平和县选拔残疾人运动苗子。此次选拔对象的年龄在10—16周岁之间，残疾类别包括听力残疾、视力残疾、肢体残疾和智力残疾，有11名残疾青少年参加选拔。

16日，平和县在阳明公园举行2023年“6·16”安全生产宣传咨询日暨综合应急演练活动。活动中，县消防救援大队进行油盆灭火应急演练，安然公司进行燃气泄漏演练，县红十字会进行应急救护演练，平和污水处理厂进行有限空间应急演练，平和水务公司进行供水安全演练。

16—17日，漳州农信系统“乡村振兴共同体”气排球联赛在平和县举行。活动由福建省农村信用社联合社漳州办事处主办，10家农信社的员工各自组队参赛，龙海代表队获冠军、东山代表队获第二名、南靖代表队获第三名，其余参赛队伍分获优胜奖、优秀组织奖。

20日，平和县召开全域旅游集散服务中心项目协调会，并部署推进全域旅游集散服务中心项目启动建设工作。该项目位于文峰镇文美村，将文峰镇三平高速出入口附近的办公楼改造建设为平和旅游集散服务中心，总投资3600万元，其主要建设内容有白芽奇兰文创园、停车场、汽车维修中心、集散服务中心装修及配套设施等。

21日，平和县召开“七比一看”工作推进会，聚焦目标任务，对照考评细则，精准制订措施，推动各项经济指标提速晋位，确保实现“双过半”目标任务。

21—23日，为期四天的“柚香飘北京·产业促振兴”北京福建会客厅·平和县特色食品展销会在北京福建大厦举办。展销会由福建省工业和信息化厅、福建省人民政府驻北京办事处、漳州市人民政府指导，平和县人民政府、漳州市工业和信息化局、漳州信息产业集团联合主办。展销会上进行线上直播和线下展会实时联动，展销会当天，来自全国近20家采购商、投资商与平和县政府、平和县参展食品企业达成战略合作，展销会线上直播观看量就超过100万人次。据不完全统计，整个活动通过3场推介会和1场央企对接会达成订单总额近9000万元。

24日，县委书记蔡绿璇带队到医院、自然灾害避灾点、燃气和烟花爆竹企业、景区等地，开展安全生产大检查。

26日，平和县召开农业转型升级示范片暨山水林田湖草沙“双一百”项目工作推进会。

26—27日，市诚信促进会第八次县区会长联席会暨新征程主题教育学习会在平和县召开。

26—27日，县人大常委会主任朱新丰带领驻平和漳州市人大代表及县人大常委会相关人员到华安、南靖开展异地视察调研。

27日，“漳台交流基地”授牌仪式在芦溪镇蕉路村绳武楼举行。台湾新北三重区溪美里村里交流团一行39名台胞到芦溪镇蕉路村参访交流，并参加授牌仪式。

28日，“奋进新征程 同心护未来”平和县2023年未成年人保护宣传月暨平和县“福蕾行动·柚乡护童”关爱未成年人倡导主题活动在县法治文化广场举行。

29日，中国农技协科技小院现场交流观摩活动暨中国农技协学会服务站揭牌仪式在平和县举办。活动期间，中国农村专业技术协会漳州平和东湖农产品有限公司全国学会创新驱动服务站揭牌。中国农技协理事长、中国农业大学原校长柯炳生，中国农技协副理事长、中国农技协科技小院联盟理事长、中国农业大学原副校长张建华，中国科协农技中心副主任、中国农技协秘书长王诚，福建省农村专业技术协会理事长、中国农技协科技小院联盟副理事长、福建省科协原巡视员吴瑞建，县领导郑炎山等参加活动。

29日，平和县珊峰明欣希望小学揭牌仪式在大溪镇举行。省青少年发展基金会理事长叶云燕、旭辉集团股份有限公司代表施珊、省希望工程办公室主任郑小芳、团市委书记张宸珲等相关部门领导参加揭牌仪式。平和县珊峰明欣希望小学由福建省青少年发展基金会叶云燕女士、旭辉集团股份有限公司代表施珊女士等爱心人士捐资援建，学校占地约2430平方米。

30日，平和县开展“践行党的二十大·永远跟党走·奋进新征程”喜迎“七一”阅读红色经典暨图书赠阅文化助学活动。活动时间从6月30日至7月9日每天8：30—22：00，图书种类超过4000种，近10万册。

30日，平和县在漳州市龙江岁月漳字号平和白芽奇兰体验中心，举办以“奇香奇兰·福建福茶”为主题的平和白芽奇兰春茶推介会暨2023年度“三平杯”茶王赛全民品鉴活动。活动现场为第十六届平和白芽奇兰暨首届“三平杯”茶王赛获奖者进行颁奖。

30日，平和县举行县助残志愿者协会兼合党委成立揭牌仪式。

30日，“情系瓷源五寨 艺术赋能乡村”福建著名画家采风创作展览活动启动仪式在平和县五寨乡前岭村举行。此次活动为期5天，共计18名福建著名画家走进五寨乡采风创作。

7月

3日，央视融媒体助农项目《乡村服务社》走进中国农技协福建平和蜜柚科技小院，现场直播科学技术的普及和科技小院的成效。

3日，市委书记张国旺到平和县南胜镇欧寮村，走访慰问老党员、困难党员，送去党的关怀和温暖。

3日，福建农林大学园艺学院实践队走进平和蜜柚科技小院，围绕乡村振兴主题开展“三下乡”社会实践活动。为期5天，进行科普和调研工作。

4日，县长黄永健带队到灵通山风景区和G357线、安厚镇高速出口等地，调研推进重点交通项目和高速公路、国省道沿线环境质量整治工作。

4日，平和县安厚农场下坪至高速匝道连接线公路工程顺利交工验收，正式通车。平和县安厚农场下坪至高速匝道连接线公路工程位于平和县安厚镇，路线起于安厚农场南侧村道与安三线T字交叉，沿西南方向穿越农田、果园，终于云平高速安厚互通出口，路线全长0.6千米，按三级公路标准建设，总投资732.19万元。

4—5日，在闽异地漳州商会回漳开展“循足迹、筑忠魂、勇担当”主题党建暨平和县项目投资考察活动。

5日，市人大常委会副主任林俊德率队到平和县开展《福建省水污染防治条例》《漳州市饮用水水源保护办法》执法检查活动。

7日，县长黄永健到大溪镇下村村、大松村、店前村等地实地调研乡村振兴和违法图斑整治工作。

10日，平和县2023年抓党建促乡村振兴专题培训班开班。此次培训班为期5天，以专题教学与现场教学相结合的方式进行，各乡镇领导班子成员、乡镇选派全覆盖驻村第一书记，乡镇包村工作队长，各村党组织书记、村委会主任参加培训。

11日，省委巡视十组向平和县反馈巡视情况。省委巡视十组组长张健传达省委书记专题会议和省委巡视工作领导小组会议精神，反馈巡视发现的问题，并受省委巡视工作领导小组委托，对巡视整改工作提出具体要求。市委常委、市纪委书记、市监委主任陈文聪代表漳州市委对平和县委落实巡视整改提出要求。县委书记蔡绿璇就做好巡视整改工作作了表态。

11日，副市长兰万安带领市直有关部门负责人，到平和县督导推进梨仔坑应急水源工程、官峰水库项目建设及花山溪流域综合整治情况。

12日，全国政协常委、省政协副主席、民盟省委会主委阮诗玮带队到平和县，开展“关于以‘迁台记忆’为抓手，推动‘福’文化促进两岸同胞心灵契合的建议”重点提案督办的调研，市政协主席吴文团、副主席黄井南、县政协主席李瑞林参加调研。

12日，召开县委常委会暨县委巡视整改工作领导小组第一次会议，专题研究省委巡视十组反馈问题整改工作。县领导蔡绿璇、黄永健、朱新丰等县领导参加会议。

12日，“职引未来·筑梦青春”2023年高校毕业生招聘会在县人社局举办。8家企业到场，提供食品化验、销售经理、讲师、商场主管、自动化机组人员等20余种岗位，拟招聘200人左右。

14日，平和县举行平和乡村振兴党建学院漳州高速联系点揭牌仪式。

14日，第十五届海峡论坛·第九届海峡（漳州）茶会在漳州华阳体育馆召开。平和县组织5家企业参展。活动期间举办名茶品鉴暨品牌推介、茶产业发展研讨交流会、直播带货及培训等系列活动。

15—16日，2022—2023学年全国中小学信息技术创新与实践大赛（NOC）全国总决赛在内蒙古包头市国际会展中心举行。平和县代表队8名同学参赛，参赛的8名选手全部获奖，其中6名选手荣获全国二等奖，2名选手荣获全国三等奖。

17日，平和县巡视整改工作推进会召开，剖析巡视整改工作推进过程存在问题，动员全县上下扎实做好巡视“后半篇”文章，并就下一步巡视整改工作进行再部署、再安排。

18日，县委书记蔡绿璇带队到山格镇、平和工业园区工业项目建设现场开展现场办公，并召开工作推进会。

19日，省政协常委、经济委员会主任黄祥谈带领调研组到平和县调研民营经济发展情况。调研组一行实地调研西蝉木业、茶王谷、领峰食品、宏绿食品、大世界商贸有限公司等。

19日，省人大常委会委员、研究室主任陈书侨带队到平和县开展有关人大讨论决定重大事项工作和宣传工作情况调研，并走访联系省人大代表。陈书侨一行首先到坂仔镇人大代表工作室，与基层人大代表交流，详细了解基层人大代表履职、宣传工作和群众意见办理等情况，并召开座谈会，听取讨论决定重大事项工作开展情况和人大宣传信息工作的意见建议，并走访联系省人大代表张国雄。

19日，市人大常委会主任李东河带队到平和县调研推进九龙江流域山水林田湖草沙一体化保护和修复项目。调研组一行到花山溪流域重点区域污染防控与综合施策修复工程小溪镇溪洲段项目点、山格镇新陂村花山溪流域种植区土壤污染风险管控与治理修复工程项目点，实地察看生态修复、内源治理、土壤改良等工作开展情况，详细了解项目建设进度、存在的困难和问题，并提出具体要求。

21日，县第十九届人大常委会第十二次会议召开，会议任命许晓斌为县监察委员会副主任、代理主任。

21日，平和县医院举行名医工作室暨“福建省儿童专科医联体成员单位”揭牌仪式。名医工作室为福建省儿童医院重症医学科“胡肖伟儿内科名医工作室”和福建省儿童医院泌尿外科“周朝明儿外科名医工作室”。

25日，县委书记蔡绿璇带队到乡镇现场督导防汛防台风措施落实情况。先后到南胜镇南胜溪二级自控力翻板坝和梨仔坑水库、坂仔镇宝南村雨水管网工程建设现场、小溪镇九龙江（西溪）平和县防洪排涝工程中秋埔排涝站，详细了解各乡镇防汛设施现状、应急处置预案、防汛物资储备等情况，并就做好防汛度汛工作提出要求。

25日，平和县“最美医保人”“最美医保窗口”表彰会在平和县第三实验小学举行。此活动是福建省首个在医保经办服务行业中开展寻找“最美医保人”“最美医保窗口”的评选活动。共评选15名“最美医保人”和10个“最美医保窗口”。

25日，市妇联、市科技局、市农业农村局在坂仔镇召开“碳汇＋女科特派联盟”工作推进会。省妇联发联部四级调研员徐西朋、市妇联主席黄淑红参加会议。

25日，广西壮族自治区贵港市政协副主席曾海燕带队到平和县考察“强化林产品加工科技支撑，助推林产业转型升级”方面的经验和做法。

26日，平和县组织召开全县防台风防汛工作部署视频会，对全县防台风防汛工作进行再动员、再部署、再落实。同日，相继发布《平和县人民政府防汛抗旱指挥部关于防御超强台风“杜苏芮”的通告》《平和县人民政府防汛抗旱指挥部关于提升防台风应急响应至II级的通知》。

28日，平和县召开2023年县委上半年工作会议。

29日，平和县官峰水库导流洞应急工程顺利贯通，为大坝主体工程建设奠定坚实的基础。

31日，平和县召开国家自然资源督察、省委巡视、县委巡察反馈问题整改暨各类违法图斑整改工作推进会。

是月，芦溪镇东槐村水井小桥完成验收通车。水井小桥位于东槐村乡道长东线Y856上跨现状溪，重建项目总投资约155万元，桥长约16.5米，路面宽度由4.5米扩宽至8米，设计速度20千米/时，按照农村公路四级标准建设。

是月，位于平和县山格镇隆庆村蔡家堡内的王阳明廉政文化教育中心项目完成升级改造。王阳明廉政文化教育中心二期项目投入约76.5万元，改造面积250平方米，对展区格局重新规划布局，添置与王阳明相关的书籍，供参观者阅读学习，同时向外延伸打造廉政巷。

是月，漳州“栖居茶乡 香飘万里”之旅线路入选文化和旅游部2023年第二期“乡村四时好风光”全国乡村旅游精品线路名单。平和高峰谷茶园入选这批旅游线路中。该线路为长泰青阳共享茶场—华安哈龙峰生态有机茶园—南靖泓净生态茶园—平和高峰谷茶园—漳浦天福茶博物院—云霄和平泮坑文化茶园。

8月

1日，漳州市百场“芝山讲坛”平和分讲坛进社区活动在小溪镇东风社区新时代文明实践站举行。

2日，副市长余向红到平和县主持召开平和县三平康养小镇项目现场推进会。听取项目工作进展汇报，现场协调解决有关问题。

3日，由县文体旅局、县文联主办的“弘扬中华优秀传统文化书法展”在平和县博物馆开幕。此次展览邀请到全国35位书法名家书写孔子名言、礼赞孔子先师诗文等内容。

4日，县长黄永健带队到部分乡镇，调研推进“双一百”项目建设。

6日，平和县首届“和乐五小”足球联赛在平和县第五实验小学进行，全县各中小学、高中等9支队伍88名足球爱好青少年参赛。比赛时间为8月6—18日，通过小组循环赛方式，最终决出前三名并颁发奖杯。

7日，“法治平和 社区矫正”《中华人民共和国社区矫正法》实施三周年普法演讲比赛总决赛在小溪镇银河路法治文化广场举办。

8日，省委宣传部部务会议成员、文明办主任李琦率队到平和县调研新时代文明实践工作。

8日，莆田市工商联专职副主席胡建新带领相关县、区工商联负责人到平和县开展“五好”县级工商联互学互促活动。

8日，平和县南胜镇云后村的云后桥危桥改造项目完成建设并通车。云后桥改造项目总投资275.2万元，桥梁全长25.04米，桥宽9.5米。

8日，平和县“英才尚层杯”篮球邀请赛落幕，共有28支队伍参赛。

9日，市人大常委会党组副书记、副主任林俊德带队到平和县开展全市检察机关发挥职能作用助推市域社会治理法治化工作专题调研。

9日，平和县召开贯彻落实原中央苏区振兴发展政策暨项目策划储备专题部署会。

10日，市委书记王进足、代市长魏东带队到平和县，督导推进花山溪饮用水水源地风险突出问题整改。市领导黄水木、张鸿、廖卓文、兰万安，市直有关部门负责人等参加。县领导蔡绿璇、王毅伟参加活动。

11日，平和县召开全县当前重点工作推进会，传达贯彻落实8月10日市委、市政府主要领导到平和督导推进花山溪饮用水水源地风险突出问题整改时的讲话精神，对当前重点工作进行再部署、再动员，确保各项工作任务按期完成。县领导蔡绿璇、黄永健参加会议。

13日，平和县阳明文化展示中心揭牌仪式在平和县阳明公园举行。揭牌仪式上，全国阳明学研究机构（团体）联席会议成员单位、福建省新时代特色文艺示范基地、贵州大学阳明学研究中心研习基地、赣南师范大学王阳明研究中心研习基地、宁波财经学院阳明文化研究所研习基地、福建省闽南文化研究会阳明学专业委员会研习基地、平和县新时代文明实践中心研习基地等同步揭牌。

14日，省文旅厅副厅长肖长培带队到平和县调研指导闽台乡建乡创和乡村文旅资源开发工作。调研组一行先后察看三平康养小镇项目、平和县迁台记忆馆项目、林语堂故居、绳武楼，就项目规划建设推进、文化传承和文旅经济融合发展提出指导性意见。省农信社副主任林建东，县长黄永健等参加调研。

14日，平和县召开全县“亩均论英雄”工作推进会。

15日，副市长兰万安到平和县开展接访工作。

15日，副市长兰万安带领市直有关部门负责人到平和县，实地调研推进茶产业发展。

15日，平和县举行“平和县生态修复补植复绿基地”、平和县公安局“生态警务”天马中心站揭牌仪式。“平和县生态修复补植复绿基地”坐落于平和天马国有林场南霞管护站管理林地内。

18日，市财政局副局长、山水办主任谢志杰带队到平和县督查山水项目推进情况。督查组一行实地察看平和县花山溪流域重点区域污染防控与综合施策修复“双一百”工程国强乡延山村项目点、霞寨镇大湖村项目点、平和县花山溪流域重点区域污染防控与综合施策修复工程土壤酸化改良二期霞寨镇高寨村项目点等，并在高寨村召开推进会。

18日，平和县召开2023年度医师节座谈会和表扬大会。会上通报表扬15名“爱岗敬业好医生”和78名“光荣从医30年”医务工作者，并颁发荣誉证书。

18日，国家基本公共卫生服务项目暨家庭医生签约服务知识竞赛在平和县疾控中心举办，全县各基层医疗卫生机构的15支队伍参赛。

18日，平和县举办系列活动纪念周碧初诞辰120周年。在平和县博物馆举办周碧初捐赠书画暨名家藏品展、纪念周碧初诞辰120周年主题书画笔会等系列活动。

19日，平和县梨仔坑应急水

源工程引水管道与自来水厂取水主管道完成对接，主体工程全部完工。

21日，菲律宾漳州总商会理事长、菲中经济合作产业园公司副总裁罗剑峰带领考察团一行到平和县考察。

21日，县长黄永健带领县工信局、农业农村局到漳州招商引资。

23日，县委书记蔡绿璇带队到山格、小溪等乡镇实地调研城市道路项目建设情况，召开工作推进会。

23日，平和县举行2023年度“阳光助学”“吴琼玫助孤基金”助学金发放仪式。为对平和县67位特困大学生和8位孤儿发放助学金，共发放助学金36.09万元。

24日，市人大常委会副主任沈茂欣带队到平和县调研推进乡村振兴“十镇百村”试点示范建设情况。

24日，市政协提案委副主任，市政府副秘书长、办公室主任黄佳生带队到平和县开展“推进民宿与露营旅游”系列提案“点题”督办调研活动。

25日，福建省总工会和福建省文旅厅联合公布61家单位为“福建省职工疗休养示范基地”，涵盖休闲度假、森林康养、生态农业、红色教育等类型，平和高峰谷入选2023年福建省职工疗休养示范基地名单。

26日，2023年福建省全民健身运动会平和羽协“臻夫子杯”羽毛球混合团体赛激情开赛，12支队伍百余名运动员参加比赛。

28日，平和县“蛙天下”水乡渔村休闲渔业基地被福建省海洋与渔业局、福建省文化和旅游厅授予第十六批福建省“水乡渔村”休闲基地称号。

28日，平和县庆祝2023年医师节暨干部职工趣味运动会在平和县第三实验小学举办，有12支队伍，120余名医疗机构干部职工参加。

28日，平和县成立电商行业协会。召开平和县电商行业协会第一次会员代表大会，审议通过《平和县电商行业协会章程（草案）》，会议通过第一届理事会成员和监事会成员，漳州市贵友工贸有限公司赖游龙当选理事会会长。举行平和县电子商务行业协会揭牌，电商协会第一届理事会、第一届监事会成员授牌。

28—31日，平和县残联2023年度乡镇、村（社区）残疾人联络员培训班在阳光酒店举行，全县278名残疾人联络员分成2期，每期培训2天。

29日，平和县举行2023年优秀学子“人才政策暖心宣传包”发放仪式。

30日，亚洲开发银行副行长罗伯塔·卡萨利带队到平和县考察调研工作。省财政厅、农业农村厅，市财政局、农业农村局等领导，县长黄永健参加调研。

31日，平和县召开防御第9号台风“苏拉”工作部署会。根据天气形势和《平和县防汛抗旱防台风应急预案》的规定，平和县人民政府防汛抗旱指挥部决定从8月31日18：30起提升防台风应急响应至Ⅱ级，同时启动防暴雨应急响应Ⅳ级。

是月，福建省委省直机关工作委员会评选出第三批省直机关廉政教育点，王阳明廉政文化教育中心入选为廉政教育基地。

是月，平和县坂仔镇西坑村石壁下小组的道路硬化项目和西坑村新楼桥危桥改造项目建成投用。石壁下小组道路项目硬化面积达2600平方米，总长约700米，路基宽度3米，总投资46万元；西坑村新楼桥危桥改造项目总投资89万元，桥长9米，桥宽6.5米，道路总长585米。

9月

1日，市委副书记黄水木、副市长兰万安平和县检查防御9号台风“苏拉”防汛备汛工作开展情况。

1日，平和县境内出现持续性强降雨，南胜镇欧寮村、霞寨镇高寨村、九峰镇联峰村等地相继发生山体滑坡，致使道路通行受阻。平和各地迅速调动大型机械，组织人员全力清理、抢运滑落的土方、石头、树枝等障碍物。20时，霞寨镇高寨村、九峰镇联峰村滑坡路段恢复通车。

3日，平和县召开防御第11号台风“海葵”会商部署会。

7日，台风“海葵”过后，受连日降雨影响，平和县部分乡镇出现洪涝、山体滑坡等灾害。国道355线、国道357线（小溪到霞寨路段）共有12处溜方，溜方总体量达1万多立方米，完成溜方清理5处。导致供电线路及电力设备不同程度受损，电杆倒杆10根，斜杆16根，国网平和县公司已组织人员164人，抢修车辆41辆等开展抢修复电工作。

7日，平和县耕地保护和粮食安全工作会议召开。

7日，中国共产党平和县第十四届委员会第五次全体会议召开。全会听取和讨论蔡绿璇受县委常委会委托作的工作报告，审议通过《中共平和县委、平和县人民政府关于进一步促进民营经济高质量发展的实施意见》。

8日，平和县举行庆祝2023年教师节活动。举行庆祝2023年教师节暨表彰大会，会上，为获“2023年省级优秀教师”称号的7名教师和获“2022年度县委县政府优秀教师”称号的15名教师进行颁奖，为2023年中小学名师工作室领衔人进行授牌。举行庆祝教师节师生书画展，“平和县广兆先生事迹展示馆”为平和县教育系统师德师风教育基地、学生家国情怀教育基地揭牌，新任教师入职宣誓仪式，看望学校师生，慰问优秀教师代表等活动。

8日，第二十三届中国国际投资贸易洽谈会暨第二届乡村振兴产业展在厦门举办。县长黄永健应邀参加并作题为《游平和·心平和——“以文塑旅，以旅彰文”之平和行》的主题推介及展示。展会期间，平和县有10家企业参展。现场签约大溪镇梦想梯田农旅项目、印象半径景区提升及民宿建设项目等4个文旅项目，举办平和旅游摄影及短视频大赛颁奖仪式。

9日，平和县举行平和老区教育发展座谈会暨科华老区育才奖教金颁奖仪式。漳州市老区建设促进会和漳州科华公司联合为平和县23名扎根山区老区10年以上优秀教师颁发奖教金。

9日，第二届三平祖师文化学术研讨会在平和县三平风景区召开，市人大常委会副主任吴芳华，市政协副主席卢力，闽南师范大学党委常委、副校长张龙海，县长黄永健，以及来自海内外近120名领导嘉宾、专家学者、地方文史工作者、社会各界人士出席会议。

11日，县长黄永健到小溪镇检查指导台风灾后生产恢复和项目建设情况，到黄井工业园区和文峰镇实地调研工业项目配套设施项目和生态环境保护工作，到文峰镇文美村调研平和全域旅游集散中心项目建设情况。

11日，县委书记蔡绿璇带队到小溪、坂仔等乡镇调研督导“双一百公里”工程和水源地退果整治工作。

11—14日，平和县开展2023年中小学优质课评选活动，共有133名教师参加评选活动。

14日，市委书记王进足、市长魏东到平和县黄井工业园区现场办公。

14日，2023年平和县新农人“双百双万”素质提升工程暨电子商务人才培训班开班。为期2天，采用“课堂讲授＋实践操作”的方式，围绕电商基础知识、视频拍摄及剪辑、抖音运营等内容，近70名创业青年参加培训。

15日，省政协原副主席、省乡村振兴促进会会长许维泽带队到平和县实地调研乡村振兴工作。

15日，由抖音电商主办、漳州信产集团协办的2023年抖音电商产地招商会平和蜜柚专场，在平和琯溪蜜柚产业园召开，100多位商家朋友们到场参加。

17日，平和县召开学习贯彻习近平新时代中国特色社会主义思想主题教育工作会议。省委第二巡回督导组成员车延萍到会指导。

19日，平和县“移动箱式智慧菇房”示范基地开工仪式在五寨乡举行。平和县“移动箱式智慧菇房”通过“公司＋基地＋农户”的形式发展，农户向公司租赁出租房并购买菌包，由农业公司技术指导并统一包销。该项目总投资1500万元。

20日，平和县以“深学细悟新思想，凝心聚力谋发展”为主题的县处级领导班子主题教育第一次读书班开班。省委第二巡回督导组成员车延萍到会指导。

20日，市委副书记黄水木带队到平和县，督导包保主体食品安全工作，走访挂钩联系民营企业。

20日，副市长兰万安带领市直有关部门到平和县到开展学习贯彻习近平新时代中国特色社会主义思想主题教育，走访挂钩民营企业，帮助企业纾困境、解难题、促提升。

20日，平和县启动琯溪蜜柚“轻剪轻肥”生态种管科技宣传月活动。活动现场发布平和琯溪蜜柚“轻修剪”、生态果园建设和生态肥（堆肥、沤肥）生产技术标准，举行平和县退果蜜柚树综合开发利用基地揭牌，并启动琯溪蜜柚“轻剪轻肥”生态种管科技宣传月活动。市委副书记黄水木、省委组织部组织一处二级调研员车延萍、县委书记蔡绿璇，县长黄永健、市委副秘书长陈喜平、市农业农村局副局长郭庆亮参加活动。

20日，平和县举行2023年网络安全支撑单位聘任及攻防演练启动仪式。仪式上，为7家网络安全技术支撑单位颁发聘书。

21日，市委副书记黄水木，市委常委、常务副市长廖卓文带队到平和县黄井工业园区督导推进生态环保问题整改工作。

21日，平和县召开县处级领导班子主题教育第一次读书班暨县委理论学习中心组（扩大）学习会，会议以县乡联动的方式展开。

22日，平和县召开全域旅游集散服务中心工作协调会。

22日，平和县召开“一会两节”安全生产部署会，全面部署亚运会、中秋节、国庆节期间各项安全工作。会议以视频形式召开，各乡镇（区）设分会场。

22日，平和县召开创建国家食品安全示范城市“百日攻坚”行动部署会。

22日，平和县县处级领导班子主题教育读书班邀请福建农林大学、国际镁营养研究所教授吴良泉进行“推广蜜柚生态种管技术，推动产业转型升级”主题授课。

22日，平和县召开县处级领导班子主题教育读书班暨县委理论学习中心组学习会，集中学习《习近平新时代中国特色社会主义思想专题摘编》。

23日，平和县举办平和蜜柚“种好柚，卖好价”暨首届“柚品王”评选活动。在“柚品王”评选活动上，县长黄永健公布2022年地理标志区域品牌“平和琯溪蜜柚”区域品牌价值，“平和琯溪蜜柚”品牌价值为189.31亿元。从琯溪蜜柚（白肉）、红肉蜜柚、三红蜜柚3个柚类良种中共评选出24名获奖者，22名在2022年平和琯溪蜜柚季系列直播活动中表现优异的农产品助农大使，16家企业进行现场购销签约。

23日，县长黄永健带队到坂仔镇调研蜜柚产业发展情况。

24日，漳州市第五届闽西南气排球特色邀请赛在九峰镇印象半径顺利闭幕。比赛时间为9月22—24日，为期3天，10支队伍参赛，闽西南联队获冠军。

25日，“寻美福建·漳州”活动第十站走进平和。活动中，采风团一行先后参访三平风景区、高峰谷景区、印象半径景区等地。

25日，县长黄永健带领县财政局、生态环境局、兴和公司主要负责人到坂仔镇实地调研“双一百”项目建设推进情况。

25日，闽粤两省三县（区）检察机关、河长办跨区域协作会议在平和县召开。会上，平和县、永定区、大埔县三地检察机关、河长办分别介绍有关工作情况；举行《关于建立闽粤两省三县（区）检察机关跨区域协作机制的实施意见》和《韩江支流梅潭河、永定河流域公益诉讼和生态检察跨区域协作机制》会签仪式。

25日，平和县在平和县南胜中心小学举办以“提升全民科学素质，助力科技自立自强”为主题的2023年“全国科普日”主场活动。

26日，新里程健康集团首席执行官、新里程健康科技集团董事长林杨林，春伦集团总经理傅文深，国家电投集团福建电力有限公司重大项目总经理张建福，独一味生物制药总经理谢晓光，福建凌波旅游发展有限公司董事林文林等企业家到平和县考察白芽奇兰茶产业。

26日，“深学二十大 践行新思想”演讲比赛总决赛在平和县人民大会场举办。经过初赛、复赛到总决赛，评选出一等奖1名、二等奖2名、三等奖3名、优秀奖6名。

27日，平和县召开耕地和永久基本农田问题核实整改暨卫片执法工作会。

27日，平和县召开“七比一看”工作推进会，动员全县上下全面对标找差距，精准发力补短板，奋力赶超，全力推动“七比一看”竞赛各项指标提升提速。

28日，“同心同行良知之路 共建共享阳明史迹”——全国阳明史迹保护研究联盟第三次联席会议暨联盟十大阳明文化遗产保护研究成果发布活动在浙江省余姚市举办，平和旧县衙及文庙遗存构件陈列区建设项目获评全国十大阳明文化遗址保护典型案例之一。

28日，县处级领导干部开展“循足迹、悟思想、促践行”主题党日活动。活动中，举行西坑党校“习近平生态文明思想和乡村振兴战略重要论述主题教室”揭牌仪式。

29日，全国政协委员、全国台联副会长杨毅周到五寨乡埔坪村雾峰林氏宗祠建筑群走访调研。

是月，福建省农业农村厅发布福建省首批“福农优品”百品榜产品名单。全省共106个产品上榜，平和白芽奇兰、平和琯溪蜜柚榜上有名。

10月

4日，县长黄永健带队到黄井工业园区调研督导园区改造提升工作。

5日，平和县安厚中学更名为平和县龙华中学，并举行新校名揭牌仪式。

7日，副市长洪泰伟、市政协副主席陈仁朝带领市山水办到平和县调研山水林田湖草沙项目建设推进情况。

8日，市委副书记黄水木带队到平和县，督导推进2023年自然资源督察反馈问题整改工作。

8日，福建宏绿食品有限公司专利权质押登记申请获国家知识产权局核准并发放《专利权质押登记通知书》，通过质押2项发明专利权，在中国邮政银行平和支行办理1000万元贷款，实现平和县发明专利权质押登记融资零的突破，此为平和县政银联手办理的首项专利权质押登记。

9日，全国政协港澳台侨委副主任、十二届省政协主席崔玉英，十二届省政协党组副书记、副主席杜源生、许维泽等6人，到平和县调研民间信仰管理工作，吴文团、曹阳，蔡绿璇、李瑞林等市县领导陪同。

9日，平和县举行2023年第四季度重点项目集中开竣工活动暨平和县官峰水库工程开工仪式。平和县参加全市2023年第四季度重点项目集中开竣工活动项目共有11个，总投资53.5亿元。其中开工项目8个，分别是平和县官峰水库工程、平和县琯城水厂工程、平和县茶产业供应链项目（二期）、平和县好又多木业家居新材料生产项目、平和县馨荣茶叶生产基地建设项目、平和县东坑储备粮库扩建工程、平和县安厚机械产业园基础设施建设项目、平和县西部片区乡村振兴项目，总投资48.79亿元，年度计划投资6.84亿元；竣工项目3个，分别是平和县福熠食品产业园（一期）、平和县九龙江西溪南胜溪流域（梨仔坑）管线工程及清淤治理、平和县九峰镇污水处理厂及配套管网工程，总投资4.71亿元。

9日，平和县应急水源工程试通水。平和县应急水源工程从梨仔坑水库取水，铺设14.14千米引水管道连接县自来水厂，同步考虑远期互联互通琯城水厂原水系统，同时实施库区周边水源地保护工程、土地林地收储、库区清淤、生态林业种植、水质提升项目等，工程估算总投资4.03亿元。

10日，平和县举办以“寻根闽南，梦圆柚乡”为主题的林语堂诞辰128周年纪念活动。活动上举行漳州社区大学“市民学习体验基地”和平和社区学院“市民学习体验基地”授牌仪式。

10日，中国农业科学院茶叶研究所陈宗懋院士团队首席专家周利研究员和李兆群博士，农业农村部茶叶指导组专家、省农业农村厅二级研究员高峰等专家一行到平和县实地考察茶产业发展。

10日，市委常委、组织部部长季光明带队到平和县调研青年人才返乡就业创业工作。

11日，省委主题教育第二巡回督导组组长何国辉带队到平和县调研督导主题教育开展情况。

11日，平和县人民政府与福建中医药大学举行县校合作共建框架协议签约仪式。

12日，市政协副主席陈跃鸿带队到平和县开展市政协团青界别小组“闽台乡建乡创助力乡村振兴”点题协商活动，初步调研考察团市委等部门推动台湾青年参与闽台乡建乡创合作的基本情况。

13日，市人大常委会以主题教育为契机组织省十四届人大代表（漳州团）到平和县开展“保护母亲河——九龙江流域生态环境保护”专题调研和集中视察。

13日，平和县开展以“共同打造有韧性的未来”为主题的2023年国际减灾日防震减灾科普宣传进校园活动。

15日，县委书记蔡绿璇带队赴华安县开展蜜柚科学栽培模式观摩学习。

16日，平和县召开民生实事工作推进会。听取当前民生实事工作推进情况，协调解决相关问题，实实在在推动民生实事见行见效。

16日，平和县召开国企重点项目汇报会议。听取平和县兴和公司、城投公司、交投公司和旅投公司等国企重点项目汇报。

17日，副市长林少金带领市直部门到平和县开展工作调研。

18日，县委书记蔡绿璇带队到霞寨镇，开展“四下基层”活动暨调研花山溪流域生态环境整治工作情况。

18日，平和县与闽南师范大学续签战略合作框架协议。

19日，平和县召开县处级领导班子主题教育第二次读书班暨县委理论学习中心组（扩大）学习会，会议邀请漳州市委党校经济学教研室主任、教授方赐德作《习近平经济思想学习纲要》专题辅导报告。

20日，平和县召开全县乡村振兴工作推进会。

20日，平和县召开花山溪饮用水水源地综合整治推进会。

20日，平和县召开耕地保护、卫片执法工作推进会。

20日，平和县召开县处级领导班子主题教育第二次读书班暨县委理论学习中心组（扩大）学习会，邀请福建农林大学教授、博士、博士生导师朱朝枝以《乡村振兴战略与农业农村现代化》为题，围绕“从两个维度进一步理解乡村振兴战略”“借鉴‘千万工程’经验扎实推进平和宜居宜业和美乡村建设”“以乡村振兴统领平和农业农村现代化”三个方面作辅导报告。

20日，在县处级领导班子主题教育第二次读书班暨县委理论学习中心组学习会上，县委书记蔡绿璇为广大党员领导干部讲以“奋楫生态文明建设 谱写美丽平和新篇章”为主题的专题党课。

23日，台湾台中雾峰林家后代子孙参访团一行34人到平和县五寨乡埔坪村开展探亲祭祖和文化交流。省台盟专职副主委许勇铁，市台盟主委、台联会长方丽云陪同参访。

24—25日，平和县组织相关部门和乡镇有关人员赴杭州考察学习，结合开展主题教育，学习借鉴先进地区在农业发展和乡村运营方面的成功经验。

25日，省文化和旅游厅副厅长吴新斌带队到平和县调研三平文化产业发展。

26日，平和县召开创建福建省全域生态旅游示范县工作推进会。

26日，福建省住房和城乡建设厅、福建省财政厅组织的“2024年闽台乡建乡创合作样板县”竞争性选拔，平和县被列为2024年闽台乡建乡创合作样板县。欧寮村被列为第一批闽台乡建乡创合作省级补助项目。

26—27日，省政协副主席张国旺带领省、市相关部门及对口帮扶县闽侯县到平和县开展挂钩帮扶工作并召开座谈会。

31日，副市长兰万安带领市直有关单位负责人到平和县督导推进花山溪流域综合治理工作。

是月，中共福建省委省直机关工委办公室印发《关于命名省直机关第二批主题党日活动基地的通知》，评选出55家单位作为省直机关第二批主题党日活动基地。漳州市共有4家单位入选，其中平和县“红色欧寮”党性教育基地榜上有名。

11月

1日，省长赵龙到漳州市平和县调研。

2日，平和县召开县委常委会会议暨县委学习贯彻习近平新时代中国特色社会主义思想主题教育领导小组第二次会议。

2—3日，召开平和县委三季度工作会议暨县域经济高质量发展推进会。

3日，平和县召开第五次全国经济普查推进会。

5日，省文旅厅副厅长肖长培带队到平和县调研文旅经济发展情况。

6日，平和县在五寨乡埔坪村启动平和县迁台记忆馆建设。省文旅厅副厅长肖长培、省农信社副主任林建东、县长黄永健参加活动。

6日，平和县委书记蔡绿璇带队赴上海参加第六届中国国际进口博览会，开展招商推介活动，洽谈对接推动上好佳等项目建设。

7日，省政协常委马祥庆带领福建农林大学省政协委员小组一行14人，到平和县调研蜜柚科技小院情况，县政协林启明副主席陪同。

7日，平和县召开黄井工业园区环境质量提升工作推进会。

7日，平和县召开全县重点项目谋划工作推进会议。

7日，平和县2023年社科普及宣传周在中宝（福建）食品科技有限公司启动。启动仪式上，向市级社科基地“平和白芽奇兰茶文化研究基地”颁发牌匾。

8日，平和县举办首个“漳州企业家日”系列活动暨山格镇“企业家代表座谈会”。

同日，第24个中国记者节，县领导到平和县融媒体中心、福建广电网络平和分公司看望慰问新闻工作者，向全县广大新闻工作者致以节日的问候和祝福。

9日，市人大常委会党组副书记、副主任林俊德带领市督查组到平和县开展《城镇燃气管理条例》《福建省燃气管理条例》贯彻实施情况督查。

9日，县委书记蔡绿璇带队开展“四下基层”，到山格、南胜、大溪实地调研项目建设、“轻剪轻肥”和生态立体种养工作开展情况。

9日，平和县举行2023年度“119消防宣传日”系列活动，活动以“预防为主，生命至上”为主题，县直有关部门及消防宣传志愿者、学生代表、社区工作人员等200余人参加活动。

9日，2023年平和县中小学生田径运动会暨教师趣味运动会在平和广兆中学体育场开幕。全县15个乡镇的52支中小学生代表队和48支教师代表队参赛，该届运动会为期3天，分为小学组、初中组、高中组、教师组进行比赛，学生组运动员参加17个大项102个小项比赛；教师组运动员参加毛毛虫、同心鼓2个比赛项目。

9日，平和县“网格大走访 平安大巡防”暨“网格之星”评选活动启动仪式在文峰镇举行。

10日，平和县赴高新区、龙海区考察学习，进一步深化沟通交流，推动务实合作，共谋区域高质量发展。

13日，市政协副主席、发改委主任蔡兴州带领调研组到平和县召开县域经济高质量发展和“七比一看”竞赛工作举措座谈会。

13日，平和县召开全县乡贤促进会组建工作会、全县公益性生命公园建设工作会。

13日，漳州市黎明蜂患处理中心揭牌成立。漳州市黎明救援队有正式队员15名，预备队员2名。市民可通过拨打“119”或“110”求助热线联系救援队。

14日，省委主题教育第二巡回督导组到平和县调研督导主题教育推进情况，市委主题教育办有关领导参加调研。

14日，县委书记蔡绿璇实地督查安全生产和消防安全工作。

15日，县委书记蔡绿璇带队开展县社会治理中心建设情况调研并召开座谈会。

15日，县长黄永健带领县水利局、生态环境局主要负责人到山格镇、文峰镇、坂仔镇实地督导生态环境保护工作推进情况。

15日，以“落实安全主体责任，推动质量效益提升”为主题的2023年平和县建设工程质量安全现场观摩会在“平和县乡村振兴产业孵化中心”举办。

16日，平和县召开推动县域经济高质量发展务虚会暨县委主题教育工作研讨会。

16日，县委书记蔡绿璇带队到小溪镇、山格镇开展农村供水安全、重点水利项目建设工作督导调研。

17日，福建省林业局、省民政厅、省卫健委、省总工会、省医疗保障局发布2023年福建省级森林养生城市森林康养小镇和森林康养基地名单，平和县灵通山森林康养基地入选福建省级森林康养基地名单。

18日，平和县的宾阳楼、寨河旧楼作为活化利用试点土楼，并赴法国国家博物馆参加专题展，获2023年豪瑞（Holcim）可持续建筑大奖赛亚太地区唯一金奖。

19日，市委副书记黄水木带队到平和县召开全县工作专题会。

19日，副市长兰万安到平和县召开座谈会，听取平和县2024年重点项目谋划情况汇报。

19日，“平和县蜜柚运输车辆通行‘绿色通道’预约抽免检工作合作备忘录”签约仪式在漳州举行，意味着平和蜜柚运输抽免检试点将进入跨省高速外运“免开箱快速查验、快速通行”的新时期。

21日，平和县2023年暨第三届防震减灾科普讲解大赛决赛在平和县第四实验小学举行。学生组的12名与成人组的11名参赛选手进入决赛，分别评出一、二、三等奖。

23日，平和县召开县处级领导班子主题教育读书班（第三次）暨县委理论学习中心组学习会。由中共福建省委党校、福建行政学院马克思主义研究院副院长、教授孙秀艳作“跟习近平总书记学工作方法”专题辅导视频课程。

23日，县委书记蔡绿璇、县长黄永健带队到漳州市党风廉政教育基地接受党风廉政教育，并到龙文区、长泰区考察学习。

23日，漳州市精神文明建设指导委员会发布第八届漳州市道德模范名单，授予11人第八届漳州市道德模范荣誉称号。平和县霞寨镇建设村村民黄木金被授予“见义勇为模范”称号。

24日，平和县召开全县深化运用“四下基层”制度走好新时代党的群众路线暨“真抓实干、转变作风”推进会。

24日，第三届泉州市平和商会在泉州市海丝博亚国际酒店举办就职典礼。

24日，以“安全用药 健康为民”为主题的漳州市2023年“安全用药月”暨药品安全宣传活动启动仪式在平和县举行。

25日，县长黄永健在泉州市开展招商考察工作，走访优质企业。

26日，平和县妇幼保健院“孙蓬明妇科名医工作室”揭牌成立。

27日，平和县社会治理中心（综治中心）揭牌启用。该中心的揭牌启用是平和县坚持和发展新时代“枫桥经验”的实践创新，将标志着平和县基层社会治理体系由“单兵作战、各自为战”向“多部门协同办理”的重要转变，平和县基层社会治理高质量发展迈入崭新阶段。

27日，市委常委、政法委书记张慧德到平和县开展社会治理工作专项调研。

28日，县委书记蔡绿璇带队督导中央环保督察信访件办理情况。

28日，平和县离退休干部党员主题教育专场文艺汇演暨平和县老年大学建校三十周年纪念大会在全民健身广场举行，200多名离退休干部党员参加活动。

29日，平和县计划生育协会优生优育指导中心揭牌成立。该中心设立在县妇幼保健院。

29日，县委书记蔡绿璇带队到乡镇调研工业项目建设工作、推进生态环境保护问题整改，到大溪镇调研农业产业可持续发展工作。

29日，平和县召开全县见义勇为表彰大会。

30日，省生态环境厅生态环境保护监察专员兼第二专员办主任彭国斌到平和县平和工业园区召开中央生态环境保护督察专题推进会。

是月，国道355线平和县九峰镇福田村至平等村省际通道绿化景观提升工程完工，工程全长3.95千米。该省际通道是平和县九峰镇至广东的主要交通要道，在两省交界处新建一座闽字界碑。

是月，位于平和县城北环路的平和县智慧体育公园正式对外开放，平和县智慧体育公园占地面积66713平方米，总投资约2000万元。园内设有篮球场、网球场、羽毛球场、气排球场、门球场、五人制足球场、轮滑场和彩虹跑道等，配备室外智能国民体质测试亭、智能健身驿站、智能健身路径、智能健身步道等设施，可满足全人群的健身活动需求，方便群众参与体育活动。

12月

1日，平和县被福建省文旅厅认定为第四批福建省全域生态旅游示范县。

1日，全县统战系统“学习贯彻二十大凝心聚力勇争先”演讲比赛决赛在平和县第四实验小学举行。评出一等奖1名，二等奖2名，三等奖3名，优秀奖8名。

1日，平和县举行2023年国际残疾人日活动暨平和县残疾人精神障碍社区康复社工服务项目启动仪式在小溪镇东风社区举行。

2日，平和县启动第十二个“12•2”全国交通安全宣传日主题宣传活动。

4日，平和县召开生态环境保护督察工作专题会。

4日，“践悟新思想 踔厉新征程”“‘福小宣’在漳州”优秀宣讲作品基层巡回宣讲活动（平和专场）在平和县阳明公园举办。

5日，平和县举办第五次全国经济普查宣传月启动仪式暨统计法颁布40周年纪念活动。

6日，县委书记蔡绿璇到平和黄井工业园区督导中央生态环境保护督察重点信访件办理情况，现场察看挂钩督办的重点信访件的立行立改情况，并就整改落实工作提出要求。

6日，平和县开展“‘三问’建言•献计平和”调研活动座谈会，聚焦群众所需，以问题为导向，以落实为抓手，推动全县为民办实事活动走深走实。

8日，全市综治中心规范化建设现场观摩会召开，市委常委、政法委书记张慧德带领各县（区）委政法委书记、各开发区（投资区）分管领导到平和县现场观摩县乡村三级综治中心规范化建设工作。

11日，平和县召开全县中央生态环境保护督察问题整改推进会，听取有关整改工作推进情况汇报，部署下一步重点工作。

13日，省教育厅副厅长李绚带队到平和县开展教育工作督导活动。

13日，市委政法委领导带队的市考评组到平和县开展党政领导平安建设（综治工作）责任书落实情况实地考评工作。

14日，中国初级卫生保健基金会专职副秘书长、全国基层医疗高质量发展援建工程管理办公室主任汪辉带队到平和县，开展“全国基层医疗高质量发展援建工程”对接工作调研。

18日，中国驻菲律宾大使馆一等秘书朱珉带领部分菲律宾企业家到平和县考察。

18日，平和县乡贤促进会工作专题会召开，传达学习全市强化党建引领村（社区）乡贤促进会健康发展工作推进会暨业务培训会精神。

19日，县委书记蔡绿璇、县长黄永健等县各套班子领导到安厚镇调研龙华乡贤促进会“小阵地”汇聚“大能量”助推乡村振兴平台展示项目建设情况，到霞寨镇调研农业种养加一体化发展示范项目，到文峰、五寨、大溪等乡镇开展全域旅游调研。

20日，副市长兰万安带领市直有关部门到平和县就漳州市2024年《政府工作报告》征求意见，到平和白芽奇兰茶文化展示中心开展调研活动。

20日，市级社科基地——平和白芽奇兰茶文化研究基地在平和县揭牌。

20日，县长黄永健带领小溪镇政府、县城管局相关人员到小溪镇坑里村实地督导“两违”拆除工作。

20日，广西梧州市藤县政协副主席陈志金一行10人，到平和县开展“做好系统性挖掘研究，促进中和窑文化资源活化利用”主题考察，县政协谢伟宏副主席陪同。

20日，以“科普进校园 点燃科学梦”为主题的科普进校园系列活动在平和县小溪中心小学、平和正兴学校举行。

21日，全市提升初信初访一次性化解率经验交流会在平和县召开，市信访局领导、各县（区）委、开发区（投资区）信访局分管领导和业务骨干到平和县开展经验交流，并实地观摩学习平和县社会治理中心（综治中心）规范化建设成果。平和县就如何提升初信初访一次性化解率作经验交流。

21日，漳州市“网格+防震减灾”试点工作现场观摩会在平和县召开。会上，县地震办就平和“网格+防震减灾”试点工作开展情况作交流发言。

21日，县长黄永健带领县农业农村局、市管局、工信局和有关乡镇主要负责人到霞寨镇实地调研蜜柚营销和蜜柚深加工情况。

21日，全县“148”品牌创建现场推进会在九峰镇召开。

21日，以“‘中国梦·劳动美’凝心铸魂跟党走、团结奋斗新征程”为主题的全县干部职工瑜伽比赛在平和一中体育馆举行。县直机关各系统10支代表队参赛。该赛事设置奖项10个，其中一等奖1个、二等奖2个、三等奖3个，最佳风采奖、最佳创意奖、最佳表演奖、最佳组织奖各1个。

22日，“两岸同聚 宴遇漳州”漳州市第二届闽台美食文化节在漳州高新区开幕，平和县美食组团参展，共设置13个展位。

22日，湘粤赣闽第八联防区第59届边界护林联防会议在平和县召开。会上，平和县与广东省梅县区举行交接班仪式。

23日，平和县举办“白芽奇兰 品牌崛起·2023年会”。现场还举行2023年度平和白芽奇兰“十佳品牌”“优秀企业”和协会“优秀会员单位”颁奖授牌仪式。

25日，平和琯溪蜜柚走进北京直播展销暨北京（福建）会客厅·平和县专展乡村振兴系列活动在首衡集团高碑店国际农产品交易中心启动。活动当天举行首衡集团高碑店国际农产品交易中心“平和琯溪蜜柚”销售专区揭牌仪式。活动首日，订单签约金额近9000万元。

25日，平和县召开全县打击治理电信网络新型违法犯罪工作推进会。

27日，经漳州市文化和旅游局组织评定，确定平和县灵通山景区为国家AAA级旅游景区。

27—28日，政协平和县第十一届委员会第三次会议在县城举行。大会选举十一届县政协秘书长、补选十一届县政协常务委员。

28日，平和县“学思用贯通知信行统一”主题教育专题书法作品展在县博物馆举行。共展出145幅作品。

28—29日，平和县第十九届人民代表大会第三次会议在县会议中心召开。大会选举县监察委员会主任和5名县人大常委会委员。

29日，福建省工信厅发布第四十批省企业技术中心认定名单，中宝（福建）食品科技有限公司榜上有名，实现平和“省级企业技术中心”荣誉评定零的突破。

29日，漳州市平和县大芹威士忌观光园（福建大芹陆宜酒业有限公司）被列入2023年福建省观光工厂名单。

30日，“党建+文旅+金融”赋能乡村振兴“行旅世界·心归平和”平和县主题旅游季活动暨创建闽台乡建乡创合作样板县启动。同时，平和县全域旅游集散服务中心启动运营。

31日，福建省漳州市平和县名峰山景区达到国家AA级旅游景区标准，平和县文化体育和旅游局局组同意批准为国家AA级旅游景区。

是月，省教育厅印发《关于建设省级师范教育实践基地的通知》，平和县第三实验小学被确定为福建省首批师范教育实践基地“义务教育阶段学校”。

是月，位于平和县国道355线（水港红绿灯至枫埔村段）、县道山国线X581（溪州至五村段）的两条主干道道路亮化工程完工并投入使用，项目总投资1056万元。

是月，中共福建省委老干部局、中共福建省委离退休干部工作委员会公布2023年省级“离退休干部‘六好’示范党支部”等“五个一百”名单，平和县南胜镇离退休党支部上榜。

是月，省总工会发布2023年福建省“最美工会驿站”名单，共100个驿站被命名为2023年福建省“最美工会驿站”。“平和安然营业厅工会户外劳动者服务站点”名列其中。

县情概貌

自然地理

【位置面积】 平和县地处福建省闽南金三角的漳州市西南部，介于厦门、汕头两个经济特区之间，与闽粤两省八县（市）毗邻，素有“八县通衢”之称。平和县是福建省重点侨乡之一，也是台胞的重要祖籍地，是原中央苏区县、省重点革命老区县。县城小溪镇，距漳州市47千米，国道官九线、东东线及沈海复线高速公路贯穿全县境地，地理坐标为北纬24° 02′—24° 35′、东经116° 54′—117° 31′，全境面积2309.54平方千米。2023年，平和县常住人口45.31万人，辖10个镇、5个乡、1个国有农场、1个工业园区。

【地貌】 平和县处于南岭山脉东西向复式构造带与新华夏系第二复式隆起带这两个巨型构造体系的复合部位，境内出露的地层有侏罗系、第四系、白垩系、三叠系，历经多次地壳运动，构造断裂复杂，是一个以北东向褶皱为主干、多组断裂交织一起的网格状断裂构造格局。境内的大芹山和双尖山纵贯南北，把全县分为东南、西北两大部分，地势中部、西部高，向东南和西北倾斜。地貌主要有中山、低山和丘陵等3个类型。其中以丘陵地为主，占全县总面积的65.2%，多分布于东南部花山溪畔两侧河谷地带和山间盆地；其次为低山，占全县总面积的26.3%，主要分布在中部和东南部陡坡地外围；再次为中山，占全县总面积的8.5%，主要分布于境内中部和西北部。全县海拔1000米以上的山有64座，海拔1544.8米的九峰镇大芹山，是漳州市最高峰；文峰镇黄井村海拔20米，是全县最低点。

【气候】 平和县属亚热带季风性湿润气候，季风主导，气候温和。2023年，平和年平均气温22.2℃，比历年平均值高0.5℃，属偏高年份；年极端最高温度39.5℃，出现在7月14日；年极端最低气温1.3℃，出现在1月29日。年总降水量1684.7毫米，比历年平均值少58.0毫米，属正常年份。年总日照时数1801.1小时，比历年平均值多36.7小时，属正常年份。县城气候高温日数38天，大风日数2天，暴雨日数5天。年内，出现暴雨过程多，台风影响大，冷空气影响频繁。

暴雨过程　全年6次暴雨过程。分别为：

2月5日受南风急流影响，灵通山、五寨乡、三平寺景区出现暴雨。

3月23日白天至26日早晨，出现较大范围强对流和暴雨天气，雷雨时部分乡镇伴有短时大风或冰雹；统计23日8时至26日8时累计雨量，17个自动站超过100毫米，以南胜镇127.7毫米为最大，平和本站70.5毫米；3月23日16时30分左右芦溪镇西新村出现5—10毫米的冰雹，持续约10分钟。

4月18—19日受低涡切变东移影响，部分乡镇出现暴雨到大暴雨；统计17日20时至19日20时累计雨量，6个自动站超过50毫米，以五寨乡114.1毫米为最大。

5月7—8日受低层切变东移影响，部分乡镇出现暴雨到大暴雨；统计6日20时至8日20时累计雨量，6个自动站超过50毫米，以山格镇双田村107.5毫米为最大。

6月9—10日受低层切变影响，出现大雨到暴雨，部分乡镇大暴雨；统计9日8时至11日8时累计雨量，5个自动站超过100毫米，以山格镇平寨水库114.5毫米为最大，最大小时雨量为山格镇平寨水库69.4毫米。

8月19—20日受低涡切变影响，普降大雨到暴雨，部分乡镇大暴雨；统计18日20时至20日20时累计雨量，13个自动站超过100毫米，以小溪镇176.3毫米为最大，平和本站降水174.6毫米。

台风过程　全年4次台风过程。分别为：

受台风“泰利”外围环流影响，出现大雨到暴雨，统计7月17日8时至19日8时累计雨量，3个自动站超过100毫米，以霞寨镇坑内村113.9毫米为最大。

受台风“杜苏芮”环流影响，部分乡镇出现暴雨，统计7月28日8时至30日8时累计雨量，2个自动站超过50毫米，以大溪镇下村村92.7毫米为最大，最大小时雨强为大溪镇灵通山51.7毫米。

受台风“苏拉”影响，普降暴雨到大暴雨，局部特大暴雨，统计8月31日20时至9月1日20时过程累计雨量，24个自动站大于100毫米，以为文峰镇三平寺景区282.3毫米为最大（超过250毫米），本站出现年最大日降雨量181.7毫米，九峰镇大芹山出现9级阵风（21.9米每秒）。全县经济损失8905.07万元，其中，房屋及家庭财产损失11.26万元，农林牧渔业损失4976.21万元，基础设施损失3917.6万元。农作物受灾835.43公顷；一般损害房屋33间；无因灾死亡人口、因灾失踪人口。

受台风“海葵”影响，出现持续时间较长的强降水天气，统计9月4日8时至8日8时累计雨量，15个自动站雨量超过250毫米，包含8个自动站雨量超过300毫米，以霞寨镇官峰村392.9毫米为最大；9月6日降水最强，24小时（9月6日8时至7日8时）累计雨量以霞寨镇官峰村249.5毫米为最大。造成全县经济损失约1.96亿元，其中，房屋及家庭财产损失35.77万元；农林牧渔业损失9193.45万元；基础设施损失10387.78万元；农作物受灾980.56公顷；一般损坏房屋147间；无因灾死亡人口、因灾失踪人口。

冷空气过程　全年2次冷空气过程。分别为：

1月25—31日受冷空气影响，部分乡镇有霜或霜冻，大芹山多日出现雾凇。

12月21—27日受强冷空气影响，所有乡镇最低气温均达到4℃以下，含6个乡镇10个自动站点最低气温达到0℃以下，以九峰镇大芹山的-3.4℃为最低，过程最低气温主要出现在12月22日、25日和26日早晨，出现霜或霜冻，局部有结冰。

资　源

【土地资源】 平和县全境总面积2309.54平方千米，其中湿地132.13公顷；耕地4134.9公顷，占1.79%；园地92348.45公顷，占39.99%；全县林地117809.39公顷，其中乔木林地92348.45公顷、竹林地4267.91公顷、灌木林地265.88公顷、其他林地15127.12公顷；草地404.06公顷；城镇村及工矿用地8121.48公顷；交通运输用地1509.08公顷；水工建筑用地83.38公顷；水域用地3142.69公顷；其他土地3268.33公顷。

【水资源】 平和县地处闽粤交界的漳州西南部，境内河流众多，是九龙江南溪、鹿溪、漳江、东溪、韩江等闽南粤东5条江河的发源地，素有“五江之源”“漳州水塔”之称，全县重点水源保护地有20

处。境内溪涧纵横，集雨面积3平方千米以上的河流有137条，其中集雨面积10—100平方千米的河流69条，集雨面积100平方千米以上的河流9条，主要有花山溪、芦溪溪、九峰溪、安厚溪、大溪溪、文峰溪、五寨溪等。全县水资源总量27.78亿立方米，占全市水资源总量的15.6%，人均拥有水量4811立方米，是全国人均2700立方米的1.78倍。全县水能资源理论蕴藏量16.6万千瓦，可开发量14.94万千瓦，建成投产的电站装机容量为12.23万千瓦。县内地下水总量为4.08亿立方米，探明地下热水11处。其中，山格镇宝丰村地热72℃，日出水量259.2立方米；南胜镇溪埔楼汤鼎地热62℃，日出水量408.7立方米；坂仔镇桂阳楼南面地热60℃，日出水量345.9立方米。

【植物资源】 平和县林地17.9万公顷，其中乔木林地11.5万公顷、疏林地3078公顷、灌木林地5.41万公顷、竹林地3159.33公顷、未成林造林地2366.67公顷、苗圃地19.67公顷、其他林地1350公顷，无林地5.24万公顷；全县森林覆盖率73.02%、森林蓄积量1184.80万立方米。原生植被为亚热带雨林和亚热带常绿阔叶林、针阔混交林，植物群落类型繁多，层次结构复杂，具有浓厚的南亚热带雨林景观的色彩，主要有针叶林、阔叶林、针阔混交林、竹林、灌木和草坡等6种植被类型，15个群系纲、165个群系、408个群丛。

【动物资源】 平和县境内兽类有8目24科38属57种。被列入国家一级保护的有7种，二级保护的有6种，三级保护的有2种。鸟类有14目38科83属276种。鱼类有15科41属44种，其中鲤科25属、27种，均为淡水鱼。昆虫有11目55科222种，蜱螨8科22种。

【矿藏资源】 平和县矿藏资源丰富，主要有金属矿和非金属矿两大类，探明的矿产有15种（不含建筑用石料），包括铜、铅、锌、钼、金、银、铍、轻稀土矿8种金属矿种，明矾石、硫铁矿、叶蜡石、玻璃用脉石英、饰面用石料、矿泉水等7个非金属矿种以及地热。

【旅游资源】 平和县旅游资源丰富。辖区内拥有国家AAAA级旅游景区2个：平和县三平风景区、高峰谷景区；国家AAA级旅游景区1个、国家级风景名胜区、国家地质公园1个：平和县灵通风景区；中国传统村落6个：大溪镇庄上村、霞寨镇钟腾村、芦溪镇芦丰村、秀峰乡福塘村、九峰镇黄田村、芦溪镇秀芦村；全国乡村旅游重点村1个：芦溪镇蕉路村；国家级非遗项目1个：三平祖师信俗；国家级历史文化名镇1个：九峰镇；国家级历史文化名村1个：霞寨镇钟腾村；省级传统村落7个：坂仔镇山边村、国强乡新建村、五寨乡埔坪村、霞寨镇寨里村、芦溪镇东槐村、山格镇隆庆村、山格镇宝丰村；省级非遗项目4个：闽台乞龟民俗、平和龙艺扎制技艺、潮剧（平和）、漳州白皮饼制作技艺；“福建省全域生态旅游小镇”1个：大溪镇；福建省“金牌旅游村”3个：芦溪镇蕉路村、霞寨镇高寨村、国强乡新建村。2023年12月，平和县被福建省文旅厅认定为第四批福建省全域生态旅游示范县。

三平风景区　位于漳州市西南的平和县境内，方圆20平方千米，以千年古刹三平寺为中心。包括三平祖师文化园、如意谷、广济园、汉白玉祖师公雕像、尚书阁、侍郎亭、毛氏洞、龙瑞瀑布、红军三平会师纪念馆等景点。古代与现代文化相融合，自然与人文景观相映衬，处处蕴藏着扣人心弦的故事传说，是闽南旅游朝圣的胜地，也是瞻仰革命先烈的红色教育基地。2005年12月，被国家旅游景区质量等级评定委员会评为国家AAAA级旅游景区。2014年11月11日，三平祖师信俗被国务院被列入第四批国家级非物质文化遗产代表性项目名录。

高峰谷景区　景区位于平和县霞寨镇，距漳州市区75千米，毗邻2000公顷生态林，景区占地面积240.12公顷，海拔高900米，属亚热带季风气候，平均气温 20.8℃，群山环抱千亩茶园，负氧离子含量均在每立方厘米 2 万个左右，是名副其实的天然氧吧。九龙江高峰谷以“幽、险、奇、秀”为特点，是集茶文化体验、生态休闲、养生度假、观光旅游于一体的景区。入选全国优选旅游项目名录，并获评全国三十座最美茶园、全国百条红色茶乡旅游精品路线、福建省“十三五”旅游重点项目、福建省避暑清凉福地、福建省品牌茶企、福建省国有企业爱国主义教育基地等称号。2022 年 12 月，被国家旅游景区质量等级评定委员会评为国家 AAAA 级旅游景区。

灵通风景区　位于平和县西南部的大溪、安厚、国强三个乡镇交界处，规划面积约 32.32 平方千米（包含地质公园面积约 7.46 平方千米），平均海拔 500—600 米，主峰擎天峰海拔 1281.8 米。景区以险峰、奇石、飘云、清泉为四大特色，主要景点包括“灵通七峰”“灵通十寺”“灵通十八景”等，尤其以“天然大佛头像”、“珠帘化雨”飞瀑和一座被称为中国南方“悬空寺”的灵通寺为景区独特的风貌。景区内有 1200 多种的亚热带植物。明代黄道周在《梁峰二山赋》中称之“其峰三十有六，一一与黄山相似，或有过焉，无不及者”，是集观光度假、宗教朝圣、娱乐休闲、登山攀岩等于一体的旅游胜地。2023 年 12 月，被批准为国家 AAA 级旅游景区。

【文物古迹】 平和县有全国重点文物保护单位 4 处：南胜窑址、绳武楼、庄上大楼、平和城隍庙；省级文物保护单位 19 处：平和文庙、三平寺塔殿、天湖堂、薰南楼、中湖宗祠、侯山宫、报本堂、铜陵黄氏宗祠、九峰追来堂、九峰崇福堂、黄田土楼群、前山胡氏家祠、埔坪林氏宗祠建筑群、福塘建筑群、平和暴动遗址、林语堂故居、中共平和县委旧址、平和向文书院、小芦溪点编旧址秀芦陈氏家庙；县级文物保护单位 107 处。

南胜窑址　南胜窑址是指明清时期分布在平和县境内，生产青花、五彩、素三彩、色釉瓷等瓷器的窑场总称，是中国华南沿海地区明清时期一处重要的外销瓷生产基地和漳州海上丝绸之路陶瓷贸易的重要窑场。2006 年 5 月第六批全国重点文物保护单位名单公布，南胜窑址位列其中。2012 年 11 月，“南胜窑址”作为海上丝绸之路的组成部分被纳入世界文化遗产预备名单。2016 年 7 月，南胜窑址被国家文物局确定为“海上丝绸之路·中国史迹”首批申遗遗产点。南胜窑址的产品在明末清初大量销往海外，现在东亚、东南亚、西亚、东部和西部非洲、欧洲、美洲等地都有大量发现和收藏，在当地民众中拥有较高地位，备受珍爱，被冠以“汕头器”“吴须手”“吴须赤绘”“吴州赤绘”和“交趾香合”等名称。数百年来，海内外学术界对这些名称的瓷器或不明其产地，或有错误的认识，南胜窑址的发现解决了学术界长期研究、悬而未决的产地问题。其窑业技术代表“漳州窑”前期的最高水平。南胜窑址产品具有独特的青花瓷、彩绘瓷和素三彩瓷器型和纹饰特色，既洋溢着东方文化的浓郁气息，又蕴含有西方元素的艺术韵味，对于欧洲及世界的文明进程起到一定的促进作用。

绳武楼　位于福建省漳州市平和县芦溪镇蕉路村南，为第五批全国重点文物保护单位。建于清朝嘉庆年间（1796—1820 年），光绪元年（1875 年）竣工入住，系芦溪叶氏第十八代孙叶处侯营建。绳武楼平面为圆形，直径 43.8 米，占地面积 1691 平方米，建筑占地面积 1266 平方米，总建筑面积 2480.21 平方米。该楼坐西朝东，内外两环，外环 3 层，内环 1 层；有 26 开间，其中门道 1 间、正厅（议事厅）1 间，其余为住房。住房采用单元式布局，每两开间为一个单元，从内环房进入。一层是厅堂、厨房和次要卧室，每间有楼梯通往第二层；二层是主卧室；第三层为仓房，用于储粮存物。绳武楼外围结构为厚重的夯土墙壁，一、二层无窗，仅在朝东方向辟大门，三层隔间开方形小窗。内侧，出于主人隐私保护和安全的需求，二层围廊按单元分割，各不相通；二、三层之间没有直通楼梯，在一层大门门道设楼梯直通三层，三层设内通廊，可通全楼。绳武楼装饰艺术为福建土楼装饰艺术的集中体现。它包括泥塑、彩画、书法、木雕等四个方面，囊括了土楼装饰艺术的各种手法。楼内面墙均以青砖干砌而成，天井埕面，以不规则砾石组成吉祥图案。楼内各层各单元的楹联、门窗、厅面、楼梯通道，保存有初建时的精细木雕近700处，各单元木雕花样均不雷同。墙头泥雕堆塑、壁画、彩绘百处以上。保存较好的各类木雕达600余处。福建省建筑设计研究院原院长黄汉民在《福建土楼》一书中，评价“平和县芦溪绳武楼的装饰艺术为福建土楼最为华丽的土楼。”

庄上大楼　位于福建省平和县大溪镇鸿溪西岸的庄上村。庄上大楼是庄上村叶姓客家人聚居地。建于清代顺治十一年（1654年）至康熙十九年（1680年），是第六批全国重点文物保护单位。“楼中有山，山外有楼”是其最大特色。庄上大楼为近似方形的不规则土楼，占地面积及建筑面积均为现存土楼之最。大楼平面呈前方后圆，南北相距220米，周长700米，楼高9米，建筑面积9100平方米，庄上大楼占地面积3.46万平方米。楼为双环，外环三层，有东西南北四个大门及一个小东门，有147个单元（含5个进出通道）。第三层有通廊贯通。楼南面为岳钟楼，供奉关帝爷。楼内尚存永思堂、承德堂两座宗祠，保存完好。楼东南西北各保存始建时古井一口。建筑中保存有精美的石木雕刻，建筑类型除住房外，社会生活方面所需公共设施一应俱全，是福建土楼系列建筑最大面积的生土楼，并有“世界之最方形土楼”的美誉，也是研究福建客家民系历史文化的重要实物资料，具有人类学、历史学、建筑科学和艺术上的重要价值。

城隍庙　始建于明正德十三年（1518年），是平和立县之初由官方统一修建的最主要礼制性建筑之一。整座建筑枕山而建，依地势前低后高，层层高起，气势恢宏。沿中轴线依次为大门、仪门（内接戏台）、拜亭、大殿、后殿等建筑，总长73.34米，两侧连以廊道，山墙围合，形成完整的四进廊院式格局。整个建筑具有浓厚的闽南客家和潮汕风格，又保留官式庙制建筑特点，具有重要的人类学、历史学、建筑科学和艺术上的重要价值。2013年被列为第七批全国重点文物保护单位。

2023年平和县文物情况表

表1

序号	单位名称	类别	等级	地点
1	平和城隍庙	古建筑	国家级	九峰镇东门
2	庄上大楼	古建筑	国家级	大溪镇庄上村
3	南胜窑址	古遗址	国家级	平和县南胜镇、五寨乡
4	绳武楼	古建筑	国家级	芦溪镇蕉路村
5	黄田土楼群	古建筑	省级	九峰镇黄田村
6	林语堂故居	近现代重要史迹及代表性建筑	省级	坂仔镇宝南村
7	中湖宗祠	古建筑	省级	九峰镇大洋陂
8	报本堂	古建筑	省级	大溪镇壶嗣村
9	中共平和县委旧址	近现代重要史迹及代表性建筑	省级	九峰镇积垒村
10	埔坪林氏宗祠建筑群	古建筑	省级	五寨乡埔坪村
11	侯山宫	古建筑	省级	小溪镇西林村
12	前山胡氏家祠	古建筑	省级	南胜镇前山村树下自然村
13	平和文庙	古建筑	省级	九峰镇平和二中内
14	铜陵黄氏宗祠	古建筑	省级	霞寨镇钟腾村

续表 1

序号	单位名称	类别	等级	地点
15	薰南楼	古建筑	省级	坂仔镇东风村
16	九峰崇福堂	古建筑	省级	九峰镇复兴村
17	福塘建筑群	古建筑	省级	秀峰乡福塘村
18	三平寺塔殿	古建筑	省级	文峰镇三平村
19	小芦溪点编旧址秀芦陈氏家庙	古建筑	省级	平和县芦溪镇秀芦村
20	向文书院	古建筑	省级	安厚镇白石村怀林自然村
21	天湖堂	古建筑	省级	崎岭乡南湖村
22	九峰追来堂	古建筑	省级	九峰镇城西村
23	平和暴动遗址	近现代重要史迹及代表性建筑	省级	长乐乡联三村
24	公园石雕	石窟寺及石刻	县级	平和县小溪镇
25	振峰庙	古建筑	县级	平和县安厚镇龙头
26	周碧初故居	古建筑	县级	平和县霞寨镇群英村
27	六成楼	古建筑	县级	平和县国强乡高坑村
28	建兴兴仁堂	古建筑	县级	九峰镇黄田村建兴自然村
29	总兵府（及诰封亭）	古建筑	县级	平和县大溪镇店前村
30	霞山林氏家庙	古建筑	县级	山格镇铜中村下埔自然村
31	惜纸塔及白石庵	古建筑	县级	平和县九峰镇城东村、城中村
32	卢氏黄妈墓	古墓葬	县级	平和县霞寨镇钟腾村
33	心田宫（包括赖氏家庙）	古建筑	县级	平和县坂仔镇心田村
34	内窑仔瓷窑遗址	古遗址	县级	平和县五寨乡新美村
35	济阳堂	古建筑	县级	平和县大溪镇江寨村
36	孝经堂（福田家庙）	古建筑	县级	平和县九峰镇福田村
37	紫阳进士第	古建筑	县级	平和县九峰镇城东村
38	泥鳅崆瓷窑遗址	古遗址	县级	平和县五寨乡新美村
39	紫阳大宗（包括义祠）	古建筑	县级	平和县九峰镇城东村县后
40	霞山兴宗堂	古建筑	县级	平和县霞寨镇寨里村
41	延安楼	古建筑	县级	小溪镇新桥村后巷
42	曾氏家庙	古建筑	县级	平和县九峰镇城中村
43	官峰窑	古遗址	县级	平和县霞寨镇官峰村
44	东门头牌楼	古建筑	县级	平和县九峰镇城中村
45	蔡氏大宗	古建筑	县级	平和县小溪镇坑里蔡氏村
46	焦山窑	古遗址	县级	平和县南胜镇欧寮村
47	螺仔山瓷窑遗址	古遗址	县级	平和县五寨乡新美村
48	赤草埔陶窑遗址	古遗址	县级	平和县九峰镇下坪村
49	承德堂	古建筑	县级	山格镇新陂村侯石自然村
50	南胜城隍庙	古建筑	县级	平和县南胜镇南胜村
51	大理寺正卿陈新野墓	古墓葬	县级	平和县芦溪镇东槐村
52	山兜瓷窑	古遗址	县级	平和县文峰镇南虾村
53	树坑村摩崖石刻	石窟寺及石刻	县级	平和县文峰镇前埔村
54	云后林氏宗祠	古建筑	县级	南胜镇云后村

续表 1

序号	单位名称	类别	等级	地点
55	庄氏大宗	古建筑	县级	平和县五寨乡优美村
56	碧水岩	古建筑	县级	平和县芦溪镇芦丰村、蕉路村
57	慎追堂	古建筑	县级	平和县崎岭乡新南村
58	瓦窑岗遗址	古遗址	县级	平和县长乐乡联三村
59	萃文堂	古建筑	县级	平和县九峰镇城中村
60	张御史墓葬	古墓葬	县级	平和县小溪镇旧县村
61	浮山孔雀墓	古墓葬	县级	平和县五寨乡寨河村
62	高隐寺	古建筑	县级	平和县大溪镇赤安村
63	宾阳楼	古建筑	县级	平和县坂仔镇东风村
64	松溪岩	古建筑	县级	平和县霞寨镇彭林村
65	陈氏大宗（侯卿宗祠）	近现代重要史迹及代表性建筑	县级	平和县国强乡高坑村
66	古铜崆	古遗址	县级	平和县霞寨镇钟腾村
67	虎尾山大厝	古建筑	县级	平和县文峰镇三平村
68	红三团北上集中处	近现代重要史迹及代表性建筑	县级	平和县小溪镇中山公园内
69	窑仔山瓷窑遗址	古遗址	县级	平和县五寨乡新美村
70	芦丰叶氏祖墓	古墓葬	县级	芦溪镇芦丰村
71	平和县鼎建王文成祠牌	石窟寺及石刻	县级	平和县文博物馆
72	天龙岩	古建筑	县级	南胜镇前山村
73	天妃宫蛇仔墓	古墓葬	县级	平和县小溪镇新桥村
74	特委机关	近现代重要史迹及代表性建筑	县级	平和县五寨乡
75	碧岭宫	古建筑	县级	平和县国强乡碧岭村
76	慈惠宫	古建筑	县级	平和县山格镇山格村米市街
77	方头墩摩崖石刻	石窟寺及石刻	县级	平和县长乐乡乐北村
78	新寨庙	古建筑	县级	平和县霞寨镇建设村
79	九昆船山遗址	古遗址	县级	平和县南胜镇龙心村
80	何氏节孝坊	古建筑	县级	平和县坂仔镇东坑村
81	笃庆堂（大溪下村村）	古建筑	县级	大溪镇下村村中心
82	保宁庵	古建筑	县级	平和县南胜镇义路村
83	威惠庙	古建筑	县级	平和县九峰镇城东村
84	牛头城遗址	古遗址	县级	平和县小溪镇新桥村
85	记俞大猷摩崖石刻	石窟寺及石刻	县级	平和县九峰镇九峰村
86	“擎天”等摩崖石刻	石窟寺及石刻	县级	平和县灵通山
87	狮子嘴山摩崖石刻	石窟寺及石刻	县级	平和县安厚镇东川村岩下组
88	植璧楼	古建筑	县级	平和县芦溪镇蕉路村
89	贞烈坊	古建筑	县级	平和县九峰镇上仓村
90	追远堂	古建筑	县级	平和县霞寨镇岩岭村
91	敦睦堂	近现代重要史迹及代表性建筑	县级	平和县长乐乡乐北村
92	铜壶宫	古建筑	县级	平和县坂仔镇东风村
93	漳汀城隍庙	古建筑	县级	平和县芦溪镇漳汀村
94	朝光宗祠	古建筑	县级	平和县芦溪镇芦丰村

续表 1

序号	单位名称	类别	等级	地点
95	聚德楼	古建筑	县级	平和县霞寨镇建设村
96	林氏宗祠	古建筑	县级	平和县安厚镇龙头村顶厝
97	光裕堂	古建筑	县级	长乐乡南庭村南坪自然村
98	敌天龙宫（内、外庵）	古建筑	县级	平和县南胜镇云后村
99	朱氏祖祠	古建筑	县级	平和县九峰镇城东村
100	环溪楼	古建筑	县级	平和县坂仔镇东风村
101	红三团团部旧址	近现代重要史迹及代表性建筑	县级	平和县南胜镇欧寮村
102	朝阳楼	古建筑	县级	平和县霞寨镇钟腾村
103	拱西楼	古建筑	县级	平和县小溪镇内林村
104	西山墓葬群	古墓葬	县级	平和县小溪镇西林村
105	水尾潭摩崖石刻	石窟寺及石刻	县级	平和县秀峰乡秀峰村
106	余庆楼	古建筑	县级	平和县霞寨镇钟腾村
107	追远堂（崎岭乡）	古建筑	县级	崎岭乡新南村
108	石晶宫	古建筑	县级	霞寨镇黄庄村草岭自然村
109	水口摩崖石刻“漳南佛国”等	石窟寺及石刻	县级	平和县文峰镇黄井村
110	正寿叶公墓	古墓葬	县级	平和县芦溪镇蕉路村
111	平和暴动烈士纪念碑	近现代重要史迹及代表性建筑	县级	平和县长乐乡
112	孝思堂	古建筑	县级	平和县崎岭乡诗坑村中寨
113	葫芦山古墓	古墓葬	县级	平和县小溪镇联星村
114	岩下石将军雕像	石窟寺及石刻	县级	平和县安厚镇东川村岩下组
115	狗头瓷窑遗址	古遗址	县级	平和县五寨乡新美村
116	霞苑黄氏家庙	古建筑	县级	平和县小溪镇坑里村
117	霞田六湖公祖祠堂	古建筑	县级	平和县九峰镇九峰村霞田组
118	联辉楼	古建筑	县级	平和县芦溪镇芦丰村
119	八卦井	古建筑	县级	平和县九峰镇黄田村
120	西山居士墓	古墓葬	县级	平和县山格镇高际村
121	叶氏家庙	古建筑	县级	平和县芦溪镇蕉路村
122	林潜文古墓	古墓葬	县级	坂仔镇和平村
123	厥宁寨	古建筑	县级	平和县芦溪镇芦丰村
124	南胜暴动革命烈士纪念碑	近现代重要史迹及代表性建筑	县级	平和县南胜中学
125	黄梧宗祠	古建筑	县级	平和县国强乡乾岭村
126	少尹第	近现代重要史迹及代表性建筑	县级	平和县长乐乡联三村
127	扫帚金瓷窑遗址	古遗址	县级	平和县五寨乡新美村
128	笃庆堂	古建筑	县级	平和县大溪镇庄上村
129	琯溪大庙	古建筑	县级	平和县小溪镇九一七社区
130	曹岩	古遗址	县级	平和县文峰镇前埔村

人文地理

【建置沿革】平和县古为扬州之域，周为七闽之地。晋至六朝，属绥安县。隋属龙溪县。唐垂拱二年（686年），“开漳圣王”陈元光建置漳州郡后，平和属漳浦县。元至元十六年（1279年），漳州郡改为漳州路。明洪武元年（1368年），改漳州路为漳州府，属福建省布政使司，府治在龙溪县（今福建漳州市龙海区）。元至治年间（1321—1323年），析龙溪、漳浦、龙岩县之部分地建置南胜县，辖今平和、南靖全境及云霄部分地，隶于漳州路。县治设于今平和南胜（后迁于今平和小溪镇旧县村）。元至正十六年（1356年），县治迁于今南靖县靖城，更名南靖县。明正德十三年（1518年），析南靖县之清宁、新安两里共十二图，建置平和县，属漳州府，治所设在河头大洋陂（今属九峰镇）。1949年夏，县治迁至小溪。

【行政区划】1949年9月17日，平和县和平解放后，历属龙溪专区（地区）、漳州市，治所设在小溪镇。1950年，全县分9个区，领125个乡（镇）。1954年10月，各区改冠以所在地名。1958年上半年撤区，划为45个大乡；下半年改区为人民公社，全县划分为山格、坂仔、南胜、五寨、国强、安厚、大溪、霞寨、芦溪、崎岭、九峰、长乐、文峰13个公社，辖241个生产大队。1984年底，改人民公社为乡（镇），全县设小溪、九峰2个镇及城关、山格、文峰、坂仔、南胜、五寨、国强、安厚、大溪、霞寨、芦溪、崎岭、长乐13个乡，共辖7个居委会、253个村。此后，行政区划及名称多次变更。2023年，全县设10个镇（小溪镇、九峰镇、山格镇、南胜镇、文峰镇、坂仔镇、大溪镇、霞寨镇、芦溪镇、安厚镇），5个乡（五寨乡、国强乡、崎岭乡、长乐乡、秀峰乡），22个社区居委会、240个行政村。

【人口】2023年，平和县年末户籍总户数约18万户，总人口58.97万人，常住人口45.31万人。全年出生人口0.4万人，出生率为8.78‰；死亡人口0.44万人，死亡率为9.78‰，人口自然增长率为-1‰。平和县旅居海外的侨胞，分布世界18个国家和地区，通行闽南方言厦门话。

2023年平和县行政区划情况表

表2　　单位：平方千米

乡镇名称	辖区内社区和行政村个数		区域面积
	社区	行政村	
小溪镇	8个：东大、建设、东风、城东、广宝、九一七、新东、城南	23个：新桥、共和、联星、枫埔、豆坪、旧楼、厝丘、古楼、金光、产坑、联光、西林、五村、溪州、高南、南寨、湖田、内林、岩坂、坑里、玉溪、宝善、旧县	137.20
山格镇	1个：山格	13个：高际、白楼、山格、新陂、铜中、隆庆、平寨、宝丰、三美、土田、前进、双田、双坑	177.72
文峰镇	3个：龙文、西蝉、龟仔头	9个：黄井、文洋、三坪、文美、龙山、南虾、前埔、柴船、龙东	246.10
南胜镇	1个：南胜	11个：南胜、义路、云后、前山、法华、龙心、子坑、龙溪、糠厝、欧寮、安石坑	127.17
坂仔镇	1个：绿城	14个：联建、五星、西坑、民主、宝南、和平、东风、仁山、山边、心田、梨洋、东坑、峨嵋、金京洋	133.66
安厚镇	2个：龙东、下坪	22个：安厚、莲塘、白石、龙门、三马、岐山、顶楼、东川、大坑、山口、东寨、汤厝、三龙、美峰、龙头、大径、双马、马三、华美、径内、田径、下新楼	122.34

续表 2

乡镇名称	辖区内社区和行政村个数		区域面积
	社区	行政村	
大溪镇	1 个：鸿滨	25 个：大芹、大松、下村、新荣、新农、新红、店前、江寨、赤坑、云中、三华、硕卿、庄上、廖安、赤安、宜盆、峰山、石寨、山布、壶嗣、坪塘、大二、溪口、橡林、新光	139.26
霞寨镇	1 个：兴霞	26 个：群英、岩岭、寨里、洋坑、寨北、内坑、联荣、大湖、西安、建设、村东、古隆、墩里、坑内、彭林、三合、团结、后塘、红楼、高寨、长汀、钟腾、黄庄、高山、官峰、五美	203.90
九峰镇	2 个：东街、西街	25 个：九峰、三坑、苏洋、复兴、城东、城西、城中、福坑、眉山、黄田、积垒、下坪、陈彩、福田、新山、下西、振阳、下北、上仓、东富、澄溪、联峰、平等、军溪、福山	203.53
芦溪镇	1 个：东溪	17 个：芦丰、树林、连益、连新、连城、蕉路、新村、村坑、东槐、双峰、梨坑、华峰、漳汀、九曲、山岗、秀芦、西新	307.40
五寨乡	1 个：五农	9 个：高峰、联盟、前岭、埔坪、优美、寨河、新美、侯门、新塘	91.78
国强乡		14 个：高坑、白叶、乾岭、古爽、洋池、碧岭、延山、三五、凤山、松湖、梅子、白水、新建、岩坑	144.09
崎岭乡		13 个：合溪、桂竹、新南、南湖、彭溪、浮坪、诗坑、磜头、岭南、下石、顶寨、溪头、时陂	127.99
长乐乡		9 个：农家、建三、建南、联三、联胜、葵山、南庭、乐北、秀山	60
秀峰乡		10 个：秀峰、龙岭、坝头、坪洄、坪东、三联、双塘、文田、南峰、福塘	87.42
合　计	22 个	240 个	2309.54

2023 年平和县人口及其变动情况统计表

表 3

乡镇	年末总户数（户）	年末总人口（人）									
		合计	城镇人口	乡村人口	性别		年龄				
					男	女	0—16岁	0—17岁	18—34岁	35—59岁	60岁及以上
平和县	180153	589657	226594	363063	318003	271654	97895	113946	134198	222887	118626
小溪镇	33893	103941	88165	15776	52102	51839	22061	24412	22177	38663	18689
九峰镇	13994	47400	15756	31644	25922	21478	7582	9103	10443	18228	9626
文峰镇	6518	19945	12296	7649	10760	9185	2923	3356	3898	8203	4488
山格镇	13095	43538	27166	16372	23255	20283	6231	7222	9092	17254	9970
坂仔镇	11779	38074	12527	25547	20410	17664	4748	5815	8006	15526	8727
南胜镇	8378	26164	11750	14414	14118	12046	3898	4614	5099	10599	5852
安厚镇	18719	65171	11044	54127	36367	28804	11494	13420	17027	23088	11636
大溪镇	16891	62539	20373	42166	34598	27941	13213	15254	15515	21641	10129

续表 3

乡镇	年末总户数（户）	年末总人口（人）									
		合计	城镇人口	乡村人口	性别		年龄				
					男	女	0—16岁	0—17岁	18—34岁	35—59岁	60岁及以上
霞寨镇	15864	44772	15658	29114	24282	20490	5134	6331	10034	17157	11250
芦溪镇	12427	40718	8943	31775	22536	18182	5479	6571	10290	15276	8581
五寨乡	6312	20251	1293	18958	10839	9412	3373	4019	4403	7801	4028
国强乡	6741	21745	446	21299	12131	9614	3114	3643	4843	8516	4743
崎岭乡	7030	23967	678	23289	13307	10660	3309	3929	5651	9230	5157
长乐乡	3469	12907	166	12741	7138	5769	2400	2776	2966	4830	2335
秀峰乡	5043	18525	333	18192	10238	8287	2936	3481	4754	6875	3415

【民族】 2023 年，平和县绝大多数为汉族，少数民族主要为畲族，以及散居在全县各乡镇的因移民、婚嫁迁入的其他 20 多个少数民族。少数民族人口约 3000 人，占全县总人口的 0.49%；包含畲族约 2500 人，占少数民族总人数的 83.3%。

【宗教】 2023 年，平和县有 3 个宗教团体，即平和县佛教协会，平和县道教协会，平和县基督教协会。信教群众主要信仰佛教、道教、基督教。全县有宗教活动场所 42 处（其中，佛教活动场所 3 处，道教活动场所 22 处，基督教 8 个教堂、9 个聚会点），民间信仰普查登记 317 处，纳入县试点管理 77 处。

城市特色

【红色平和】 平和县是著名的革命老区，与永定、长汀、上杭并列为福建省四个重点老区县（区）。在革命战争年代，平和县是中央革命根据地闽西苏区和闽粤赣边区革命根据地的重要组成部分。从 1926 年 12 月平和建立以朱积垒为书记的中共平和支部至 1949 年 9 月 17 日平和成为漳州市最早解放的县份，23 年间平和的党组织从未断线，赢得“革命红旗 23 年不倒”的美誉。成立于平和县“中共闽粤边区特委机关”坚持三年游击战争，与“红军进漳”“平和暴动”一起成为漳州载入《中国共产党历史》的三件大事。2007 年 6 月，平和县正式被确认为“中央苏区县”。

【绿色平和】 平和县山清水秀，素有“五江之源”“漳州水塔”之称。现代农业发展走在全省前列，先后被命名为“中国琯溪蜜柚之乡”“中国坂仔香蕉之乡”“中国白芽奇兰茶之乡”“全国绿色食品原料标准化生产基地县”等。境内还有“国家地质公园”灵通山、“闽南第一高峰”大芹山、“全国最美茶园”高峰谷等风景名胜区。

【文化平和】 平和地灵人杰，英才辈出，明代著名音乐理论家李文察，清代台湾“阿里山忠王”吴凤，世界文化大师林语堂，“中国现代油画拓荒者之一”周碧初，他们的家乡都在平和。被誉为“三代民族英雄，百年台湾世家”的台湾雾峰林家，十届全国政协副主席张克辉，经济学家林毅夫，原国民党副主席、海基会前董事长江丙坤，其祖籍地也都在平和。平和文化底蕴深厚，古代与现代文化相融合，自然与人文景观相映衬，九峰镇为国家级历史文化名镇，南胜窑址、绳武楼、庄上大楼、平和城隍庙被列为全国重点文物保护单位，三平祖师信俗被列入国家级非物质文化遗产代表性项目名录。全县拥有中国传统村落 7 个、省级涉台文物保护单位 13 个、明清时期土楼 476 座。

经济社会发展

【概况】 2023 年，平和县地区生产总值 318.18 亿元，比上年增长 6.7%。其中，第一产业增加值 62.51 亿元，比上年增长 6.5%；第二产业增加值 87.43 亿元，比上年增长 8.6%；第三产业增加值 168.24 亿元，比上年增长 5.7%；人均地区生产总值 70145 元，比上年增长 6.6%。三次产业结构由上年的 19.9 ∶ 28.3 ∶ 51.8 调整为 19.6 ∶ 27.5 ∶ 52.9。社会消费品零售总额完成 120.48 亿元，比上年增长 10.4%。进出口总额完成 6.82 亿元，比上年增长 74.35%。一般公共预算收入 12.92 亿元，比上年增长 23.8%；地方一般公共预算收入 9.17 亿元，比上年增长 14.3%。实际利用外资 59.2 万美元。城镇居民人均可支配收入 41544 元，比上年增长 5.07%，农村居民人均可支配收入 26955 元，比上年增长 7.25%。商品房销售面积 10.30 万平方米，比上年下降 8.4%；销售额 5.47 亿元，比上年下降 12.3%。

【农业】 2023 年，平和县农林牧渔业总产值 119.86 亿元，比上年增长 6.5%，增幅位居全市第二。粮食总产量 2.36 万吨，比上年增长 0.13%。实施蜜柚产业高质量发展规划，打造蜜柚核心产区，构建“种好柚，卖好价”产销机制，开展首届“柚品王”评选活动，蜜柚出口超 18 万吨，“平和琯溪蜜柚”品牌价值达 189 亿元。改进制茶工艺，加大推介力度，举办“三平杯”白芽奇兰暨首届柚香奇兰茶王赛等赛事，参加北京“三茶统筹”高峰论坛等活动，全县涉茶产值 5.6 亿元，茶叶价格创历史新高。柚香奇兰茶产量突破 20 万千克，柚花用量超 50 万千克，新增产值 1.2 亿元，增势明显。探索种养加一体化生态循环农业，总结“菜—稻—菜”等模式，建成“四大示范片”，新陂村建成全省首个生态环保型高标准农田。

【工业和建筑业】 2023 年，平和县规模工业总产值完成 188.95 亿元，比上年增长 6.9%。规模工业增加值比上年增长 6.6%。年末规模工业企业数 177 家，比上年末增加 32 家。工业用电量累计 9.47 亿千瓦时，比上年增长 17%。推进好又多木业、福熠食品等项目，新增新上规模工业企业 45 家，位居全市第二；工业投资完成 38.1 亿元，比上年增长 8.7%。推进工业园区标准化建设，纵三路、西南地块九道路建成通车，污水厂提标扩建、污水管网二期推进；完善安厚机械产业园、五寨生态木业产业园基础设施，工业经济承载空间有效拓展。全年建筑业增加值 24.39 亿元，比上年增长 13.3%。全县具有资质建筑业企业 51 家，比上年增加 7 家，建筑业总产值增长 43.6%。

【固定资产投资】 2023 年，平和县固定资产投资完成 92.77 亿元，比上年增长 9.1%。房地产投资 4.64 亿元，比上年下降 26.9%。房地产销售面积 10.30 万平方米，比上年增长 1.5%。

【国内贸易】 2023 年，平和县社会消费品零售总额 120.48 亿元，比上年增长 10.4%。分规模看，限额以上消费品零售额 23.89 亿元，比上年增长 12.7%；限额以下消费品零售额 96.59 亿元，比上年增长 9.9%。全年限额以上批发和零售业通过公共网络实现的商品销售额 6.2 亿元，比上年增长 20.6%。

【旅游】 2023 年，平和县接待国内游客 541.78 万人次，比上年增长 47.5%，旅游总收入 59.76 亿元，比上年增长 55.7%。推进三平康养小镇建设，全域旅游集散服务中心建成投用；灵通山创建国家 AAA 级旅游景区，大芹威士忌观光园入选省观光工厂；出台支持文旅人才培养、民宿发展等政策，上线“云上平和”小程序，旅游人数、收入均增长 35% 以上。

【交通和邮电】 2023年，平和县公路里程1908千米。货运量145.49万吨，货物周转量13000.47万吨千米；公路客运量30.93万人，旅客周转量7348.3万人千米。2023年，全县邮政（含寄递事业部）实现业务总收入8735.1万元，完成年度预算的103%，比上年增长12.8%；完成利润3038.6万元，完成年度预算的100.3%。金融业务收入5867万元，完成年度预算的103.1%，比上年增长14.2%，均位列全市第一。寄递业务收入完成1670万元，完成年度预算的105.1%，比上年增长12.6%。全县固定电话用户42480户、移动电话用户448582户、固定互联网宽带接入用户218584户。

【金融】 2023年，平和县有银行机构8家，52个营业网点。金融机构本外币存贷款余额405.11亿元，比上年增长11.8%。其中，本外币存款余额为234.16亿元，比上年增长8.7%；本外币贷款余额为170.95亿元，比上年增长16.4%。辖区不良贷款余额1.5亿元，占比0.88%。全县保险机构13家，26个营业网点，原保费收入4.24亿元，比上年增加0.17亿元。其中，财产险原保费收入1.37亿元，人身险原保费收入2.87亿元。

【教育科技】 2023年，平和县有各级学校（包含学前教育、社会办学）180所，在校生数7.22万人。其中幼儿园79所，在园幼儿数1.17万人；义务教育阶段学校92所（小学76所、初级中学12所、九年一贯制学校4所），义务教育阶段在校生数4.92万人；普通高中6所，在校生数0.87万人；中职学校1所（平和职业技术学校），在校生数0.14万人。在各级各类学习中任职教师0.55万人。全年专利授权204件。

【文体卫生】 2023年，平和县公共图书馆图书藏量15.27万册，体育场地数2153个。全县各级各类医疗卫生机构296个，医疗卫生机构床位2353张，卫生技术人员2031人，包含执业（助理）医师593人。

【社会保障】 2023年，平和县新增城镇就业2838人，累计减员2158人，新增就业680人，城镇新增就业综合增长率36.55%；城镇失业再就业190人，就业困难人员再就业116人。全县有14家乡镇敬老院（含3家区域性养老服务中心），1家县社会福利中心，17个社区居家养老服务站，3个养老服务照料中心。城乡社区22个。平和县慈善总会接收社会捐赠1134.23万元。为13805名城乡低保对象发放城市低保资金375.89万元，农村低保资金5911.69万元，城乡特困资金4260.34万元；开展临时救助4641人次，支出临时救助金661.02万元；为孤儿及事实无人抚养儿童生活补贴487.24万元。期末参加城镇职工基本养老保险人数87893人；参加基本医疗保险人数506562人，其中：城乡居民465850人；参加城乡居民基本养老保险人数284489人；机关事业单位养老保险单位320个，参保职工8612人，退休人员5091人；工伤保险参保职工39241人，241人享受工伤保险待遇，工伤保险基金支出1195.30万元；失业保险参保人数13741人，失业保险基金支出231.51万元，其中失业保险金155.48万元、基本医疗保险费30.91万元、失业补助金8.85万元；丧葬补助金领取人数4959人，补助金额991.78万元；被征地农民养老金发放人数1214人，发放金额522.04万元；“困难群体”参保人数15008人，代缴保费人数7121人，代缴142.42万元；代发全县3899人次无力参保老年生活保障金443.06万元；代发全县66人次高龄职工老年生活保障金6.90万元。平和县实体社保卡数53.46万人，电子社保卡签发数41.81万张，电子社保卡签发率78.22%。

中共平和县委员会

综述

【政治建设】 2023年，中共平和县委员会坚持以习近平新时代中国特色社会主义思想为指导，学习贯彻党的二十大和二十届二中全会精神，落实党中央决策部署和省委、市委工作要求，开展学习贯彻习近平新时代中国特色社会主义思想主题教育，严格落实“第一议题”制度，县委常委会会议传达学习习近平总书记重要讲话重要指示批示精神189篇次，召开县委理论学习中心组学习会、扩大会38场次。用好平和乡村振兴党建课堂、红色教育现场教学点，开展教育培训。发挥县乡村文明实践中心（所、站）传播新思想阵地功能，20支“新思想耀八闽‘福小宣’在身边”特色宣讲小分队、用好“新时代宣讲师”等队伍，以“文艺+宣讲”的创新形式，开展宣讲470多场次。在媒体平台开设专题专栏，推出宣传报道169条。把党的二十大精神落实到平和工作各领域全过程，开展“产业发展项目建设攻坚年”活动，实施“七比一看”竞赛，聚焦实施“深学争优、敢为争先、实干争效”行动。

【党的建设】 2023年，平和县委开展全面从严治党主体责任落实情况检查，加强党内法规制度建设，健全全面从严治党体系，组织全县党建领导小组成员单位、各乡镇（场、区）形成党建重点课题调研文章36篇。抓好省委巡视反馈问题整改落实，深化成果运用。落实保密工作责任制和意识形态工作责任制，开展意识形态领域风险排查。树立重实绩、重实干、重担当的用人导向，用好干部业绩档案，加大干部正向激励力度，完善干部担当作为激励保护机制，统筹职务与职级

2023年9月17日，平和县学习贯彻习近平新时代中国特色社会主义思想主题教育工作会议召开（县委组织部 供图）

并行工作。全县有6批次83名干部得到提拔重用、190名干部得到职级晋升。开展基层党建“扩面提质年”活动和新兴领域“全域覆盖、全面提质”攻坚行动。

【重要决策部署】 2023年，平和县委实施“深学争优、敢为争先、实干争效”行动，紧扣“产业发展项目建设提升年”活动和“七比一看”竞赛，着力扩大内需、优化结构、提振信心、防范化解风险，推进“四区”建设、“五优”创建，全方位推进高质量发展。平和县获评“福建省全域生态旅游示范县”“省级第五轮第一批平安县”“省级园林县城”；平和县入选“福建省闽台乡建乡创合作样板县”名单。

贯彻落实《平和县“智汇柚都·才聚平和”人才工程实施方案》 2023年1月30日，平和县委、县政府印发《平和县“智汇柚都·才聚平和”人才工程实施方案》（简称《方案》），《方案》包括指导思想、目标任务、具体举措、组织保障四个方面，提出要深入学习贯彻落实党的二十大精神和习近平总书记关于新时代人才工作的新理念新战略新举措，贯彻落实《漳州市“万才聚漳”行动计划》，深化人才发展体制机制改革，实施人才政策，吸引汇聚更多各类优秀人才到平和创业就业。

实施“深学争优、敢为争先、实干争效”行动 2023年3月15日，平和县委印发《平和县开展“深学争优、敢为争先、实干争效”行动实施方案》（简称《方案》），《方案》由总体要求、主要内容、时间安排、组织保障四个方面组成，主要内容包括坚持以“深学”为路径、以“争优”为导向，在全面学习、全面把握、全面落实上下功夫，引导全县上下大兴学习之风，持续开展“大学习、大研讨”活动，在学思践悟习近平新时代中国特色社会主义思想和党的二十大精神上走前头，切实做到学思用贯通、知信行统一。在发扬斗争精神上下功夫，“敢”字当头、敢为善为，在艰巨斗争、困难任务面前不退缩，敢打头阵、勇当先锋、争作标杆；对符合大政方针、符合基层实际、符合群众利益的工作，大胆实践、大胆探索、大胆创新。在大力弘扬“马上就办、真抓实干”优良作风上下功夫，深入开展干部作风“五不”问题专项整治，持续开展“整肃纪律作风”专项行动，推动广大党员干部下沉一线、深入基层，察民情、解民忧、暖民心，把推动发展、服务群众落到重点任务、变为具体行动、干出工作成效。

贯彻落实《平和县2023年“产业发展项目建设提升年”活动实施方案》 2023年4月7日，平和县委、县政府印发《平和县2023年“产业发展项目建设提升年”活动实施方案》（简称《方案》），《方案》由总体要求、主要目标、重点工作、考核办法、保障措施五个方面组成，重点工作包括比项目招商、比征地拆迁与耕地保护、比工业提升、比项目提升、比争取资金、比乡村振兴与生态建设、比新增“四上”企业、看产业发展、看高质量发展成效。

花山溪饮用水水源地风险突出问题整改 2023年10月31日，平和县委、县政府印发《平和县花山溪饮用水水源地风险突出问题整改倒排工期实施方案》（简称《方案》），《方案》包括总体要求、整改目标、倒排工期主要任务、保障措施四部分内容，明确牵头实施部门、参与实施部门、配合实施部门、实施主体、整改时限，确保平和县花山溪饮用水水源地风险突出问题整改取得实效、实现目标、形成长效。

促进民营经济高质量发展 2023年11月7日，平和县委、县政府印发《关于进一步促进民营经济高质量发展的实施意见》（简称《意见》），《意见》由总体要求、发展目标、主要举措、组织保障五个方面组成，主要举措包括：（一）围绕民营经济加快发展营造创新环境。1. 支持民营企业自主创新。2. 创建科技创新服务平台。3. 落实人才鼓励政策。4. 深化民营企业改革发展。（二）围绕民营经济加快发展营造市场环境。5. 营造公平竞争的市场环境。6. 拓展民间资本投资领域。7. 引导融入国际国内

“双循环”。（三）围绕民营经济加快发展营造政策环境。8. 拓宽企业融资渠道。9. 加大用工需求服务力度。10. 深化用地需求服务。11. 优化用能需求服务。12. 加速税费政策落地。（四）围绕民营经济加快发展营造转型环境。13. 健全民营企业服务体系。14. 推动数字化、绿色化发展。15. 整合配置工业园区资源。（五）围绕民营经济加快发展营造服务环境。16. 提供贴心政务服务。17. 提升优质法治服务。18. 关心民营经济人士健康成长。

推进林业改革发展　2023 年 11 月 15 日，平和县委、县政府印发《关于持续推进林业改革发展的实施意见》（简称《意见》），《意见》重点任务包括：推进“三权”分置改革、规范林权确权登记、创新价值实现形式、拓展多元服务路径、培育多种新型主体、调整优化树种结构、强化生态修复保护、发展特色富民林业、大力发展智慧林业、持续推进场村共建十个方面，旨在持续深化集体林权制度改革，接续实施江河流域生态林、生物多样性保护、城乡绿化和绿色通道、商品用材林、竹业花卉与名特优经济林、林产工业、森林旅游等林业“七大工程”，森林质量得到精准提升，产业结构进一步优化，生物多样性更加丰富，生态系统更加健康高效，森林景观更加优美，森林的多功能效益得到更好的发挥，美丽平和的底色更绿更美。

【全面从严治党】 2023 年，平和县委聚焦干部作风“五不”问题专项整治和“一线看作风，多维识干部”专项行动，扎实开展“股长做派”“科长天大”作风突出问题专项整治和“整肃纪律作风”专项行动。全县查处违反中央八项规定精神 23 起 35 人，通报典型案例 8 起 10 人；查处形式主义、官僚主义问题 15 起 25 人。巩固深化“点题整治”，查处群众身边腐败和作风问题 34 起 50 人，给予党纪政务处分 25 人。开展基层小微权力监督平台建设，梳理“小微权力”清单 6 类 45 项，公示公开党务、村务、财务等信息 27537 条。

县委重要会议

【县第十四届委员会第五次全体会议】 2023 年 9 月 7 日，中国共产党平和县第十四届委员会第五次全体会议召开。全会听取和讨论蔡绿璇受县委常委会委托作的工作报告，审议通过《中共平和县委、平和县人民政府关于进一步促进民营经济高质量发展的实施意见》。蔡绿璇就《实施意见（讨论稿）》向全会作说明。

【县委常委会会议】 2023 年，中共平和县委召开 33 次常委会会议。

1 月 12 日，县委常委会会议召开，传达学习贯彻习近平总书记在中央经济工作会议、中央农村工作会议、中共中央政治局民主生活会上的重要讲话精神、对政法工作作出的重要指示精神及在二十届中央纪委二次全会上的重要讲话精神；传达学习习近平总书记勉励中国东方演艺集团的艺术家回信、对爱国卫生运动工作作出的重要指示、在全国政协举行新年茶话会的重要讲话、二〇二三年新年贺词和祝贺经济日报创刊 40 周年致信精神；传达贯彻市两会主要精神。研究《平和县“智汇柚都·才聚平和”人才工程实施方案（讨论稿）》，研究县委县政府拟表彰的 2022 年度先进集体和先进个人方案有关事宜。

2 月 6 日，县委常委会会议召开，传达学习贯彻习近平总书记春节前夕检查部队战备工作时视频连线看望慰问基层干部群众时的重要讲话精神、习近平总书记在二〇二三年春节团拜会上的重要讲话精神。

2 月 24 日，县委常委会会议召开，学习贯彻习近平总书记在中共中央政治局第二次集体学习会、学习贯彻党的二十大精神研讨班开班式、2 月 16 日中共中央政治局常委会会议上的重要讲话精神，给第 19 批援助中非共和国的中国医疗队队员的回信、向“中国 + 中亚五国”产业与投资合作论坛致贺信精神，对督查工作作出的重要批示精神；学习贯彻全国、全省、全市组织部长会议、宣传部长会议、信访局长会议精神。

3月15日，召开县委常委会会议，传达学习贯彻习近平总书记在2月21日中共中央政治局会议上的讲话、在党的二十届二中全会上的重要讲话和全会精神；传达学习贯彻习近平总书记在中共中央政治局第三次集体学习会上的重要讲话精神、学习贯彻习近平总书记对内蒙古阿拉善左旗一露天煤矿坍塌事故作出的重要指示精神、学习贯彻习近平总书记在中共中央民主协商会上的重要讲话精神、学习贯彻《求是》杂志发表的习近平总书记重要文章《当前经济工作的几个重大问题》精神、学习贯彻习近平总书记在中央党校建校90周年庆祝大会暨2023年春季学期开学典礼上的重要讲话精神、学习贯彻习近平总书记对深入开展学雷锋活动作出的重要指示精神。研究平和县开展“深学争优、敢为争先、实干争效”行动实施方案。

3月17日，县委常委会会议召开，传达学习贯彻全国两会精神和习近平总书记出席全国两会有关会议时的重要讲话精神、省委常委会（扩大）会议精神及市委常委会会议精神；传达学习贯彻习近平总书记在中国共产党与世界政党高层对话会上的重要讲话、《求是》杂志发表的习近平总书记重要文章《加快建设农业强国 推进农业农村现代化》精神。

4月10日，县委常委会会议召开，传达学习贯彻习近平总书记在中共中央政治局会议上、中共中央政治局第四次集体学习时的重要讲话以及在学习贯彻习近平新时代中国特色社会主义思想主题教育工作会议上的重要讲话精神；传达学习贯彻习近平总书记向中国发展高层论坛2023年年会致贺信重要精神、习近平总书记在参加首都义务植树活动时的重要讲话精神；传达学习贯彻《中共中央办公厅印发〈关于在全党大兴调查研究的工作方案〉的通知》和《中共福建省委办公厅印发〈关于在全省大兴调查研究的实施方案〉的通知》精神。研究《关于在全县行政事业单位开展干部退出蜜柚（含其他水果）种植经营管理的工作方案（讨论稿）》。

5月9日，县委常委会会议召开，传达学习贯彻习近平总书记在广东考察时、二十届中央全面深化改革委员会第一次会议上、中共中央政治局会议上、二十届中央财经委员会第一次会议上的重要讲话精神；传达学习习近平总书记致信祝贺云南大学建校100周年、向“中国式现代化与世界”蓝厅论坛致贺信、向第四届联合国世界数据论坛致贺信、向亚洲文化遗产保护联盟大会致贺信、向中国与世界知识产权组织合作五十周年纪念暨宣传周主场活动致贺信、向全国广大劳动群众致以节日的祝贺和诚挚的慰问、给中国农业大学科技小院的学生回信等重要指示精神；传达学习《求是》杂志发表的习近平总书记重要文章《加快构建新发展格局 把握未来发展主动权》精神。研究《关于在全县大兴调查研究的实施方案（讨论稿）》、关于组织实施平和县2023年“蓝天、碧水、净土”三大工程行动计划的通知、关于做好2023年全面推进乡村振兴重点工作的实施意见。

5月29日，县委常委会会议召开，传达学习贯彻习近平总书记在河北雄安新区考察并主持召开高标准高质量推进雄安新区建设座谈会上、河北考察时、听取陕西省委省政府工作汇报时、二十届中央审计委员会第一次会议上的重要讲话精神；传达学习贯彻习近平总书记给海军潜艇部队某艇员队全体官兵回信、给中国石油大学（北京）的中亚留学生复信、对一艘中国籍远洋渔船在印度洋中部海域倾覆作出的重要指示、在首届中国—中亚峰会上的重要讲话、向康复国际百年庆典致贺信、给上海市虹口区嘉兴路街道垃圾分类志愿者回信、给中国美术馆的老专家老艺术家回信、向“2023·中国西藏发展论坛”致贺信、给参与“澳门科学一号”卫星研制的澳门科技大学师生代表回信精神；传达学习贯彻市委非公有制企业和社会组织工委工作会议暨“两个覆盖”集中攻坚推进会、《关于进一步强化安全生产责任落实坚决防范遏制重特大事故的若干措施》精神。研究《平和县国土空间总体规划（2021—2035年）》规划成果及报批有关事宜、花山溪北岸五宗闲置土地处置方案相关事宜。

6月16日，县委常委会会议召开，传达学习贯彻习近平总书记在中共中央政治局会议上、第二十届中央国家安全委员会第一次会议时的重要讲话精神。传达学习省、市政协调研市县政协“两个薄弱”问题及市委常委会贯彻意见主要精神。

6月30日，县委常委会会议召开，传达学习贯彻习近平总书记在北京育英学校考察时、文化传承发展座谈会上、内蒙古考察、调研边境管控和边防部队建设情况时的重要讲话精神；传达学习贯彻习近平总书记向2023中关村论坛致贺信、给孟加拉国儿童阿里法·沁的复信、向首届文化强国建设高峰论坛开幕致贺信、向全球人权治理高端论坛致贺信、向第十五届海峡论坛致贺信、给比利时知名友好人士董博复信精神；传达学习贯彻习近平总书记对宁夏银川市兴庆区富洋烧烤店燃气爆炸事故作出的重要指示、《求是》杂志发表的习近平总书记重要文章《中国式现代化是中国共产党领导的社会主义现代化》《健全全面从严治党体系 推动新时代党的建设新的伟大工程向纵深发展》精神、省市有关平和县花山溪饮用水水源地综合整治工作会议精神。

7月12日，县委常委会会议召开，会议传达学习贯彻习近平总书记在6月30日中共中央政治局会议上、在中共中央政治局第六次集体学习时的重要讲话精神；在同团中央新一届领导班子成员集体谈话时的重要讲话精神；在江苏考察时的重要讲话精神；《求是》杂志发表的习近平总书记重要文章《努力成长为对党和人民忠诚可靠、堪当时代重任的栋梁之材》精神；对党的建设和组织工作作出重要指示精神和对防汛救灾工作作出的重要指示精神，向“鼓岭缘”中美民间友好论坛致贺信、向第三届文明交流互鉴对话会暨首届世界汉学家大会致贺信、在上海合作组织成员国元首理事会第二十三次会议上的重要讲话、向中英贸易“破冰之旅”70周年活动致贺信、给南京审计大学审计专业硕士国际班留学生的回信、在视察东部战区机关时的重要讲话、向全球共享发展行动论坛首届高级别会议致贺信精神。

7月21日，县委常委会会议召开，传达学习贯彻习近平总书记在全国生态环境保护大会和中央全面深化改革委员会第二次会议的重要讲话精神，以及对网络安全和信息化工作作出的重要指示精神，听取平和县食安创城工作情况，研究《强化农村基层党组织政治功能和组织功能扶持发展新型农村集体经济的实施方案》。

8月3日，县委常委会会议召开，传达学习贯彻习近平总书记在党外人士座谈会上、在中共中央政治局会议上的重要讲话精神；习近平总书记在四川考察时的重要讲话精神；习近平总书记给“科学与中国”院士专家代表回信、对全军党的建设会议作出的重要指示、给香港培侨中学高一年级全体学生回信、在为出席成都第31届世界大学生夏季运动会开幕式的国际贵宾举行的欢迎宴会上的致辞、“八一”前夕视察西部战区空军时的重要讲话、给“模范空降兵连”全体官兵回信、向中巴经济走廊启动十周年庆祝活动致贺信精神；习近平总书记在中央财经委员会第二次会议的重要讲话精神；习近平总书记对防汛救灾工作作出的重要指示精神。

8月24日，县委常委会会议召开，会议传达学习贯彻习近平总书记在中共中央政治局常务委员会会议上的重要讲话精神，《求是》杂志发表的习近平总书记重要文章《中国式现代化是强国建设、民族复兴的康庄大道》精神，习近平总书记在首个全国生态日之际作出的重要指示精神。

8月31日，县委常委会会议召开，传达学习贯彻习近平总书记在听取新疆维吾尔自治区党委和政府、新疆生产建设兵团工作汇报时的重要讲话精神，习近平总书记出席金砖国家领导人第十五次会晤期间及在中非领导人对话会上的重要讲话、给南非德班理工大学孔子学院师生复信、给美国华盛顿州“美中青少年学生交流协会”和各界友好人士复信精神。传达学习市委十二届五次全会会议精神，审议通过《县委十四届五次全体会议建议方案》《在县委十四届五次全体会议上关于县委常委会工作的报告》《进一步推动民营经济高质量发展的实施意见》。会议研究《平和县花山溪饮用水水源地风险突出问题整改倒排工期实施方案》和调整充实平和县花山溪饮用水水源地风险突出问题综合整治工作领导小组成员有关事宜。

9月8日，县委常委会会议召开，传达学习贯彻习近平总书记在中共中央政治局会议上的重要讲话精神；习近平总书记对四川凉山州金阳县山洪灾害作出的重要指示、给史迪威将军后人复信、给安徽省潜山野寨中学新考取军校的同学们回信、向国防科技大学建校70周年致贺信、给中国航发黎明发动机装配厂“李志强班”职工回信、向2023年中国国际服务贸易交易会全球服务贸易峰会视频致辞、向2023中国国际智能产业博览会致贺信、向第十次上海合作组织成员国司法部长会议致贺信的精神。审议《平和县人民政府 闽南师范大学战略合作框架协议书》，研究平和县南胜镇欧寮村红色美丽村庄试点建设实施方案、平和县长乐乡红色美丽村庄试点建设巩固提升方案。

9月17日，县委常委会会议召开，传达学习市委、市政府主要领导带队到平和黄井工业园区调研时的讲话精神，研究平和县贯彻意见。

9月21日，县委常委会会议召开，传达学习贯彻习近平总书记在黑龙江考察时以及在新时代推动东北全面振兴座谈会上的重要讲话精神；习近平总书记在视察78集团军时的重要讲话精神；习近平总书记对新时代办公厅工作作出的重要指示精神；习近平总书记向全国优秀教师代表致信、向第十届中国—中亚合作论坛致贺信、向2023年浦江创新论坛致贺信、给红其拉甫海关全体关员回信、向2023北京文化论坛致贺信、给东北大学全体师生回信精神；《求是》杂志发表的习近平总书记重要文章《扎实推动教育强国建设》精神。传达学习《福建省统计条例》《防范和惩治统计造假、弄虚作假督察工作规定》。

9月26日，县委常委会会议召开，传达学习贯彻习近平总书记给美中航空遗产基金会主席和飞虎队老兵复信、在杭州第十九届亚洲运动会开幕式欢迎宴会上的致辞、向全球可持续交通高峰论坛致贺信精神，习近平总书记就推进新型工业化作出的重要指示精神，习近平总书记在第六个“中国农民丰收节”到来之际作出的重要指示精神。

10月10日，县委常委会会议召开，传达学习贯彻习近平总书记在浙江考察、返京途中在山东枣庄考察时的重要讲话精神；习近平总书记在庆祝中华人民共和国成立74周年招待会上的重要讲话精神；习近平总书记在中共中央政治局第八次集体学习时的重要讲话精神；习近平总书记在中共中央政治局会议上的重要讲话精神；习近平总书记就深入推进自由贸易试验区建设作出的重要指示、对妇女儿童工作作出的重要指示、给中国人民公安大学在读英烈子女回信精神。

11月2日，县委常委会会议召开，传达学习贯彻习近平总书记在江西考察时及进一步推动长江经济带高质量发展座谈会上的重要讲话精神、在10月27日中共中央政治局会议上及中共中央政治局第九次集体学习时的重要讲话精神，习近平总书记在第三届“一带一路”国际合作高峰论坛欢迎宴会上的致辞及开幕式上的主旨演讲、向第五届中俄能源商务论坛致贺信、向欧美同学会成立110周年致贺信、同中华全国总工会新一届领导班子成员集体谈话时的重要讲话、向中华全国工商业联合会成立70周年致贺信、向纪念亲诚惠容周边外交理念提出10周年国际研讨会书面致辞、向美中关系全国委员会年度颁奖晚宴致贺信精神，习近平总书记对宣传思想文化工作作出的重要指示精神。传达学习省委书记周祖翼到漳州调研讲话精神；

研究部署省政协副主席张国旺到平和开展挂钩帮扶活动时的讲话要求；传达学习全国、全省、全市组织工作会议精神。

11月13日，县委常委会会议召开，传达学习贯彻习近平总书记给古巴科学家裴德乐复信、向第五届中美友城大会致信、向第六届中国国际进口博览会致信、向首届“一带一路”科技交流大会致贺信、向2023年世界互联网大会乌镇峰会开幕式视频致辞、给费城交响乐团总裁兼首席执行官马思艺复信精神；传达学习贯彻习近平总书记在中央全面深化改革委员会第三次会议上、中央金融工作会议上、北京河北考察灾后恢复重建工作时上的重要讲话精神；传达学习省长赵龙到平和调研讲话精神、《闽南日报》芝山时评《出路在创新》精神、11月10日市委常委会会议有关精神，研究部署平和县贯彻意见。

11月24日，召开县委常委会会议，传达学习贯彻习近平总书记向2023两岸企业家峰会10周年年会致贺信、出席美国友好团体联合欢迎宴会时的演讲、在参加亚太经合组织第三十次领导人非正式会议期间的重要讲话、向中俄执政党对话机制第十次会议致贺信精神；传达学习贯彻习近平总书记对山西吕梁市永聚煤矿一办公楼火灾事故作出的重要指示精神、《求是》杂志发表的习近平总书记重要文章《推进生态文明建设需要处理好几个重大关系》精神。

12月8日，县委常委会会议召开，传达学习贯彻习近平总书记在11月27日中共中央政治局会议上，上海考察、返京途中在江苏盐城考察时以及在深入推进长三角一体化发展座谈会上的重要讲话精神；传达学习贯彻习近平总书记在视察武警海警总队东海海区指挥部时的重要讲话、致第二届全球数字贸易博览会的贺信、致世界中国学大会·上海论坛的贺信、致2023年“读懂中国”国际会议（广州）的贺信、致首届“良渚论坛”的贺信、致“2023从都国际论坛”的贺信、在第十个国家宪法日之际作出的重要指示精神；学习贯彻《求是》杂志发表的习近平总书记重要文章《切实加强耕地保护 抓好盐碱地综合改造利用》精神，学习贯彻习近平总书记在中共中央政治局第十次集体学习时的重要讲话精神，学习贯彻陈润儿、翟青、周祖翼在中央第一生态环境保护督察组督察福建省动员会上的讲话精神；传达学习12月7日市委常委会有关会议、市委2024年工作务虚会会议精神，研究平和县贯彻意见。

12月18日，县委常委会会议召开，传达学习贯彻习近平总书记在12月8日中共中央政治局会议上、中央经济工作会议上、在党外人士座谈会上的重要讲话精神；传达学习中央专项工作机制办公室有关文件精神，周祖翼、张彦在全省宣传思想文化工作会议上的讲话精神、全市宣传思想文化工作会议暨全市网络安全和信息化工作会议精神以及全市意识形态领域有关通报文件精神，以及全市强化党建引领村（社区）乡贤促进会健康发展工作推进会暨业务培训会精神，研究平和县贯彻意见。

12月29日，县委常委会会议召开，传达学习贯彻习近平总书记对低温雨雪冰冻灾害防范应对工作作出的重要指示、对甘肃临夏州积石山县6.2级地震作出的重要指示精神，提出平和县初步贯彻意见。

综合党务

【概况】 2023年，中共平和县委办公室提升综合协调、参谋辅助、服务保障等工作水平，深化改革创新，加强政策研究，规范文电流转，加强保密建设，推动党中央决策部署和省、市、县工作要求贯彻落实，保障县委高效有序运转。

【办文办会】 2023年，平和县委办严格公文审核把关，办理党委文件发文、上级纸质来文、本级纸质来文、上级OA（办公自动化）来文。完成县委全会、县委常委会会议等大型会议、活动筹备及组织任务。

【督查督办】 2023年，平和县委办开展“文山会海”整治工作，严格控制全县文件会议数量；执行《2023年平和县督查检查考核计划》，统筹全县各类督查检查考核工作。全年开展工作指导、督查督办及决策督查19次，下发8期《决策督查与落实》，并针对工作督查过程中发现的问题做到每月跟踪反馈；办理各级领导批示件174件，按时办结率100%。

【参谋辅政】 2023年，平和县委办全年完成领导讲话稿、工作汇报、文件等各类文字综合材料400多篇、130多万字，完成上级刊物署名文章和电视、报纸约稿10余篇。全年向省委办公厅报送信息538条，采用60条；向市委办公室报送657条，采用366条；编辑下发《平和快讯》41期。党委信息排名全省第八、全市第二。

【保密工作】 2023年，平和县委保密委坚持“党管保密”和“依法保密”相结合，把保密工作纳入巡察工作机制，向18个被巡察单位反馈保密工作检查清单；对全县各乡镇（场、区）、县直各单位全覆盖开展保密专项检查；推动保密自查自评工作，督促各乡镇（场、区）、县直各单位落实保密各项规章制度，强化保密工作主体责任，落实保密工作责任。加强保密宣传，采用线上线下开展保密教育培训，把保密工作纳入县委党校培训课堂，通过保密培训班、保密讲座、上保密党课、保密法律法规宣传等开展保密知识教育。在县委理论学习中心组（扩大）会暨保密工作专题培训会、全县新提拔科级领导干部班、全县教育系统保密工作培训会上开展专题保密培训。到县直相关单位开展保密法律法规宣讲、保密业务培训及泄密案例警示教育等。开展保密知识竞赛，运用“保密观”微信公众号。对接县融媒体中心，在国家安全日、宪法宣传日等重要时间节点，发放保密法宣传折页以及在平和电视台、阳明公园LED展示屏上播放保密工作公益广告片等，向社会普及保密知识。

（林清辉）

组织工作

【概况】 2023年，中共平和县委组织部围绕贯彻落实党的二十大精神，推进党员队伍建设、干部队伍建设、基层党组织建设、人才队伍建设。全年招录公务员（含参公人员）70名。“七一”建党节活动期间推动全县村支部书记开展“话振兴”讲党课、重温入党誓词、颁发278枚“光荣在党50年”纪念章。

【党的二十大精神学习宣传贯彻】 2023年，平和县委组织部开展送课下乡、进学校、进课堂等活动，扎实开展党的二十大精神培训。用好平和乡村振兴党建学院线上平台，推动农村党员通过集中学习、自主学习等方式深入学习贯彻党的二十大精神，组织观看《榜样8》专题片，强化党员理论武装。全县党员领导干部带头围绕“深入学习贯彻党的二十大精神，奋力加快新时代新平和现代化建设”开展民主生活会前集中学习研讨，各基层党组织结合召开2023年度组织生活会，组织党员开展“学习二十大，建功新时代”专题讨论。

【党员教育管理】 2023年，平和县委组织部完成《平和县落实〈2019—2023年全国党员教育培训工作规划〉情况汇报》，并对《工作规划》贯彻落实情况总结评估相关数据进行统计，形成典型案例。开展流动党员排查工作，明确全县流出党员和流入党员人数，并做好组织关系转接。开展规范党建标识设计制作使用自查自纠工作。结合主题教育组织基层党组织每两周集中学习一次，各单位党员干部每周一、三晚上开展理论学习。坚持“个人自学”和“交流互学”相结合，加深对党的创新理论的领悟。县处级领导班子开展党委（党组）理论学习中心组学习31次、专题研讨21次；基层党组织开展专题研讨1742次、集中学习3300多次。驻外党组织通过“送学上门”“领学到家”等形式，为平和县在厦

30余名流动党员送课送学。做好调查研究“后半篇”文章，系统梳理归整调研数据和查找问题情况，县处级领导班子成员共形成高质量调研报告29篇，现场研究解决问题46个。2023年12月14日，平和县在漳州市主题教育整改整治工作推进会作典型交流发言。

【干部教育培训】2023年，平和县委组织部开展干部作风“五不”问题专项整治工作，加强领导干部新闻宣传与舆情管理、风险防范、突发事件应急处置、社会维稳等综合能力，举办平和县干部专业化能力（舆情管理与突发事件应急处置）培训班。邀请省安全生产专家组成员、市委宣传部、市信访局等单位领导干部到平和授课，累计20课时，领导干部140余人参加培训。举办科级干部“习近平新时代中国特色社会主义思想”专题培训班，全县49名科级干部参加此次培训。组织学员前往福州市永泰县、泉州市永春县开展丰富多彩的现场教学，听现场说话，看先进典型，学经验做法。采取领导干部上讲台的方式，邀请县内外16位专家、领导、业务骨干，聚焦乡村振兴、全面从严治党、意识形态、保密工作责任制、统一战线等主题开展专题授课。

【教育培训基地提升】2023年，平和县推进干部教育培训现场教学基地提升，完善以县委党校为县级主教学点、28个乡镇级分教学点的“一校多点”布局模式，形成辐射全县262个村（社区）的教育平台，实现县乡村主题教育全覆盖，相关经验做法在省委《八闽快讯》（交流版）刊发。以党性教育、党建引领乡村振兴为主题，打造西坑党校现场教学基地作为示范主题馆。结合主题教育布展建设“习近平生态文明思想和乡村振兴战略重要论述主题教室”，并完成西坑党校“平和乡村振兴廉政教育基地”内容更新。举办现场教学“练兵”活动，活动对象以县委党校教职人员、西坑党校讲解人员、相关镇村干部为主，共23人参加。制作完成主题为“老区振兴不停步，‘红色学府’谱新章”的西坑党校新宣传片。依托平和乡村振兴党建课堂学习平台，坚持“线上线下”齐发力，进行广泛宣传。

【领导干部调训】2023年，平和县配合做好领导干部调训工作，完成调训27批、97人次。省级调训7批、12名领导干部，主要包括县（区）党政领导班子成员政治能力提升专题进修班、学习贯彻党的二十大精神，推进基层党组织建设专题研讨班、乡镇党委（街道党工委）书记示范培训班等；市级调训20批、85名领导干部，包括处级干部进修班、年轻干部理想信念宗旨教育培训班、乡镇党政正职领导干部培训班、正科级干部进修班等。

【公务员管理】2023年，平和县推进公务员平时考核工作。完善新录用公务员试用期满后到基层锻炼机制，针对新录用公务员到基层锻炼存在的“身在基层心在机关，脱产锻炼业务不脱钩”等问题，建立“四个一”跟踪管理措施（“四个一”：指每日一考勤、每周一盘点、每月一抽查、每季度一通报）。做好人员调配工作，规范干部调动工作纪律，严格落实最低服务年限有关规定，稳定基层干部队伍，定期向干部调动联席会议汇报，并根据全县干部职工的人员基本情况及全县各项工作开展的需要，做好全县人员的调配及手续办理工作。做好干部选拔任用工作，聚焦“七比一看”竞赛、乡村振兴、项目发展等“八个一线”，结合“花山溪综合整治工作”专项考核，强化干部集中性考察和日常了解，把考察、考评结果作为干部培养、使用和奖惩的重要依据，全县有6批次83名干部得到提拔重用、190名干部得到职级晋升。

【事业管理类职员职级晋升】2023年，平和县统筹职务与职级并行工作，结合前期开展的事业管理岗干部人事档案专项审核、岗位设置，综合研判比选各单位事业单位管理岗人员工作实绩、群众公认度及任职年限等情况，开展首批次事业管理类职员职级晋升，全县有95名事业管理类干部得到职级晋升。

【干部监督管理】 2023年，平和县委组织部建立健全与巡察机构工作协调机制，做好函请信息、沟通会商、干部抽调等工作，对接县审计局做好2023年度审计工作计划，配合巡察组开展新一轮巡察工作，把巡察整改落实情况作为日常监督的重要内容。抓好选人用人工作监督，严格执行“凡提四必”“带病提拔”倒查等制度。制定《关于深化整治干部作风“五不问题”开展“一线看作风、多维识干部”专项行动的实施方案》，加强在“七比一看”一线、重点项目前期一线、党的建设以及基层治理一线等考察了解干部。

【干部人事档案管理】2023年，平和县委组织部完成93卷新录用公务员档案、18卷新调入公务员档案、157卷新聘用事业干部档案的整理、换盒、初审，复审并签名确认248人次。加强档案规范管理，建立和完善管理台账，接收需归档材料约17800份。加强对干部调入调出档案信息采集、材料收集补充和甄别整理，做到欠缺材料按时补充、重复材料及时清退，整理并转递人事档案48卷，查阅人事档案456卷。推进干部人事档案数字化工作，至2023年底，完成干部人事档案数字化3583卷。

【基层党建】 2023年，平和县委组织部开展村干部适岗能力考核评估工作，印发《关于开展村干部特别是“一肩挑”人员适岗能力考核评估工作的通知》，建立健全以工作实绩、网格服务、群众评价、个人争先等考核评估体系，对全县所有村“两委”干部，重点对“一肩挑”人员进行全面考核评估，评定出村干部“好”的人数259名、“差”的人数28名，先进典型村4个。经验做法在《福建日报》刊载交流。扎实开展村级班子届中分析工作。结合“一线看作风，多维识干部”专项督查行动，开展村级班子届中分析工作，对全县240个行政村，1401名村“两委”进行分析，并根据研判结果对村干部进行留用、培育或调整。开展农村基层组织建设大督查工作，定期组织各乡镇对全县262个村（社区）以“五不两直”方式全覆盖开展交叉互检互查。由部领导带队对各乡镇村（社区）进行随机抽查，对发现问题所在村及时进行通报处理。在全市首创“村容村貌整治日”，每月15日集中开展半天的村级组织场所环境卫生整治活动。举办村支部书记擂台赛决赛，并将进入平和县“谋项目、比作为、促振兴”擂台赛决赛的12位村支部书记比赛视频进行展播，该做法在《中国组织人事报》《乡村干部报》刊载交流。扎实开展近邻党建，实施英才尚层小区改善提升工程，打造“一站一苑两区三中心”，组织开展丰富多彩活动，强化近邻理念引领拓展服务功能；推进长宏国际城小区党支部建设，开展中老年巾帼舞蹈班、暑期画笔课堂等活动；联合县委政法委、小溪镇、城管局等相关单位召开近邻党建工作推进会，推动小溪镇物业小区党支部成立工作；推动宝善村、溪洲村“长者食堂”和宝善村老年人日间照料中心运营，定期开展养老服务活动，创新“邻里式养老”服务；推进在职党员到社区报到服务工作。近邻党建相关经验做法得到《漳州信息》《中国城市报“城市党建”周刊》等推介。

【党建服务乡村振兴】2023年，平和县在全市率先实现驻村第一书记、乡村振兴指导员240个村“双覆盖”。举办全县强化党建引领村（社区）乡贤促进会健康发展工作推进会暨业务培训会，推动村（社区）乡贤促进会党组织应建尽建，实现党的组织和工作100%全覆盖。实施乡村振兴“十镇百村”示范工程，重点乡镇村全面推广运用“积分制”项目管理。推动乡村振兴党建学院线上平台提档升级，完善“线上监管+线下督查”机制，赴闽侯县异地教学举办平和县2023年抓党建促乡村振兴专题培训示范班。深化党支部“达标创星”活动，开展乡镇间交叉互检互评，评定村级“先进”党组织105个，一般党组织131个，后进党组织4个。

以“琯溪有点田”耕地认领为抓手，引进厦门建发国旅，面向厦门、漳州，筹备春耕文化节，盘活“园改耕”“退果还耕”耕地。选树2名先进典型第一书记，报送市组拍摄专题电教片，在全市展播交流。软弱涣散整顿村党组织全部完成整顿转化。推进村级服务场所及党群服务中心规范化建设。组织开展“村书记话振兴”讲党课活动。采取先进村与后进村互相组织党员、群众代表听课评课的方式结对帮扶开展活动，全县15个乡镇选出15个党课质量较高的村作为示范点优先开展，并组织全乡、镇村支部书记共同观摩学习。开展“村书记话振兴”讲党课活动，筛选优秀课程列入全县基层组织工作培训“菜单”，供各基层党组织开展培训时“点菜”，适时开展巡回宣讲。

【国企党建】 2023年，平和县委组织部坚持和加强党对国有企业的全面领导，提高国有企业党的建设质量，以开展“产业发展项目建设提升年”“七比一看”竞赛活动为抓手，推进官峰水库、县医院迁建工程项目建设进度。

【“两新”组织党建】 2023年，平和县开展新兴领域“全域覆盖、全面提质”攻坚行动，成立“两新”组织常态化摸排走访专班，联合工信、市管、民政等部门，推进常态化摸排走访，推动“两个覆盖”提质增效。强化党建联盟建设，推进木业、电商、茶产业、食品等行业党委、党建联盟建设工作，沟通协调完善联盟运转机制。崎岭乡茶产业联盟综合党委党建引领茶兴民富项目入选为2023年度市级党建重点培育项目。助力外卖、快递物流、电商直播等新业态新就业群体发挥作用，走访饿了么、美团、海亮物流等新就业群体，部署成立外卖联合党支部，加强党建引领新兴领域组织服务。举办2023年全县“两新”组织党组织书记暨党龄逢十党员培训班，各乡镇（园区）党委组织委员（分管领导）、全县重点“两新”组织及新成立“两新”组织的党组织书记、党龄逢十党员参加培训。邀请县委党校教师作“深入学习贯彻党的二十大精神，全面加强‘两新’组织党的建设”专题授课，县工信局业务骨干作惠企政策解读，县委组织部业务科室负责人作党务辅导。安排参训学员前往龙文区、芗城区的非公有制企业党建示范点参观学习。2023年11月，平和县快递物流行业党委正式成立。

【平和县“万才聚漳”人才工作】 2023年，平和县深化人才体制机制改革，对标《漳州市“万才聚漳”行动计划》，制定印发《平和县“智汇柚都·才聚平和”人才工程实施方案》，实施“十大人才工程”，新修订医疗卫生、教育、青年人才等方面的激励政策，完善人才“引育用留”的“1+N”全链条人才政策体系，构筑“智汇柚都”人才集聚高地。深化柔性引才，与高等院校、科研院所、专家院士团队建立合作关系，新成立2个省级以上学会服务站、1个院士团队工作站、3家市级名医工作室。实施“柚都英才回归工程”，开辟绿色通道，支持和鼓励符合条件的平和籍在外的在编在岗工作人员回平工作。共办理11名在外人才申请调动返平工作。组织招聘团队到赴外开展人才政策宣传和专项招聘活动，全县新招聘医疗卫生、教育类专业人才165人。公开选聘47名平和籍大学毕业生到乡镇担任党建指导员、科技服务员，推动农村基层党建和乡村全面振兴等工作。新认定省高层次人才1名、市高层次人才10名，省工科类青年人才1名。开展平和县高层次人才分类评价认定，围绕科技、教育、卫生、文化、乡村振兴等领域，审核认定2023年第一批平和县高层次人才人选36名。

【“智汇柚都”人才工作品牌】 2023年，平和县召开“智汇柚都·才聚平和”人才政策新闻发布会，宣传平和人才环境，打造“智汇柚都”人才新高地。发挥“平和青创”等11个人才驿站的示范带动作用，在坂仔镇新成立“平和青创”电商孵化基地，开展政策宣传、创业辅导、资源对接等活动。全年累计组织青年创业交

2023年9月28日，平和县召开“智汇柚都·才聚平和”人才政策新闻发布会　（县委组织部 供图）

流活动42场次，覆盖青年520多名，培育3个青年创业项目在市级创新创业大赛获奖。10月，全市返乡创业青年人才座谈会在平和县召开，相关经验做法在会上作交流发言。推广平和蜜柚科技小院助农平台，安排69名新录用公务员到基层锻炼；科技小院通过市级人才驿站示范站验收。

【人才发展环境优化】2023年，平和县定期召开人才工作专题会议，兑现紧缺急需专业人才、社会工作人才、农村实用人才等人才奖励补助政策。发放各类奖励补助资金728.78万元。实行“零房租”拎包入住政策，对72套人才公寓进行统一动态管理，优化供需匹配机制，租赁期满腾退7人，新安排入住12人。推进总投资1.5亿元、建筑面积1.6万平方米的人才孵化基地大楼建设，配套蜜柚研究院科研用房和专家人才公寓。开展“智汇柚都·才聚平和”主题宣传系列活动，策划举办人才政策进企业进社区、人才技能素质提升培训、专场招聘会等主题活动11场次，发放人才政策宣传册3000余份。2023年9月28日，举办平和县人才政策新闻发布会，系统总结工作成效，明确下一步思路，并就平和县教育、卫生、乡村振兴等重点领域人才政策答记者问，该做法系全市县（区）党委部门第一个。

【省委巡视反馈问题整改落实】2023年，平和县委组织部做好省委巡视反馈问题整改落实，牵头整改17个问题，细化制定55项整改措施，建立整改工作台账，实行销号管理，逐项逐条销号解决。把做好选人用人专项巡视整改作为一项重大政治任务。巩固和扩大巡视整改成果，为进一步规范平和县选人用人工作提供坚强的制度保障。

（刘　瑜）

宣传工作

【概况】2023年，平和县围绕学习宣传贯彻党的二十大精神，贯彻落实习近平文化思想，坚持稳中求进、自信自强、守正创新、敢于斗争，为建设“奋进平和、奋发平和、奋斗平和”提供强有力的思想保证、舆论支持、精神动力和文化滋养。组织发动参与“深入学习贯彻习近平新时代中国特色社会主义思想”网上竞答活动，答题达10万多次，进入全省各县区前十，排名全省第四、全市第一，获优秀组织奖；举办《我的家乡是天底下最好的地方》短视频大赛，参加漳州市第二届短视频创作大赛，获优秀组织奖；组织开展2023年度福建省学雷锋志愿服务“五个最美”先进典型宣传推选活动，平和县助残志愿者协会获“最美志愿服务组织”称号；选树培育平和县福建省“循迹再奋进”新时代文明实践提质培优工程单位，文峰镇三坪村新时代文明实践站入选福建省首批提质培优工程文明实践单位名单；组织参加第五届“善行八闽——公益慈善项目大赛”活动，在平和县爱心助学志愿者协会组织的“爱心助学 圆梦未来”比赛中获组织奖；组织参与漳州市“文明漳州城、爱拼才会赢”主题公益短视频大赛，短视频《文明平和 同学同行》获二等奖；组织开展2023年漳州市移风易俗“三好”推选活动，李水德入选移风易俗“好带头人”名单，“平和县山格镇：倡导鲜花代替炮花”入选移风易俗“好事例”名单；促成与广东大埔县签订《闽粤边区红色旅游战略联盟框架协议》；策划组织实施以“六个一”（举办一场论坛、建设一个展示中心、出版一批书籍、拍摄一部微电影、在《福建日报》刊发一期专版、建设一批文化遗存保护区）为主要内容的阳明文化系列活动；“平和旧县衙及文庙遗存构件陈列区”成为全省唯一获评“全国十大阳明文化遗址保护典型案例”的案例。

【理论学习宣讲】 2023年，平和县委宣传部制订理论学习中心组学习计划清单，完善学习制度机制，结合开展学习贯彻习近平新时代中国特色社会主义思想主题教育，围绕学习习近平文化思想、习近平法治思想、习近平生态文明思想以及产业发展项目建设政策解读等专题，组织开展县委理论学习中心组学习38场次。举办平和县学习贯彻党的二十大精神“新思想耀八闽 福小宣在平和”一镇一品（理论+文艺）示范宣讲暨成果展演活动，组织平和县“‘福小宣’·潮音”理论宣讲小分队参演全省“争优争先争效，机关党员在行动”主题巡回宣讲活动（漳州专场）演出，组织开展“‘福小宣’·在漳州”优秀宣讲作品评选活动和巡回宣讲平和专场，获“优秀组织奖”，全年开展理论宣讲活动470多场、覆盖20多万人次；落实发布主题教育相关自采稿件及转发上级宣传稿件1275篇，加强向上级媒体平台传送稿件，刊发456篇次，其中，央级媒体2篇次，省级媒体171篇次，市级媒体283篇次；推送文章在“学习强国”学习平台刊发64篇。《平和坚持“三个突出”做足地方宣讲特色》在《宣传思想工作》刊登。

【主流舆论引导】 2023年，平和县委宣传部发挥新时代文明实践中心（所、站）等基层阵地作用，开展“学习二十大”“爱国主义”“开门红”“国防教育”“创建国家食品安全示范城市”“四项创建工作”“漳州首届美食节”“世界防治结核病日”“安全生产月”“全国市域社会治理现代化试点验收工作”“福建主题歌曲”“防汛防台风”“经济普查”“重大主题教育及‘三争’宣传标语”“国防教育”“经济普查”“安全生产”“网络安全”等宣传活动。加强全民国防教育，分别于2月、9月开展“全民国防教育月宣传标语”宣教活动，全县800多个LED“万屏联动”，刊播50多万条次宣传标语；开展国防、人防宣传，组织59所学校师生观看《福建省人民防空科普小知识》；开展国防宣传“五进”宣传活动，发放人民防空宣传手册、漳州人防应急避险引路导航软件操作指南手册500余本；举办“行旅世界·心归平和”2023年平和县文旅经济发展大会暨主题旅游季活动，开展平和县旅游踩线活动暨“自驾助力乡村振兴·带动后备箱经济”自驾体验游活动、平和县崎岭乡白芽奇兰茶春茶品鉴购销会暨“品茶人生·心归平和”茶之旅体验活动、“琯溪有点田”春耕开耕文化旅游季活动等。推出乡镇党委书记专题系列访谈和村支部书记“谋项目、比作为、促振兴”系列访谈；汇总编辑2022年平和县在央级、省级、市级各类媒体重点新闻报道形成《平和声音2022》。组织开展“芝山讲坛”平和分讲坛系列宣传活动；举办“深学二十大 践行新思想”主题演讲比赛，从小视角切入大主题，将“党的声音”传递到百姓心坎里。

【融媒宣传】 2023年，平和县聚焦市委“产业发展项目建设提升年”活动和“七比一看”竞赛以及县委“四区”建设、“五优”创建等重要活动新闻宣传工作，加强融媒体中心建设。采编制作播出“平和新闻”1300余条，制作播出专题片20余部。“平和新闻”微信公众号发布推文4000

2023年12月7日，漳州市布袋木偶传承保护中心下乡公益巡演暨平和县非遗传统文化（木偶）“六进”活动在阳明公园启动

（县委宣传部 供图）

多条，34条阅读量过万人次，其中，“‘网络中国节·元宵’平和县元宵节线上猜灯谜活动开始啦”单条阅读量达到3万余人次；“平和新闻”微信公众号粉丝量达10.5万人。“平和新闻”微信视频号发布短视频160余条，其中“吹响冲锋的号角！2023年高考正式拉开帷幕！加油！”单条阅读量14.8万余人次。《柚都平和》刊登稿件1800余条。

【文化建设】 2023年，平和县举办2023年平和县文化科技卫生“三下乡”集中服务活动8场；开展“我们的中国梦”——文化进万家主题文艺会演；组织县处级领导开展祭奠平和暴动革命烈士活动，举办纪念平和暴动95周年线上党史知识有奖竞答等系列活动；发挥三平祖师信俗的国家级非物质文化遗产品牌效应，支持举办第二届三平祖师文化学术研讨会；开展“全民阅读、书香平和”系列活动，甄选政治、传统文化、漳州历史文化、农村科技卫生金融等4个大类30种图书，向全县45个新时代文明实践所（站）赠送3300册图书；做好“光明书吧”选点工作，申报创建平和县阳明文化展示中心和五寨乡前岭村新时代文明实践站；推出平和作家张山梁、黄荣才2本新书《和风》《向着春天》，长篇小说《向着春天》入选福建省委宣传部文艺发展专项基金资助项目、“大写新时代”原创长篇精品丛书，《和风》被列为“寒假读一本好书”活动推荐读本；指导潮剧传承保护中心精心创作潮剧节目《薛良登进京》《画龙点睛》《十五贯》等参加第十六届福建省戏剧水仙花奖比赛，平和县参赛选手朱忠信荣获专业组表演奖三等奖，县潮剧传承保护中心获组织奖；新创潮剧唱段《深学二十大 践行新思想》参加“福小宣·在漳州”优秀宣讲作品评选暨基层巡讲活动，新创潮剧唱段《同心筑梦二十大》参加全省“争优争先争效 机关党员在行动”主题宣讲活动（漳州专场）；拍摄MV作品《领航》；将福文化与箜篌古筝演奏相结合拍摄福建主题歌MV《水润中华》；编辑出版《平和客家山歌》；举办非遗传统文化（木偶）“六进”活动；开展惠民公益演出44场，其中线上公益展演3场，线下进社区、进校园、下基层演出41场；组织上报克拉克瓷非物质文化记忆传承中心、白芽奇兰茶文化研究基地等2个新增的市级社科普及基地。

【阳明文化弘扬】 2023年，平和县发扬“知行合一”治县思想，开展弘扬、传承、发展阳明文化系列活动，推动阳明文化的保护、研究和传播。平和王阳明文化展示中心揭牌。指导九峰镇建成2处阳明文化遗存保护展示区。王阳明廉政文化教育中心完成升级改造。举办“六个一”（举办一场论坛、建设一个展示中心、出版一批书籍、拍摄一部微电影、在《福建日报》刊发一期专版、建设一个文化遗存保护区）阳明文化系列活动。

【平和王阳明文化展示中心揭牌】 2023年，福建省新时代特色文艺示范基地——平和县阳明文化展示中心揭牌仪式在平和县阳明公园举行。全国阳明学研究机构（团体）联席会议成员单位、贵州大学阳明学研究中心研习基地、赣南师范大学王阳明研究中心研习基地、宁波财经学院阳明文化研究所研习基地、福建省闽南文化研究会阳明学专业委员会研习基地、平和县新时代文明实践中心研习基地等同步挂牌。10多个省（自治区）专家、学者出席第三届阳明学福建（漳州）论坛揭牌仪式。平和县阳明文化展示中心以王阳明跌宕起伏的一生为主线，以其“两次半”入闽为重点，介绍王阳明生平、王阳明与福建、福建阳明文化遗存等内容，展示王阳明追求道德良知、为达到理想彼岸而自强不息、止于至善的精神，是平和县对外文化交流的特色展示窗口，也是全省学术支撑体系最为完备的展示平台。

（张生辉）

统一战线工作

【概况】 2023年，中共平和县委统战部贯彻落实党的二十大精神，学习贯彻习近平总书记关于做好新时代党的统一战线工作的重要思想，把握团结奋斗的时代要求，围绕县委、县政府中心工作部署，完成大统战工作格局，凝聚各方统战工作合力。召开县委常委会会议暨县委统战工作领导小组会议、县委统战工作领导小组民族工作联席会议暨宗教工作专题会议等7场次；召开全县统战工作会、侨务工作会以及统战工作现场会等3场次。举行全县统战系统“学习贯彻二十大 凝心聚力勇争先”主题演讲比赛。漳州市统战工作第一季度现场推进会在平和县召开。

【非公有制经济领域统战工作】 2023年，平和县委统战部用好商会和乡贤资源，单位主要领导多次带队外出走访平和异地商会并召开招商推介会4场次。助力乡村振兴，推进“爱乡爱企促发展 同心同行兴万村”行动和村级乡贤促进会组建工作，完成15个乡村振兴重点村的“乡贤促进会”挂牌。发挥助企纾困平台作用，健全完善企业家诉求平台机制，发挥工信局、工商联和行政审批局等7个部门工作职能，出台平和县工业项目服务中心工作实施方案，加快推进工业服务中心和企业家诉求平台资源整合。组织召开统一战线各界人士学习贯彻党的二十大精神暨民营企业家代表新春座谈会、平和县外资企业座谈会。

【新的社会阶层人士及党外人士统战工作】 2023年，平和县委统战部加强党外代表人士队伍建设。做好无党派人士“双走访”“双报告”工作。向市委统战部推荐2名无党派人士人选。推进新联会与社区共建活动。引导县新联会与城南社区联合开展“创城有我”学雷锋

2023年4月10日，平和县广兆先生展示馆揭牌。图为林广兆（右一）参观展示馆

（县委统战部 供图）

志愿服务活动、慰问老党员活动等。引导新的社会阶层人士参与社会公益事业。配合市委统战部组织平和县新的社会阶层人士参与“寻美福建·漳州”走进平和活动；县新联会向县教育局捐赠“少年急救官”图册121套。

【台港澳联络联谊】 2023年，平和县委统战部发挥对台资源优势，挖掘和保护好两岸历史档案文献，筹建“迁台记忆馆”和“江丙坤生平事迹陈列室”。五寨乡“迁台记忆馆”项目完成思永楼现存楼房的加固及立面装修等工作；芦溪镇绳武楼漳台交流基地揭牌。申报4个闽台乡建乡创合作项目，南胜镇欧寮村被列为2023年省级闽台乡建乡创合作样板村创建项目。平和县被列为“2024年闽台乡建乡创合作样板县”。加强港澳联络联谊，推动“平和县广兆先生事迹展示馆”建设。乡贤林广兆回平和参观考察；平和县组织参访团赴香港开展经贸交流和社团活动。促成平和广兆中学、香港培侨中学、南安第一中学三校缔结为姊妹学校。

（周凤芸）

机构编制

【概况】 2023年，中共平和县委机构编制委员会办公室做好民生领域机构改革、机构编制管理、事业单位登记等工作。全年公务员（含参公）招考入编63人，事业单位招考人员共入编246人，选调生入编1人，人才引进入编3人，县外调入入编18人。

【民生领域机构改革】 2023年，平和县重新设立公立中医医院，平和县公立中医医院按照原平和县中医院建制，平和县公立中医医院加挂“平和县总医院中医分院牌子”。

【机构编制资源配置】 2023年，平和县优化机构编制资源配置。新设立平和县社区矫正中心为司法局下属正股级事业单位。新设立平和县水利工程运行中心为县水利局下属正股级事业单位；将县水利电力技术队和县水利电力站进行合并，合并后更名为平和县水利水电服务中心。在县人社局内设机构“调解仲裁与政策法规股”加挂“信访办”牌子。在平和县工业服务中心加挂“平和县中小企业发展服务中心”牌子。在县公安局法制大队下设平和县公安局执法办案管理中心，机构规格为正股级。核增县统一战线联络服务中心、县财政投资评审中心、县残疾人事务服务中心、县疾病预防控制中心财政核拨事业编制数。优化教育资源配置，平和县实验幼儿园高南校区命名为“平和县第三实验幼儿园”，宝善校区命名为“平和县第四实验幼儿园”。重新核定县新星幼儿园、县第四实验幼儿园、开智学校、平和职业技术学校人员编制数。

【事业单位登记管理】 2023年，平和县委编办精简业务办理流

2023年9月13日，平和县委编办到平和县第四实验幼儿园开展核编工作

（县委编办 供图）

程，推进登记管理服务再优化，完成全县事业单位法人证书年度报告公示208个，变更登记53个，设立登记3个。

（杨佳佳）

县直机关党建

2023年10月18日，平和县直机关工委举办2023年县直单位党组（党委）全面从严治党主体责任落实情况检查工作部署会暨业务培训会 （县直机关工委 供图）

【概况】 2023年，中共平和县委县直机关工作委员会深入贯彻落实习近平总书记关于机关党的建设重要指示批示精神，以“围绕中心、建设队伍、服务群众”为核心任务，严格落实全面从严治党要求，印发2023年度县直机关党建工作要点，召开2022年度县直机关党组织书记抓机关党建述职评议考核会议、县直机关党的工作推进会、县直机关模范机关暨机关党建品牌创建工作推进会议等，推进机关党建各项工作发展。做好县委巡察三组对县直机关工委巡察反馈整改工作。至2023年底，县直机关工委统一领导67家县直机关单位党的工作，辖系统直属机关党委9个、直属机关党委5个（党总支13个、党支部270个），党员约5370名。

【机关党组织建设】 2023年，平和县直机关工委做好县直机关单位党组织的设置调整、换届、委员会组成及书记、副书记的任免等工作。落实按期换届和调整充实班子人员的党组织90个。举办“贯彻党的二十大 争优争先争效”暨县直机关党组织书记（党务干部）提升能力素质培训班和县直机关党建品牌创建工作推进会议暨机关党建业务培训班，200余人次县直机关党支部书记（党务干部）参加培训。

【模范机关创建】 2023年，平和县直机关工委印发《平和县“创模范机关、树党建品牌”机关党建“三比三争”活动实施方案》，建立县直机关工委班子成员督促指导模范机关创建工作制度，推动“政治型、学习型、服务型、效能型、堡垒型、清廉型”六型模范机关创建，培树县税务局“红心蓝梦·税润柚都”、县应急管理局“应急先锋·守护安全”、县烟草局“金叶映党旗·融和赋新能”等机关党建品牌。策划实施年度机关党建品牌暨模范机关创建项目、体制机制创新优秀案例评展评选活动。《创新“123456”党建工作新模式 推动税收工作高质量发展》被评为漳州市第六届“学习新思想 推进机制活 建设新福建”机关体制机制创新优秀案例。

【理论武装】 2023年，平和县直机关工委开展县直单位党委（党组）理论学习中心组学习巡听旁听工作，督促指导县直机关落实“第一议题”学习制度，坚定拥护“两个确立”、坚定践行“两个维护”，完成对38个县直单位的巡听旁听工作。开展“周一夜读”督查，督促县直机关党员干部开展“如何退出蜜柚（含其他水果）种植经营管理，改进作风建设”“深化移风易俗、推动文明乡风”等专题学习研讨以及政治、业务、法纪等知识学习。

【从严治党主体责任落实】 2023年，平和县直机关工委开展全面从严治党主体责任落实情况检查，抓好2022年度48家县直单位党委（党组）落实全面从严治党主体责任情况检查发现问题的整改落实，并开展2023年度52个县直单位党委（党组）全面从严治党主体责任检查，要求相关单位根据问题清单制定整改落实方案，明确整改措施，做好整改落实，推动全面从严治党主体责任由“软约束”变成“硬任务”。开展县直机关党建重点工作指导督查工作，发现问题239个，形成督查情况通报向被检查单位进行反馈。

【党员志愿服务】 2023年，平和县印发《关于开展“党建引领助农耕 齐心共种希望田”主题党日活动的通知》《关于开展“我为创城作贡献 机关党员走在前”主题党日活动的通知》《关于开展“党建引领强使命 志愿献血践初心”机关党员志愿服务活动的通知》，发动县直机关党组织机关党员干部开展助力乡村振兴、文明创城、花山溪饮用水水源地综合整治、无偿献血等党员志愿服务活动。组织开展“双报到”服务活动，督促指导县直机关党组织与社区党组织重新签订共建协议，47家县直单位党组织在职党员到社区报到，为社区提供帮扶资金0.4万元，解决群众困难和问题24个，化解各类矛盾纠纷45件，慰问社区困难党员、群众98户。

（徐秋贤）

巡察工作

【概况】 2023年，中共平和县委巡察工作全面落实巡视工作方针，坚定政治巡察定位，运用常规巡察、联动巡察、交叉巡察等方式，全年完成3批常规巡察、1批县级交叉巡察、1批联动巡察，巡察县直单位26个、乡镇1个、村（社区）15个，延伸巡察15家基层医疗卫生机构、45所学校（教育单位），发现问题1741个。

【省委巡视对平和县巡察工作专项检查】 2023年，根据福建省委巡视工作领导小组部署要求，在省委巡视十组对平和县开展巡视期间，市委巡察办配合省委巡视十组，对平和县委巡察工作开展专项检查。市委巡察工作领导小组办公室于7月11日向平和县委反馈意见，指出4个方面12个问题，提出4条整改意见。平和县针对反馈的问题研究制定41条整改措施，全部在期限内整改完成。

【常规巡察】 2023年，平和县委巡察办开展3批次常规巡察，巡察县自然资源局、财政局、教育局、水利局、司法局等23个县直单位，发现问题602个。

【上下联动巡察】 2023年，平

2023年8月7日，平和县委巡察一组巡察县司法局党组暨经济责任审计动员部署会召开　（县委巡察办 供图）

和县委巡察办配合市委巡察办对县卫健局、疾控中心开展县级交叉巡察，并开展工程项目建设领域专项巡察；对坂仔镇开展提级巡察，并开展乡村振兴领域专项巡察。组建联动巡察组对县农业农村局开展联动巡察，并聚焦乡村振兴工作开展专项巡察，推动政治监督协同并进。

【巡审联动监督】 2023年，平和县委巡察办对县自然资源局、县司法局开展“巡审联动”监督。平和县“巡审联动”监督路径模式被省委巡视办作为典型经验做法在《福建巡视巡察参考》（第33期）予以刊发。

【板块轮动巡察】 2023年，平和县委巡察办对县医院、妇幼保健院开展常规巡察期间，延伸巡察全县15家基层医疗卫生机构，对县教育局开展常规巡察期间，对全县45家中学、中心小学、九年一贯制学校、县直教育单位开展系统性巡察，发现问题1255个。

【巡察整改督查督办】 2023年，平和县委巡察办向十四届县委第三轮、第四轮常规巡察以及市委县级交叉巡察的县卫健局、疾控中心等26个被巡察党组织反馈巡察情况，反馈问题820个。完善县纪委监委、县委组织部、巡察办、巡察组与相关职能部门“五方联审”监督格局，建立巡察组深度参与整改工作机制，采用综合检查、专项督查、中期调研等方式，巩固巡视巡察成果。探索建立巡察研判会商分析机制。

（童桂贤）

老干部工作

【概况】 2023年，中共平和县委老干部局落实习近平总书记关于老干部工作的重要论述、重要指示批示精神和全国、全省、全市老干部局长会议精神，做好离退休干部思想政治建设、离退休党建、离退休老干部服务、老年教育等工作。联合印发关于做好离退干部工作有关具体事项的通知、平和县干部荣誉退休工作实施方案等，保障和发展退休干部工作。全县有58个离退休党支部，17名离休干部，6名“5·12”退休干部。平和县“芦山红”宣传小分队被福建省委老干部局、省委离退休干部工委授予“党的理论创新”离退休干部宣传小分队称号。

【老干部理论学习】 2023年，平和县委老干部局把学习党的二十大精神、学习贯彻习近平新时代中国特色社会主义思想作为首要政治任务，线上利用“离退休干部工作”“福建离退休干部”“漳州离退休干部”微信公众号及“福建老干部”App等老干部网络学习平台，组织广大离退休干部、老党员学习主题教育相关课程4次；线下组织开展学习贯彻习近平新时代中国特色社会主义思想集中学习交流研讨会、离退休干部党员主题教育读

2023年5月11日，平和县老年大学组织老年学员到红色教育基地（漳浦县车本村）开展“贯彻二十大，永远跟党走”主题活动

（县委老干局 供图）

书班，并邀请老党员参加市委老干局“主题教育宣讲进基层”平和县专场活动。组织开展“送学上门”服务，推进主题教育学习全覆盖。

【离退休干部党建】 2023年，平和县委老干部局加强离退休党组织建设。推动乡镇、社区、小区、老年大学、涉老团体和社会组织等单位建立离退休党支部、兼合式党支部或临时党支部。新增10个离退休党支部。举办全县离退休干部党支部书记专题培训班、离退休党支部建设现场推进会。打造“六好”示范党支部，督促指导各离退休党支部规范开展党建工作，引导离退休党组织积极采取微党课、主题党日活动、读书班活动等形式落实党内政治生活。全县有6个省级离退休干部示范党支部，其中南胜镇离退休党支部被评为省级“六好”示范党支部。组织推动东风社区离退休党支部与平和县老年大学学员党支部共建，县老年大学教学工作向东风社区延伸，并开设“二胡”班。东风社区被漳州市离退休干部工委、漳州市委老干部局评为“五融五助”推进离退休干部近邻党建示范社区。此外，平和县“西坑党校”入选第五批省级“离退休干部党员传承红色教育基地”名单。

【离退休老干部服务】 2023年，平和县委老干部局规范落实老干部经济和生活待遇，为1名无工作离休干部遗属办理生活补助，为4名过世离休干部家庭办理抚恤金。全县有10名离休干部和3名“5·12”退休干部享受病残护理费政策。制定“一人一策”精准服务手册，组织志愿者服务、社区等社会力量参与老干部就近服务，为老干部提供精神慰藉、医疗保健、家政保洁、上门理发等服务。

【老干部作用发挥】 2023年，平和县建立全县“银发人才库”，把涉及人文教育、医疗卫生、环境保护、农业发展等领域专长的121名退休干部纳入全县“银发人才库”。创设小溪镇“银发先锋工作室”、平和县“芦山红”宣传小分队，宣讲习近平新时代中国特色社会主义思想和党的二十大精神，受众达400多人次。组建老年大学志愿队伍，开展扶贫帮困、文明创城、居家养老、助学助残、生态环保、关心下一代等服务，全年开展养老助老助残、社区文明创城、助学等活动4场次。组织开展“银发心向党，共学二十大”——“七一”建党节系列活动，志愿活动2场。

【老年大学工作】 2023年，平和县加强老年教育提质增效。新增二胡、瑜伽课程，学校共开设时政、保健养生、广场舞、拳操、太极拳（剑）、器乐、书画、声乐、歌唱、交谊舞、二胡、瑜伽等10多门课程。探索“智慧校园”建设，创新老年大学线上报名方式。新采购添置钢琴、二胡、学生椅等教学设备，改善办学环境。全年参加学习达800多人次。举办建校30周年纪念活动。全县离退休干部党员主题教育专场文艺会演暨平和县老年大学建校30周年纪念大会在东风社区广场（全民健身活动中心）举行。

（甘振宁）

关心下一代工作

【概况】 2023年，平和县关心下一代工作委员会发挥各级关工委组织和“五老”队伍的作用，开展青少年思想道德建设活动，做好青少年奖学助学和关爱帮扶工作，打造农村青年致富“种子工程”升级版。

【青少年思想道德建设】 2023年，平和县关工委联合县教育局、团县委、县总工会等有关单位，开展党的二十大精神宣讲、法治宣传进校园等活动。先后在平和一中、广兆中学举办“党的二十大精神”老劳模宣讲报告会，分别邀请省“五一劳动奖章”获得者赖乐生、全国劳模陈金庆为在校师生作专题宣讲，500余名师生参加；组织开展“关爱明天·普法先行”青少年普法教育活动，累计举办普法讲座、赠阅普法书

2023年11月2日，平和团县委、县关工委联合到平和县金华小学开展“我为青少年办实事”活动。图为“认识自我·拥抱生命”心理健康专题讲座现场　　（县关工委　供图）

籍、组织禁毒宣传活动等62场次，受教育5586人次。开展青少年党史学习教育，到平和暴动纪念馆、彭溪小学开展“青少年党史学习月”系列活动，近百名青少年参加，赠予《漳州红色故事精选》《强国有我》《中华好家风》等书籍120余本；发动“五老”进校园、进村（社区）广泛开展党史学习教育主题宣讲、组织学生参观学习红色教育基地等活动237场次，参学青少年45300人次。

【青少年奖学助学】　2023年，平和县关工委组织开展“金秋助学”活动，助学583人，助学总额99.01万元，奖学1868人，奖学总额178.20万元，奖教498人，奖教总额60.88万元。代办发放省关工委第二年度“禾和助学金”4万元；对接平和县爱心企业家，成立“林德生助学金”，确认受助困难学生13名，发放助学金9.2万元。

【青少年关爱帮扶】　2023年，平和县关工委组织开展“元月送温暖”活动，走访慰问特困青少年50名，发放慰问金1.5万元；联合县妇联、县民政局开展暑期儿童夏令营活动，开设阅读、朗诵、美术等课程，增设交通安全、防溺水、防诈骗教育和心理辅导等课程，30名少年儿童参加。联合团县委、县未成年人校外心理健康辅导站等部门在县金华小学举办“我为青少年办实事”系列活动——“认识自我·拥抱生命”心理健康专题讲座，参加师生114名。组织建立2个“五老工作室”，为青少年提供思想教育、纠纷调解、心理疏导、文化传承等方面服务。联合县司法局组建15支、169名“五老”志愿者组成乡镇社区矫正工作“五老”志愿服务队。

（曾钰）

精神文明建设

【概况】　2023年，平和县开展群众性精神文明创建，加强典型选树培育，以深入推进省级文明城市创建为抓手，深化群众性精神文明创建，推进新时代文明实践、志愿服务规范化建设和未成年人思想道德建设工作。加强先进典型宣传推选，组织开展2023年“‘美丽中国，我是行动者’提升公民生态文明意识行动计划”先进典型推荐工作，平和县“科学减肥增效，绿色环保种植”公众参与志愿服务项目入选2023年福建省“美丽中国，我是行动者”优秀公众参与案例名单，获评生态环境部、中央精神文明建设办公室2023年“美丽中国，我是行动者”十佳优秀公众参与案例。短视频《文明平和、同学同行》在漳州市“文明漳州城、爱拼才会赢”主题公益短视频大赛中获二等奖。

【文明创建】　2023年，平和县调整充实平和县创建省级文明县城工作领导机构和工作机构，细化分解创建省级文明城市任务，压紧压实责任。拍摄制作创城公益宣传片和短视频，开展“万屏联动”社会宣传，加大交通违法曝光力度，投放创城宣传短信50万条。深化交通秩序、市容市貌、公共卫生、市场秩序、市政设施、文化市场等六大专项整治行动，开展“清杂物、扫干净、摆整齐、保畅通”整治活动，深入推进“文明习惯养成”和“示范点位”创建活动，开展村庄清洁行动秋季战役，全面加强食安创城和交通秩序整治、环境整治等；完善软硬件设施，部署加强11类77个实地考察点位建设；省市暗访问题整改工作通过市委文明办验收。

【移风易俗】 2023年，平和县常态化开展移风易俗“一县一重点、一镇一治理”工作，落实《平和县进一步推进移风易俗工作实施意见》《平和县关于规范党员干部和公职人员操办婚丧喜庆事宜的规定》《关于进一步完善村规民约推动移风易俗工作的通知》工作要求，召开全县治理大操大办推进移风易俗工作约谈会，规范党员干部行为，并通过村规民约使移风易俗成为群众的自觉行动。加大整治民俗节日大操大办力度，开展擅自摆设拱门、悬挂气球专项整治。规范制定村规民约，注重运用乡风评议结果，梳理评议中提出的问题。指导256个村（居）修订、完善村规民约，覆盖率达100%，婚事一日办结、丧事及时入葬，规定用菜数量、迎接车辆、丧事流程等，将婚嫁彩礼“限高”纳入村规民约。通过组织评议、签订承诺书、事前提醒、事中帮促等方式，引导广大村民自觉遵守。

【新时代文明实践】 2023年，平和县搭建理论宣讲、社会宣传、教育服务、文化服务、科技与科普服务、体育健身服务、乡风文明建设、心理健康服务、法律援助等9个平台；丰富“星级文明户”“文明家庭”等创建活动形式和内容，扎实抓好星级文明户、文明家庭创建。山格镇新陂村获评全国文明村，五寨乡等5个乡镇获评省级文明乡镇，小溪镇联光村等4个村获评省级文明村，县级以上文明乡镇占比86.7%，县级以上文明村占比75%；组织村（社区）常态化开展“好公婆”“好媳妇”、移风易俗“三好”等文明评选活动150场次，评选出“文明家庭”200户，并在村部或社区门口的显著位置设置并展示“善行义举榜”；举办2023年“学雷锋·树新风·文明实践我先行”主题活动；组织开展以“宜居靓家园 健康新生活”为主题的第35个爱国卫生月活动、“全民阅读·书香平和——图书进农家，助力乡村行”活动；举办“践行二十大，青春正逢时”主题文艺汇演；开展“奋进新征程 同心护未来”六一系列活动；开展“家教伴成长 福见千万家”家庭公益大讲堂活动；制定《平和县拓展新时代文明实践中心（所、站）建设工作实施方案》，整合村级综合性文化服务中心、镇综合文化站等阵地资源，打造新地标、新展馆的“新

2023年3月3日，2023年平和县“学雷锋·树新风·文明实践我先行”主题活动启动。图为节目快板《学习雷锋，法爱同行》表演

（县委宣传部 供图）

时代+”模式，精心打造出文峰“新时代+道安”、山格“新时代+阳明”、坂仔“新时代+语堂”、五寨“新时代+廉政”、小溪“新时代+科普”、崎岭“新时代+土楼”、南胜“新时代+海丝文化”等示范所，推出新建村“新时代+党建”、高寨村“新时代+产业”等示范站。

【志愿服务】 2023年，平和县开展“文明佳节志愿行”活动。元宵期间开展“喜闹元宵 乐猜灯谜”活动；清明期间组织开展“百园千校祭英烈”志愿服务活动；端午、七夕、中秋期间开展“我在新时代文明实践中心（所、站）过端午、七夕、中秋”文明实践志愿服务活动；重阳节期间开展“弘扬孝文化 情满重阳节”移风易俗志愿服务活动。开展“七彩假期”志愿服务活动；组建县新时代文明实践中心专业化志愿服务队伍10支，组建志愿服务小队646支，推动志愿者在中国志愿服务网站上实名注册8.98万名，占全县常住人口的14%，开展服务活动2961场，总服务时长56.47小时。常态化组织开展新时代文明实践活动，打造具有平和特色的文明实践品牌，形成爱心助学志愿者协会、助残志愿者协会、红十字会志愿服务队、蓝天救援志愿服务队、青年志愿者协会等5个志愿服务活动品牌。杨福英被认定为2023年福建省五星级志愿者，张灵通被认定为三星级志愿者；平和县助残志愿者协会获评全省最美志愿服务组织。

【未成年人思想道德建设】 2023年，平和县以社会主义核心价值观为引领，加强青少年思想道德建设，完善机制、强化措施，开展道德实践活动。成立未成年人救助保护中心，全县15个乡镇成立未成年人救助保护站，22个社区成立未成年人保护点。32家省级文明单位文明校园与乡村学校少年宫挂钩帮扶资金共计125万余元，开展共建活动70余场次。开展争做“新时代好少年”系列主题教育实践活动。南胜中心小学六年级学生陈梁玉入选“2023年度漳州市新时代好少年”，其优秀事迹在文明漳州抖音号展播宣传。提供2023年“新时代好少年”学习宣传的相关图片，组织开展“百校结百村”共建活动。创建文明校园，开展“育新人、展形象”“讲文明、树新风”主题活动。九峰镇中心小学获得市级优秀少年宫二等奖。平和县委政法委、县人民检察院通过“全国维护青少年权益岗”复核。

（朱婧文）

党校工作

【概况】 2023年，中共平和县委党校举办11期培训班，培训学员808人次。承接现场教学，受教学员693人次。组织开展学习党的二十大精神专题、学习贯彻习近平新时代中国特色社会主义思想主题教育宣讲活动，送课96场，受众4496人次。9月，“习近平生态文明思想和乡村振兴战略重要论述主题教室”在西坑党校揭牌。

【干部教育培训】 2023年，平和县委党校以联合办学、协作办学、委托办学等形式开展干部培训，培训对象覆盖科级干部、机关干部、驻村支部书记、农村基层干部、党员发展对象、志愿服务工作者等。举办科级干部“习近平新时代中国特色社会主义思想”专题培训班、学习贯彻党的二十大精神专题培训班、党员发展对象培训班、驻村第一书记示范专题培训班、发展党员工作业务培训班、干部专业化能力（舆情管理与突发事件应急处置专题）培训班、入党积极分子培训班等11个班次，808人次受训。承接宁夏、福建仓山监狱、市委党校科级班等县外培训班学员、县内单位党员干部现场教学，受教学员693人次。

【教研工作】 2023年，平和县委党校出台关于教学课题准入的若干规定，邀请专家教授指导，集体打磨课程，明确教学课题质量标准。围绕学习贯彻习近平新时代中国特色社会主义思想主题

2023年12月7日，平和县委党校林智华老师（前排左一）到南胜镇为县老年大学学员支部、南胜镇离退休党支部党员讲课

（县委党校 供图）

教育开展集体备课5次、新课试讲20次，20个学习课程被县委主题教育领导办公室确定为优质课程，印发“课题菜单”为基层单位理论宣讲提供“点课学习”。开展师徒结对帮带活动，4名骨干教师结对帮带4名新入职教师。选派4名教师参与全市春、秋季现场教学精品课比赛，获得全市第四名、第五名和优秀奖。开展课题调研，成立2个特色课程开发小组，调研琯溪蜜柚的发展之路、习近平同志两次到平和考察、三平祖师文化，形成《琯溪蜜柚发展之路》《践行“五点要求”谱写乡村振兴新篇章》《追寻足迹悟思想，乡村振兴谱新篇》《感悟文化力量，涵养人民情怀》4个专题课程。

【科研咨政】 2023年，平和县委党校发挥党校智库作用。采取“三个一”课题研究方式，课题完成率100%。省委党校基地课题立项2项，结项5项，1项科研成果获评全省党校系统第十四届优秀科研成果三等奖；市校课题立项3项，结项3项，2项课题获评一等课题、1项获评三等课题。3份县情县策参阅件获县处级领导肯定性批示。组织教师报送省委党校“党校初心与中国式现代化”研讨会论文4篇，提交新时代“漳州110”创新发展研究成果论文1篇，在学术刊物发表理论文章4篇。

（谢琳慧）

党史和地方志工作

【概况】 中共平和县委党史和地方志研究室加强党史编研、年鉴编纂，注重史志文化宣传、史志资源挖掘利用等。协办纪念“平和暴动”95周年暨传承红色文化系列活动；实施平和年鉴精品工程；指导并启动平和首部镇志《九峰镇志》编修工作；初步完成《平和蜜柚志》书稿编纂工作。

【党史编研】 2023年，平和县委史志研究室挖掘党史资料，推进《中国共产党福建省平和县历史（第二卷）》（1949—1978）出版工作。该书稿于2023年6月1日交付中共党史出版社审核出版。

【年鉴编纂】 2023年，平和县委史志研究室树立精品意识，制定平和县年鉴精品工程实施方案，推进年鉴精品工程。《平和年鉴（2023）》参加2023年福建省年鉴精品工程。通过专家指导、参加省、市党史方志业务培训等方式，加强年鉴编纂专业学习。《平和年鉴（2023）》付梓出版。

【史志宣教】 2023年，平和县委史志研究室践行史志成果“走出去”，开展党史专题宣讲进机关、乡村、企业3次；开展史志书籍进乡村、学校、机关、企业等活动，累计赠送书籍300多册。与多部门联合举办“平和记忆·和邑文库”图书展、“法治平和 社区矫正”《中华人民共和国社区矫正法》实施三周年普法演讲比赛等活动。“平和党史方志”公众号累计推送文章200多篇。

【史志资源挖掘利用】2023年，平和县委史志研究室整理推出文化建设、文化传承及乡村振兴等方面的史志资料。参加平和县贯彻落实原中央苏区振兴发展政策各项工作，协助形成《平和县老区苏区基本情况及历史文件依据》《革命老区振兴发展经验交流材料汇编》等汇编材料。完成未列入革命文物红色文化遗存保护工作调研平和县红色主题展览摸底情况材料。

【“平和暴动”95周年暨传承红色文化系列活动】2023年，平和县委史志研究室发挥资政辅政功能，参与由平和县委、县政府主办的纪念“平和暴动”95周年暨传承红色文化系列活动。促成平和县人民政府与广东省大埔县人民政府闽粤边区红色旅游战略联盟框架协议签订，闽南师范大学马克思主义学院“红色文化与乡村振兴研究基地”和“平和县青少年革命传统教育基地”在长乐乡落成。编成平和党史故事文集《峥嵘岁月》（第三辑）。组织举办文学采风暨红色书籍分享会、线上党史知识有奖竞答、史志宣教进乡村等活动，并在“平和党史方志”公众号上开设纪念“平和暴动”95周年专栏。10多家各级主流媒体宣传报道该活动。

2023年8月24日，县委史志研究室到平和县金华小学开展史志成果进校园活动　（县委史志研究室 供图）

【《九峰镇志》编修工作启动】2023年，平和县委史志研究室推进乡镇志、村志编纂工作，组织人员到九峰镇开展乡村志编修工作调研。8月启动《九峰镇志》编纂工作，该志书旨在记载九峰镇范围内各个历史时期的政治、经济、文化、社会事业等的发展与演变，深入挖掘历史文化特色。

（曾艺娇）

档案工作

【概况】2023年，平和县档案馆加强档案收集整理，提供优质利用服务，规范安全管理。全年接收档案80176卷、9388件。县档案馆被列为县级消防安全重点单位。

【档案宣传】2023年，平和县档案馆加强档案宣传教育。“6•9”国际档案日宣传周期间，举办平和县档案专题书法作品（线上）展、组织出版《平和县档案专题书法展作品集》，发放12万条公益短信和6万次微信朋友圈宣传海报。社科普及宣传周和宪法宣传周期间开展“档案法治宣传进企业、进社区”活动。

【档案利用服务】2023年，平和县档案馆做好群众查档用档工作，接待档案利用者1130余人次，调阅婚姻档案、土地证存根、文书档案等1033卷（件）。

【档案征集】2023年，平和县档案馆通过聘请档案征集顾问、创建名人档案库等形式，征集红色档案、名人档案等资料。征集到林广兆个人珍贵资料58件和省

2023年12月5日，平和县档案馆在平和县法治文化广场开展“档案法治宣传进企业、进社区”活动　（县档案馆　供图）

级、国家级书法名家作品53幅；征集到龚克昌个人珍贵资料140件；征集到小溪镇坑里村孔子文化书法展展出书画作品35幅。

【档案安全管理】 2023年，平和县档案馆落实档案工作保密管理制度，增强干部保密意识。完善日常检查、定期检查和专项检查，抓好汛期档案安全管理，准备防汛物资，通过加强人防、物防、技防，筑牢大楼安全防护网。

【档案监督指导】 2023年，平和县档案馆协助县档案局检查23个县直机关单位档案管理情况，提高各单位档案工作规范化、标准化管理水平。实地察看南胜镇、县农业农村局、中国人民银行（平和县支行）等单位档案管理工作，指导档案室建设以及档案资料规范管理，提高基层档案管理业务水平。

（赖晓晖）

平和县人民代表大会

综 述

【人大代表构成】 截至2023年年底，平和县第十九届人民代表大会共有代表273名，代表构成如下：男性200名，女性73名；党员179名，非党员94名；公务员74名，国企负责人2名，非公有制经济人士10名，工人5名，农民150名，专技14名，其他12名，部队1名。连任67人。

【决议决定】 2023年，平和县人大常委会听取和审议县政府关于2022年度地方政府性债务管理情况、国有资产管理情况、国民经济和社会发展第十四个五年规划实施情况中期评估、2022年县本级财政决算草案、2022年度县本级财政预算执行和其他财政收支情况、2023年上半年国民经济和社会发展执行情况以及下半年工作安排、2023年上半年预算执行情况和下半年工作安排、2022年度县本级预算执行和其他财政收支审计查出问题整改落实情况、2023年县本级财政预算调整方案草案的报告，并依法作出相应审议意见和决议。审议并通过平和县国土空间总体规划（2021—2035年）（草案）。

【“双联”工作深化】 2023年，平和县人大常委会健全常委会组成人员联系代表、代表联系群众的“双联”机制，开展“下基层、访代表、听建议”活动。全年走访基层人大代表135人次；邀请省、市、县人大代表24人次列席常委会会议，组织代表115人次参与调研视察、执法检查和专项督查等活动。召开“我为漳州发展献一策”“我为平和发展献一策”座谈会，组织代表为漳州、平和发展建言献策。推进人大代表工作室和联络站建设，实现人大代表活动制度化、常态化。开展代表向选区选民述职活动。

县人大重要会议

【概况】 2023年，平和县人民代表大会常务委员会召开常委会会议10次，听取和审议专项工作报告13项，针对重大事项重大问题审议并作出决议、决定、审议意见13项，依法任免国家机关工作人员38人次。

【县第十九届人民代表大会第三次会议】 2023年12月28—29日在平和县会议中心召开，257名人大代表出席会议。大会听取和审议平和县人民政府工作的报告、平和县人大常委会工作的报告、平和县人民法院工作的报告、平和县人民检察院工作的报告；审查平和县2023年国民经济和社会发展计划执行情况与2024年国民经济和社会发展计划草案的报告（书面）、平和县2023年预算执行情况和2024年预算草案的报告（书面）；选举平和

2023年12月28日，平和县第十九届人民代表大会第三次会议开幕

（县人大办 供图）

县监察委员会主任1名、平和县人大常委会委员5名，新任职人员宪法宣誓。

【县第十九届人大常委会会议】2023年，平和县人大常委会组织召开常委会会议10次。分别如下：

县第十九届人大常委会第八次会议 2月24日召开。听取和审议县政府关于2022年度乡村振兴工作情况报告、2022年度规范性文件备案审查工作情况报告；投票表决有关人事事项。

县第十九届人大常委会第九次会议 3月24日召开。投票表决有关人事事项。

县第十九届人大常委会第十次会议 5月31日召开。听取和审议平和县国土空间总体规划（2021—2035年），以及县政府关于2022年度平和县地方政府性债务管理情况的报告、平和县2022年度国有资产管理情况的报告；听取县人大调研组关于五寨生态木业产业园和安厚机械产业园建设情况的调研报告。

县第十九届人大常委会第十一次会议 7月10日召开。听取和审议县政府关于国民经济和社会发展第十四个五年规划实施情况中期评估的报告、县住建局关于县城市政公共设施建设和管理工作情况的报告，以及县政府关于传承中华优秀传统文化，加强古厝古建筑保护利用工作情况的报告；听取县人大调研组关于县法院交通审判工作情况、《福建省宗教事务条例》贯彻落实情况的调研报告；投票表决有关人事任免事项。

县第十九届人大常委会第十二次会议 7月21日召开。投票表决有关人事任免事项。

县第十九届人大常委会第十三次会议 8月31日召开。审议确认增补的平和县十九届人大代表资格；听取和审议县政府关于2022年县本级财政决算草案的报告、关于2022年度县本级财政预算执行和其他财政收支情况的审计工作报告、关于2023年上半年国民经济和社会发展执行情况以及下半年工作安排的报告、关于2023年上半年预算执行情况和下半年工作安排的报告；听取和审议县司法局关于社区矫正工作情况报告；听取县人大调研组关于柚香奇兰茶产业发展情况、红色旅游资源开发利用情况的调研报告；投票表决有关人事事项。

县第十九届人大常委会第十四次会议 10月20日召开。听取县人大执法检查组关于《中华人民共和国未成年人保护法》及福建省实施办法贯彻情况的执法检查报告，以及县人大调研组关于平和农业现代化示范区创建工作情况、基层医疗卫生服务工作情况、小区物业管理情况的调研报告；审议通过平和县人民代表大会常务委员会关于对依法任命的国家机关工作人员进行履职评议的规定（草案）；投票表决有关人事事项。

县第十九届人大常委会第十五次会议 12月4日召开。审议通过平和县第十九届人大第三次会议有关事项；听取县政府关于县十九届人大二次会议建议办理情况报告、2023年环境状况和环境保护目标任务完成情况的报告。

县第十九届人大常委会第十六次会议 12月25日召开。

审议确认增补县十九届人大代表的代表资格；审议通过平和县第十九届人大第三次会议有关事项；听取和审议县政府关于2023年本级财政预算调整方案（草案）的报告、2022年县本级财政预算执行和其他财政收支审计查出问题整改落实情况的报告；投票表决有关人事事项。

县第十九届人大常委会第十七次会议 12月29日召开。投票表决有关人事事项。

人大监督

【法律监督】 2023年，平和县人大常委会开展《福建省宗教事务条例》贯彻落实情况专题调研，《福建省水污染防治条例》、《漳州市饮用水水源保护办法》执法检查，县检察院及政府有关部门贯彻执行《中华人民共和国未成年人保护法》及福建省实施办法落实情况执法检查。做好2023年度规范性文件备案审查工作。

【工作监督】 2023年，平和县人大常委会牵头督导新型工业聚集区创建和重点项目建设，开展教育重点建设项目、城区交通管理、山水林田湖草沙项目、全县项目招商工作等专项监督。组织开展工业发展情况专题视察。对县政府各组成部门，县人民法院、县人民检察院，市垂直管理部门，非政府组成部门的有关单位进行年度工作测评。

【视察调研】 2023年，平和县人大常委会开展工业产业园发展状况、红色旅游资源开发利用情况、基层医疗卫生服务工作、全县社区矫正工作、传承中华优秀传统文化及加强古厝古建筑保护利用、法院交通审判工作、县城市政公共设施建设和管理工作、小区物业管理情况等调研。

【人大信访工作】 2023年，平和县人大常委会开展信访工作情况调研及重复信访件办理情况专项督查，受理省、市人大转办件和群众来信来访20件。

人事任免

【县十九届人大常委会第八次会议人事任免】 2023年2月24日，县十九届人大常委会第八次会议任命卢振德为平和县第十九届人民代表大会财政经济委员会副主任委员，曾卫军为平和县第十九届人民代表大会法制委员会副主任委员。

【县十九届人大常委会第九次会议人事任免】 2023年3月24日，县十九届人大常委会第九次会议任命杨俊生为平和县人大常委会人事代表工作委员会主任，陈耀华为平和县第十九届人民代表大会监察和司法委员会副主任委员、平和县人大常委会监察和司法工作委员会主任，卢振德为平和县人大常委会财政经济委员会副主任，黄洪河为平和县民政局局长，陈联荣为平和县退役军人事务局局长。免去石艺军的平和县第十九届人民代表大会常务委员会代表资格审查委员会副主任委员职务、平和县人大常委会人事代表工作委员会主任职务，黄镇城的平和县第十九届人民代表大会监察和司法委员会副主任委员职务、平和县人大常委会监察和司法工作委员会主任职务，卢振德的平和县人大常委会教育科学文化卫生委员会副主任职务，罗少真的平和县民政局局长职务，黄洪河的平和县退役军人事务局局长职务。决定接受黄镇城、陈联荣辞去平和县第十九届人大常委会委员职务的请求。

【县十九届人大常委会第十一次会议人事任免】 2023年7月10日，县十九届人大常委会第十一次会议决定接受吴朝东、蔡劲楚、陈振平、赖警苗、林明达、蔡云英、黄镇城、陈联荣、朱锡养辞去平和县第十九届人民代表大会代表职务的请求。

【县十九届人大常委会第十二次会议人事任免事项】 2023年7月21日，县十九届人大常委会第十二次会议任命许晓斌为平和县监察委员会副主任。决定接受林炳仁辞去平和县监察委员会主任职务的请求。决定许晓斌代理平和县监察委员会主任职务。

【县十九届人大常委会第十三次会议人事任免事项】 2023年8月31日，县十九届人大常委会第十三次会议任命曾祥紫为平和县人民法院民事审判庭（生态环境审判庭）副庭长，马淑惠为平和县人民法院刑事审判庭副庭长，杨斌为平和县人民法院霞寨人民法庭副庭长。免去张万土的平和县人民政府办公室主任职务，周德生的平和县人民法院副院长职务，卢海滨的平和县人民法院民事审判庭（生态环境审判庭）庭长职务，赖丰富的平和县人民法院立案庭（诉讼服务中心）庭长职务，李茂己的平和县人民法院立案庭（诉讼服务中心）副庭长职务，曾祥紫的平和县人民法院交通审判庭（综合审判庭）副庭长职务，张建平的平和县人民法院审判员职务。

【县十九届人大常委会第十四次会议人事任免事项】 2023年10月20日，县十九届人大常委会第十四次会议任命李振忠为平和县财政局局长，石艺军为平和县人力资源和社会保障局局长，傅炎民为平和县发展和改革局局长，曾艺云为平和县人民政府信访局局长。免去杨武牧的平和县发展和改革局局长职务，赖志生的平和县财政局局长职务，吴金成的平和县人力资源和社会保障局局长职务，周志平的平和县审计局局长职务，卢鑫城的平和县人民政府信访局局长职务，赖金声的平和县人民检察院检察员职务，朱泽民的平和县人民检察院检察员职务。决定接受黄杰文辞去平和县第十九届人民代表大会常务委员会委员职务的请求，石艺军、黄清流、傅炎民、周水山、杨镇源、蓝娇红、赖爱平辞去平和县第十九届人民代表大会代表职务的请求。

【县十九届人大常委会第十六次会议人事任免事项】 2023年12月25日，县十九届人大常委会第十六次会议任命余淑芬为平和县人大常委会办公室副主任。免去李海明的平和县人大常委会办公室副主任职务，李茂己的平和县人民法院审判员职务，曾钦良的平和县人民法院审判员职务。

【县十九届人大常委会第十七次会议人事任免事项】 2023年12月29日，县十九届人大常委会第十七次会议决定蔡总平、许晓斌当选为漳州市第十七届人民代表大会代表。决定接受朱志宏、林炳仁辞去漳州市第十七届人民代表大会代表职务的请求。

代表工作

【概况】 2023年，平和县人大常委会组织开展代表视察、专题调研、执法检查、旁听庭审、年度述职、列席人大常委会、参加座谈会等活动。组织代表学习培训。每年初召开议案建议办理工作会，评选表彰年度优秀代表建议和代表建议承办先进单位。全年开展工作视察、调研、执法检查21次，形成调研报告和执法检查报告10篇。

【代表建议督办】 2023年，平和县人大常委会收到平和县十九届人大二次会议代表提出建议45件，涉及道路交通、教科文卫、城建、农业、水利、社会建设、国土等方面，均办理完毕并全部答复代表，并开展代表建议办理工作满意度测评。筛选出关于加强水利基础设施建设、助力乡村振兴发展等9件建议，由常委会领导班子成员领衔重点督办。

【代表履职保障】 2023年，平和县人大常委会加强代表履职工作平台建设。组织代表参加培训62人次，强化代表履职意识。组织县乡人大代表深入开展“发展全过程人民民主与发挥人大代表作用”履职调研，形成调研文章12篇。组织市县人大代表26人次开展异地视察。组织人大代表参加“一府一委两院”工作评议。指导乡镇落实每年召开两次人民代表大会制度，支持和保证人大代表履行职权。加强代表履职网络平台建设，健全代表履职登记申报机制，服务代表150人次，宣传报道代表履职情况20篇。做好在省、市人大代表到平和县开展视察调研的服务保障工作。

（吴霖）

平和县人民政府

综述

【经济发展】 2023年，平和县地区生产总值完成318.18亿元，比上年增长6.7%；农林牧渔业总产值119.86亿元，比上年增长6.5%；规模工业总产值完成188.95亿元，比上年增长6.9%，规模以上工业增加值6.6%；固定资产投资92.77亿元，比上年增长9.1%；社会消费品零售总额120.48亿元，比上年增长10.4%；一般公共预算总收入12.92亿元，比上年增长23.8%。实际利用外资503万美元。进出口总额完成6.82亿元，比上年增长74.35%。城镇居民人均可支配收入41544元，比上年增长5.07%，农村居民人均可支配收入26955元，比上年增长7.25%。商品房销售面积10.30万平方米，比上年增长1.5%；销售额5.47亿元，比上年下降12.3%。

【改革创新】 2023年，平和县支持技改升级，4家企业申报高企。建成5G基站628个。实施“智汇柚都·才聚平和”计划，深化与张福锁院士、廖红教授团队合作；与中国农技协、省农技协分别建立东湖国家级和茶王谷省级创新驱动服务站；联合中国茶叶研究所成立“陈宗懋院士团队平和工作站”，成为全省第一个县级茶院士工作站；与福建农林大学、闽南师范大学、福建中医药大学等高校建立合作关系。“扬帆计划”引进508人。推进政务服务，5255项审批服务事项绑定标准化事项目录清单，梳理6个“一件事”主题套餐，政务服务高频事项实现“跨区通办”。推行“开办企业注册一人通办”制度，新增企业数增长10%。组建重点项目服务专班，设立“四个中心”，推行“拿地即开工”。坚持依法行政，全县39个行政执法单位全部接入一体化执法平台。

【农业发展】 2023年，平和县特色农业提质增效。实施蜜柚产业高质量发展规划，打造蜜柚核心产区，构建“种好柚，卖好价”产销机制，开展首届“柚品王”评选活动，蜜柚出口超18万吨，“平和琯溪蜜柚”品牌价值达189亿元；改进制茶工艺，加大推介力度，举办“三平杯”白芽奇兰暨首届柚香奇兰茶王赛等赛事，参加北京“三茶统筹”高峰论坛等活动，全县涉茶产值5.6亿元。柚香奇兰茶产量突破20万千克，柚花用量超50万千克，新增产值1.2亿元；探索种养加一体化生态循环农业，总结“菜—稻—菜”等模式，建成“四大示范片”，新陂村建成全省首个生态环保型高标准农田。实施“园改耕”，补充耕地完成率、粮食考评等指标居全省前列，耕地保护和粮食安全工作成为全省典型。

【生态工业】 2023年，平和县推进好又多木业、福熠食品等项目，新增新上规模工业企业45家，位居全市第二；工业投资完成43.31亿元，比上年增长23.6%。推进工业园区标准化建设，纵三路、西南地块九道路建成通车；推进污水厂提标扩建、污水管网二期项目；完善安厚机械产业园、五寨生态木业产业园基础设施。

【商贸文旅】 2023年，平和县举办“柚香飘北京·产业促振兴”等展销活动，新增限上贸易企业70家。建立全国首个“绿色通道”抽免检工作机制，开启蜜柚高速运输快速通道；成立电商行业协会，电商交易额35.14亿元，增长7.2%。利用厦门国际投资贸易洽谈会平台，推介平和文旅；推进三平康养小镇，全域旅游集散服务中心建成投用；灵通山创建国家AAA级旅游景区，大芹威士忌观光园入选省观光工厂；坂仔宾阳楼、五寨寨河旧楼活化利用在法国国家建筑博物馆展出，获“意大利豪瑞可持续建筑大奖赛”亚太地区唯一金奖；庄上大楼修缮工程基本完成；出台支持文旅人才培养、民宿发展等政策，上线“云上平和”小程序，旅游人数、收入均增长35%以上。平和县被认定为第四批福建省全域生态旅游示范县。

【项目建设】 2023年，平和县“一把手”带队外出招商17次，举办机械制造、生态木业等推介会，新签约项目69个，总投资124.97亿元。坚持“亩均论英雄”，通过“腾笼换鸟”盘活闽能光电产业园等地块，引进茶王谷、汇润丰木业等项目，推动西蝉、鑫源祥等闲置厂房招商入驻新企业。推进用地保障，获省批准农转征收土地143.8公顷，处置批而未供土地76.8公顷、闲置土地66.6公顷。官峰水库被列入国家“十四五”中型水库规划，主体工程开工建设，梨仔坑应急水源工程成功试通，花山溪流域水质稳定达标，县城饮用水水源达标率100%。

【城乡建设】 2023年，平和县编制完善国土空间总体规划和道路、排水防涝等专项规划。推动新北环路等城区道路建设，打通一批“断头路”；建成智慧体育公园，新建绿道11.5千米、公园绿地5.33公顷，县城绿化覆盖率达44.66%，获评省级园林县城；提升城区供水基础设施，改造供水管网48千米，完成7个商住小区、8个公建单位供水替换；实施第二污水处理厂一级A提标改造工程，新建改造雨污分流管网10.8千米。推进乡村振兴，实施文峰高速至三平、九峰互通至镇区路面等改造，安厚农场至安厚互通连接线工程建成通车，3个安全生态水系建成投用；实施“十镇百村”试点示范工程项目77个，建设省级“一村一品”示范村6个，改造危桥6座，新建改造农村公路55千米、乡镇污水配套管网12.2千米；编制村庄规划38个，驻村第一书记、乡贤促进会实现全县各村全覆盖。平和县入选为福建省闽台乡建乡创合作样板县；南胜镇欧寮村成为省级闽台乡建乡创合作样板村。

【生态文明】 2023年，平和县加快各级环保督察反馈问题、督察信访件整改、销号，抓好第三轮中央生态环保督察问题立行立改。推进蓝天、碧水、净土行动，2个国控断面、9个省控断面水质达标率100%；空气质量优良率99.1%。10个村庄农村生活污水处理设施建成投用。加强县城及“千吨万人”饮用水水源地规范化建设，强化水质监测预警。全面推进河长制、林长制，与永定区、大埔县建立水生态环境保护新模式。造林绿化完成6606.67公顷。

【社会事业】 2023年，平和县完成11个为民办实事项目。加快金华小学扩建、第六实小等14个项目建设，追加教师公积金财政配套资金1480万元，补充新任教师121名；严格落实“双减”政策，提升课后服务水平，中高考质量提升。举办纪念“平和暴动”95周年活动。县医院迁建主体结构封顶，县公立中医院组建有序推进，搭建数字公共卫生服务一体化平台。开展公共就业服务，城镇累计新增就业2666人。推进“公建民营”“医养结合”改革，完成3家敬老院和3家区域性养老服务中心建设，建成2个长者食堂，政府购买居家养老服务6万余人次，新东社区入选“全国示范性老年友好型社区”名单。开通5条“定制班车进校园”线路。村级生命公园建成4个、开工建设33个。成立全市首个县级社会治理中心，多元化解矛盾纠纷，化解率92.04%，排名全市第一。与闽南师范大学合作共建“信访+社会治理服务中心”，初信初访和积案化解取得成效。推进食安创城工作。开展重大事故隐患专项排查整治，完成户内燃气设施安全更新改造，加强防汛备汛和森林防火。开展“八五”普法，推进政务公开。推进国防动员、退役军人事务等工作。

【政府门户网站建设】2023年，平和县人民政府门户网站、政务新媒体建设。加强安全保障，明确责任，合理设置政府网站栏目、频道、专题专栏和应用，集中发布乡镇、县直各单位信息。全年发布信息6321篇，受理回复依申请公开信息12条。做好政府信息公开电子监察系统采集、报送工作。与平和县融媒体中心联合摄制6期政务访谈节目。规范整合县域内政务新媒体，全县“平和县人民政府”“平和公安”“平和交警”“平和文旅之声”4个微信公众号，“平和公安”“平和交警大队”2个新浪微博，“平和文旅之声”抖音号1个，“平和文旅之声”视频号1个，全年发布新媒体信息981篇。

县政府重要会议

【县政府常务会议】 2023年，平和县政府召开14次常务会议。

第一次常务会议 1月9日召开。研究平和县东部片区乡村振兴项目一期、平和县西部片区乡村振兴项目一期、平和蜜柚文化博览园项目事宜、《平和现代农业发展有限公司薪酬管理制度》事宜、《平和县“智汇柚都·才聚平和”人才工程实施方案》事宜、通报表扬2022年度纳税大户事宜、《平和县坂仔西坑康养文化园控制性详细规划调整论证报告》等3个规划事宜。

第二次常务会议 2月23日召开。研究平和县三平玲珑湖康养小镇项目战略合作框架协议事宜、《平和县城新陂地块一用地控制性详细规划》《平和县山格镇平寨加压泵站用地控制性详细规划》等2个规划事宜、《调动农民种粮积极性稳定粮食生产十六条措施》事宜、平和县县属义务教育阶段学校课后服务性收费标准事宜、《2018年省委巡视反馈财政出借资金问题整改方案》事宜、《县政府领导班子成员食品安全工作责任清单》事宜、《解决国有企事业单位不动产登记的历史遗留问题的方案》事宜、《平和县工业企业不动产登记历史遗留问题处理方案》事宜。

第三次常务会议 3月24日召开。研究《2023年县委和县政府为民办实事工作计划》事宜，《平和县森林资源高质量发展项目实施方案》事宜，《平和县2023年“产业发展项目建设提升年”活动实施方案》事宜，《2023年第一批新增政府债务限额使用方案》事宜，《平和县土地房屋征收实行“安商一体化”政策暂行规定》事宜，《平和县县域农村生活垃圾市场化实施方案》事宜，县城关卫生院、平和一中门口垃圾中转站、县城农用车厂片区、崎岭供销社、山格供销社、霞寨镇铜矿厂等一批房屋征收项目事宜，平和县促进房地产市场平稳健康发展若干措施事宜，《平和县崎岭乡南湖村村庄规划（2021—2035）（修编）》、《平和县崎岭乡新南村村庄规划（2021—2035）（修编）》、《平和县文峰镇龙山村村庄规划（2021—2035）（修编）》、《平和县文峰镇前埔村村庄规划（2020—2035）（修编）》事宜，花山溪北岸四宗闲置土地及花山溪9-2地块处置方案事宜、《三平省级风景名胜区总体规划（2015—2030年）（修改）》事宜，《平和县驻外招商工作实施方案》事宜，《平和县招商引资管理办法》事宜，研究平和县农村三资清理整治工作事宜，将新荣水库调出平和县城乡供水一体化工程水源地事宜，原平和县广电局在编在职事业人员划转到广电网络平和分公司退休后享受机关事业单位待遇相关事宜，《平和县全民健身实施计划（2021—2025年）》事宜，《平和县林语堂故居文化核心区提升工程设计、施工与运营》事宜。

第四次常务会议 4月13日召开。研究《平和县城乡供水一体化工程（一期）3处加压泵站用地选址论证报告》事宜、《平和县小溪镇枫埔溪安全生态水系建设项目选址论证报告》事宜、《福建平和工业园区(黄井园区)沿上峰路北侧（大隙山）局部地块控制性详细规划》事宜、国强乡新建村村庄规划（修编）事宜、大芹山14宗闲置土地处置方案事宜、平和县人民政府与福建中医药大学合作共建框架协议书事宜等。

第五次常务会议 5月8日召开。研究国道357线霞寨镇黄庄至双峰路面改造一期工程项目事宜，《平和县2023年“蓝天、碧水、净土”三大工程行动计划》事宜，平和县城镇燃气专项规划修编（2022—2035）》事宜，《平和县城镇燃气生产安全事故应急救援预案》事宜，芦溪镇华峰村、梨坑村、西新村等3个村庄规划事宜，《平和县南胜镇欧寮村村庄规划（2020—2035）》（修编）事宜，《平和县芦溪镇国道357线、环镇干道交叉口东南侧地块控制性详细规划》事宜，《福建省平和职业技术学校迁建工程用地控制性详细规划调整论证报告》及《福建省平和职业技术学校迁建工程用地控制性详细规划（2023年调整）》事宜，《关于做好2023年全面推进乡村振兴重点工作的实施意见》事宜。

第六次常务会议 5月29日召开。传达学习国务院安委会《关于进一步强化安全生产责任落实 坚决防范遏制重特大事故的若干措施》精神，研究重新核定平和县农村三级达标高中学费收费标准事宜，平和县城乡公交票价事宜，平和县老旧小区配套基础设施改造建设项目（11个小区）集中改造提升工程委托代建事宜，《平和县国土空间总体规划（2021—2035）》事宜，崎岭供销社项目用地处置方案事宜，研究平和县烈士陵园、平和暴动烈士陵园和纪念馆申报县级烈士纪念设施事宜。

第七次常务会议 6月19日召开。研究2023年第二批新增政府债务限额使用方案事宜、研究山水林田湖草沙项目事宜、研究启动抽水蓄能电站项目前期工作事宜、研究委托中铁四院规划新建高铁平和段路线站位方案事宜、《推进平和柚香奇兰（白芽奇兰茶）高质量发展的若干措施》事宜、扶持发展壮大村级集体经济专项资金1200万元使用方案事宜、启动县城文成中学片区国有土地上房屋征收项目事宜、《平和县小散工程安全生产纳管实施细则》事宜，传达学习中央纪委国家监委有关文件精神（耕地、粮食），研究做好全县小规模工程发包有关工作方案事宜。

第八次常务会议 7月17日召开。研究《平和县2022年本级财政决算（草案）》事宜，《机关大院办公场所临时过渡搬迁方案》事宜，《平和县农村饮水工程运行管理办法》事宜，平和县食安创城工作情况，《2023年全县治理“餐桌污染”建设“食品放心工程”工作方案》以及调整县食品安全委员会组成人员事宜，国强乡高坑村、秀峰乡秀峰村、文峰镇黄井村村庄规划及山格镇宝丰村村庄规划(修编)事宜，《平和县文峰镇国道355线以西、闽能横二路以北用地控制性详细规划》事宜，聘用三平风景区规划建设文化艺术顾问事宜，《平和县北环路延伸段（白铜大道至绿杨路段）道路工程征地拆迁补偿实施方案》事宜，平和县玉溪小学整体搬迁工作事宜。

第九次常务会议 8月2日召开。研究平和县2023年以前滞留债券资金收回重新安排项目使用方案事宜，2023年上半年财政预算执行情况和下半年财政工作意见事宜，漳州202305项目（平和县）事宜，《2022年度绩效考评结果的通报》及《2023年度平和县绩效管理工作方案》事宜，福建兴和投资发展集团有限公司增资、融资事宜，《国道357线平和县安厚溪尾（云霄界）至白石段公路工程选址论证报告》《平和县三平风景区上境至楼脚公路工程选址论证报告》事宜，崎岭乡合溪村、安厚镇安厚村、安厚镇莲塘村、小溪镇旧楼村及大溪镇下村村等5个村庄规划事宜，《平和县西环路以南、花山溪以西用地控制性详细规划》《平和县九峰镇城西村文化活动中心地块控制性详细规划》事宜，平和琯溪生态蜜柚产业园发展有限公司项目用地处置方案事宜，平和县山口幼儿园项目续建事宜，平和县实验幼儿园高南校区和新星幼儿园宝善校区独立办学事宜，平和县人民政府与闽南师范大学开展“平和县依法治县战略合作”共建项目事宜，收回漳州市烟草公司平和分公司3宗国有土地使用权方案事宜。

第十次常务会议 8月30日召开。研究《“十四五”时期平和县社会信用体系建设发展规划纲要》相关事宜、《关于进一步促进民营经济高质量发展的实施意见》事宜、研究甬莞高速小溪服务区增设出入口工程项目事宜、研究《平和县促进民宿发展实施办法》事宜、平和县安厚中学更名为平和县龙华中学事宜、提高教师公积金配套事宜、五寨新雄加油站闲置土地处置方案事宜、五寨乡侯门村银祥无公害生猪养殖场建设项目土地盘活事宜、五寨乡优美村等21个村庄规划事宜、县城综合管线下地工程项目事宜。

第十一次常务会议 10月8日召开。研究《平和县耕地占用税管理联合机制方案》事宜、《平和县国土空间规划审批管理办法（草案）》事宜、研究《福建平和工业园区（黄井园区）沿西蝉大道南侧局部地块控制性详细规划》等4个规划事宜、《平和工业园区基础设施提升方案》事宜、《平和县乡村振兴产业发展指导意见》事宜、《平和县蜜柚产业高质量发展规划（2023—2028）》事宜。

第十二次常务会议 11月9日召开。传达学习《福建省统计条例》《防范和惩治统计造假、弄虚作假督察工作规定》《省统计局办公室关于2022年我省部分统计违法案件查出情况的通报》文件精神，研究2023年本级财政预算调整方案（草案）事宜、平和县公益性公墓（怀恩生命公园）建设项目代建事宜、《平和县城及周边区域禁止燃放烟花爆竹区域扩大工作实施方案》事宜、持续推进林业改革发展的实施意见事宜、《平和县创建省级慢性病综合防控示范区实施方案（草案）》事宜、县教育局搬迁临时过渡办公场所事宜。

第十三次常务会议 11月30日召开。研究增资扩股平和中晟燃气有限公司相关事宜、平和县储备粮管理有限公司《薪酬管理暂行办法》事宜、授予平和县水务有限公司城乡供水特许经营权事宜。

第十四次常务会议 12月15日召开。研究《平和县2023年主要经济指标预计完成情况及2024年初步安排方案》相关事宜，《平和县2023年财政预算执行情况及2024年财政预算（草案）》事宜，平和县新荣、东川、上峰及梨仔坑等4座水库管理与保护范围划定工作实施方案事宜，《关于推动文旅经济高质量发展若干措施》事宜，《平和县被征收土地地上附着物和青苗补偿标准》事宜，2024年县政府工作报告（送审稿）事宜。

【县政府专题会议】 2023年，平和县政府召开24次专题会议。

1月30日，研究关于平和县花山溪重点区域防控与综合施策修复工程项目全过程上网公开招标事宜。

2月9日，研究关于平和县供电公司与乡镇企业开发公司土地及房产置换方案。

3月20日，研究关于嘉瑞芳华园项目相关事宜。

3月22日，研究关于山格镇办公场所搬迁工作有关事宜。

4月21日，研究关于国有资产房屋征收事宜。

4月24日，研究关于进一步依法依规提高县属国企管理效率事宜。

6月14日，研究关于《平和县国土空间总体规划（2021—2035）》专家评审会事宜。

6月15日，研究关于开展“漳州味”线上线下产销对接系列活动事宜。

7月25日，研究关于确认平和县糖酒副食品综合商场等十三家集体企业为县属集体企业事宜。

7月25日，研究关于西三线闽粤支干线项目建设推进会事宜。

8月10日，研究关于挂外省拖拉机号牌机动车及挂闽06号牌已报废多功能拖拉机处置事宜。

8月11日，研究关于推进县城城区供水安全工作的纪要。

8月14日，研究关于平和县山水林田湖草沙一体化保护和修复项目推进会事宜。

8月16日，研究关于国有农场社区居民住宅危旧房改建审批及监管职责分工事宜。

8月17日，研究关于职级公务员享受医疗待遇有关事宜。

8月17日，研究关于机关食堂运营管理工作协调会事宜。

8月21日，研究关于福建农林大学平和蜜柚研究院的运营管理事宜。

8月30日，研究关于国强乡乡村振兴人才驿站项目事宜。

10月7日，研究关于黄井临时生活垃圾堆放场环保督察整改工作的事宜。

11月28日，研究关于废止平和县扶持产业发展奖励暂行办法事宜。

12月1日，研究关于平和县耕地恢复整治工作奖金奖励方案。

12月1日，研究关于核定平和县农业用水价格事宜。

12月5日，研究关于推进大世界商业大厦停车场项目用地及该地块内新桥村4组村民自行规划宅基地安置相关事宜。

【县政府全体成员会议】 2023年1月16日，平和县召开2023年县政府组成部门第一次会议暨县政府全面从严治党集体谈话会议。会议就动员全县上下担当作为、凝聚合力，落细落实各项工作任务。全面落实好省委、市委、县委各项工作要求，全力将平和打造成高质量发展的“进步之星”“后起之秀”。

为民办实事

【概况】 2023年，平和县委、县政府完成11个为民办实事项目，总投资13173.11万元，占年投资计划的101.51%。为民办实事项目工作情况列入绩效考评范围。

【新时代电力“双满意”工程】 2023年，平和县累计投资7814万元，完成110千伏山格变2号主变投产，35千伏芦溪变1号主变增容投产，推进110千伏九峰变2号主变扩建工程及配电网建设改造工作。

【道路交通安全隐患路段整治】 2023年，平和县累计投资431.6万元，完成国道355线K392+50—K405+900（文峰段）、县道X581线K10+120—K13+180（平寨路口至洪濑口路段）的中央隔离设施建设。

【道路亮化工程】 2023年，平和县累计投资200.99万元，实施坂仔镇镇区主干道路灯安装工程，完成建设路灯373盏。

【农村生活污水治理】 2023年，平和县累计完成投资2353万元，实施九峰镇城区污水处理厂及配套管网工程（二期），主要建设路面、污水、软基、围堰等配套设施工程，完成建设主管网3977米、支管网4145米等。

【生活垃圾转运及无害化处理项目】 2023年，平和县累计投资41万元，集中无害化处理三坪村上镜组临时转运站的生活垃圾，累计完成清运处置量3368.7吨。

【县城公共停车项目】 2023年，平和县累计投资150万元，改造平和汽车站，拆除花圃实施硬底化、改造人行道路面，新建40个公共停车位。

【城市口袋公园建设】 2023年，平和县累计投资200万元，在中山公园新建人行阶梯、榕树景观小品休息区一处，清除堤岸边及公园内现状杂草，喷播波斯菊草籽，美化公园整体环境。

【学校近视防控教室照明改造】 2023年，平和县累计投资393.6万元，完成全县328间教室照明改造。

【全民健身活动】 2023年，平和县累计投资124.1万元，完成20场赛事活动的组织，倡导健康向上的生活方式。

【残疾人“两项补贴”政策落实】 2023年，平和县落实残疾人“两项补贴”政策，累计投资1545.81万元。全县享受困难残疾人生活补贴4886人，按照每人每月生活补贴120元，累计发放补贴687.28万元；享受重度残疾人护理补贴6042人，按照一级护理补贴每人每月生活补贴150元、二级护理补贴每人每月生活补贴107元，累计发放补贴858.53万元。

【HPV疫苗免费接种项目】 2023年，平和县累计投资118万元，免费为具有平和县学籍或户籍、未接种或2022年已接种首剂次人乳头瘤病毒（HPV）疫苗且年龄在13—14周岁半的女性开展HPV疫苗自愿接种。接种第一针1830针，第二针接种2678针。

政务协调服务

【概况】 2023年，平和县政府办发挥统筹协调、参谋助手、督促检查、服务保障职能作用，创新突破，实干担当，履行各项职责。平和县全年向省府办、市府办报送信息403条，采用158条，编辑下发《平政要讯》20期。举办政务信息“以会代训”座谈会3次，培训信息员55人次。

【文电办理】 2023年，平和县政府办出台《平和县人民政府办公室关于建立公文错情通报制度的通知》，确保政府公文办理运行准确、规范、安全、高效。全年审核把关公文538份，起草常务会纪要14份，规范完整办理县政府及县政府办发文162件，会议纪要41件，内部明电28件，平政函及平政办函45件，平政地108件。值班收文1557件。

【后勤保障】 2023年，平和县政府办组织召开大型会议11次，中小型会议211次，常务会议14次。开展会风会纪督查7次，并对发现问题进行全县通报。落实值班制度，值班收文1557件。做好用车保障，协调县领导用车1341次，协调县直各单位用车7983次。

【政务公开】 2023年，平和县政府办发布信息6188篇，受理回复依申请公开信息11条。规范整合县域内政务微信公众号4个，新浪微博2个，抖音号1个，视频号1个，发布新媒体信息936篇。平和县“12345”政务便民热线中心批转平台办件16949件。其中，投诉类11991条，占比70.75%；求助类3249条，占比19.17%；咨询类1189条，占比7.02%；建议类558条，占比3.28%。平均每日转件70件。

【政务督查】 2023年，平和县政府办跟踪督办77件县长批示指示件，查收办理“互联网+督查”3件，完成答复市人大建议议案2件、县人大建议议案45件，办复率、满意率均达100%。推动实施11个县为民办实事项目，累计完成投资13173.11万元，占年投资计划的101.51%，超预期完成项目任务。联合县委督查室、县效能办开展花山溪饮用水水源地综合整治、防汛应急准备、会风会纪等各类督查18次，督查项目36个次，督查单位141家次。

（罗春兰）

机关效能建设

【效能督查】 2023年，平和县效能办联合县委督查室、县政府督查室、县纪委、县直机关党工委，采取常态督查与动态跟踪相结合的方式，对重点项目建设、花山溪水源地整治、工作纪律等开展持续跟踪督查。抓好考勤纪律，开展督查2次，涉及88家单位。对少数上班迟到、请销假制度落实不到位的相关人员，现场进行批评教育，并责令单位及时整改到位。开展全县性大型会议会风会纪督查7次，对发现问题进行全县通报。开展“百名干部挂百企”暨工业协调推进调研活动、琯溪蜜柚“轻剪轻肥”生态栽培综合技术督导、城区饮用水水源地蜜柚清退工作等项目督查。全年开展各类督查9次，督查项目15个次，督查单位88家次，效能问责1人。

【绩效管理】2023年，平和县效能办完善绩效考评方案，通过多方面探讨、征求意见，将各项年度目标任务细化落实到绩效管理体系中。将督查、整改、约谈、问责与绩效考评扣分、年度考核等环节挂钩，凸显奖优罚劣，增强干部工作积极性，强化担当作为，扛牢主体责任，发挥绩效考评助推器的作用。

【诉求受理】2023年，平和县效能办拓宽效能投诉渠道，定期整理诉求，加强县中心督查，对企业群众反映的重点、热点问题等，启用直查快办。全年处理投诉件1件，效能投诉办结率100%。

【政务服务督导】2023年，平和县效能办完善便民服务，保障窗口服务专业度，提升治理效能，加强宣传企业减免租金、贷款贴息、减税降费等各项优惠政策，抓好惠企政策落到实处。

（周海山）

行政服务

【概况】2023年，平和县行政审批局、行政服务中心管委会深化“放管服”改革，推行政务服务“一网好办”改革，优化营商环境，提升服务效能，打造有速度、有温度、有深度的政务服务大厅。县级审批服务事项1495项，其中行政许可事项604项。县政务服务中心配置服务窗口65个，设1个分中心，进驻18个部门、112人。全年办件26403件，其中窗口办理14173件、网上办理2417件、邮寄办理7241件、自助办理2572件。“助企纾困”平台服务85家企业，收到企业诉求问题178个，解决企业问题173个。开展“政务服务进社区”活动，“问需于民、问计于民、问效于民”，为群众提供“一对一”“专业化”咨询服务，发放政务服务调查问卷60余份、宣传资料500余份、现场解答100余条。开展“政务服务标杆大厅”创建活动，制定评选政务服务星级标兵、先进个人、红旗窗口、文明股室实施细则。

【相对集中行政许可权改革】2023年，平和县行政审批局推进相对集中行政许可权改革工作，受理各类办件5031件，其中商事登记领域办理3647件、投资项目领域办理858件、社会事务领域办理526件。

【项目审批制度改革】2023年，平和县深化工程建设项目审批制度改革，建立专业队伍为企业提

2023年11月7日，平和县审批局召开落实工程建设项目审批“五项制度”（工程建设项目审批一表申请、一窗受理、一章审批、超时默认、默认追责）推进会　（县行政审批局 供图）

供“妈妈式”审批服务。到企业为企业建设工程项目前期报批材料提供现场辅导，为工程建设项目提供联审联办、“多测合一”、联合竣工验收、全过程代办等服务。全年工程建设项目审批服务办件总数456个。指导企业项目审批，由“坐等审批”变为“上门服务”，为45家企业解决136件。打通“帮代办”服务渠道，服务项目240多个。推行“项目审批不过夜，窗口业务不打烊”，对下班时间尚未办结的事项进行延时服务，延时服务100多个项目，总时限达220多个小时。

【政务服务便利化】 2023年，平和县行政审批局、行政服务中心管委会按要求绑定全县5268项审批服务标准化事项目录清单。梳理出6个“一件事”主题套餐，涉及15个事项。全年办理1752件。针对医疗、社保、公安、商事登记等领域开展厦漳泉地区“异地代收”试点，与潮州、汕头政务服务高频事项推行“跨省通办”。探索食品经营许可领域“一人办结”制度，将食品许可注销、补证、不需要现场核查的延续以及经营者社会信用代码、名称、法定代表人（负责人）变更等9个事项纳入“一人办结”审批事项清单。推行“开办企业注册一人通办”制度，新增企业增长率4.58%。

【审批服务效能监督】 2023年，平和县行政服务中心加强日常现场和监控督查以及双随机检查，完成10次月度考核，日常监督巡查记录300余次。处理日常工作中出现的群众投诉问题，“12345”平台受理群众诉求件121件，电话或现场诉求150余次全部妥善处理，并做好反馈。做好“好差评”评价系统数据跟踪，“好评价”评价数132178条，敏感词审核60条，满意率达100%，主动评价率达99.99%。

【公共资源交易】 2023年，平和县常态化运行建设工程项目招标等不见面开标，集成二维码形成一次性告知单，配置评标专家电子签到设备，全面取消政府采购项目保证金，全面推行银行及担保公司保函制度。完成建设工程项目交易91宗，交易金额16.54亿元，节约政府资金1.36亿元，节约率7.59%。完成产权交易项目57宗，交易金额4831.73万元，增加政府资金37.03万元，增资率0.77%。完成政府采购项目6宗，交易金额3506.49万元，节约政府资金358.03万元，节约率10.2%。

（林湘华）

信访工作

【概况】 2023年，平和县人民政府信访局贯彻落实《信访工作条例》，推行“四下基层”信访工作法，推动信访工作重心下移、信访渠道关口前移，解决群众急难愁盼问题，维护群众合法权益。全年受理群众来信来访1690批2112人次。平和县信访工作获漳州市信访工作联席会议办公室、漳州市人民政府信访局发文通报表扬。

【领导接访下访】 2023年，平和县信访局践行“浦江经验”，落实省委《关于深化领导干部“四下基层”工作切实走好新时代党的群众路线的意见》，县级领导干部每月至少安排1天接访来访群众，每周均有1名常委或副县长接待群众来访，乡镇主要领导随时接待群众来访，并提前公示接访安排表，明确接访时间、地点等信息。全年县领导接访群众86批112人次，其中主要领导接访31批31人次。深化“四门四访”（开门接访、进门约访、登门走访、上门回访）机制，县党政领导按属地管理原则对其分管部门及挂钩乡镇（区）的信访包案负责，乡镇（区）领导要对其辖区分管工作范围内的信访包案负责；县直部门领导应对本单位及本部门业务范围内的信访包案负责，落实对重要信访事项、信访突出问题和疑难复杂信访问题的领导包案83件次；解决信访突出问题和群体性事件76件。

【积案化解】 2023年，平和县

信访局坚持和发展新时代“枫桥经验”，分析研判遗留的信访积案，实行一案一个县处级领导包案、一案一套详细化解方案等措施，采用政策法律疏导、亲情感化、人文关怀等方法化解信访积案。化解中央交办的第三批“治重化积”信访突出问题17件，化解率100%。

【信访机制创新】 2023年，平和县信访局率先在全省信访系统开展社会治理现代实践。与闽南师范大学法学院合作共建“平和县信访+社会治理服务中心”揭牌，在信访局加设律师工作室和心理咨询室，由闽南师大法学院提供日常法律、心理咨询服务，协助信访局做好矛盾化解工作，在每月县领导信访接待日，各安排一名法律和心理咨询专业人员全程参与接访并开展相关培训等。闽南师范大学法学院到平和县开展专题调研1次，律师参与化解重点信访事项6件，为县领导和信访部门提供法律咨询服务24批次，召开培训会3场。平和县关于“信访+社会治理”服务新机制探索在漳州市信访系统开展信访工作法治化观摩调研活动中作典型发言。

2023年11月27日，平和县社会治理中心揭牌。图为联合接访中心

（县信访局 供图）

【平和县社会治理中心成立】 2023年11月27日，平和县社会治理中心揭牌，是漳州市首个社会治理中心。该中心是集信访接待、矛盾调解、诉源治理、网格管理于一体的县级社会治理中心（综治中心），占地面积约1000平方米，设有两区（监察督办区、“12345”政务服务区）、三室（信访评理室、仲裁室、心理咨询室）、五中心（信访接待中心、联合接访中心、社会治安综合治理中心、诉源治理中心、公共法律服务中心），县信访局、县综治中心、县纪委信访室、“12345”政务服务热线等单位进驻，法院、公安、司法、人社、住建等部门派员常驻，其他县直单位派员轮驻，实行“统一登记、分类洽谈、现场答疑、立案调处、交办督办”的运行机制，做到“接待程序规范化、窗口办公透明化、受理诉求公开化、群众监督现场化”。全市提升初信初访一次性化解率经验交流会在平和县社会治理中心召开，平和县就如何提升初信初访一次性化解率作经验交流。

（吴小敏）

政协平和县委员会

综 述

【政协委员】 截至2023年年底，平和县十一届政协委员有168人，来自17个界别。按界别分，中共11人，共青团3人，工会3人，妇联3人，工商联30人，侨联6人，台联4人，科技8人，文体6人，社科7人，经济27人，医卫6人，农林20人，教育10人，民宗6人，社保3人，特邀15人。

【委员职能发挥】 2023年，平和县政协召开1次全体会议，5次常委会会议，1次全体协商、2次重点协商会议，8次专题协商会议，3次提案办理协商会议。开展调研、视察活动36次，界别活动9次，举办政情通报会21场。

【团结联谊】2023年，平和县政协接待省内外政协客人12批195人次。接待多位部级政协领导到平和视察、调研，推介祖师文化，对接帮扶项目。配合省市政协完成"产业发展项目建设提升年"视察、重点提案督办、破解市县"两个薄弱"问题、闽台乡建乡创等调研视察活动。承办全市政协台港澳侨联络委员会工作会议和全市诚信促进会主席联席会议，交流经验，促进工作。

县政协重要会议

【县政协十一届三次全体会议】 2023年12月27—28日在平和县城举行。会议听取和讨论中共平和县委蔡绿璇书记的讲话；听取并审议十一届县政协常务委员会工作报告和提案工作报告；表彰2023年度优秀提案和提案承办先进单位。会议期间，委员们列席县人大十九届三次会议，听取并讨论县政府黄永健县长所作的政府工作报告以及其他几个工作报告；视察部分重点项目建设现场。大会选举十一届县政协秘书长、补选5名十一届县政协常务委员，其中，杨锋滨当选十一届县政协秘书长，林智文、方莉萍、朱钟平、邱家伟、林秀娟当选十一届县政协常务委员。通过《政协平和县第十一届委员会第三次会议决议》。

【县政协十一届常委会会议】 2023年，平和县政协十一届常委会召开5次会议。

十一届六次常委会会议 2023年3月29日召开。会议传达学习习近平总书记出席全国两会有关会议时的重要讲话精神；传达学习全国政协十四届一次会议主要精神，会议传达学习有关移风易俗规定精神。会议协商通过有关人事任免事项，举手表决通过朱锡养任县政协文化文史和学习委主任。

十一届七次常委会会议 2023年8月16日召开。会上通报上半年县政府工作和下半年工作安排、上半年全县公安工作及下半年工作安排。围绕县政府工作，

2023 年 12 月 27 日，政协平和县第十一届委员会第三次会议开幕

（县政协 供图）

常委们就重点项目建设、营商环境建设、退果还耕、发展全域旅游、打造茶叶品牌、民生改善等方面提出意见和建议；围绕公安工作，提出加强国家安全教育、加强协警管理、公安队伍建设等意见和建议。会议传达省、市政协调研市县政协“两个薄弱”问题主要精神。会前，全体政协常委视察平和县“七比一看”项目推进情况。

十一届八次常委会会议 2023 年 11 月 6 日召开。会议听取县法院、县检察院关于 2023 年工作的情况通报，常委们围绕加强多元解纷、加强司法护商等方面，提出意见和建议。会上开展学习习近平新时代中国特色社会主义思想专题辅导，以及社情民意信息专题辅导。

十一届九次常委会会议 2023 年 12 月 22 日召开。会议传达学习习近平总书记在党外人士座谈会上发表的重要讲话精神以及中央经济工作会议主要精神。会议协商通过十一届县政协《常委会工作报告（征求意见稿）》和《提案工作情况报告（征求意见稿）》，协商通过 2023 年度县政协优秀提案和提案承办先进单位名单（草案），协商通过辞去县政协委员名单、增补县政协委员名单、秘书长人选及常委人选建议名单，协商通过县政协十一届三次会议议程、日程等事项。

十一届十次常委会会议 2023 年 12 月 28 日召开。会议汇报委员讨论县委书记讲话、《县政府工作报告》和《县政协常委会工作报告》等情况；协商通过县政协十一届三次会议大会选举计票人和监票人建议名单、《平和县政协 2024 年工作要点（草案）》情况。

视察调研

【雪茄烟叶种植调研】 2023 年 4 月 24 日，平和县政协组织课题组到芦溪镇调研雪茄烟叶种植工作，实地察看烟叶种植、加工现场，了解烟叶种植历史、现状，存在问题和困难。针对芦溪镇具有种植晒烟的独特优势以及群众种植欲望强烈的现状，调研组形成《关于争取将平和列入福建雪茄烟叶种植区的建议》，得到市政府高度重视，市领导作出专门批示。

【农旅融合发展情况视察】 2023 年 5 月 23 日，平和县政协组织县政协农林、文体界别委员到霞寨镇、芦溪镇视察农旅融合发展情况，考察霞寨稻蛙菜综合种养项目、农业种植结构调整示范片、芦溪雪茄烟叶种植项目以及雪茄晾烟房项目，了解农旅融合发展现状和发展思路，并提出指导意见。

【农田水利设施建设情况调研】 2023 年 6 月 7 日，平和县政协组织部分政协委员和县政协农业农村委、农业农村局、水利局等有关部门，到安厚镇汤厝村、大溪镇大松村调研高标准农田建设改造提升项目，并召开座谈会，委员们针对农田水利设施建设存在的不足，提出“要积极向上级争取项目逐步实现全县耕地全覆盖；要加强管护，将高标准农田资金管理和项目管理有机结合；要加大灌区维修养护经费的投入”等意见建议。

【提升旅游应对能力调研】 2023年，平和县政协班子成员、部分政协常委和委员到乡镇开展如何进一步提升平和县旅游应对能力的课题调研3次（时间分别为6月19日、7月4日、10月17日）。调研采取现场调研、发放问卷、座谈交流等方式，了解全域旅游发展现状、存在问题和困难；走访高峰谷、陆宜酒业、神摇漂流、印象半径等12家涉旅企业，召开7场座谈会，近100名委员、企业家代表参加调研和座谈会，形成《关于提升我县旅游服务能力，促进全域旅游高质量发展的调研报告》，并提出16条意见和建议。

【城市道路建设工作情况调研】 2023年8月18日，平和县政协组织部分县政协委员及县住建局、自然资源局、城投等部门，到小溪镇、山格镇调研平和县城市道路建设工作情况，调研新南大桥、河滨南路、银河路、和平路、奇兰路、正兴大道、北环路延伸段等建设和规划路段，并召开调研座谈会，围绕如何提高平和县城市道路建设水平，提出“聚焦规划引领，着力完善专项规划；聚焦基础建设，着力补齐短板弱项；聚焦要素保障，着力破解建设难题”等意见建议。

【平和县恢复公办中医院工作调研】 2023年8月23—24日，平和县政协组织政协教科卫体委、部分专家和相关部门负责人及政协医卫界委员，开展恢复公办中医院工作调研。调研组通过到漳浦县考察学习、实地调研、召开座谈会等形式，提出“按高标准统筹建设、加大财政支持力度、加快人才储备建设”等7条意见建议。

【全县教师队伍建设情况调研】 2023年10月17日，平和县政协组织部分县政协常委和委员到新星幼儿园宝善校区、平和第五实小、平和六中等3所学校开展实地调研，了解平和县教师队伍情况，并召开调研座谈会，就为进一步加强全县教师队伍建设，提出“进一步推进人事制度改革，科学配置教育资源；加强领导，注重培训，切实提高教师队伍的整体素质；多措并举，增强教师爱岗敬业责任感”等意见和建议。

【两岸基层融合发展调研】 2023年10月11日，平和县政协组织部分县政协常委和委员到五寨乡、坂仔镇，就两岸基层融合发展开展调研。先后到五寨乡雾峰林家宗祠建筑群、平和县“迁台记忆”馆和坂仔镇心田宫等地，围绕两地信俗交流及渊源，了解两岸基层融合发展、项目开展进度等情况。

【建筑产业提升工作调研】 2023年11月1日，平和县部分政协委员和县政协经济委、住建局等部门实地调研建筑产业发展情况，了解平和县建筑产业现状和企业自身发展存在问题，组织召开深化建筑产业持续健康发展座谈会，收集意见和建议，协商探讨建筑产业实现高质量跨越式发展思路举措，提出“部门合力发展、落实政策要求、支持做大做强、做好招商工作、建设建筑产业园区、成立建筑产业协会”等意见建议，得到县住建局采纳。

【林语堂文化核心区项目工程建设情况视察】 2023年11月1日，平和县政协组织部分县政协委员和县政协文史委、县文体旅局等部门，到坂仔镇视察“林语堂文化核心区项目”工程建设推进情况，参观场馆建设情况，听取情况介绍，并在现场召开座谈会。提出意见和建议，形成《县政协开展“林语堂文化核心区项目”工程建设情况的视察报告》。

【农村道路管护工作调研】 2023年11月9日，平和县政协组织部分政协常委、委员及县政协农业农村委开展我县农村道路管护调研工作，先后到长乐乡联三村乡道联秀线、村道联大线，九峰镇积垒村村道积下线、眉山村乡道福南线等地，实地调研道路管护情况，并召开座谈会。就做好农村道路管护工作，提出“多方筹措养护资金，拓宽资金渠道；加强日常管护监督检查，提高管护质量；加强业务培训，提高履职责任心；强化农村道路宣传引导，增强管护意识”等意见建议。

提案工作

【概况】2023 年，平和县政协收到委员提案 98 件，经审查立案 85 件，分别交由 31 家单位办理，办结率 100%，委员对提案办理结果满意率和基本满意率达 100%。表彰优秀提案 12 件，提案承办先进单位 4 个。向市政协全会提交 11 件提案，其中《关于加快出台我市民宿发展指导意见，助力文旅经济健康发展的建议》被市政协评为 2023 年度优秀提案。

【“关于加大推进平和县全域旅游发展的建议”提案办理】2023 年，平和县政协“关于加大推进平和县全域旅游发展的建议”提案由平和县文体旅局主办。该提案提出“要规范全县旅游格局，加强统一部署和协调，构建全域旅游综合协调管理体制；要优化全县旅游产业布局，挖掘旅游文化深度，完善旅游产业要素，结合闽南文化、客家文化、海丝文化、漳台文化等资源，力促全产业融合发展，依托乡村振兴战略，发展乡村旅游休闲集镇、旅游村；要整合重点旅游资源，策划包装特色线路，推出精品线路，做好全域化联合营销，围绕旅游定位和旅游目标，全方位整合提升；要综合旅游路线，完善旅游基础设施和配套体系，促进平和全域生态旅游发展格局”等建议。该提案得到平和县文化体育和旅游局的采纳，编制《平和县全域旅游规划设计》，大力推动创建全域生态旅游示范县建设，为带动乡村经济增长，促进平和县旅游经济发展添加新动力。

【“关于盘清、盘活工业园区闲置土地资源的建议”提案办理】2023 年平和县政协“关于盘清、盘活工业园区闲置土地资源的建议”提案由自然资源局主办。该提案提出“要进一步盘清三镇一区的闲置土地资源，对闲置土地、低效用地进行全面调查摸底，全面清理，系统掌握可使用土地的分布、数量和性质，建立闲置低效用地资源信息；要加强合理引导，多途径盘活闲置土地。针对不同企业、不同案例提出有针对性的解决措施，按照“一地一策、分类处理”的办法盘活企业闲置土地；要鼓励企业产业转型升级，提高土地利用综合效率，引入低效用地企业退出机制，协助招商引进新的企业进行开发建设等建议，该提案得到县自然资源局的积极采纳并立即对全县工业企业进行分类处置，采取落后整治、淘汰等方式，盘活工业园区闲置土地资源。全年处理批而未供处置面积 67.63 公顷，闲置土地处置 44.29 公顷。

2023 年度平和县优秀提案一览表

表 4

序号	提案名称	提案委员
1	关于加大推进平和县全域旅游发展的建议	卢颖芳、杨丽娟
2	关于将工业旅游纳入全域旅游开发建设的建议	吴素芬
3	关于平和暴动纪念碑周边环境提升及沿路改造工程的建议	罗梓盈
4	关于加强旅游景区道路配套建设的建议	陈良鑫
5	关于盘清、盘活工业园区闲置土地资源的建议	胡茂辉
6	关于解决我县县城停车难的建议	曾丽旋
7	关于加大招商力度，助推我县经济高质量发展的建议	卢碧端、吴清苗

续表 4

序号	提案名称	提案委员
8	关于进一步做好蜜柚花茶工作的几点建议	林坤松
9	关于加强县城人行道和非机动车管理力度的建议	叶小兵
10	关于推进“智慧教育试点区”建设的建议	李智腾
11	关于加强儿科医生队伍建设的建议	邱家伟

民主监督

【司法监督】 2023 年，平和县政协推荐委员担任县公安局警风监督员，通过参加督导等活动，加大对公安工作的民主监督力度。推荐委员担任县法院特邀调解员，参与多起民事案件的调解工作，协助化解法院案多人少的矛盾；组织委员参加多场法院现场庭审。组织委员参与“检察开放日”、公益起诉听证会，监督公正司法，维护法律权威。

【提案监督】 2023 年，平和县政协办理提案 85 件，促成出台《平和县促进民宿发展实施办法》等政策措施。围绕农业发展问题，撰写《关于争取将平和列入福建雪茄烟叶种植区的建议》《春耕时节农民有“五再盼”》等信息，发挥社情民意信息“直通车”的作用。

【行政监督】 2023 年，平和县政协围绕城市道路设施建设、食品安全、教师队伍建设、农业种植结构调整、农田水利设施建设、法治建设等议题，组织民主监督活动 8 次；组织委员参加效能评议、义务教育阶段招生电脑派位、事业单位招考、廉洁征兵等活动。

（李惠生、叶荣鑫）

纪检监察

综 述

【县纪委十四届三次全会】 2023年2月6日，中共平和县纪委十四届三次全会召开。县四套班子领导、县法院院长、县检察院检察长、县纪委委员、县监委委员、县监委特约监察员、县直有关单位及各乡镇（场、区）主要负责人220余人参加。全会传达学习二十届中央纪委二次全会和省纪委十一届三次全会、市纪委十二届三次全会精神。县委常委、县纪委书记、县监委主任代表县纪委常委会作工作报告。会议总结2022年纪检监察工作，研究部署2023年主要工作，讨论并审议通过县纪委常委会工作报告和县纪委十四届三次全会决议。

【重点工作整治】 2023年，平和县纪委监委紧盯“深学争优、敢为争先、实干争效”行动、市委“产业发展项目建设提升年”活动和“七比一看”竞赛、县委“四区”建设和“五优”创建，综合运用“一月一会商”“五看五督”工作法，具体化精准化常态化开展政治监督。深化运用“知、督、促”工作机制，探索实行“片区协作＋提级监督”模式，实现监督上下联动全覆盖。协助县委抓好全面从严治党主体责任落实情况检查，监督跟进省委巡视反馈问题整改，推动问题整改落实到位。推动县委将监督下级“一把手”情况纳入年度述职的重点内容，每月定期收集各乡镇“一把手”月工作安排及“三重一大”事项决议情况。

【纪检监察干部队伍教育整顿】 2023年，平和县纪委监委落实上级纪委监委关于开展纪检监察干部队伍教育整顿部署要求，制定

2023年2月6日，中共平和县纪委十四届三次全会召开

（县纪委监委 供图）

学习教育工作方案，推进教育整顿3个环节工作。系统推进学习教育，组织开展集中研讨460次，实地访学108场849人次，“三重”活动133场1120人次，“三走”活动79场590人次，分级分类开展培训10场1374人次。开展“六个专项”治理和“五个专项”整治，重点解决突出问题，查摆问题81个并整改到位。梳理打造巩固提升项目，其中建章立制类7个，特色品牌类项目6个，有针对性堵塞制度漏洞，优化内部工作流程。

反腐肃纪

【案件办理】 2023年，平和县纪委监委立案105件，比上年增长5%，其中县管干部10件，乡镇全部实现自办案件。出台“室地”联系挂钩、乡镇纪检监察协作区工作机制，推动“四项监督”统筹衔接。建立案后整改“六个一”（一份纪检监察建议书、一场警示教育大会、一场专题民主生活会、一份通报、一次庭审旁听会、一部警示教育片）机制，推动查处、整改、治理一体化。全县纪检监察机关受理检控类初信初访76件，办结率位居全市首位。

【乡村振兴领域不正之风和腐败问题专项整治】 2023年，平和县纪委监委制定《开展乡村振兴领域不正之风和腐败问题专项整治2023年度任务分解方案》，实行委领导挂钩分片监督机制，并组建工作专班推进专项整治工作。组织对党的十九大以来乡村振兴领域问题线索进行“大起底”和“回头看”，梳理、分类登记、建立问题线索台账，对存量未办结问题线索提出处置意见。深入推进“访群众、走项目、助振兴”、信访举报工作“强基促稳”专项行动，全县查处群众身边腐败和作风问题34起50人，其中给予党纪政务处分25人。立案审查调查1起严重违纪违法案。

【酒驾赌博问题专项整治】 2023年，平和县纪委监委联合公安等部门制发《关于开展党员干部和公职人员酒驾、赌博问题专项整治的实施方案》，彻查党员干部酒驾醉驾背后可能存在的违规吃喝、公车私用，甚至权钱交易、利益输送等风腐问题，核查问题线索32人次，给予党纪立案18人。

【干部纪律作风整肃】 2023年，平和县纪委监委深化干部作风“五不”问题专项整治和“整肃纪律作风”专项行动，开展“股长做派”“科长天大”作风突出问题专项整治。开展“一县一清单”专项整治行动，查处违反中央八项规定精神23起35人，通报典型案例3起。

【“金牌审理”创建】 平和县以“乡案县协审”为抓手，探索建立案件质量保障提升机制。印发《平和县基层违纪违法案件“乡案县协审”试行办法》，实行案件“双预审”制度，按照“片区联审、交叉互审、提级直审”方式，实现基层审理工作高质量发展。编制《平和县基层违纪违法案件“乡案县协审”实操手册》《常见违纪违法案件证据收集指引》《常见违纪违法案件量纪执法指引》，提高案件办理工作规范化、法治化、正规化水平。

纪检监督

【“室地”联动片区协作机制】 2023年，平和县纪委监委将全县15个乡镇划分为5个纪检监察协作区，每个协作区由“1名县纪委监委领导+1个纪检监察室+3个乡镇纪委”构成，实现协作片区监督全覆盖，按照“常规工作自主办理，重大工作协作协同”原则，建立“季度会商”机制，推动监督向基层延伸。

【“点题整治”工作】 2023年，平和县纪委监委在省市纪委监委确定的15个“点题整治”项目基础上，将“整治花山溪饮用水水源地生态环境问题”作为整治重点，同步纳入整治，督促相关部门逐项制定方案、逐一量化目标，全程开门整治。出台校外供餐“一严准二随选三随评”等制度机制，推动建立长效机制。

【农村集体“三资”监管监督】 2023年，平和县纪委监委推进“四定一督”（定底价、定年限、定程序、定约束条款、全过程监督）工作，出台《平和县农村集体“三资”清理整治工作实施方案》，细化资产资源交易“四定准则”，全面推动乡镇“三个监管中心”改革提升和“三资”监管监督水平。全年推动问题合同整改358宗，规范发包各类村级资产资源70宗，查处农村集体“三资”领域问题19起25人。其中，山格镇“三个监管中心”规范化建设作为全市第二季度现场会观摩点；运用“四个一批”推动解决“三资”历史遗留问题的经验做法在市纪委第三季度现场会作典型发言。

【基层小微权力监督平台建设】 2023年，平和县纪委监委扎实开展基层小微权力监督平台建设，梳理6类45项村级“小微权力”清单，做好党务、村务、财务等事项公开公示，推动小微权力阳光运行。建立微信公开群537个，实现全县262个村居全覆盖，入微信公开群16.35万人，信息公开总数2.77万条，事前公示1.13万条，办理群众诉求820条，开展直播816场次。通过平台发现并查处相关违规违纪问题7起7人。

廉政建设

【廉政教育基地建设】 2023年，平和县纪检监察机关挖掘平和本地特色廉洁文化资源，统筹廉洁文化阵地建设，建成平和欧寮党风廉政教育基地、坂仔“全面从严治党主题展览室”，王阳明廉政文化教育中心入选“第三批省直机关廉政教育点”。

【廉政宣传教育】 2023年，平和县纪委监委开展各类警示教育活动1000余场次，教育党员干部4万多人次。组织拍摄警示教育片《失守》，召开全县领导干部警示教育大会，建立常态化旁听庭审机制。

（赖逸冰）

2023年9月8日，平和县教育系统警示教育大会召开

（县纪委监委 供图）

群众团体

平和县总工会

【概况】 2023年，平和县有基层工会402家，会员34995人，包含非公有制企业工会103家，联合基层工会2家，会员5884人；机关事业单位建会175家，会员14232人。年内，新组建基层工会组织10家，新增会员374人；24家基层工会换届，18家基层工会届中调整。工会驿站18个，“妈妈小屋”14个、医生休息室5个。年内，新建2个工会驿站，1家医生休息室。推荐省总工会命名1家省级职工疗休养基地，市总工会命名3家市级职工疗休养基地。提升工会新闻宣传工作，30条信息被中华全国总工会、省市县报道。

2023年10月26日，邀请漳州市劳模林娟娟（正面右一）到平和安然营业厅工会驿站宣讲中国工会十八大精神。图为宣讲现场

（县总工会 供图）

【职工学习教育】 2023年，平和县总工会组建劳模工匠宣讲团，开展以“党的二十大精神在身边”“《习近平关于工人阶级和工会工作论述摘编》进驿站”等为主题的劳模工匠“微宣讲”和百名职工人物“微宣讲”活动，累计宣讲20场次，受众1000余人。联合县融媒体中心开展迎“五一”劳模（工匠）风采线上宣传活动，拍摄制作平和县2023年荣获省市表彰的8名劳动模范和先进工作者风采宣传片、劳动模范风采录。

【劳模服务】 2023年，平和县完成县劳模协会换届工作，新建2家市级劳模创新工作室。实施劳模先进选树培育工程，选送优秀工作者、先进单位参与省劳动模范和先进工作者、市五一劳动奖状先进集体和劳动模范评选。国网福建省电力有限公司平和县供电公司运维检修部副主任罗荣毅、霞寨镇高寨村支部书记兼主任卢溪河获福建省劳动模范称号；县妇幼保健院副主任医师林淑贞、漳州市公路事业发展中心平和分中心黄井公路站站长黄庆永获福建省先进工作者称号；漳州市金盾保安服务集团有限公司平和分公司派遣至九峰派出所辅警曾国恩、漳州正尖山茶业有限公司评茶师林延忠、福建平和城市建设投资开发有限公司房建办公室主任林焕辉、县应急服务中心应急装备采购质检员汪德全获漳州市劳动模范称号；福建兴和投资发展集团有限公司被评为漳州市五一劳动奖状先进集体。

【职工劳动技能培养】 2023年，平和县总工会开展经济技术活动。组织7家平和县产改试点企业代表参加由市总工会举办的2023年“漳州市百家产改企业培训班”；组织3名电工参加由市总工会、人社局、教育局联合举办的2023年“漳州市电工职业技能竞赛”。举办2023年税务系统“深学争优、敢为争先、实干争效”技能竞赛。开展“安康杯”职工安全应急技能知识竞赛，向平和城投、兴和集团、安然燃气、金盾保安等企业发放《全国“安康杯”职工安全应急技能知识竞赛答题试卷》，普及安全知识和避险逃生技能。开展2023年“6·16”安全生产宣传咨询日暨综合应急演练活动。联合团县委、妇联举办平和县青年干部职工综合素质提升班，40多名青年干部职工参与。

【职工权益维护】 2023年，平和县总工会向全县各用人单位发出保障农民工工资支付、依法规范用工等4次工会劳动法律监督提示函。开展以“深入学习贯彻党的二十大精神，加强新就业形态劳动者权益保障”为主题的“尊法守法·携手筑梦”服务农民工公益法律服务行动，对外卖配送员进行普法宣传。联合县委政法委、县妇联举办“巾帼携手 法爱同行”法律知识竞赛活动，15个乡镇45名队员参赛。联合开展以“协商共赢 职企共融 共享发展”为主题的2023年集体协商“春季集中要约”活动。指导平和县中通快递有限公司、平和申通快递有限公司、福建省百得利实业有限公司等企业签订能级工资集体合同。开展工会劳动法律监督服务、开展区域协商等职工维权服务，提升平和县工业园区职工法律服务一体化基地的服务实效。建设美团外卖平和站服务大厅、平和安然客户服务中心2个工会户外劳动者服务站点。平和安然客户服务中心工会户外劳动者服务站点被命名为2023年福建省“最美工会驿站”。

【职工关爱活动】 2023年，平和县总工会做好职工医疗互助和“春送岗位、夏送清凉、金秋助学、冬送温暖”等工会品牌项目。2023年度医疗互助参保单位149个，参保人数12255人，参保金额118.83万元；补助住院职工491人，补助金额63.28万元。春季开展“工会送岗 乐业八闽”就业援助行动。启动2023年“工会送清凉 防暑保安康”防暑降温慰问活动，开展“五送”（送清凉物资、送政策宣传、送健康体检、送法律维权、送健康培训）等服务活动。筹集资金8万元，走访慰问环卫职工、消防救援队员、公安交警、公路养护一线职工、重点工程项目建筑工人等户外高温作业一线劳动者以及快递小哥等新就业形态群体1436人。开展金秋助学活动，资助9名学生，金额2.8万元（含1名勤工助学，资助金额3000元）。两节（元旦、春节）“送温暖”活动慰问职工520人，慰问金额181250元。开展“课后服务 工会有爱”关爱活动，慰问山格中心小学留守儿童、困难职工子女及困境儿童48名。帮助50名新就业形态劳动者实现“微心愿”。到漳州安然燃气有限公司平和分公司开展“送健康进基层”女职工健康关爱行动，组织16名女职工参加健康讲座，并发放健康包。为340名2023年新签订劳动合同的劳动者赠送意外伤害互助保障险。举办3期职工子女暑托班。举办4期职工疗休养示范班，177名职工参与，总金额36.06万元。补助基层工会9家，补助金额31.42万元。

【职工文体活动】 2023年，平和县总工会联合举办教育系统教职工气排球联赛、全县职工篮球邀请赛、首届干部职工瑜伽比赛等体育赛事，近1000名干部职工参与。举办职工文化健身培训班，举办瑜伽、舞蹈、健身、声乐培训班15个班次，300余名职工群众参与。

【基层工会组织建设】2023年，平和县新组建3家基层工会组织，新增会员161人；1家港澳台工会组织，会员54人；推进新就业形态劳动者入会工作，新业态劳动者美团外卖平和站派送员120名加入工会会员；换届及改选基层工会23家，工会组织更名3家。走访新业态工会组织平和县中通快递服务有限公司，及工会代表和工会会员，投入专项帮扶资金1.1万元，指导发展新会员5人。推荐漳州九龙江阳明投资有限公司为福建省职工疗休养示范基地，推荐福建省灵龙谷康养文化旅游有限公司、漳州印象大芹山旅游发展有限公司等2家单位为漳州市职工疗休养示范基地。做好全县小微企业工会经费全额返还工作，申请且审核通过返还148家小微企业工会经费50.33万元。此外，完成25个基层工会2022年度工会经费收支使用情况检查（其中，县直机关单位基层工会13个，乡镇场区基层工会12个）。

【平和县“工会送岗 乐业八闽”就业援助行动】 2023年，平和县总工会联合县人社局、退役军人事务局举办“春风行动”暨春季人力资源招聘会活动。全年开展线上线下招聘活动4场，提供就业岗位信息1200个，涉及食品、工贸、制造、商贸、木业、陶瓷等6个行业83个工种，覆盖企业65家，就业服务2500人次。

【平和县首届干部职工瑜伽比赛举办】 2023年12月21日，平和县总工会联合县文化体育和旅游局在平和一中体育馆举办“中国梦·劳动美——凝心铸魂跟党走 团结奋斗新征程”2023年平和县干部职工瑜伽比赛。县直9个系统10支代表队246人参加比赛。赛事设置奖项10个，其中一等奖1个、二等奖2个、三等奖3个，最佳风采奖、最佳创意奖、最佳表演奖、最佳组织奖各1个。政府办系统代表队获一等奖。

（张一浩）

共青团平和县委员会

【概况】 2023年，共青团平和县委员会（以下简称平和团县委）加强青少年思想政治教育，面向团员和青年开展学习贯彻习近平新时代中国特色社会主义思想主题教育；开展培育选树青少年先进典型、举办各类团队活动、服务青年创业等工作，弘扬社会主义核心价值观，引导青少年健康成长，助力平和县高质量发展。

【青少年思想政治教育】 2023年，平和团县委发动各级团组织、少先队组织开展“学习二十大，永远跟党走，奋进新征程”等主题实践活动。组建“福小宣·共青春”宣讲小分队，参与平和县学习贯彻党的二十大精神“一镇一品”（理论+文艺）示范宣讲暨成果展演活动（芦溪专场），制作展播以青年饶古嘻哈方式宣讲党的二十大精神的“新梦想·青年说”宣传视频。用好“平和团县委”微信公众号新媒体平台，发布社会主义核心价值观、学习党的二十大精神、学习贯彻习近平新时代中国特色社会主义思想主题教育等信息80余条，阅读量3万余人次，关注人数增长4440人。15个乡镇青年之家全覆盖，开展志愿帮、学习社、观影、团史学习等活动50余场。

【青少年学习贯彻习近平新时代中国特色社会主义思想主题教育】 2023年，平和团县委制定印发《面向全县广大团员和青年开展学习贯彻习近平新时代中国特色社会主义思想主题教育实施方案》（以下简称《实施方案》），明确9项工作措施，面向重点领域、重点群体形成4个专项组。召开团员和青年主题教育工作会议，结合《实施方案》建立团干部挂钩督导乡镇（区）团组织工作机制，深入农村、社区、学校、企业等基层一线传达团员和青年主题教育有关工作部署6次。依

2023年高考期间，平和团县委组织开展“爱心送水，助力高考”免费送水志愿服务活动（图片摄于2023年6月7日 县团县委 供图）

托“智慧团建”系统，以团支部为基本单位完成“4+1”任务，开展“思想旗帜”“坚强核心”“强国复兴”“挺膺担当”等4个主题，分别开展1次专题理论学习；结合年度团员教育评议，召开1次专题组织生活会。团支部参学覆盖率100%。

【青少年先进典型培育】 2023年，平和团县委启动“红领巾奖章”争章行动，明确推优入团、推优入党工作要求，年满14周岁、未满15周岁少先队员推优入团完成率达100%。培育选树全国红领巾中队3个、“福建青年五四奖章集体标兵”1个、“红领巾奖章”四星章个人（集体）3个、市优秀团干、“红领巾奖章”三星章个人（集体）表彰30余个。

【青春护航行动】 2023年，平和团县委开展“小蜜蜂关爱”行动、“情暖漳州·青企同行”、共青团“微心愿”等活动，参与“三下乡”活动，走访慰问快递从业人员、困难学子及一线医疗人员家庭等计50余人，送出慰问品及慰问金等价值达8万元，牵引资源为农村学校捐赠小平科技创新实验室1个、爱心音乐教室1个，援建希望小学1所。联合县未成年人校外心理健康辅导站开展高考考前心理调适、防溺水安全教育等活动，线上线下服务青少年100余人次。指导团属社工机构承接县检察附条件不起诉监督考察个案1宗，完成福建省青少年社会工作项目验收。

【青春新风行动】 2023年，平和团县委指导开展2023年“七彩假期”暑期公益活动，联合举办家风主题亲子朗诵公益课堂活动，为400余名青少年提供课业辅导、自护教育、法治宣传等公益服务。举办青年干部职工篮球邀请赛、机关青年干部综合素质提升班、“十佳讲解员”大赛、青年联谊交友活动、法治平和暨青年公职律师座谈会等。

【青年创业服务】 2023年，平和团县委推进大学生实习“扬帆计划”，邀请北京大学等5支“双一流”高校队伍到平和开展暑期“三下乡”社会实践活动，举办返乡大学生座谈、职业体验日等活动5场，确认实习上岗508人，含“双一流”学子91人。用好“平和县英才青年创业协会”平台，举办新农人“双百双万”素质提升班、两岸企业青年交流会、创业青年农事体验等活动8场次，参训乡创青年500余人，线上传播量超20万人次。推报9个项目参与漳州市2023年度青年英才优秀创业项目大赛，3个项目获奖。

（张强）

平和县妇女联合会

【概况】 2023年，平和县有293个基层妇女联合组织，其中行政村（社区）262个，乡镇（场、区）16个，县直机关11个，公安、法院、电力公司、大世界商贸有限公司4个。平和县妇女联合会组织开展庆祝“三八”国际妇女节暨“巾

帼心向党 奋发新征程”各界优秀女性代表座谈分享活动，5名优秀女性代表讲述最美奋斗故事；组织开展“学思践悟新思想 团结奋进新征程”各级三八红旗手“五进”宣讲活动，全县线上线下举办巾帼大宣讲216场次，辐射受众3.5万人次。

【妇联基层组织建设】2023年，平和县妇联开展寻找“最美基层妇联执委”，推选省级“最美基层妇联执委”1名，市级“最美基层妇联执委”7名。举办漳州基层妇女执委培训班（平和站），全县各级妇联执委2500多人参加。陈淑女荣获“福建省最美基层执委”称号；黄碧荣、张少玲、陈淑女、文舒、吴丽华、周杯玲、林彩虾、蔡小琼等8人获“漳州市最美基层执委”称号。

【家庭家教家风】 2023年，平和县妇联组织寻找县级“美丽庭院”750户，推荐上报省级130户，省级三八红旗手2个，全国巾帼建功先进集体、省级巾帼文明岗各1个，全国“最美家庭”1户，省级“最美家庭”1户，省级“绿色家庭”1户。推动家庭教育工作，在五寨中心小学、平和县第三实验小学、平和县第四实验小学等学校举办“家风润心田·福见千万家”家庭公益大讲堂，近3000名家长参加活动。长乐乡乐北村邓亚点家庭获评“2023年全国最美家庭”；大溪镇下村村五星组陈东凤家庭获评2023年度福建省“最美家庭”；赖树荣、赖来香家庭获评2023年度福建省“绿色家庭”。

【妇女阵地建设】 2023年，平和县妇联实施“妇联组织提质扩面行动”。全县新增“妇女微家”17家；探索设立“平和县美团女‘骑手’妇女微家”“巾帼电商微家”“和贵调解室微家”“客家山歌队微家”等特色“妇女微家”82家。五寨乡寨河村“五治联合”乡村治理积分制妇女微家成立，以积分制度为纲，助力妇联工作和改革整体提升。

2023年3月6日，平和县“巾帼携手 法爱同行”2023年平和县纪念“三八”国际妇女节法律知识竞赛在平和县人民大会堂举行。图为颁奖仪式合影（县妇联 供图）

【妇女儿童权益保护】2023年，平和县妇联接待信访件6件，信访接待和结案率达到100%；处理“12338”妇女维权公益服务热线6起，满意率100%。推动“春蕾安全员”困境儿童保护机制，做优家庭教育指导后续跟踪考察机制等，聚合“检察保护＋妇联维权＋律师服务”多维度保护机制。与多部门联合举办“巾帼携手 法爱同行”法律知识竞赛，全县15个乡镇代表参加比赛活动。联合开展普法情景剧走进大溪中学活动，约1300名师生参与观看。开展普法宣传活动100余场。

【妇女儿童公益服务】 2023年，平和县妇联实施“母亲健康1+1”公益募捐项目，募集善款17万多元，走访慰问“两癌”贫困妇女22名，发放慰问金11万元。开展关爱“顶梁柱母亲”“娘家人在身边”等活动对特殊群众给予关爱。开展“奋进新征程 同心护未来”为芦溪东槐小学学生捐赠书籍、书包、文具套装的物资，并为14名贫困学生发放慰问金。

【“碳汇 + 女科技特派员联盟”平和小分队成果】 2023 年，漳州市“碳汇 + 女科特派联盟”工作推进会在平和县坂仔镇召开。县妇联发挥“碳汇 + 女科技特派员联盟平和小分队”作用，在全县开展“产业兴 巾帼行”专题培训会 3 场，400 多名村（社区）女党员、村妇联执委、蜜柚种植女能手参加培训，发动宣传服务群众 1 万多人。“碳汇 + 女科技特派员联盟”平和小分队被省妇联评为“全国巾帼建功先进集体”。

（林玲）

2023 年 10 月 13 日，平和县科协、县教育局携手漳州科技馆、漳州科能集团、漳州市贝乐文化传播有限公司在平和新星幼儿园开展以“科普进校园 点燃科学梦”为主题的科普宣传系列活动。图为“机器狗”展示环节

（县科协 供图）

平和县科学技术协会

【概况】 2023 年，平和县科学技术协会开展科学宣传、青少年科教、科学技术普及等，服务社会公众科技科普需要。加强乡村科普基地建设，与漳州科技馆合作共建，成立漳州市首个“馆校结合乡村校园科普基地”。协办中国农技协科技小院交流观摩活动，6 月 29 日，全国各地专家现场观摩中国农技协福建平和蜜柚科技小院。县科协人才工作考核得满分，获全市第一名。

【科普宣传】 2023 年，平和县科协组织开展“全国科技工作者日”“全国科普日”“科普进校园”等主题科普宣传活动 15 场次，推动科普进农村、社区、学校活动，发放知识手册和科普宣传品 13000 余份，参与群众 5000 余人次。

【青少年科教】 2023 年，平和县科协探索青少年科学教育体系建设。开展科普活动进校园系列活动，向青少年普及防震减灾、安全应急救护、食品安全、反邪教等科普知识。与县教育局联合开展平和县首届人工智能与机器人挑战赛。选送 8 名选手代表平和县参加 2022—2023 学年全国中小学信息技术创新与实践大赛（NOC）决赛，获全国二等奖 6 人、全国三等奖 2 人。联合县教育局开展平和县第二届人工智能与机器人挑战赛指导老师培训会。县科协青少年科学工作室开展活动 39 场次，被中国科协评为“2023 年度最具特色工作室”，被中国科协授挂全国“科创筑梦青少年科学工作室”牌。

【科学技术普及】 2023 年，平和县科协联合县农业农村局、平和蜜柚科技小院印发《平和县化肥减量增效及生态果园建设》宣传册 3 万余册，围绕“化肥减量增效”和“生态果园建设”开展技术培训 161 场次，推广绿色种植，促进化肥减量增效和生态果园建设，引导蜜柚种植户掌握运用“轻剪轻肥”生态种管技术。减肥增效技术在全县推广应用，实现蜜柚产区减肥 60% 以上。

【科技小院建设】 2023 年，平和县蜜柚科技小院通过推广“蜜柚改土专用有机肥 + 冬种油菜 + 禁用除草剂”的蜜柚种植管理新技术、科普农业知识、举办技术培训等方式服务柚农，推动平和县农业科学绿色发展。平和蜜柚科技小院在2023年全国科普日活动中展出，获中国研究生乡村振兴科技强农+创新大赛“拼多多杯”第二届科技小院大赛二等奖。

【乡村校园科普基地建设】 2023年9月25日，平和县2023全国科普日主题为“提升全民科学素质，助力科技自立自强”主场活动在南胜中心小学开展，漳州科技馆与南胜中心小学进行全市首个“漳州科技馆馆校结合乡村校园科普基地”揭牌仪式，为4所示范学校捐赠200套科普学习资源包。该项目由漳州市科协、漳州科技馆牵头与平和县科协达成“乡村振兴科普合作”协议，双方从科普教育馆校合作、联合开展科普教育活动、共同开展科学教育研讨活动三大模块推动馆校合作深度融合，实现科普资源共享，为青少年搭建获取科技馆教育资源的优质平台。同时，平和县南胜中心小学“漳州科技馆乡村校园科普室”建设落成，隔空称重、灯语的秘密、变换的风景、汽车雨刮器、光栅动画等10件流动性科普展品入驻，涵盖机械、通信、光学、力学等不同内容；打造校园科普阅读空间，放置248册不同主题科普书籍。

【平和县首届人工智能与机器人挑战赛举办】 2023年5月28日，平和县首届人工智能与机器人挑战赛在平和县金华小学举办。比赛包括《世界机器人大赛——夏季运动会赛项、超变战场赛项》《全国中小学信息技术创新与实践大赛——智能仓储赛项》《全国青少年无人机大赛——单人竞技赛、空中足球赛》等6种赛项，吸引21所学校432名选手参加比赛。

【学会服务建设】 2023年，平和县科协推进学会服务站建设工作。福建宏绿食品有限公司、平和县蛙天下家庭农场入选省级学会服务站。年底，全县有1家国家级创新驱动服务站，3家省级创新驱动服务站。

（叶劲松）

平和县归国华侨联合会

【概况】 2023年，平和县归国华侨联合会聚焦平台建设、侨益维护、服务解困等，抓重点、创亮点，推动侨务工作提质增效。走访慰问侨界群众120余人次，发放慰问金（品）价值近5万元，开展“侨爱心送温暖”活动、捐资助学、海外联谊、中秋话团圆等活动6场次，走访侨资企业8次，帮助解决难题3个。开展以“赓续红色血脉、弘扬革命精神”为主题的委员活动；举办全县侨务干部培训班，44人参加。

【基层侨联组织建设】 2023年，平和县侨联加强基层侨联组织建设，创建省级、市级“侨胞之家”。芦溪镇侨联、小溪镇东大社区侨联、九一七社区侨联分别召开第二次侨代会完成换届工作；成立小溪镇建设社区侨联、芦溪镇蕉路村侨联。小溪镇侨联被评为市级“五好”侨胞之家。

【侨法宣传】 2023年，平和县

2023年9月25日，平和县侨联到平和县南胜中心小学开展侨务知识、侨法进校园活动。图为活动现场 （县侨联 供图）

侨联开展侨法“五进”宣传活动。7月1日，到小溪镇东大社区开展侨法进社区活动；9月25日，到南胜中心小学开展侨务知识、侨法进校园，分发宣传品600多份；11月7日，到中宝食品、乐其家俬等企业开展侨法进企业活动，发放侨法宣传材料2000多份。开辟乡镇侨法宣传栏6个。

【海外联络活动】 2023年2月28日，乌克兰福建商会执行会长黄汉杰、秘书长卢毓鑫到平和考察蜜柚产业；7月，菲律宾漳州同乡总会举行成立庆典，县侨联向总会发去贺信；8月21日，菲律宾漳州总商会代表团一行到平和县考察旅游、蜜柚和奇兰茶产业，举办中菲农产品进出口贸易座谈会和茶产业对接洽谈会。

（林芳芳）

平和县台湾同胞联谊会

【概况】 2023年，平和县台湾同胞联谊会服务平和县定居台胞，完善平和台胞档案，融入两岸联络联谊交流合作，推动两岸经贸文化宗亲姓氏等交流，推进海峡两岸民间交流基地建设，做好台资企业服务等。对接全国台联副会长郑平、杨毅周分别带队到平和调研海峡两岸民间交流基地、调研雾峰林家及迁台记忆馆项目建设情况。平和县台联第六届二次理事会召开，组织开展理事会理事主题活动。配合县委第三轮第二批巡察工作组对县台联开展巡察工作。1篇信息被《台声》杂志采用，多条信息被福建侨报社公众号“侨号CHINESEHORN”、省委统战部、省和市台联网站采用。县台联信息工作荣获全市台联系统第二名，受到市台联表彰。

【定居台胞服务】 2023年，平和县台联做好定居台胞各项补助资金的争取和落实工作，争取到各类补助资金、慰问资金24.69万元。更新完善定居台胞信息；做好户籍更改、台籍关系迁移、台籍学生中高考加分等工作；推荐台胞青年参加电商培训，为定居台胞青年提供就业信息。协调民政部门把因病致贫的台胞家庭列入低保户及低保边缘户；定期走访慰问老台胞、困难台胞、台生等服务对象，听取服务对象的意见和建议。

【平台联谊交流】 2023年，平和县台联参与主办第九届“两岸情·心田缘”保生大帝文化节、“共续血脉亲情，共筑精神家园”漳台青年联谊活动；承接省台联“寻根闽山闽水　共话乡音乡亲”平和行、海峡论坛“同名村·心连心”宗亲回原籍寻根谒祖活动；参与平和县“江丙坤生平陈列馆”的布展及揭牌工作等。

【平台民间交流】 2023年，平和县台联融入宗亲交流，陪同台湾台中五美堂赖氏宗亲回心田宫谒祖、林邵雪瑛女士率团回五寨埔坪寻根、台湾台中雾峰林家后裔参访团到平和祖地谒祖、台湾

2023年5月31日，在台闽籍社团参访平和县五寨乡埔坪村，开展以“寻根闽山闽水　共话乡音乡亲”为主题的恳亲活动（县台联　供图）

叶氏宗亲及里邻长参访团一行到平和大溪镇参访、台北市福建平和同乡会荣誉理事长叶春财回平和谒祖联谊；参与接待台湾晋香团到候山宫晋香活动。全年陪同参与回乡寻根谒祖、晋香朝拜的台湾团组11批500多人次。

【台资企业服务】 2023年，平和县台联调研、走访台湾青年创业基地，了解企业经营管理状况，听取台湾青年的意见和建议。深入开展“百名干部挂百企”活动，一季度走访一次台胞企业，向企业宣传省、市、县有关惠企政策，帮助协调解决遇到的困难和问题。接待厦门“启达台享”总经理范姜一行，双方就两岸经济、文化等方面融合发展进行座谈交流。

（陈子扬）

平和县工商业联合会

【概况】 2023年，平和县工商业联合会有885家会员企业及个体工商户，15个乡镇商会和7个异地平和商会。推进直属商会开展“四好”（班子建设好、团结教育好、服务发展好、自律规范好）创建工作，加强乡镇商会规范化管理，乡镇商会登记注册11个。12月26日，第十一届三次执委会议召开。县工商联胡木清被全国工商联授予“全国民营企业调查工作先进个人”称号。

【民营企业家理想信念教育】 2023年，平和县工商联组织民营经济人士深入学习贯彻党的二十大精神，引导广大民营企业家凝聚思想共识、坚定理想信念、坚守发展初心、主动担当作为。5月16—18日，组织县民营企业家代表参加漳州市民营企业家理想信念教育培训班。12月14日，联合县工信局、县科学技术协会，开展“守初心、争典范，科技兴企、法治民企”理想信念教育活动，走访平和馨峰商务酒店有限公司、平和祥涛贸易有限公司、漳州印象大芹山旅游发展有限公司等会员企业，在九峰镇黄田村、福田村朱德入闽纪念馆、廉政公祠、土楼群等地开展红色教育活动；召开理想信念教育座谈会，传达学习有关会议精神，邀请县委党校高级教师为广大企业家上题为《与党同心，勇毅前行，引领民营经济高质量发展》的党课。

【民营企业助力平和发展】 2023年，平和县工商联搭建招商引资平台，召开6次企业家座谈会。前往北京、宁德、广西等地参与招商引资工作。对接菲律宾漳州总商会理事长、菲中经济合作产业园公司副总裁罗剑峰考察团一行到平和县考察。组织商会部分会员企业开展“访企问需 暖企护航”百企互访行动。

【民营企业家助学活动】 2023年，平和县工商联组织商会会员企业、异地平和商会开展光彩助

2023年8月1日，平和县山格镇商会成立典礼暨第一届理（监）事会就职典礼举行，会议选举产生山格镇商会第一届理（监）事领导班子，并举行授牌仪式和友好商会结对仪式　（县工商联 供图）

学活动，为82位特困大学生发放助学金38.12万元。

【“助企纾困”服务】2023年，平和县工商联组织召开联席会议12场次，收集意见建议178个，解决173个。与中国农业银行平和支行联合举办以“促进企业更好发展，实现银企互利共赢”为主题的政银企对接会，促进解决企业资金短缺困难。搭建法律服务平台，参加3场检察院牵头召开的涉案企业合规第三方监督评估工作机制会。“助企纾困”服务平台的建立，受到省政协领导签发批示肯定。

【平和县“万企兴万村”工作推进】2023年，平和县召开“万企兴万村”工作推进会。引导漳州市温州商会到挂钩共建村——平和县南胜镇龙溪村开展乡村振兴考察调研活动，与挂钩村共商深化村企合作，并捐款3万元用于该村的人居环境整治提升项目。福建志艺木业有限公司与文峰镇前埔村开展结对帮扶活动和理想信念教育活动，捐赠有机肥支持前埔村药膳产业发展。福建志艺木业有限公司、中宝食品科技有限公司荣获2023年度全省“万企兴万村”典型项目（企业）称号。

【平和县乡镇级乡贤促进会成立】2023年，平和县首个以县工商联为业务主管单位的乡镇级乡贤促进会——安厚镇龙华乡贤促进会在民政部门登记注册成立。该促进会筹集资金200多万元，在发挥乡贤助力产业发展、参与社会治理、引领乡风文明、维护社会稳定等方面起到独特作用。

（蔡平平）

平和县社会科学界联合会

【概况】2023年，平和县社会科学界联合会发挥桥梁纽带、参谋助手作用，做好社科普及、社团管理、咨政服务等工作。组织白芽奇兰茶文化研究基地申报市级社科普及基地，发挥社科普及基地功能作用，开展社科普及宣传活动，普及传播社会科学思想。组织发动参与省社科联组织网上竞答活动，获优秀组织奖，受到省社科联文件表扬。

【社科普及宣传】2023年，平和县社科联首次开展社会科学普及宣传周活动企业活动。开展“芝山讲坛”平和分讲坛系列宣传活动。山格中心小学、县妇联执委黄冰心到平和县语堂书院宣讲《让智慧之光照亮幸福之路——做助力孩子成长的智慧家长》；平和县委党校林智华到小溪镇东风社区新时代文明实践站宣讲《绿水青山就是金山银山在平和的实践探索》；2023年福建省学习习近平新时代中国特色社会主义思想百场社会科学专题报告会（平和专场）、漳州市百场“芝山讲坛”平和分讲坛走进平和县法院，邀请福州大学法学院教授讲授《习近平法治思想在福建的孕育与发展》，宣传部、

2023年6月20日，漳州市百场“芝山讲坛”——平和分讲坛宣讲活动走进金华小学

（县社科联 供图）

社科联领导干部、县法院法官、新陂村基层党员、群众代表参加。联合县委史志研究室、县委网信办、县人武部、县融媒体中心以及长乐乡举办纪念“平和暴动”95周年线上党史知识、国防教育知识有奖竞答活动。向革命老区的新时代文明实践站赠《福建历史文化名人丛书》《东南周末讲坛选粹》《芝山讲坛集萃》等系列书籍200册。

【社科调研活动】 2023年，平和县社科联开展理论研究阐释活动，策划实施理论课题。开展客家文化调研，撰写《关于客家人廉政公曾蕚对当代的现实启示意义》调研文章；调研平和县红色文化资源开展红色文化教育情况，形成《用好资源赓续血脉打响红色文化教育品牌》调研文章。

【《平和客家山歌》编辑出版】 2023年，平和县社科联编辑出版《平和客家山歌》，挖掘和弘扬客家山歌文化，收集平和县客家山歌历史沿革相关的文字素材、传唱人简介等，完善客家山歌文化资料，记录和展现平和客家山歌文化历史变迁。

【平和县社科普及宣传周活动举办】 2023年11月7日，平和县以“学习贯彻习近平文化思想·建设中华民族现代文明”为主题，2023年平和县社科普及宣传周启动仪式在中宝食品公司举行。活动中，县领导为平和白芽奇兰茶文化研究基地颁发牌匾；开展社会科学普及活动；组织发动参与省社科联组织的“深入学习贯彻习近平新时代中国特色社会主义思想”网上竞答活动，答题10万多次，排名全省第四、全市第一。

（游秀华）

平和县文学艺术界联合会

【概况】 2023年，平和县有文艺工作者1115人，包含全国文艺家协会会员44人、省级文艺家协会会员162人、市级文艺家协会会员183人。中国作家协会会员10人，省作家协会48人。组织各艺术门类参加相关文艺赛事，获省级以上奖项4项；组织参加各类评审活动，入展“万年浦江——2023·全国中国画作品集”1人、“八闽丹青奖”（第四届福建省书法双年展）7人、“黄道周奖”海内外书法篆刻作品展中获奖和入展4人。设立“文艺平和”专栏，宣传平和文艺活动和优秀作品。召开平和县文学艺术界联合会四届二次全委会，会议选举黄荣才为平和县文学艺术界联合会主席。

【主题文艺活动】 2023年，平和县文联开展线上线下的创作、采风、写生、研讨等各项文艺主题活动。举办“弘扬中华优秀传统文化书法展”，展览邀请全国35位书法名家书写孔子名言，礼赞孔子先师诗文等；举办系列

2023年9月8日，平和县举行“弘扬中华传统文化，厚植爱国主义情怀”师生书画展，390幅作品亮相县博物馆。图为展览一角

（县文联 供图）

活动纪念周碧初诞辰120周年；开展“躬耕教坛·强国有我”中小学音乐教师才艺展演活动；承办市文艺家“大学习 大调研 大创作”福建土楼写生采风活动走进芦溪蕉路村；平和、上杭两县联合开展“作家看平和·重走阳明路·赓续和杭情”文学活动。

【文艺作品】 2023年，平和美协会员许金坤作品入展“万年浦江——2023·全国中国画作品集”。平和书协7人入展“八闽丹青奖”（第四届福建省书法双年展）；4人在“黄道周奖”海内外书法篆刻作品展中获奖和入展。张山梁点校《阳明先生集要（崇祯闽刻本）》出版。

（韩志珊）

平和县残疾人联合会

【概况】 2023年，平和县持证残疾人11327人。全年办理残疾人证1058人，迁出27人，迁入10人。平和县残联开展持证残疾人基本状况调查、服务设施建设、社会保障、教育就业、康复服务、权益保护等工作，组织残疾人参加文体比赛并获奖。加强基层组织建设，举办2023年度乡镇、村（社区）残疾人联络员培训班，培训残疾人联络员2班次278人。规范运行“上门评残”服务，出台一份规范文件《平和县残联“上门评残”工作实施细则》，用好两支党员先锋队，完善县乡村三级网络联动。一轮下乡“上门评残”服务112人，符合条件办理残疾人证57人。

【残疾人社会保障】 2023年，全县残疾人“两项补贴”补贴128592人次1545.77万元；自主就业创业社保补贴项目补助60人计24.7万元；“一户多残”项目补助9203人次计46.44 万元；县残联筹集扶残助残资金30万元扶持霞寨镇、安厚镇、九峰镇开展乡村振兴助残项目。

【残疾人无障碍改造】 2023年平和县残联推进整镇残疾人家庭无障碍改造工作，解决残疾人如厕、出行等日常生活困难，投入资金40.8万元，完成年度计划110户。

【残疾人教育就业】 2023年，平和县残联补助在校残疾大学生13人，残疾人子女在校大学生35人，合计8.9万元。启动2023年度平和县残疾人就业帮扶“授渔计划”活动。居家托养补助244名，计48.8万元；机构托养补助100名，计80万元；就业创业补助125名，计43.55万元。

【残疾人康复服务】 2023年，平和县残联做好残疾儿童康复补助发放工作，办理残疾儿童康复救助训练补助410人次，补助金额201万元。做好残疾儿童康复定点机构管理工作，日常事中事后监督每个机构每季度不少于3次，专项检查每年不少于1次，检查7—17周岁儿童档案是否完整。落实残疾人辅助器具适配货币补贴政策，依托“福建省残疾人辅助器具网上综合服务平台”，

2023年4月3日，平和县2023年残疾人就业帮扶“授渔计划”活动启动仪式在平和县委党校举行 （县残联 供图）

为277名有需求的残疾人适配基本型辅具，补贴资金41万元。

【残疾人文体活动】 2023年，平和县残联联合平和县崎岭乡开展“科学爱耳护耳·实现主动健康”主题爱耳日科普宣传活动。联合平和县启能康复中心、漳州雨人康复服务、小溪片区示范点社工站携手承办开展“参与扶残助残文明实践，共创和谐文明社会”游园慰问活动。与县妇联、团县委、助残志愿者协会、青年志愿者协会等共同举办“践行二十大，青春正逢时”文艺会演。在福建省第九届残疾人运动会暨第七届特殊奥林匹克运动会上，平和县选送的漳州市代表团平和县开智学校学生王棋、周炳伟，黄秀娟、黄伟杰参加滚球和举重2个项目比赛获四金两银三铜的佳绩。

【平和县2023年就业帮扶“授渔计划”活动启动】 2023年4月3日，平和县启动2023年就业帮扶“授渔计划”活动启动仪式在平和县委党校举行。活动是由助残志愿者帮助有就业需求的残疾人掌握一技之长的就业帮扶活动，通过师徒双向选择、自愿结对的方式签订协议，实现为期1年的爱心帮扶“一对一”传授就业创业技能。有残疾人、助残志愿者等40余人参加结对帮扶活动；9对师徒达成意向并现场签约，为爱心师傅颁发2023年就业帮扶“授渔计划”聘书。县残疾人联合会为每一结对的残疾学徒补助3000元，计2.7万元，用于购买残疾人的技能学习工具。

（林凯君）

平和县红十字会

【概况】 2023年，平和县红十字会宣传并深入贯彻《中华人民共和国红十字会法》，加强红十字组织建设，弘扬“人道、博爱、奉献”红十字精神，弘扬正能量，引领新风尚。推进红十字应急救护培训，“三救三献”（应急救援、应急救护、人道救助，献血液、献造血干细胞、献人体器官组织）工作取得成效。

【救助慰问】 2023年，平和县红十字会“99公益日”网络募捐筹资“爱·过年”项目7万多元；参与元旦春节期间红十字博爱送万家活动，慰问群众296人。受理小天使白血病、先天性心脏病、福万通少儿重特大疾病救助申请7人，救助金约20万元。

【应急救护知识培训】 2023年，平和县红十字会开展应急救护知识的宣传和普及，组织2600多名学员报名参加红十字应急救护员培训，培训取证红十字应急救护员2202名，普及培训3100多人次。在全县配置18台自动体外除颤器（简称AED）。

【遗体（器官）捐献和无偿献血活动】 2023年，平和县有1名志愿者登记遗体器官捐献，2人完成遗体器官捐献。1名志愿者捐献1份造血干细胞。全县1693

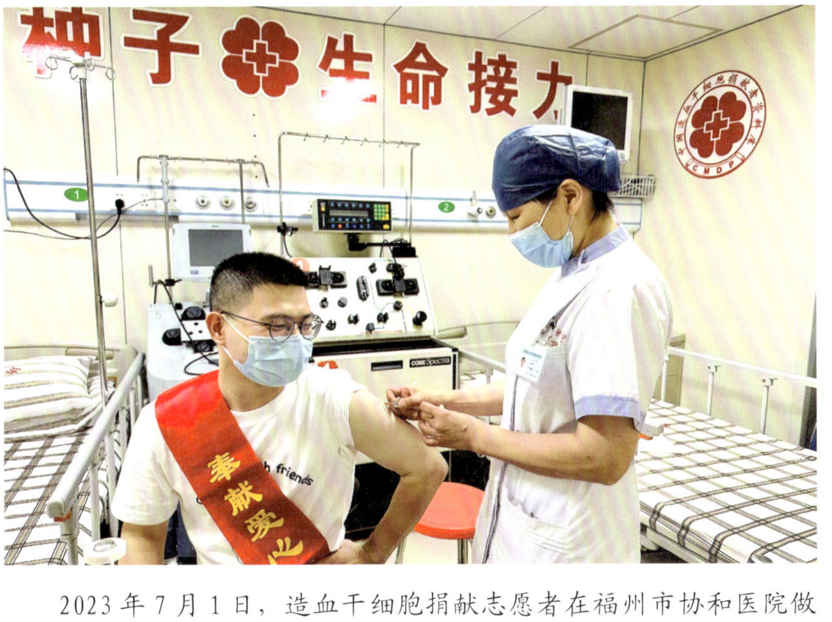

2023年7月1日，造血干细胞捐献志愿者在福州市协和医院做捐献前检查

（县红十字会 供图）

人次参与献血约63万毫升。

（赖建民）

平和县计划生育协会

【概况】 2023年，平和县计划生育协会制定下发《平和县计划生育协会2023年工作意见》，落实“宣传教育、生殖健康咨询服务、优生优育指导、计划生育家庭帮扶、计生家庭权益维护和家庭健康促进”等6项重点任务，拓展生育关怀项目，提升计生协会服务能力和工作水平。县计划生育协会被福建省计划生育协会、中国人寿保险股份有限公司福建省分公司被评为“2022年计生家庭意外伤害保险工作先进单位”。县计生协会在福建省计生协会举办的2023年计划生育家庭保险工作推进暨业务培训班进行经验交流。

【计生家庭帮扶】 2023年，平和县计生协会开展“幸福工程”扶助工作，帮扶73户计生困难母亲，发放扶助金177万元，惠及301人。邀请镇农业科技人员为计生母亲进行农业生产科技知识培训。开展幸福工程扶助健康扶助活动，扶助计生困难母亲9人，金额4.5万元。开展“生育关怀——金秋助学”活动，发放助学金11.5万元，资助20名困难女生（其中，省计生协会资助困难女生3名，大学四年每学年每人发放助学金5000元；市计生协会资助困难女生4名，每人一次性发放助学金4000元；县计生协会资助困难女生13名，每人一次性发放助学金3000元），并入户慰问这20个受助户家庭。组织计生特殊家庭帮扶志愿者入户慰问全县71户计生特殊家庭，慰问金额10.35万元。开展创建家庭健康服务驿站工作，规范管理制度、标牌，采购17套身高体重秤、电子体重体脂秤、电子血糖仪、电子血压仪、指夹式血氧测量仪等自助体检设备，并添置健康书籍、宣传品。全县15个乡镇建设17个家庭健康服务驿站，开展健康检查及跟踪随访2000余人次。全县计生家庭意外伤害保险42113户，投保金额421.13万元。拓展计生家庭意外伤害保险附加险，每人每年保费20元，全县意外附加险投保金额49520元，投保人数2476人。

【儿童早教服务】 2023年，平和县计生协会在县妇幼保健院成立县计生协会优生优育指导中心，制定上墙制度和工作流程，组建优生优育专家团队。新建1个省级“向日葵亲子小屋”，依托在平和县小溪镇玉溪幼儿园；新建3个县级“向日葵亲子小屋”。“向日葵亲子小屋”配置图书绘本及教玩具，每周免费对0—3周岁婴幼儿开放1次，举办婴幼儿亲子辅导活动、育儿知识讲座；开展入户指导活动，提供优生优育、科学养育等宣传咨询服务。县计生协会开展15场儿童早期发展宣传服务活动和15堂家长课堂，指导家长提高家庭科学育儿能力；拨付2万元在崎岭乡南湖村创建“向日葵亲子小屋”、计生协会会员之家、家庭健康服务驿站“三合一”的服务场所。

【计生健康宣传】 2023年，平和县计生协会联合九峰镇、五寨乡、崎岭乡、秀峰乡、长乐乡等乡镇开展健康知识进万家宣传倡导活动。通过摆摊设点、悬挂标语、设立展台、发放手册、图册的方式开展宣传，发放各类宣传资料2000余份，为420多名群众进行健康义诊及咨询服务。通过制作5G多媒体信息和手机短信等形式，开展“普及健康知识提高全民健康素养”宣传。平和县“健康知识进万家”小程序绑定群众占比超过103%，超额完成省、市计生协会下达的全县“健康知识进万家”小程序覆盖70%以上家庭任务。在南胜中学建设1个青春健康俱乐部。联合教育局，在县妇幼保健院举办平和县第一期青春健康师资培训班，40余名来自全县各中小学老师参加此次培训。

【计生法律援助】 2023年，平和县计生协会在4个乡镇新建法律援助工作点，聘请1名法援律师，乡镇计生协会聘请3名法援律师。全年调解民事纠纷135宗，协调维护计生家庭合法权益135件，接受计生群众法律咨询367人次，为计生家庭挽回经济损失106万元，惠及计生群众11.86万人。举办法治讲座20场，开展法律知识宣传服务活动17场；制作有关法律知识的宣传品400份，购买法律知识书籍4种242本，分发到各乡镇（工业园区）计生协会。分别在文峰镇、九峰镇开展庆祝中国计生协成立43周年暨“5·29”会员活动日法治宣传服务活动。联合镇计生协会、司法所、派出所等部门工作人员及志愿者向群众宣传反诈骗、法治、文明婚育等知识；邀请法律顾问在小溪镇和坂仔镇举办2场法律知识讲座。

【“红五月”人口文化宣传】 2023年，平和县计生协会分别联合文峰镇人民政府和九峰镇人民政府举办庆祝中国计生协成立43周年暨计生协第25个“会员日”主题活动——新时代婚育文化群众性主题宣传活动，组织镇计生协会、卫健办、新时代文明实践所、卫生院、司法所等部门现场为广大群众开展咨询服务。举办文艺演出3场，受教育人数2250人；举办队伍培训17场次，参加人数1478人；开展座谈纪念活动80场，参加人数1517人；开展健康咨询义诊活动22场次，3212人次参与，发现病例90多例；开展各类宣传教育活动55场，宣传人数7055人，发放宣传品6210份、宣传资料16640份；入户开展紧急救助及慰问82户、慰问金额6.06万元；开展志愿者服务27场次。

（张汉强）

法 治

政法委与综治

【概况】 2023年，平和县政法机关做好社会治安防控，深化扫黑除恶斗争，优化营商环境，创新社会治理，推进平安平和和法治平和建设。全县15个乡镇、262个村（社区）全部建设综治中心，县乡村三级综治中心100%覆盖。创新工作机制，成立平和县社会治理中心（综治中心）、线上诉前调解中心、“漳州市社会治理研究中心平和实践基地”和“平和县信访+社会治理服务中心”、平和县生态环境治理执法司法协同中心，设立全国首个“净土法官工作室”。

【社会治安防控】 2023年，平和县深入打击八类刑事犯罪。坚决防止重点人员外流从事电信网络诈骗等违法犯罪行为。开展专项攻坚，督促滞留境外人员早日回国。深化扫黑除恶斗争，打掉恶势力组织3个，加强重点行业领域专项整治，开展打击农村家族宗族黑恶势力。加强重点单位、区域、要害部位巡逻防控，构建步巡、车巡、人机犬空地一体化巡逻体系。强化涉险公共区域隐患排查整治，强化重点人群管理。加强对民爆物品、烟花爆竹仓库、矿产企业、危化品生产加工企业、食品加工厂等企业安全检查，全县未发生各类重大及以上安全生产事故。

【矛盾纠纷化解机制创新】 2023年，平和县排查调处矛盾纠纷3085件，调解3081件，调解成功率达99.96%以上。成立线上诉前调解中心，线上指导诉前调解58件次。第三批国家交办治重化积信访件17件全部化解。制定出台《平和县重大决策社会稳定风险评估实施细则（试行）》，规范全县重大决策社会稳定风险评估工作。

【基层治理创新】 2023年，平和县推进警务机制改革，打造“一联合所两中心”，探索具有平和特色的现代警务模式。建立健全“三条体系”强化未成年人保护。推动道路交通事故损害赔偿纠纷诉前委托鉴定机制，前置司法鉴定流程，调解道路交通事故56起，诉前调解成功率达90.6%。深化金融纠纷化解机制，推动“调解+速裁+审判+执行”无缝衔接，完善优化司法服务功能，40.2%的金融纠纷在执行前自动履行。开创社会治理新格局，成立“漳州市社会治理研究中心平和实践基地”和“平和县信访+社会治理服务中心”。

【平安平和创建】 2023年，平和县开展平安建设“四季竞赛、五大比拼”活动，加强综治网格员、“乡村110”巡防队员、平安志愿者等群防群治队伍建设。推进平安校园、平安景区、平安家庭、平安边界、平安果园等系列平安创建活动。推进县乡村三级综治中心规范化建设，全县15个乡镇、262个村（社区）综治中心建设到位。

【法治平和建设】 2023年，平和县强化法治保障，实现“一村一法律顾问”全覆盖，为群众提供法律咨询530人次，提供法律建议意见404件，参与调解纠纷83件；受理行政复议申请14件，办结10件，参与行政诉讼3起；成立平和县青年公职律师志愿服务工作室，53个党政机关法律顾问配备率100%；深化普治融合，推进法治文化建设，打造“一地区一品牌”暨平和县红色法治文化阵地，新建成6处法治文化广场。县检察院将检察之治融入社会之治，推动治罪向治理转变，探索建立轻罪治理“解题样本”，得到上级检察机关的肯定。建设生态司法。成立平和县生态环境治理执法司法协同中心，设立全国首个“净土法官工作室”，开辟快立快审快执绿色通道，实现生态案件“刑、民、行”三审合一。

【政法助力营商环境优化】 2023年，平和县发挥法律服务保障中心作用，办理涉企诉讼案件9件、涉企仲裁案件1件，涉企公证13件、提供法律咨询95件、调解纠纷36件，调解成功率100%；建立涉企案件“五个优先”工作机制，压缩涉营商环境案件审理周期；发挥法官工作室靠前服务作用，在2家重点企业设立法官联络点，到10家企业开展走访调研活动16场次。

【平和县社会治理中心（综治中心）成立】 2023年11月27日，平和县社会治理中心（综治中心）揭牌启用。该中心的揭牌启用是平和县坚持和发展新时代“枫桥经验”的实践创新，是全市首个集信访接待、矛盾调解、网格管理、诉源治理、法律服务于一体的综合平台，中心设“两区、三室、五中心”，县直单位及乡镇以常驻、轮驻、随叫随驻三种方式进驻中心，并与镇、村综治中心全面对接，实现矛盾纠纷一站式受理、一揽子调处、全链条解决。

（朱文鑫）

法治政府建设

【概况】 2023年，平和县召开县委全面依法治县委员会会议，出台县委全面依法治县委员会2023年工作要点等工作方案，推进依法行政。全县39个行政执法单位全部接入一体化执法平台。成立平和县青年公职律师志愿服务工作室，53个党政机关法律顾问配备率100%，推行包容审慎监管执法“四张清单”，建立轻微违法行为依法免予处罚清单制度，推行行政裁量权基准制度。落实行政执法人员资格管理和持证上岗制度，开展行政执法人员清理工作；强化行政执法人员岗位培训，与闽南师范大学签订《平和县依法治县战略合作协议》，联合漳州市法学会、法治漳州研究中心等单位举办全脱产依法行政专题培训班。

【规范性文件管理】 2023年，平和县健全完善规范性文件制定程序、前置审查和备案审查制度，修改、废止滞后于实践发展的规范性文件，备案审查行政规范性文件15件，清理规范性文件119件。

【合法性审查】 2023年，平和县发挥政府法律顾问参谋、助手作用，对行政规范性文件、重大决策、合同、协议等决策事进行合法性审查并严格履行事前听证、专家论证、公开公示、责任追究等决策程序，健全法律顾问和公职律师在重大行政决策、政府合同中的参与机制。

【行政复议应诉】 2023年，平和县推进行政复议体制改革，在县社会治理中心设立行政复议受理窗口，收到行政复议申请57件，立案受理30件，均审结。按提交相关法律文书、完成开庭应诉、主动与承办法院协调对接，落实行政机关负责人出庭应诉制度，办理一审行政应诉案件3件、二审行政应诉案件1件。

【行政争议化解】 2023年，平和县创新建立县社会治理中心（综治中心），实现人民调解、行政调解、司法调解“三调合一”，建立矛盾纠纷“一站式受理、分流、调处、全链条化解”工作机制。深化公调对接机制，在小溪镇派出所建立县级公调对接多元调处中心。探索“检调对接”运行机制，成立检调对接联合调解委员会。组建由46名县人民调解专家组成的专家库推动重大疑难矛盾纠纷化解。开展全县十佳人民调解员评选活动，更好地维护社会安定稳定。

【普法宣传】 2023年，平和县加强守法普法领域工作整体谋划，制定2023年平和县普法依法治理工作要点。建立普法宣传评议制度，下发《平和县国家机关“谁执法谁普法”履职报告评议制度》。开展以“美好生活·民法典相伴”为主题的“民法典宣传月”和“宪法宣传周”等宣传活动。全年开展法治宣传教育活动46场次。推进“法律明白人”培养工程。全县262个行政村（社区）培养“法律明白人”1310人，平均每个行政村（社区）达5人。深化法治文化阵地建设，新建成6处法治文化广场，重点在长乐乡打造平和县红色法治文化宣传阵地，与霞寨镇党委、政府共建全国民主法治示范村高寨村法治文化公园。

（李少杰）

公安

【概况】 2023年，平和县公安机关聚焦公安主责主业，紧盯严重影响群众安全感、满意度的社会治安突出问题，以开展夏季治安打击整治行动为抓手，推进打防管控各项任务，捍卫国家政治安全、整治公共安全隐患、打击各项违法犯罪、净化社会治安环境，全县社会治安环境持续向好，群众获得感、幸福感、安全感不断提升。平和县公安局在县级公安机关综合考评中居全市15个县区第一名。3个集体荣立三等功，9名民警荣立个人三等功，1名民警获“漳州青年五四奖章”，1名民警被评为市域治理先进个人，1名辅警被评为“漳州市劳动模范”。派出所主防、未成年人保护、寻人救助等经验做法被《八闽快讯》《福建公安简报》《漳州信息》《漳政要讯》《漳州公安简报》等刊物刊载推介。

【违法犯罪打击】 2023年，平和县公安局紧盯影响群众安全感的突出违法犯罪，总结固化专项斗争经验做法，坚持标准不降、要求不松、措施不减，常态化推进扫黑除恶斗争。深入推进“市县主战”工作，严厉打击各类违法犯罪，破获刑事案件702起，抓获各类在逃人员258人，抓获犯罪嫌疑人1109人，返还账款赃物1189.81万元。

【警务机制创新】 2023年，平和县公安局组建紧密型西部片区域联合派出所，推进城区小溪派出所“标准型”建设和10个乡镇派出所“宽松型”改革，经验做法被《福建公安简报》《漳州信息》《漳政要讯》等刊载推介。全市公安机关推进“派出所主防”工作现场会在平和县召开，工作成效获省、市、县有关领导肯定。在全市率先成立主战中心，坚持专业打击、合成作战，发挥导侦破案、支撑应急和反哺“主防”三大功能作用，提升警务工作质效，全县公安机关刑事侦查工作考评位居全市第一。

【基层治理提质】 2023年，平和县公安局组织开展“万警进万村”活动，加强“民间110”建设，强化对平和蓝天救援队、船民水上救援队、农村护林灭火队、爱心志愿者协会等志愿者队伍的联动和指导，完善警民联动机制，推动形成共建共治共享基层社会治理格局。强化涉毒整治基础工作，创建安厚镇“无毒乡村”示范点，在全省“无毒乡村”评选会上作经验推介，并以第二名的佳绩被评选为“无毒乡村”守护行动首批省级联系点，获省禁毒委发文通报。

【道路交通安全管理】 2023年，平和县公安局提升道路交通安全

2023年10月20日，平和县公安局民警深入果园开展反诈宣传

（县公安局 供图）

设施，加强道路安全隐患排查整治。完成省委省政府为民办实事项目重点道路安全隐患整治5处。加大道路交通纠违力度，严查显见性交通违法行为，严厉整治驾驶机动车未佩戴安全头盔、涉牌涉证、酒醉驾等交通乱象。查处各类交通违法行为125980起，现场违法27319起，非现场违法98661起。死亡人数减少5人，比上年下降15.15%；受伤11人，比上年减少11人，下降50%。

【接处警工作】 2023年，平和县公安局依托“情指行”一体化机制改革，规范接处警处置流程，全县接处警满意率100%，排名全市第一；定期开展“12345”热线和“110”报警台的受理范围宣传，在“110”“12345”及“芗里芗亲”APP三者之间建立非警情快速流转机制。“12345”非警务警情流转率达99.99%。

【电信网络诈骗整治】 2023年，平和县公安局统筹发展和安全，强化系统观念、法治思维，注重源头治理、综合治理，开展打击整治电信网络犯罪专项行动，全县接电信网络诈骗刑事警情164起，比上年下降32.0%；立案210起，比上年下降19.8%。抓获犯罪嫌疑人229人，劝返滞留缅北涉诈高危人员75人，劝返率89%。

【警务督察】 2023年，平和县公安局紧盯法治公安建设目标，以五星级标准改造提升执法办案管理中心，发挥执法办案集中管理和执法监督中枢作用，实现一站式办案、合成化作战、智能化管理、全流程监督。开展“法治之星”评选活动，深化执法监督中心运作，整合法治、督察力量，组建网上督察执法监督中心，对警案源头、案件侦办、物案管理等实行全程监督、闭环管控。强化执法积分考核结果应用，使“多办案、办好案”常态长效，实现打击效能与规范执法相互促进。

【公安政务服务】 2023年，平和县公安局多警联动、多维寻找走失人员，协助找回走失人员171人次，协助找回丢失财物42起，挽回群众损失66.28万元，收到锦旗49面，经验做法被《漳州信息》刊载推介。建成安厚镇“公安业务一站式便民服务中心”，打通便民服务的“最后一米”。实施局领导挂钩重点项目和重点企业制度，帮助协调解决存在的问题和困难，服务保障第六实验小学、西气东输、官峰水库、城乡供水一体化等重点项目建设；打造优质营商环境，为企业挽回损失690余万元，在黄井工业园区设立经侦警务联络站，化解涉企矛盾纠纷22件。

【校园安全保卫】 2023年，平和县公安局将预防、管控、治理涉未成年人违法犯罪上升为“党政工程”。织密未成年人保护网。率先在全市实现全县境内所有中小学和幼儿园“护学岗”和“高峰勤务”全覆盖。全县设立护学岗199个，每天出动警力220人次。经验做法被《八闽快讯》《漳州信息》等刊载推介。

（蔡俊林）

检察

【概况】 2023年，平和县人民检察院依法履行法律监督职责，加强刑事、民事公益诉讼、未成年人和生态检察，推进社会治理和矛盾纠纷化解。加强检察助力营商环境优化和乡村振兴。落实重大事项请示报告制度，建立党组与驻院纪检监察组定期专题会商机制，制定《执法办案廉政风险排查防控工作手册》。批捕各类犯罪189人，起诉566人。批捕电信网络诈骗和涉“两卡”等多发犯罪嫌疑人48人，起诉232人。常态化推进扫黑除恶斗争，批捕涉恶案件4件12人。起诉经济类犯罪嫌疑人62人。融入反腐败斗争，妥善办理职务犯罪4件4人。统筹落实宽严相济刑事政策，不批捕85人，不起诉171人，适用认罪认罚从宽制度537件657人。做好释法说理，促成真诚悔罪，追赃挽损500万余元。开展社区矫正巡回检察工作，对社区矫正监督管理、日常考核不规范等工作进行监督，发出纠正违法通知书22件，深化财产刑执行监督，发出书面纠正意见23件，均被采纳。对办案中发现的易受诱导参与犯罪的残疾人、未成年人等特殊群体开展普法宣传；对案件背后发现的社会治理漏洞及时向相关部门制发检察建议，制发检察建议128件。平和县人民检察院获“全国维护青少年权益岗”等5项市级以上集体荣誉称号，4人获市级以上表彰。作品《说案情、打招呼、问进度？“三个规定”了解一下》在央视频和央视《今日说法》栏目联合举办的法律融媒体好作品展播活动中获评2022年度影响力法律融媒体作品；另有4个普法短视频获奖。

【刑事检察】 2023年，平和县检察院以综合评价行为的“社会危险性”为必要程序，依托大数据对盗窃、交通肇事、“帮信”“掩隐”“醉驾”等常见轻微刑事案件进行分析研判，与县法院在情节认定、量刑计算、缓刑适用等方面形成共识，确保罚当其罪。规范完善11种常见罪名的相对不起诉标准，作出相对不起诉77人。成立轻伤害案件专业办案团队，全面审查证据、事实，更深层次剖析案发原因，依托侦查监督与协作配合办公室提前介入引导侦查，完善证据体系。监督撤销轻伤害案件1人，不批捕5人，不起诉12人。探索“不起诉+”模式，建立“公开训诫+普法教育+社会公益服务”机制，制定《不起诉案件适用非刑罚措施及社会公益服务工作指引》，综合运用训诫、责令具结悔过、行政处罚、公益服务等非刑罚措施，向相关行政主管部门发出检察意见46件。

【民事检察监督】 2023年，平和县检察院支持起诉2起诉请交通事故赔偿案，为军属落实赔付款23万余元，并依法申请国家司法救助金2万元，支持起诉与司法救助并举，得到上级检察院肯定。与福州军事检察院会签《关于建立全面协作机制实施意见》，与县人武部会签《关于实施军检“连心桥”计划的工作意见》，推动建立协作配合机制，入选省级典型案例获推广。通过远程办案、跨县区取证等进行调查核实，召开公开听证会，向相关行政单位制发检察建议，纠正撤销2起分别长达24年、31年的冒名婚姻登记。

【公益诉讼检察】 2023年，平和县检察院立案办理公益诉讼73件，通过磋商、诉前检察建议，在诉前解决公益损害问题。开展国有财产保护、文物和文化遗产保护监督，立案11件。牵头县文旅局，排查全县乡镇23处省级以上文物保护单位，对部分属地政府存在文物保护不到位的情形，制发检察建议，促成整改并制定文物保护长期规划。深化安全生产、食品药品安全领域公益诉讼，立案12件。针对部分小区住户私拉电线充电，存在消防安全的隐患，向负有监管职责的单位制发检察建议并召开会议，开展“飞线充电”整治工作。

【未成年人检察】 2023年，平和县检察院依法严惩侵害未成年

2023年9月25日，韩江支流梅潭河、永定河流域公益诉讼和生态检察跨区域协作联席会议在平和县举办　　（县检察院 供图）

人权益的犯罪，批捕23人，起诉38人。对涉嫌犯罪的未成年人落实教育、感化、挽救方针，依法不批捕7人、不起诉18人。开展帮教36人次，发出责令接受家庭教育督促监护令22份。开展法治进校园活动14场，受教育人数9000余人。督促侦查机关侦查涉未成年人案件，发出侦查活动监督通知书、纠正违法通知书等监督书11件。针对部分行政机关未履行保护未成年人相关职责方面存在的问题制发检察建议8件，开展专题磋商4次。

【生态检察】 2023年，平和县检察院针对梅潭河部分河段水浮莲反复滋生问题，行政公益诉讼立案6件，牵头召开联席会议，推动有关乡镇政府及主管部门制定水体整治方案，清理水浮莲80公顷。针对花山溪流域存在生猪养殖场超标排放养殖废水的问题，制发检察建议6件，督促相关主管部门开展畜禽养殖污染专项执法检查行动。推进“林长+检察长”协作机制，联合县公安局、县法院等单位成立“平和县生态修复补植复绿基地”，督促涉案嫌疑人缴纳生态修复金8万余元，认购碳汇560余吨。建立跨区域司法保护机制，与平和县河长办、永定区检察院、永定区河长办、大埔县检察院、大埔县河长办会签两省三县（区）跨区域协作机制，筑造闽粤边绿色生态屏障。

【矛盾纠纷化解】 2023年，平和县检察院推动劳动争议化解，提前介入拒不支付劳动报酬案，发函建议相关部门移送犯罪线索，监督侦查机关立案侦查，审查证据，追加起诉被告单位，释法说理引导40余名被害人理性维权，并督促支付剩余劳动报酬计115万余元；向相关部门制发检察建议，推动开展劳动者工资支付情况专项检查，督促指导10余家用工单位完善用工管理制度。践行新时代“枫桥经验”，运用公开听证、责令赔礼道歉、附条件认罪认罚等促进矛盾化解。联合县法院、村委会等组织调解1起引发严重涉诉信访的交通肇事案，促成双方当场和解并支付90万元。

【社会监督】 2023年，平和县检察院整改、落实人大代表、政协委员提出的意见建议。做好代表委员联络工作，开展集中走访活动，听取意见建议，邀请代表委员参加检察开放日、庭审观摩等活动8场。推行公开听证，召开听证会29场。邀请人民监督员参加监督检察办案活动110件。接受社会监督，在主流媒体发布宣传报道268篇。

【检察助力营商环境优化】 2023年，平和县检察院办理侵犯知识产权犯罪案件涉6人，同县法院、县公安局、县市管局会签《知识产权协同保护合作框架协议》，建立信息共享与会商、重点服务等机制。与县市管局、县公安局到蜜柚经销和包装印制企业开展普法活动，监督监管部门检查地标产品经营单位20余家。针对办案或走访发现企业经营中存在的管理漏洞制发检察建议。规范企业法定代表人及高管的任职管理，督促排查发现不适格人员依法变更登记11名。落实本院“关于发挥检察职能建设法治化营商环境”服务保障方案，延伸“12309”检察服务中心“绿色通道”职能，办理涉企犯罪37件。开展护航法治化营商环境专题调研，走访企业13家，提供法律咨询、防范法律风险等服务20件次。

2023年5月26日，平和法院依法宣判1起帮助信息网络犯罪活动罪案件，该案中2名被告人分别被判处相应刑期和罚金。图为平和六中数十名师生现场观摩庭审，零距离学习法律知识，打上预防网络诈骗及其关联犯罪的“预防针” （县法院 供图）

【检察助力乡村振兴】 2023年，平和县检察院用好国家司法救助制度，救助11人，发放司法救助金17万余元。牵头县民政局等9个部门建立完善妇女、未成年人国家司法救助与社会化救助衔接工作机制。推进乡村法治文明，与县司法局成立“检调对接”联合调解委员会，搭建检察、公安、法院、信访等参与的矛盾纠纷化解平台，在检察环节达成和解8件。开展法治进乡村、社区及校园等活动，举办各类主题宣传活动23场，发放各类宣传资料2600余册。

（张燕君）

法院

【概况】 2023年，平和县人民法院受理各类案件5096件，新收5063件，结案5049件，结案率99.08%，全市排名第二；结收比99.72%，全市排名第二。新收诉源案件3112件，万人成讼率68.55件/万人，正向排名位居全市第二、全省第四。成立平和县生态环境治理执法司法协同中心，与县林业局、县农业农村局等14家单位建立跨部门执法协作联动机制；设立全国首个“净土法官工作室”。

【刑事审判】 2023年，平和县法院办结刑事案件479件，排名前三的违法犯罪分别为掩饰隐瞒犯罪所得罪133件、危险驾驶罪95件、诈骗罪35件，认罪认罚从宽适用率92.35%，平均审理用时20天。推进扫黑除恶常态化，审结1起涉裸聊敲诈的恶势力集团犯罪案件，执结涉恶势力犯罪集团案件主犯蔡某金财产刑案件。推进禁毒、扫黄打非和打击电信网络诈骗等专项工作，依法从严从快审结电信网络诈骗及关联犯罪188件233人，敦促被告人退缴赃款797.18万元，挽回被害人经济损失。发挥法治引领示范作用，审结平和首例组织他人偷越国（边）境案，对出境务工人员发出警示。依法严惩职务犯罪4件4人，审结县农业农村局原副局长李某受贿、滥用职权案，会同县纪委监委组织30名领导干部旁听庭审。依法严惩强奸、猥亵儿童等侵害未成年人犯罪29件，坚持教育挽救方针，审结未成年人犯罪案件9件9人。

【民事审判】 2023年，平和县法院办结民事案件2885件，民事案件调撤率 53%（只有调解率 26.14%），一审案件服判息诉率 92.94%（单民事），居全市前列。依法保护各类民事主体合法权益，审理涉及人身、教育、医疗等涉民生案件 216 件；审结婚姻家庭、扶养继承案件 679 件，服判息诉率 94.87%；审结劳动争议案件 17 件。审结房屋买卖、物业服务等案件 20 件，推动平和县温馨嘉园 70 起物业纠纷、锦绣柚都 20 起逾期交房违约金纠纷化解；处理朱某青非法吸收公众存款系列案件 36 件 37 人，并移送公安机关立案侦查，涉案标的额达千万元。

【案件执行】 2023 年，平和县法院受理执行案件 2028 件，执结 1893 件，执行结案率 93.34%。推行执行“事务分段集约 + 繁简分流 + 团队办案”模式，集约办案资源，开展专项执行行动 11 次，执结涉民生案件 172 件到位 817 万元。在个案执行中破解“人难找、财难寻、控制难、打击难”等问题，与县公安召开协助执行工作专题联席会，建立查人扣车联动机制，司法拘留失信被执行人，拘传 100 人、拘留 20 人，查控车辆、房产等物权 15 件，移送追究拒执犯罪线索 11 件 13 人，审结 4 件 4 人。

【营商环境法治化提升】 2023 年，平和县法院与漳浦法院达成共建协议，构建跨区域知识产权协同保护格局。发挥法官工作室靠前服务作用，在 2 家重点企业设立联络点，到 38 家企业开展走访调研活动 29 场次，提醒并帮助化解潜在经营风险 13 起。会同县工商联等开展“法润民企”专项行动，举办“合规护航 你我同行”企业法律风险防范知识培训班。聘请 25 名非公有制经济人士作为特邀调解员参与民商事纠纷调解。在办理开普蓝生（平和）能源环保有限公司借款合同纠纷执行案件中，协调推动县政府认购厂房作为全县生物有机化肥生产基地。

【诉源治理】 2023 年，平和县法院诉前排查化解各类矛盾纠纷 2651 件，诉前调解成功率 84.08%，多元解纷成效被省政府《今日要讯》刊发推介。推动交通事故损害赔偿纠纷诉前委托鉴定机制，引导 74 名当事人申请诉前鉴定，审理时长平均缩短约 30 天，诉前调解成功 16 起鉴定案件，自动履行金额 296 万元，诉前调解成功率达 90.6%。指导银行协会调解金融纠纷 342 起 3120 万元，将 50.3% 的金融纠纷化解在源头，33.6% 的案件一站式办理、当场履行。其机制做法被省委《八闽快讯》专刊推广。省委常委、政法委主要领导实地调研金融纠纷化解工作，并予以肯定。

【全国首个“净土法官工作室”设立】 2023 年，平和县设立全国首个“净土法官工作室”，组建专业团队，审结滥伐林木、非法采矿等涉生态刑事案件 9 件，审理全市首例生态环境损害赔偿协议司法确认案件、全市首例购买漳州本地林业碳汇进行环境替代修复的刑事附带民事公益诉讼案件，诉前调解第二污水处理项目工程纠纷。生态司法保护工作得到省高院领导的批示肯定。

（蓝兰）

司法行政

【概况】 2023 年，平和县司法局履行司法行政职能，强化法治政府建设、精准提供公共法律服务、提高全民法治素养、维护社会和谐稳定等工作。开展“不忘初心 牢记嘱托 打造新时代平和‘148’品牌”三年行动，完善营商环境法治体系建设。

【人民调解】 2023 年，平和县司法局指导成立平和县人民调解专家库、平和县“检调对接”联合调解委员会等新载体，创新预防和化解社会矛盾纠纷机制；与福建省综合频道“帮帮团”栏目组共同开展《调解有一套》矛盾纠纷现场调解拍摄，完成拍摄并播出 3 集。推荐九峰、国强、小溪等 3 名乡镇专职调解员和 2 名行业性专业人员入选市级人民调解员专家库。九峰镇“公调对接”调解工作室受理的各类矛盾

2023年8月7日，“法治平和 社区矫正”暨《中华人民共和国社区矫正法》实施三周年普法演讲比赛总决赛在小溪镇银河路法治文化广场举办　　（县司法局 供图）

纠纷调解成功率达100%，履约率达100%，群众满意率100%。全县乡镇、村居（社区）调委会排查调处矛盾纠纷6476件，调解成功6474件，调解成功率达99.97%。

【社区矫正】 2023年，平和县司法局制发平和县关于建立社区矫正工作联席会议制度的实施意见，组织“法治平和 社区矫正”暨《中华人民共和国社区矫正法》实施三周年普法演讲比赛，开展“提升技能、助力矫正”品牌培育工作，整合“五老”资源组成的社区矫正志愿服务队，举办防范再犯罪普法讲座并组织社区矫正对象参与“反诈劝导”“文明交通劝导”等公益志愿活动。全年接受社会调查评估174件。

【法律援助】 2023年，平和县法律服务保障中心办理涉企诉讼案件12件、涉企公证21件，提供法律咨询145人次，调解纠纷102件。法律援助中心办理各类法律援助案件719件，“12348”法律服务热线平台接待电话咨询1379人次，现场咨询390人次。

【公证事务】 2023年，平和县司法局推进“我为群众办实事”实践活动，办结各类公证案件674件。其中，内地民事公证案件518件，内地经济公证18件，涉香港、澳门、台湾地区公证案件66件，涉外公证案件72件。

（李少杰）

军 事

人民武装

【概况】 2023年，平和县人民武装部聚焦中心强备战，深化改革提质效，加强官兵思想教育和国防教育，做好军事训练和拥军优属工作；落实民兵整组工作，完成民主编组任务；宣传征兵优待政策，完成年度征兵任务。

【国防后备力量建设】 2023年，平和县人武部采取“基础课目集中训、业务工作岗位训”的方法，常态化落实首长机关岗位练兵；抓好干部骨干训练，挖掘辖区退役军人潜力，组织“四会”教练员集训，遴选教练员参加军分区比武竞赛，1名教练员获评市优秀“四会”教练员；组织专武干部、民兵连长暨冲锋舟操作手骨干集训，协调地方应急、卫生、气象等部门联合开展军地联合防汛救灾演练。走实民兵整组“八个步骤”，编实基干民兵分队和普通民兵。

2023年9月17日，平和县2023年下半年新兵入伍誓师大会在平和县阳明公园大广场举行。图为现场颁发高校毕业生代表一次性补助金 （县人武部 供图）

【征兵工作】 2023年，平和县人武部提高兵员征集质量，以各级各类毕业生征集为核心，以抓好体格检查、政治考核、廉洁征兵等工作为重点，宣传征兵优待政策，并向《中国民兵》《东南前哨》《福建征兵》投稿，上稿21条。依据军分区年度征集指标比例，下达征兵任务到各责任单位，全年上站人数高于任务数。

【国防教育】 2023年，平和县人武部到党政机关、中小学开展国防教育辅导，受众数千人。协调地方党委政府投入资金，国防教育主题公园、国防教育一条街更新完善。选派多名民兵教练员，指导多所中小学新生进行军事训练。为平和县第三实验小学举行“全国国防教育示范学校”揭牌仪式。联合县退役军人事务局、教育局、武警中队开展“军营开放日”活动，带领县第三实验小学学生零距离感受军营魅力。举办下半年新兵入伍誓师大会暨国防教育宣传周文艺汇演活动。联合县教育局开展“我爱国防”主题征文活动。组织开展全县领导干部国防教育专题辅导课。

【拥军优属】 2023 年，平和县人武部协调党委政府抓好军属优待、退役安置、军人子女入学入托、中小学校建设国防教育征兵宣传园（廊）、慰问过境部队、送立功喜报、走访慰问、欢送新兵入伍等工作。联合县退役军人事务局、县总医院到武警总队和退役老兵家中开展上门义诊活动；为荣立二等功和三等功的兄弟家庭送去“二等功臣之家”牌匾、三等功喜报及慰问金；开展“情暖六一、与爱同行”捐资助学活动，到共建学校进行慰问并捐赠教学物资和学习用品；开展金秋助学活动，资助贫困学生 11 人，捐资助学 3.5 万元；联合县双拥办共同邀请县法院、县司法局、县新华书店开展“普法进军营”“图书进军营”等活动。

（蔡湘辉）

武装警察

【概况】 2023 年，武警平和中队贯彻新时代党的强军思想，坚持政治建军、改革强军、科技强军、人才强军、依法治军，全面加强中队练兵备战，推进部队规范化管理。执行群众纪律，参与平和建设，开展双拥共建活动、双拥宣传和“全民国防教育主题宣讲活动”。

【战备工作】 2023 年，武警平和中队坚持任务牵引，严格落实战备值班制度，充实战备物资，优化战备部署，推动战备工作更加高效；严密组织目标单位突发情况、反恐和抗洪抢险演练，锤炼官兵应急处置能力，提升中队执行多样化任务的能力。

【军地共建】 2023 年，武警平和中队执行群众纪律，参与平和建设。中队官兵参加地方植树节活动；对武装部民兵军训科目进行现场教学和考核；与县图书馆共建定期更新书籍；邀请书法协会老师开展“书法进军营”活动；到平和暴动纪念馆参观学习驻地红色历史；邀请平和一中师生到中队接受国防知识教育；与县防恐办共同组织平和县防恐演习；与县法院共同开展“送法进警营”等活动。

（臧子鹏）

人民防空

【概况】 2023 年，平和县人民防空办公室做好人防工程建设，加强人防安全宣传，完成防空警

2023 年 3 月 31 日，武警平和中队到平和暴动纪念馆参观学习驻地红色历史　（武警平和中队 供图）

2023年9月18日，平和县国动办（人防办）组织指导安厚中心小学开展防空袭疏散演练（县政府办 供图）

报试鸣等工作。6月，将县人民防空工作职责划入县政府办，在县政府办加挂平和县人民防空办公室牌子。

【人防工程督查】 2023年，平和县人防办采取踏勘检查和内业查看相结合的方法，对人防工程领域安全隐患进行排查，重点检查人防工程内防涝、消防、电气，以及内业资料完善性等内容，发出责令整改通知书并做好整改落实情况的跟踪督查工作。做好人防工程冬春火灾防控，督导在用人防工程维护管理主体责任落实情况，加强消防安全工作宣传、检查，提高人防工程使用单位冬春火灾防控意识和自防自救能力。

【防空警报试鸣】 2023年，平和县开展“9·18”试鸣防空警报活动，协调县教育局及各学校组织开展防空袭疏散演练，并到平和一中、正兴学校、第四实验小学等10余所学校现场检查指导防空袭疏散演练准备工作，开展防空演练59场次，参与疏散演练人数共约1.4万人，增强人民群众的人防意识，检验防空警报器的性能和覆盖范围。

【人防安全宣传】 2023年，平和县通过电视、广播、网络及手机短信等开展人防知识宣传活动。组织59个学校观看《福建省人民防空科普小知识》教学片；发动17个乡镇（场、区）及42家县直单位，通过90余块LED屏幕滚动播放、160多条横幅等形式全方位开展国防、人防教育宣传工作；在“平和新闻”微信公众号刊载“9·18”防空警报试鸣活动的公告及科普视频；到机关企事业单位发放人民防空宣传手册、漳州人防应急避险引路导航软件操作指南手册500余本。

（方奕恒）

退役军人事务

【概况】 2023年，平和县退役军人事务局加强退役军人服务保障体系建设，做好退役军人和优抚对象服务保障工作，推动退役军人事务和双拥共建工作深入发展。

【退役军人就业服务】 2023年，平和县退役军人事务局完成符合政府安排工作退役士兵安置选岗工作。与人社局等部门联合举办招聘会，拓宽退役军人就业渠道。组织召开退役士兵适应性培训会，邀请省退役军人就业创业指导团队成员传授经验，围绕社医保接续、退伍费、创业资金、档案关系转移、学历提升、技能培训等问题进行互动解答。推进全县退役军人档案管理。

【优抚褒扬】 2023年，平和县退役军人事务局规范抚恤优待资金发放。开展全县退役军人和其他优抚对象建档立卡及优待证申领工作，维护退役军人和其他优抚对象合法权益。加强烈士纪念设施管护，完善“六个一”（一个醒目标示、一份事迹简介、一座规范墓碑、一个保护边界、一份管理制度、一条通行道路）管护制度，建立完善日常巡查管护制度，动员零散烈士墓迁入陵园18座，督促各乡镇硬化改造提升零散烈士墓15座。开展“祭扫烈士陵园 缅怀革命先烈”主题活动、“百园千校祭英烈”徒步活动、“缅怀英烈伟绩 弘扬民族精神”烈士公祭活动等。

2023年4月1日，平和一中学生到烈士陵园开展缅怀烈士活动

（县退役军人事务局 供图）

【双拥工作】 2023年，平和县退役军人事务局开展春节、八一建军节慰问驻漳驻县部队活动，发放慰问品；走访慰问重点优抚对象、现役军人军属、困难退役军人、企业军转干部及军休干部等。联合县人武部、教育局组织第三实验小学学生代表到县武警中队开展军营开放活动。开展双拥主题书画作品征集评选，参加漳州市“爱我人民爱我军，翰墨飘香鱼水情”双拥书画展，6幅作品入选漳州市纪念延安双拥运动80周年书画展作品集。联合县科协、地震办、红十字会、气象局等单位举办以“科普进校园 点燃科学梦”为主题的科技节活动，“移动军事体验站”走进平和语堂学校。推荐1名青少年参加全市红色讲解员大赛，获评青少年组“小小金牌讲解员”，县退役军人事务局获评“优秀组织奖”。

（曾小翠）

外事 侨务
台港澳事务

外 事

【概况】 2023年，平和县推进“外事工作建设年”活动，做好外事服务工作。召开全县外事委工作会议，制定平和县外事工作五年规划、《2023年平和县因公出国团组计划》。建立县外语干部人才库，并组织干部参与“漳州故事我来讲”外语演讲比赛。服务在法国建筑博物馆举办“福建土楼·活化利用”的展览，与县文体旅局接待法国建筑博物馆策展人、建筑师兰德教授和项目协调员艾米利及瑞士门德里奥建筑学院20多名学生到平和参观调研土楼；做好菲律宾企业经贸考察团接待以及菲律宾驻厦门总领事欧莉娜平和考察行程安排和翻译陪同。全年对接5个外资项目，其中合同项目2个，意向项目3个。新注册外资企业2家，注册外资471万美元。

【对外宣传】 2023年，平和县梳理本县涉外参观线路，形成“红色”“古色”“绿色”“金色”等4条涉外参观路线，覆盖11个乡镇19处参观点，编写形成中英双语景点介绍材料。推荐大溪镇大芹陆宜威士忌参加全国对外友协2023“友好日”参展活动，向来自五大洲68个国家和地区的1000余名中外嘉宾展示平和产品。

【涉外营商环境优化】 2023年，平和县开展“外事服务助企行”活动，先后到瑞诗丹莲食品有限公司、福建海山茶业有限公司、福建奇兰茶王谷茶叶有限公司和平和县志艺木业有限公司等企业调研企业生产经营状况，并推介APEC（亚太经济合作组织)商务旅行卡。申请办理APEC卡2张。

（朱晓妤）

侨 务

【概况】 2023年，平和县围绕贯彻落实侨务政策，开展对外和涉侨法律宣传，加强涉侨服务，维护归侨侨眷合法权益；做好侨情普查，帮扶困难归侨、侨眷，加强联络联谊。全年办理非华侨认定3人，归侨办理1人，侨眷认定1人。

【涉侨公共服务】 2023年，平和县加强“两法一例”宣传，强化涉侨培训，开展全县基层侨务干部进行涉侨法律、业务培训2次，受训人员60多人次。发放困难退休归侨职工生活补贴5人，走访慰问涉侨及海外重点联系户、归侨侨眷等42人次。

【华侨遗产资源普查】 2023年，平和县开展全县华侨遗产资源及其保护利用工作调查，全县登记造册华侨遗产资源5处，其中4处为侨捐建筑，1处为省级文物保护单位。挖掘海外优秀人才和专家学者，拓宽联谊交流渠道。

【华侨联络联谊】 2023年，平

和县邀请乌克兰福建商会、菲律宾厦漳龙同海同乡总会、菲律宾漳州同乡总会侨领到平和联谊交流，考察蜜柚产业。菲律宾漳州总商会代表团一行到平和县考察蜜柚和奇兰茶产业，举办中菲农产品进出口贸易座谈会和茶产业对接洽谈会，推进中菲“两国双园”经贸创新发展。此外，通过微信、电话加强与海外华侨华人联系。

（曾钰）

台港澳事务

【概况】 2023年，中共平和县委台港澳工作办公室发挥平和对台优势，做好服务台港澳同胞企业工作，协调指导民间对台交流活动24场次，助力平和县4个村申报乡建乡创闽台合作项目。办理好因公赴港团相关审批材料；为5位到平和寻根的台胞找到祖籍地；帮助台企平和兴昌农业有限公司协调解决合同完善、山地确权问题，并收到台商送来的感谢锦旗。

【乡建乡创合作项目服务】 2023年，平和县委台港澳办鼓励和引进台湾青年建筑师（含文创）团队到平和助力乡村振兴，协调指导坂仔镇宝南村、崎岭乡桂竹村、山格镇土田村和秀峰乡秀峰村等4个村申报“2023年引进台湾建筑师（含文创）团队开展乡建乡创陪伴式服务补助资金（第一批）”200万元。平和县参加省住建厅和省财政厅组织的“2024年闽台乡建乡创合作样板县”竞争性选拔，被列为2024年闽台乡建乡创合作样板县。

【平和与台湾交流平台打造】 2023年5月6日，江丙坤生平事迹陈列室在平和县大溪镇江寨村揭牌。6月27日，芦溪镇绳武楼“漳台交流基地”举行授牌仪式。推进“迁台记忆”馆项目，11月6日，“共促文旅经济乡村振兴暨平和县迁台记忆馆建设”启动仪式在平和县五寨乡埔坪村举行；项目中的思永楼完成楼房的加固及立面装修等工作。

【平和与台湾民间文化交流】 2023年，平和县委台港澳办协调指导坂仔镇心田宫、小溪镇侯山宫、九峰镇威惠庙等基层涉台宫庙举办第九届“两岸情·心田缘”保生大帝文化节、侯山宫后殿启建安座五周年庆典暨“闽台第一财神庙”揭匾仪式、开漳圣王诞辰1366周年庆典活动暨两岸开漳圣王文化交流联谊会；台湾中华道教中坛元帅弘道协会、高雄市三平祖师信仰发展协会、武玄宫、奉天宫、玄广堂等11个晋香团到平和县朝圣交流，470多名台湾信众参加。依托漳台交流基地林语堂文学馆举办“弘扬优秀中华文化，诵读国学点亮人生”文艺演出和“寻根闽南，梦圆柚乡”林语堂诞辰128周年纪念活动；在台闽籍社团到“海峡两岸民间交流基地（同名同宗村）”五寨乡埔坪村开展“寻根闽山闽水、共话乡音乡亲”主题恳亲活动；台湾新北三重区溪美里村里交流团一行39名台胞到芦溪镇蕉路村参访交流，参加绳武楼“漳台交流基地”授牌仪式。

【台湾人才引进服务工作】 2023年，平和县依托乡建乡创闽台合作项目和大学生“扬帆计划”，引进20名台湾青年人才到平和县就业创业和实习实训。通过走访台企、宫庙、社区，开展座谈交流等方式，开展台湾人才政策宣传10场次。依托招商会、企业家座谈会、语堂大师文化活动开展平台人才交流4场次。

【“弘扬优秀中华文化，诵读国学点亮人生”文艺演出】 2023年3月28日，平和林语堂文学馆举办“弘扬优秀中华文化，诵读国学点亮人生”活动，邀请县领导、闽师大台籍教授、台胞台商、平和学子等参加。活动中平和县第五中学、平和坂仔中心小学200多名学生身着汉服，共同诵读《大学》《孝经》《诫子书》等，观看《三字经》《无衣》《论语学而第一》等文艺节目表演，重温国学经典，感受中华文化之美，感受文化自信。闽师大施沛琳（台籍）教授举办文学讲座。

【林语堂诞辰128周年纪念活动举行】 2023年10月10日是世界文化大师林语堂128周年诞辰，平和县在林语堂故居举办以“寻根闽南，梦圆柚乡”为主题的林语堂诞辰128周年纪念活动。此次活动特邀在厦门、漳州投资的16名台胞企业家参加。活动中有音乐快板、舞蹈、茶艺表演、诗朗诵、闽南语歌曲、潮剧表演等11个节目。共同追忆林语堂事迹，感受林语堂深厚的文化底蕴以及浓烈的乡情和乡愁，表达对林语堂的敬仰和思念，弘扬林语堂的人文精神和爱国爱家情怀，加强平和县与台胞的联系与交流。

（周超君）

2023年10月10日，平和县在林语堂故居举办以“寻根闽南，梦圆柚乡”为主题的林语堂诞辰128周年纪念活动。图为台胞诵读《乡愁》《四十自叙》等节目 （县委台港澳办 供图）

经济管理

宏观经济管理

【概况】 2023年，平和县发展和改革局召开经济运行分析调度会，落实工作责任，强化要素保障，各项指标稳步回升。全县地区生产总值完成318.18亿元，比上年增长6.7%；农业总产值完成119.86亿元，比上年增长6.5%；规模工业总产值完成188.95亿元，比上年增长6.9%，规模工业增加值增长6.6%；固定资产投资完成92.77亿元，比上年增长9.1%；社会消费品零售额完成120.48亿元，比上年增长10.4%；一般公共预算收入完成12.92亿元，比上年增长23.8%；地方一般公共预算收入完成9.17亿元，比上年增长14.3%；城镇居民人均可支配收入完成41544元，比上年增长5.1%；农村居民可支配收入完成26955元，比上年增长7.2%。

【项目建设】 2023年，平和县省级在建重点项目4个，市级在建重点项目61个。被列为市集中开（竣）工项目30个，总投资98.73亿元。包含灵通山旅游综合开发、联晨国际商贸城等集中开工项目20个，总投资85亿元；鸿源昌金属生产、茶产业供应链等集中竣工项目10个，总投资13.73亿元。全年建安投资完成70.58亿元，增长11.18%。1—12月，固投入库147个，入库投资额135.49亿元。

省级在建重点项目 分别为城乡供水一体化工程（一期）、科技产业园和黄井工业园区基础设施项目、官峰水库工程、国道357线平和县安厚溪尾（云霄界）至白石段公路工程，总投资51.21亿元，年度计划投资4.8亿元，1—12月完成投资5.91亿元，占年度计划的123.13%，高于序时进度23.13个百分点。

2023年3月25日，西气东输三线闽粤支干线项目现场。图为施工人员正在进行管道焊接作业 （县发改局 供图）

市级在建重点项目　西气东输三线闽粤支干线、福泰工贸刨花板生产、东坑储备粮库扩建、三平旅游基础设施改造提升（一期）等，总投资301.65亿元，年度计划投资74.30亿元，1—12月完成投资81.75亿元，占年度计划的110.03%，高于序时进度10.03个百分点。

【资金争取情况】 2023年，平和县发改局争取预算内补助，大溪镇东溪流域硕卿段防冲护岸、县城综合管线下地工程、安厚镇内洞湖道路硬化项目等16个项目获预算内投资补助5582.6万元。申报专项债，地方政府专项债券支持平和县九龙江西溪南胜溪流域（梨仔坑）饮用水源地治理及引水工程、平和工业园区安厚机械产业园基础设施建设项目、大溪镇旅游产业提升工程等11个项目建设，发行债券7.4亿元。申报国债项目，官峰水库、坂仔片区排涝等4个工程获特别国债资金6.99亿元。排查梳理国有闲置资产，引导资产归属单位盘活闲置资产。完成万木兴林权收储、土地综合开发（一期）、琯溪蜜柚生态产业园土地房产盘活等3个资产项目盘活，盘活金额11.6亿元。

【服务业发展】 2023年，平和县新增7家年度、1家月度规上服务业企业。印发《平和县人民政府办公室关于印发平和县“十四五”现代服务业发展专项规划的通知》。

【能源交通项目建设】 2023年，平和县投资88.5万元新建8个充电站12台直流充电桩，实现乡乡通电动汽车充电基础设施。建设垃圾焚烧发电厂、一县一企华能平和县整县屋顶分布式光伏发电、西气东输三线闽粤支干线与漳州LNG（液化天然气）外输管道联通工程等项目。推进国道357安厚溪尾（云霄界）至白石段公路。

【数字经济发展】 2023年，平和县申报峰会签约项目，征集上报数字峰会项目58个，总投资89.28亿元。16个项目入选为第六届数字中国建设峰会招商对接项目，总投资18.91亿元，年度投资2.91亿元，入选项目排名全市第二。推荐瑞诗丹莲食品智能车间、智慧物流园等2个项目为集中签约项目。申报数字经济重点项目，上报入库东坑储备粮库扩建、智慧城市管理系统等数字经济重点项目10个，总投资53.15亿元，其中智慧城市管理系统列入省数字经济重点项目。全年数字服务产业产值占全市的4.7%，增速80%，排名全市第一。推荐上报数字技术创新应用场景6个，包括文峰镇“党建联盟+社会综合治理”智慧平台、全国蜜柚交易中心、“一柚一码”溯源管理平台等3个为应用场景优秀技术、产品和解决方案；陶瓷制造业低碳环保生产、全自动烘干智能化生产、智慧城市管理系统等3个为应用场景建设需求。

【营商环境建设】 2023年，平和县加快发展民营经济，印发并实施《中共平和县委 平和县人民政府关于进一步促进民营经济高质量发展的实施意见》。创新提高企业服务水平，配合完善福建省网上办事大厅与国家一体化政务服务平台对接，推动60种高频电子证照标准化应用，加强数据共享。推广“e政务”自助服务模式，在县政务服务中心、公安局出入境和小溪、坂仔等8个乡镇设置10个24小时自助服务区。同时，完善线下服务。优化开办企业便利度，开展营业执照“即时办”；企业公章“免费送”。全年新设企业1049户，商事登记综合窗口提供免费代办87家。强化融资支持，推广运用“金服云”平台，引导民营小微企业通过“金服云”平台进行申贷。全年累计发放纾困企业贷款168家、金额2.58亿元。引导金融机构通过科技赋能、精准画像，聚焦降低门槛、简化流程、减少抵押等中小微企业融资需求，推出“小微快贷”“信用快贷”等10余种线上贷款产品。落实惠企政策，联合县财政局制定出台《2021年—2023年平和县县域产业发展专项资金使用方案》，对平和县有关产业发展，提升工业园区引资平台功能，扩大市场销路和途径，提高外贸质效，利用外资保稳促优，培育贸易发展新业态、新模式、新动能等5个方面进行补助。推进信用体系建设，推进严重违法失信行为专项治理，出台《平和县“十四五”社会信用体系建设发展专项规划》。

（卢天澍）

自然资源管理

【概况】 2023年，平和县处置批而未供土地85.87公顷，闲置土地47.93公顷，完成全年任务。平和县自然资源局牵头开展耕地保护、矿产资源管理、矿山生态修复、土地执法、不动产登记服务、地籍信息管理等工作，做好国土空间规划管理和地质灾害防治。全年向上级争取各项补助资金5478.46万元，上缴国库土地出让金7062.62万元。“平和县创新耕地保护‘新路径’筑牢粮食安全‘压舱石’”被福建省自然资源厅、福建省农业农村厅作为典型案例推广。

【耕地保护】 2023年，平和县委、县政府与各乡镇（场）签订耕地保护和粮食安全目标责任书（由平和县发展和改革局牵头），将耕地保护和粮食安全纳入政府年度考核评价体系。设立基本农田保护牌。完成验收入库县级土地开发项目38个，新增耕地119.81公顷，包含水田106.07公顷。补充耕地完成率、新增水田完成率、产能变化率居全省前列。

【用地保障】 2023年，平和县出让土地12宗，出让总面积44.75公顷，总出让价款1.08亿元。编制并获批土地成片开发方案3个，面积45.29公顷，以工业开发用途为主，新增可用工业用地18.49公顷。全年获省政府批准农转和土地征收14个批次，面积153.37公顷；获市政府批准农村公共设施公益事业用地3个批次0.41公顷；审批通过农村村民住宅农转8个批次，面积0.31公顷。

【矿产资源管理】 2023年，平和县增加乡镇、自然资源所巡查密度，建立健全“早发现、早制止、早报告、严查处”的日常监管长效机制，通过GNSS（全球导航卫星系统）检查、无人机航拍和储量动态监测等手段，坚决遏制持证露天矿山越界开采、非法占用林地、破坏生态环境等违规违法行为。

【土地执法】 2023年，平和县开展农村乱占耕地建房专项整治，与平和县农业农村局联合出台《平和县深化“整治新增农村乱占耕地建房问题牢牢守住耕地红线”工作方案》文件，对2022年自然资源督察指出平和县8个新增问题全部整改到位；全县查处农村乱占耕地建房问题63宗，全部处置到位。开展月监测图斑核查处置，2019年8月以来省厅下发平和县疑似违法用地图斑共6637宗，县级核查6614宗，核查率为99.65%；判定为违法占用耕地图斑宗数为1176宗，查处整改1175宗，查处整改率为

2023年8月3日，平和县自然资源局耕保股工作人员到九峰镇下北村验收“园改耕”项目（县自然资源局 供图）

99.91%。开展“大棚房”问题专项清理整治“回头看”，配合平和县农业农村局对全县4宗整改整治完成的“大棚房”问题进行“回头看”，未发现问题。

【不动产登记服务】 2023年，平和县自然资源局受理各类不动产登记申请13968件，其中：不动产权登记证书5046件，不动产抵押登记证明3192件，不动产查询证明3878件，不动产查封登记907件，不动产注销登记945件。

【地籍信息管理】2023年，平和县做好日常变更调查及年度变更调查工作。细化和完善全县土地利用基础数据，健全并完善土地调查、监测、统计和登记制度，实现成果信息化管理与共享，满足生态文明建设、空间规划编制、供给侧结构性改革、宏观调控、自然资源管理体制改革和统一确权登记、国土空间用途管制、国土空间生态修复、空间治理能力现代化和国土空间规划体系建设等各项工作需要。

（林毅芳）

国有资产管理

【概况】 2023年，平和县财政局加强对国有资产监督管理，推动国有资产的有效整合，规范经营和强化监督，组织兴和公司和各业主单位召开国有资产招租定价联席会6次，对经营性资产合同到期并可对外招租的资产对外公开招租。完善资产管理机制，加大月报、年报数据审核力度。利用预算管理一体化系统资产模块动态反映资产配置、存量等情况，为资产盘活提供信息。

（曾艺丹）

【福建兴和投资发展集团有限公司】 2023年，福建兴和投资发展集团有限公司资产总额为362172.15万元，营业收入1866.11万元，纳税1678.31万元。推进平和县医院迁建工程（平和县第二医院）、平和县乡村振兴产业孵化中心项目、平和县官峰水库工程、九龙江流域（平和段）山水林田湖草沙一体化保护和修复工程、平和县琯城水厂工程、平和县东部片区乡村振兴项目、平和县西部片区乡村振兴等。

项目建设 负责项目有46个，在建项目有21个，总投资约32.67亿元，完成投资约13.24亿元，其中重点在建项目有平和县医院迁建工程（平和县第二医院）、平和县乡村振兴产业孵化中心、平和县官峰水库工程、九龙江流域（平和段）山水林田湖草沙一体化保护和修复工程、亚行贷款——平和县农地资源可持续利用示范项目二期建设、廉洁文化公园等。前期推进项目19个，总投资约96亿元。其中重点推进的项目有平和县琯城水厂工程、平和县东、西部片区乡村振兴、亚行贷款——平和县农地资源可持续利用示范项目三期建设、平和县殡仪祭拜服务中心、平和县农产品交易中心等。竣工项目6个，主要有平和县阳明公园改造

平和县医院迁建工程航拍图

（图片摄于2023年12月28日 兴和集团 供图）

提升工程、平和县城农贸市场提升改造工程等4个创城项目，平和县信访局临时办公用房装修工程等2个装修项目。

资产经营管理 整合县属、乡镇国有林地，完成2个试点乡镇：崎岭乡林地确权20宗814.87公顷、文峰林地确权33宗1753.67公顷。完成23个单位委托的82宗资产出租，其中：对外公开招租5批次，竞租成交82宗，竞租成交金额总额418.07万元，合同期内租金金额总额573.84万元。全年出租资产租金收缴595.11万元；对部分催缴未缴的租户委托律师走法律程序。

业务经营拓展 推进兴和子公司佳和融资担保有限公司开展业务。全年完成工程担保83笔（其中履约71笔，支付12笔），担保金额8400.17万元，担保费收入55.98万元；完成“总对总”批量担保业务89笔，担保金额1556万元，担保费收入22.84万元；营业外收入63.44万元，年度总收入142.26万元。

佳和建设有限公司截至12月底通过“园改耕”结转2022年度取得收入13024.20万元，缴纳企业所得税1496.8万元，被漳州市人民政府授予“2023年度突出经济贡献企业”称号。

（曾晨碧）

【福建平和城市建设投资开发有限公司】 2023年，福建平和城市建设投资开发有限公司承担实施平和县市政道路、房屋建设、民生基础设施建设、校安工程等建设项目。全年完工39个项目，在建项目27个，推进前期项目30个。

完工项目 完工项目39个，包括平和县城和平路（北大路至英才路）道路工程、平和县坑坂路道路工程（坑里路—新南路）、九龙江支流（平和段）生态环境综合治理工程、平和县智慧体育公园项目、平和县迎宾路排洪渠小微水体治理工程、平和县豪林小学教学楼建设项目、平和县前岭小学、平和县新星幼儿园第二分园、平和县工人文化宫、青少年宫及科技馆工程、平和县青少年宫及科技馆装修及局部楼板改造工程等。

在建项目 在建项目27个，包括平和县城北区市政路网一期工程—北环路道路工程、平和县东环路一期续建工程、平和县三林路（阳光路至坑平路）道路工程、平和县城坑平路（河滨路至三林路）道路工程、平和县东坑储备粮库扩建工程、平和县城关社区卫生服务中心住院楼项目、嘉瑞芳华园8—9号楼及其6—10号地下室、平和县金华小学扩建工程、平和县芦溪中心小学教学综合楼、平和县秀峰乡福塘幼儿园等。

前期阶段项目 前期阶段项目30个，包括平和县人才孵化基地项目、福建省平和职业技术学校迁建工程、平和县公安交通指挥中心、平和县消防救援暨防震减灾训练基地、旧县路道路工程（北环路至正兴大道）等。

（张立伟）

【平和县交通发展有限公司】 2023年，平和县交通发展有限公司做好交通基础设施建设，完工项目10个，在建项目1个，完成

平和县九峰镇苏洋村至复兴村道路景观带工程

（图片摄于2023年1月4日 平和县交投 供图）

招投标未动工项目3个，前期项目7个。承接全县县道日常养护13条、里程176.9千米，年度产值212.28万元。承接平和县基础设施组团PPP项目后期运营管理5条、里程23.86千米，年度产值653.73万元。

完工项目　该项目10个，分别为平和县西部乡村振兴项目国道355线平和九峰镇福田村至平等村路面改造工程、崎岭乡南湖村至土坑组道路硬化工程、安厚农场至安厚互通连接线工程、平和县九峰镇苏洋村至复兴村道路景观带工程、平和县安厚镇安厚村至莲塘村道路景观带工程、平和县县道文深线X584（K5+080—K5+100）灾毁抢修工程、平和县2023年度农村公路（村道）安全生命防护工程、平和县县道芦大线九峰至秀峰段日常养护（路面挖补）项目、平和县2023年乡村道（Y804山双线、Y885南庭线、Y843前三线、C402汤大线）养护工程、县道坂旧线东坑村路段照明工程。

在建项目　该项目1个，为平和县三平风景区上境至楼脚公路工程。

完成招投标未动工项目　该项目3个，分别为国道357线平和县安厚溪尾（云霄界）至白石段公路工程、闽粤边特委机关旧址红色旅游公路（Y817南胜欧寮至三坪浦口段）工程、红军三坪会师纪念馆红色旅游公路（X584三坪浦口至楼脚段）工程。

前期项目　该项目7个，分别为平和工业区工业大道至漳武高速南靖东互通接线工程、国道355线平和西蝉隧道出口至平寨路口段提升改造工程、县道584线平和文峰路口至三平段公路提升改工程、平和县欧寮至漳浦县车本红色旅游公路工程、县道芦大线长乐乡至秀峰乡段公路改造工程、县道梅芦线南靖书洋至平和芦溪段改造工程、G1523甬莞高速小溪服务区增设出入口工程。

（林孝武）

【福建平和旅游投资开发有限公司】　2023年，福建平和旅游投资开发有限公司完成坂仔镇区亮化工程、坂仔镇区雨水管网工程、县全域旅游交通标识牌项目、周碧初艺术馆改造提升工程建设，拓展创收性业务，参与全域旅游创建工作。

推进项目建设，开展新业务。参与全域旅游创建工作，在平和县主要路口设置户外海报、旅游导览图、路标指示牌、LED（发光二极管）发光字等形象标识。承接“平和文旅之声”微信公众号、视频号及抖音号的运营工作，推出“福平和”系列宣传，策划平和县内旅游资源宣传短视频的实地拍摄、剪辑以及旅游推文选题、撰写。参与“云上平和”微信小程序搭建，整合平和县文旅、产业资源，搭建集“吃、住、行、游、娱、购”于一体的综合服务平台。

项目建设　完成坂仔镇区亮化工程建设、坂仔镇区雨水管网工程建设、县全域旅游交通标识牌项目建设、周碧初艺术馆改造提升工程建设，4个项目总投资约679.5万元。

业务拓展　经营管理平和县现代乡村教育科技有限公司，承

平和县琯城餐饮有限公司机关食堂（小溪镇文博路）运营现场

（图片摄于2023年11月14日　平和县旅投公司　供图）

接县内外各党政机关、事业单位"主题党日"活动，承办残疾人联络员业务培训、乡村振兴主题培训、电子商务人才培训、人民调解员等相关单位专题培训班。2023年7月成立全资子公司平和县琯城餐饮有限公司，于9月19日开始承接运营机关食堂。

全域旅游宣传　承接"平和文旅之声"微信公众号、视频号及抖音号的运营，策划县内旅游资源宣传短视频的实地拍摄、剪辑及旅游推文选题、撰写，包括"行旅世界·心归平和"旅游踩线活动、"情系瓷源五寨　艺术赋能乡村"福建著名画家采风创作展览活动、"培育青年创业人才·助力蜜柚产业发展"主题培训班及多场主题党日活动现场实地拍摄。

（郭妍）

财政

【概况】　2023年，平和县一般公共预算总收入129197万元，比上年增长23.8%，增幅县区排名第四；地方一般公共预算收入91689万元，比上年增长14.3%，增幅县区排名第五。一般公共预算支出416494万元，比上年增支122965万元，比上年增长41.9%。向上争取资金76299万元，争取转移支付资金250138万元（其中返还性收入7084万元，一般性转移支付203910万元，专项转移支付39144万元）。发行新增债券84423万元。其中，新增一般债券10423万元（一般债券项目15个），新增专项债券74000万元（专项债券项目11个）。全年新增减税降费及退税缓费14270.93万元。其中，新增减税降费13421.3万元，增值税留抵退税849.63万元。在财政部县级财政管理绩效综合评价考核中，平和县位列全省第17名、漳州市第1名，收到"省财政厅致县长的一封信"，肯定平和县财政局工作，并获正向激励资金400万元。

【产业升级】　2023年，平和县支持产业结构调整和转型升级。拨付2942万元用于企业研发经费、兑现省市对企业奖补政策、扶持企业外贸出口、支付科技特派员专项经费等，足额拨付转移支付资金用于企业发展、科技研发等。

【民生保障】　2023年，平和县财政保障"三保"财政支出，资金重点向文化教育、医疗卫生、社会保障以及乡村振兴等基本民生领域倾斜，压减"三公"经费等一般性支出。全县民生项目支出351204万元，占一般公共预算支出的84.3%。

教育投入保障体制落实。全年教育预算总支出79931万元，配套学前、中小学生、高中均公用经费2486.73万元，义务教育困难学生生活补助40.54万元，学前教育、高中、中等职业学校政府助学金49.86万元，教职工继续教育经费646万元，转移支付用于教育、教育附加（税改）等1952.25万元，另追加近视防控教室照明改造工程县级配套资金252.8万元。落实"义务教育教师平均工资收入不低于当地公务员平均工资收入水平"政策统筹发放追加2022年度绩效工资人均1.01万元。

公共卫生服务体系建设。推进国家基本公共卫生服务项目，基本公共卫生补助资金3836.32万元（其中县级配套资金738.39万元）。全面落实计生奖扶政策，县级配套583.64万元。

社会保障体系建设。县级财政拨付城乡居民基本医疗保险县级配套6673万元，城乡医疗救助基金县级配套1343.61万元。足额下达社保、民政、退役、残联等民生支出。全年拨付困难群众救助补助资金11991万元、优抚对象抚恤和生活补助2695万元、残疾人"两项补贴"1730万元。征收失业保险基金420万元，失业保险支出231.28万元。拨付企业职工基本养老金支出44669万元；工伤保险赔付230人次，工伤保险基金支出1133万元；机关养老保险基金收入33709万元，含财政拨入17859万元。

乡村振兴项目支持。全年发放耕地地力保护补贴资金2182

2023年10月13日，平和县财政局监督股与教科文股到平和县广兆中学开展会计信息质量监督检查　（县财政局 供图）

万元。配合申报农业产品加工固定资金投资省级财政补助项目，补助资金需求1705万元，获省级补助资金600万元；申报稻渔综合种养示范基地项目，获省级设施渔业项目补助资金50万元。下达高标准农田建设补助资金2040万元，实施面积566.67公顷。下达乡村振兴示范村资金2872万元用于示范村项目建设；下达中央和省级衔接推进乡村振兴补助资金865万元，用于支持脱贫户发展产业。做好农村公益事业“一事一议”财政奖补项目，安排132个农村公益事业项目，财政奖补金额1890万元；改革村干部报酬制度，安排村级运转经费预算5860.54万元和农村“六大员”（村级农民技术员、社会治安综合治理协管员、计划生育管理员、国土资源和规划建设环保协管员、公共卫生员、文化协管员）等补贴经费预算573.49万元，含县级财政投入3799.43万元，占比达59%。

【财政助力生态建设】2023年，平和县财政局推进省重点项目山水林田湖草沙工程建设。平和县山水林田湖草沙一体化保护和修复项目有5个子项目，项目总投资74606.31万元，完成投资65883.50万元，完成投资进度的88.31%。年末，到位中央资金14891万元、省级资金28057.98万元、市级资金4659万元，可到位资金57932万元。拨付13681.65万元用于推进园改耕项目，实施“园改耕”项目113个，总规模426.89公顷，包含财政资金项目40个，规模138.22公顷。

【财政监督管理】2023年，平和县财政局开展地方预决算公开自查自纠，完成167家预算单位2022年预算公开及2021年决算公开自查工作。节假日期间开展“两节”期间“1+X”监督检查。完成财经纪律重点问题专项整治工作，重点整治2022年以来减税降费、基层“三保”、地方政府债务、财政收入虚收空转、违规返还财政收入、衔接推进乡村振兴补助资金、财政暂付款管理、惠民惠农财政补贴资金“一卡通”、行政事业单位国有资产处置管理等9个方面的违法违规问题。强化财政投资评审管理，抓好项目前期预算审核，评审中心完成工程项目预算审核107个，送审工程造价21.23亿元，审定工程造价20.26亿元，节约财政资金0.96亿元，总核减率4.52%。

【金融风险防范化解】2023年，平和县财政局全力组织财政收入，做大地方政府财力，着力隐性债务化解工作，将债务风险等级控制在黄色风险提示以下。防范和处置非法集资工作，查处非法集资案件1起，涉案金额1800万元；组织14次宣传活动，发放宣传资料200万份。2023年度平和县处非工作排名全市第二。加强政府采购管理，落实无预算不采购，细化政府采购预算。福建省政府采购网上政府采购项目127个，网上超市订单550笔；开展3次政府采购项目监督检查工作，抽查14家同级采购人与2

家代理机构，向相关采购人和采购代理机构发出整改函、处理意见、整改通知书共41份。

（曾艺丹）

税务

【概况】 2023年，国家税务总局平和县税务局坚持依法治税，统筹好减税降费和依法征收的关系，发挥税费优惠政策直达快享机制作用。深化纪检监察体制改革，深化督查、审计等监督结果应用。创新社保和非税廉政风险防控举措，并入选全省税务系统社保和非税廉政风险防控试点单位。完善模范机关基地等文化基础设施建设，创新打造“文明税务热血守护”无偿献血品牌，开展“党建引领强使命 志愿献血践初心”主题献血活动，献血量达25500毫升，招募造血干细胞捐献志愿者2人，单位获“全国无偿献血促进奖特别奖”。开展党支部“达标创星”活动，评出1个五星级支部和2个四星级支部，2名干部优秀事迹在漳州市税务局微信公众号“身边税务人”刊登，1名干部获“全省文明职工家庭”称号。

【依法治税】 2023年，平和县税务局召开依法行政领导小组会议、依法行政领导小组办公室会议，研究、推进和落实总局、省局、市局和县委县政府关于全面依法行政的决策部署和工作任务。推行行政执法“三项制度”，落实行政执法公示制度，依法主动向社会公开税务执法信息。全年公示34078条执法信息；上传8条音像记录；落实重大执法决定法制审核制度。

【纳税服务】 2023年，平和县税务局组织力量对有供地规模工业企业进行政策辅导，亩均税收3.42万元，比上年增长66.8%。深化部门协同共治，打造“政府—县局—分局”联合协作模式，联合乡镇成立“税又蓝”工作室，帮扶当地柚企、茶企、农户。成立“项目管家”工作领导小组，组建青年突击队，走访问需为企业提供政策包、办税包、资源包服务，问题诉求解决率100%，获得省级以上媒体报道3篇次。对纳税人满意度、退税办理及服务招商引资等工作进行提效，落实便利出口企业办理退税十项举措，确保一、二类企业正常办结在3个工作日以内，全县34家出口企业全年销售额、出口退税额、调库收入比上年分别增长44.56%、49.05%、28.62%。推出“一张表轻松缴”缴费模式，与全县16个乡镇场区达成协议，制定“城乡居民养老保险中断补缴确认表”，助力满足城居两险特殊群体的缴费需求，该模式在全市系统创新项目评审中荣获第1名；围绕该模式拍摄的公益广告《一“表”无忧》，获北京国际电影节·第30届大学生电影节“中国税收”特别单元优秀作品奖及漳州市第二届短视频创作大赛二等奖。

【税收共治加强】 2023年，平

2023年4月13日，平和县税务局工作人员到良坝水电站向纳税人宣传税惠政策

（县税务局 供图）

和县税务局推动《平和县人民政府加强税费征管保障办法》出台，推动县政府出台加强税收管征二十条措施，促进平和县形成部门协作的税费共治新格局。聚焦重点行业、重点项目和管征弱项，加大税收清理和纳税评估辅导力度，深化税收大数据分析排查，将潜在税源转化成现实的税收。打开社保非税征缴新局面，紧扣责任落实关键点，连好部门协作共治线，扩大政策宣传覆盖面。

（林舒婕）

金融监管

【概况】 2023年，平和县金融工作办公室健全金融服务体系，落实落细稳经济金融政策，靠前服务，提升金融服务实体经济质效，牵头开展争取乡贤存款回流工作，组织召开金融工作指标任务部署会，动员各乡镇和金融机构密切配合，全年争取乡贤存款回流2.05亿元，有效拉动存款余额增长率，力保全市排名上游。

【金融风险防范与化解】 2023年，平和县金融办与县处非办（公安局）联合开展非法集资风险排查、监测预警和打击处置工作，建立多层次的监测预警体系，加强与相关部门的协调配合，2023年度平和县处置和防范非法集资工作排名全市第二。全年查处非法集资案件1起，涉案金额1800万元。开展宣传教育工作，并全省首创“桥园一体”宣传阵地；全年组织宣传活动14次，发放宣传资料200万份。协同辖区市场监管部门多次摸排、走访辖区相关私募和无证典当行主体，未发现私募基金场所关联主体，未发现涉嫌开展违规融资活动等问题，未有从事或变相从事典当业务市场主体。召开村镇银行不良贷款执行推进会，督促县法院加快不良贷款资产强制执行，加快不良贷款的回收。年末，村镇银行不良贷款率为1.77%，处于安全区间。核销平和正兴学校在中国银行平和支行的0.36亿元不良贷款，降低全县不良贷款率。

【小微企业金融服务】 2023年，平和县将五百万小额企业贷款贴息纳入本年度财政预算，降低企业融资成本，支持鼓励企业发展。推动各金融机构改进小微企业金融服务，采取无还本续贷，借新还旧等措施，降低融资成本，缓解小微企业融资难融资贵问题，落实小微企业授信尽职免责制度，银行授信尽职免责与不良贷款容忍机制发挥作用。截至12月末，全辖普惠小微企业贷款余额44.60亿元、1.09万户，累计办理续贷3208户、12.95亿元，累计新增599户、5.47亿元。联合开展“首贷培植行动”，组织编制首贷产品清单，推进辖区金融为首贷开通绿色通道，在信贷服务大厅设立“首贷受理窗口”，组织金融机构走访客户，摸排首贷客户，全年新增“首贷户”174户、金额1.55亿元。

【政府性融资担保服务】 2023年，平和县推广运用“金服云”平台，引导民营小微企业通过“金服云”平台进行申贷，全年累计发放纾困企业贷款168家、金额2.58亿元。指导金融机构通过科技赋能、精准画像，聚焦降低门槛、简化流程、减少抵押等中小微企业融资需求，从交易、结算、纳税等场景切入，推出“小微快贷”“信用快贷”等10余种线上贷款产品。辖区内有融资担保有限公司1家，为平和县佳和融资担保有限公司。该公司推进工程担保公司保函替代现金保证金，依法依规免收中标企业反担保金，全年办理保函业务129笔，服务企业81家，担保总额1.08亿元（包含在保责任余额6166.30万元），免收反担保金1075.83万元。

（黄皓）

审 计

【概况】 2023年，平和县审计局完成审计项目27个。查出主要问题金额7784.84万元，其中违规金额559.35万元、管理不规范金额7225.49万元；审计发现非金额计量问题187个；损益（收支）不实金额36.6万元；出具审计报告和专项审计调查报告67篇。审计处理处罚金额1662.75万元，其中应上缴财政531.72万元、应归还原渠道资金1068.98万元、应调账处理金额62.05万元；移送司法机关、纪检监察机关和有关部门处理事项4件，移送处理人员2人，金额69.17万元。审计促进整改落实有关问题资金4347.6万元；审计后挽回（避免）损失14.91万元；核减投资额12.58万元；移送处理落实事项3件。审计提出建议89条，被采纳89条；推动被审计单位制定整改措施2项；促进被审计单位建立健全规章制度2项；提交审计信息21篇，被批示、采用7篇次。向社会公告审计结果1篇。县审计局被福建省审计厅评为“2022年度审计统计工作开展较好的县级审计机关”，被中共平和县委巡察工作领导小组评为“参加县委巡察工作表现优秀单位”。实施的“平和县市场监督管理局经济责任审计项目”被漳州市审计局评为“2023年漳州市优秀审计项目”，被福建省审计厅评为“2023年推荐参评审计质量较好的审计项目”。

【政策落实及公共投资审计】 2023年，平和县审计局关注花山溪流域整治政策落实情况、移民创业园工程项目决策及建设管理程序合法合规性、项目工程价款结算真实准确性及竣工决算情况，完成平和县花山溪流域整治政策落实情况审计项目1个，平和县移民创业园项目预算执行和结算情况审计项目1个，揭示问题14条，移送处理事项3项。

【财政审计】 2023年，平和县审计局完成县本级及水利局、住房和城乡建设局、残疾人联合会2022年预算执行情况、决算草案及其他财政收支情况审计项目4个，重点关注预算执行管理、财政转移支付体系完善情况、资金绩效、政府债务等方面情况，审计查出主要问题30个，问题金额7027万元，提出审计建议14条。

【民生资金项目审计】 2023年，平和县审计局完成平和县学前教育政策和资金、平和县失业保险基金专项审计项目2个。审计查出问题16个，收回多付失业保险金4.17万元、清退幼儿代办伙食费结余资金43.92万元。

【经济责任审计】 2023年，平和县审计局完成县水利局、自然资源局、工业和信息化局、司法局、统计局、残疾人联合会、团县委等7个县直部门10名领导干部，小溪镇、霞寨镇、南胜镇、国强乡、秀峰乡、长乐乡等6个乡镇22名党政主要领导干部以及兴和、城投2家国有企业8名主要负责人经济责任审计，审计查出问题155个。

【资源环境审计】 2023年，平和县审计局关注领导干部贯彻执行中央和省市县生态文明建设方针政策部署、遵守自然资源资产管理和生态环境保护法律法规、

2023年3月28日，县委常委会会议暨十四届县委审计委员会第四次会议召开 （县审计局 供图）

落实重大决策、相关目标任务完成及履行监督责任、相关资金管理使用和项目建设运行等情况。完成小溪镇、霞寨镇、南胜镇、秀峰乡4个乡镇13名党政领导干部自然资源资产管理和生态环境保护责任履行情况审计。

【审计查出问题整改】 2023年，平和县审计局加强审计发现问题闭环管理，对上一届县领导离任审计问题、上级审计机关专项审计问题，牵头指导相关部门单位做好审计反馈问题整改，协调报送各类整改报告、征求反馈报告10余份。向相关单位发出“告知函”“提醒函”“催促函”55份，形成整改检查报告37份。

（曾小燕）

统 计

【概况】 2023年，平和县统计局聚焦“深学争优、敢为争先、实干争效”行动，围绕“产业发展项目建设提升年”活动和“七比一看”竞赛等中心工作，统筹推进第五次全国经济普查、常规统计调查、“四上”企业入库纳统、统计执法、统计基层基础规范化建设等各项工作，推动统计调查各项任务落实。

【“四上”企业新增入库】 2023年，平和县统计局印发《关于做好“种子”和“准四上”企业名单核实确认工作的通知活动》等文件，筛选符合条件的企业进行纳统。全年新增“四上”企业128家。其中，新增新上规上工业企业45家，新增资质建筑业企业5家，新增新上限上贸易业企业70家，新增新上规上服务业企业8家。

【第五次全国经济普查】 2023年，平和县把第五次全国经济普查纳入全年重点工作，成立普查工作领导小组及其办公室，制定普查工作方案，建立健全工作机制。抓好队伍建设，选聘普查指导员、普查员400多人，跟进做好业务培训，培训人员超过2000人次。推进普查工作，完成普查区域划分、单位清查等工作。抓好宣传，印发宣传工作方案，明确工作重点；举办第十四届中国统计开放日活动、第五次全国经济普查选宣传月启动仪式等；在全县范围开展“万屏联动”宣传活动，用活县融媒体“6112”传播矩阵，向市级媒体报送新闻10余条，发放清查、普查登记告知书7万余份，拍摄微视频、闽南语顺口溜，编辑工作简报，发放宣传短信50万条，定制投放五经普彩铃26万条，通过投放小区电梯屏幕广告、在城乡主干道悬挂广告、大型展板、横幅、标语，营造浓厚氛围。

【常规调查培训和指导工作】 2023年，平和县统计局常态化开展各类调查业务培训，每季度深入一线开展住户调查回访60次、劳动力调查12次；2023年粮食抽样调查、大型畜禽调查等调查业务指导工作10次。

2023年12月25—26日，平和县举办第五次全国经济普查实施方案及数据处理程序培训班（县统计局 供图）

【统计分析】 2023年，平和县统计局编撰月度、季度全县经济运行情况分析呈阅件8份；向市统计局报送《平和县主要经济指标情况》《季度主要经济指标情况》10份，综合分析6篇。其中，呈阅件《挖潜力 强支撑 力促服务业企业上规纳统》得到县委书记批示，呈阅件《平和县第五次全国经济普查工作进展情况汇报》得到县长批示。做好《平和统计年鉴（2023）》整理工作。

【统计执法】 2023年，平和县统计局加强数据质量检查，执行统计执法“双随机”抽查制度，配合市统计局开展各专业数据质量核查工作，检查56家企业、项目，立案7起；县统计局2023年立案1起。8起案件全部结案。

【统计普法】 2023年，平和县开展统计普法宣传教育。把《中华人民共和国统计法》及中央有关统计工作重要文件纳入县委党校新晋领导干部培训和主体班次必修课。举办第十四届“中国统计开放日”活动、第五次全国经济普查宣传月启动仪式暨统计法颁布40周年纪念活动等大型宣传活动，举办纪念《中华人民共和国统计法》颁布实施40周年征文比赛。通过各专业培训会、年报会等对基层统计人员进行警示教育，利用监督检查、走访、调研等契机，组织“蒲公英”志愿服务队到全县100多家企业、社区开展普法宣传。

【专项核查工作】 2023年，平和县统计局开展统计造假屡禁难绝问题专项治理行动，开展统计数据质量自查自纠工作。针对规模以上工业、能源、固定资产投资、贸易业、建筑业、规模以上服务业、劳动工资等专业进行重点统计数据核查。

【统计基层基础规范化建设】 2023年，平和县统计局推进统计基层基础规范化建设，实施“统计基层基础提升年”活动，配齐配强基层统计力量，各乡镇（区）统计站均配备1—2名专职统计干部，各乡镇由党委副书记或人大主席分管统计。抓好“一套表”企业统计台账建设，将“统计基层基础规范化水平”纳入全县绩效考核指标体系。加强统计内网建设和规范使用，每月主要经济指标通过内网报送。建立健全覆盖乡镇、村（居）及“四上”企业的培训机制。

（王志晖）

价格管理

【概况】 2023年，平和县强化价格管理，出台《平和县发展和改革局关于县属义务教育阶段学校课后服务性收费有关事项的通知》《平和县发展和改革局关于重新核定我县农村三级达标高中学费收费标准的函》文件。

【价格监测】 2023年，平和县加大市场巡查力度，做好21种农副食品、生猪、饲料等每周监测，以及景区门票价格、20种日常药品、17种农资等每月监测，商品市场供应充足、购销有序，价格相对平稳。

【成本监审】 2023年，平和县开展全县所有公交线路运营、安然管道燃气配气价格、五大灌区农业水价成本监审，完成县自来水公司成本监审，制定自来水调定价方案。

【价格认定】 2023年，平和县做好涉案、涉税等价格认定工作，完成涉案财物价格认定92件，涉案金额1195.75万元，其中涉嫌刑事案件39件1176.11万元，涉及其他行政案件53件19.64万元；涉税财物价格认定（个案）17件，标的金额712.16万元。

【平价商店建设】 2023年1月18日至2月6日，平和在大世界、金恒盛下属6家超市设置“政府指定平价商品销售区”，销售商品总额31.45万元，支付补贴差价2.83万元。

（卢天澍）

市场监督管理

【概况】 2023年，平和县新登记注册市场主体5882户，其中：内资企业1099户、注册资本合计258086.3万元，外资企业3户、注册资本合计折人民币2200万元，个体工商户4732户、资金数额合计68658.26万元，农民专业合作社51户、资金数额7884万元。全县存量市场主体58477户，其中：内资企业7644户，注册资本合计3037033万元；外资企业65户，注册资本合计折人民币143925.76万元；个体工商户49579户，资金数额合计686065.43万元，农民专业合作社1254户，资金数额合计396497.3万元。平和县市场监督管理局被县委县直机关工委评定为2023年度五星级党组织，药品安全满意率考评位居全市第一；平和县市场监督管理局坂仔市场监督管理所获福建省市场监督管理局"先进集体"表彰称号。

【商事登记制度改革】 2023年，平和县市管局推进"证照分离"改革，开展涉企经营许可事项全覆盖清单管理，实现照后减证、简化审批；创新和加强事中事后监管。推动企业开办一件事、企业注销一件事、企业准营一件事集成化办理，全年通过"一件事一次办"专区完成企业开办78家，通过"寄递办"服务企业5家，通过"免费代办"服务企业77家，办理食品经营许可675件、仅销售预包装食品备案2292件、食品生产许可26件、食品生产加工小作坊8件，办理药品经营许可59件、第二类医疗器械经营备案46件、第三类医疗器械经营许可3件。开展违背市场准入负面清单问题自查自纠工作，处置市场准入隐性壁垒1项。

【企业信用监管】 2023年，平和县市管局规范企业信息公开及年报行为，内资企业报送公示6902户，年报率99.37%，全市排第4位；外资企业报送公示55户，年报率93.22%；农民专业合作社报送公示1183户，年报率89.49%；个体工商户报送公示14206户，年报率31.02%。

【质量监督管理】 2023年，平和县市管局推进"大质量"战略实施，加大质量强国、质量强省、质量强市建设纲要宣传力度，培育政府质量奖企业；推进工业产品生产单位质量安全主体责任工作，组织开展全县重点工业产品质量安全专项整治，做好工业产品监督抽查后处理工作。加强民生计量监管，开展民生重点领域强制检定计量器具计量监管，开展计量服务实体经济行动；开展计量、有机产品获证企业、机动车检测机构等"双随机、一公开"检查；实施企业标准自我声明公开和监督制度，加强企业标准化监管，强化企业产品标准监督检查后续工作；开展各类宣传活动，采取短信、LED电子屏幕、微信、网络、课件等多种新媒体，开展"质量月""世界标准日""认证认可日"等宣传活动。全年强制检定计量器具3288台（件），其中贸易结算类987台（件）、安全防护类380台（件）、医疗卫生类758台（件）。检定全县医疗机构在用的血压计（表）758台；检定工业用电子秤、台案秤及电子计价秤计987台（件）；检定加油站加油机、加油枪1163台（枪）；强检压力表380粒、协助市计量所完成民生工程地磅检定320家；平和县质量计量检验检测中心配合市药检所、县市管局完成药品抽样43批次、医疗器械抽样5批次、化妆品抽样任务5批次。

【食品安全监管】 2023年，平和县市管局推进食安创城工作，根据问题清单开展有针对性的检查指导。包保主体归集率达99.25%，各类食品生产经营主体有6233家，各级包保干部按规定完成全年包保督导任务，包保干部发现问题率增加，发现问题100%整改到位。完成2家省市级"互联网+明厨亮灶"示范点创建工作，全县106家学校食堂100%完成"互联网+明厨亮灶"建设，各乡镇新办小餐饮登记证575张。开展流通环节食品及特殊食品安全风险排查整治工作，开展“整治中小学配餐及食堂食品安全问题，守护青少年‘舌尖上的安全’”专项整治工作，强化校外供餐单位的监管工作。加大食品抽检力度，抽检1956批次。开展校园食品安全专项抽检，抽检190批次，覆盖学校食堂95家，校园周边食品37批次，不合格1批次；完成食用农产品抽检469批次，其中不合格17批次，依法核查处置。

【“两品一械”安全监管】 2023年，平和县市管局开展药品、医疗器械、化妆品安全专项检查，检查零售药店142家次，办结药品、医疗器械、化妆品案件51起，有82家药品零售企业入驻“码上放心”平台。加大药械化安全宣传力度，2023年漳州市“安全用药月”活动在平和县启动；做好药品经营许可证换发、核发、变更59家，医疗器械经营许可证核发、变更3家，二类医疗器械备案凭证变更、备案34家、注销11家。做好药品不良反应监测评价工作，上报药品不良反应470例，医疗器械不良反应135例，化妆品不良反应50例。药品安全满意率考评位居全市第一。

【特种设备安全监管】 2023年，平和县辖区内注册登记在用的特种设备数量1445台（套）。开展特种设备安全隐患排查治理专项行动，出动特种设备安全监察人员530多人次，检查特种设备使用单位107家次，检查特种设备180台（套），发现特种设备安全隐患17起，处理检验机构报告的重要问题36件，现场下达《特种设备安全监察指令书》7份，全部完成整改。使用登记率100%，定期检验率100%，整改率100%。没有发生特种设备安全事故。开展“特种设备企业主体责任推进年”活动，完成主体责任落实企业489家，安全监管系统数据采集率100%，全部按规定建立主要负责人负总责、安全总监、安全员分级负责的责任体系。

2023年4月23日，平和县市管局到福州大参林贸易有限公司平和旧车站分店开展药械化检查　　（县市管局 供图）

【知识产权保护】 2023年，平和县有授权专利1087项，其中发明专利32项，实用新型专利529项、外观专利526项，每万人口高价值发明专利拥有量0.24；高新技术企业10家，2023年高新技术企业年度研发投入1.94亿元，比上年增长46.9%，排名全市第一。平和县在全国首创跨省线上调解、处理知识产权案件，并实施异地司法确认，办案经验在全市被推广，被推荐为国家知识产权局候选年度典型案例。

【商标品牌建设】 2023年，平和县商标注册增长率11.7%，全市排名第三；向国家局申请地理标志专用标志核准企业数量39家，向国家知识产权局商标局申请地理标志商标备案56件，备案数位居全市第一；申请10件地理标志团体标准；培育规模以上广告企业4家，企业数连续3年位居全市第一。新增地理标志驿站2家，指导建立平和琯溪蜜柚高寨地标驿站和平和白芽奇兰（新建村景区）地标馆。

【价格监管】 2023年，平和县市管局开展涉疫药品和医疗用品稳价保质专项行动；联合相关股队检查教育收费及垃圾收费举报案件，处理涉及价格方面投诉举报案件，强化节假日景区、民宿、餐饮等价格检查工作；开展全县教育自查自纠和重点抽查专项行动，责令退还多收保教费25560元。

【行政执法】 2023年，平和县立案查处违法违规案件339件，案值121.88万元，罚没款入库211.92万元。其中查处不正当竞争案件19起，案值5.96万元，罚没款3.18万元。

农资市场专项执法行动 2023年，平和县制定《2023年平和县花山溪饮用水水源地问题整改工作方案》，组织开展农资市场专项执法行动，出动人员3570人次，检查化肥经营户4314户次。其中，根据“双随机、一公开”年度抽查计划，按5%比例对化肥经营主体开展抽查，实地核查化肥经营户48户，完成年度任务100%。全年抽检化肥611批次，完成年度任务122%，个别重金属含量检测结果合格率100%。立案查处化肥案件5起（为其他类型案件，不是重金属超标），罚没款入库6.27万元，没收养分不合格化肥4320千克。

成品油违法经营专项整治行动 2023年，平和县市管局整治“黑加油点”等成品油违法经营，重点监管检查城乡接合部、主要交通干线的成品油销售企业。组织成品油抽检43批次，其中汽油10批次，柴油33批次。立案查处不合格成品油12起，案值59.71万元，罚没款113.34万元。

2023民生领域案件查办“铁拳”行动 2023年，平和县市管局开展2023民生领域案件查办“铁拳”行动工作，印发2023民生领域案件查办“铁拳”行动方案，查办民生领域案件142起，案值88.58万元，罚没款163.6万元。

燃气器具专项整治工作 2023年，平和县市管局以燃气灶具、燃气用连接软管、瓶装液化石油气调压器、可燃气体探测器等4类燃气器具产品质量安全为监督检查重点，对辖区内燃气具经营单位进行全覆盖检查，开展燃气器具产品质量安全法律宣传。对检查中发现问题燃气具进行立案20起，没收无3C认证或者认证失效燃气具31台，无熄火保护装置40台，不合格燃气电压器70个，罚没款8592元；开展燃气器具产品质量抽检工作，抽样家用燃气灶3批次，瓶装液化气调压器7批次，液化石油气1批次。检验结果为4批次调压器不合格，并进行立案查处，罚没款1244元，没收不合格调压器2个。

电动自行车全链条安全监管工作 2023年，平和县市管局联合交警、商务、城管部门开展电动自行车专项检查，重点检查是否存在无照销售或销售来源不明和不符合国家标准的电动自行车等违法行为以及非法改装、拼装、篡改电动自行车的行为等问题，检查电动自行车经营户43家，未发现有销售不符合新国标或者非法改装、拼装、篡改以及无“3C”认证或伪造认证证书、无厂名厂址等来源不明产品的违法行为；组织抽样电动自行车整车2批次，蓄电池2批次，检验结果均合格。

【消费者权益保护】 2023年，平和县通过全国“12315”平台受理消费者投诉、举报2446件，其中受理投诉1541件，受理举报833件，咨询72件，为消费者挽回经济损失112万元，办理“诉转案”案件8起。通过福建省“12345”便民服务平台受理诉求件683件。平和县市管局办理的《学习卡已“激活”退货无门 315助力协调老人终获退款》在海峡消费网刊登。

（叶子瑜）

农业　农村

综 述

【农业产业项目】　2023年，平和县农业产业项目完成签约项目7个；新开工项目19个，竣工6个，竣工率42.1%；续建18个。农业产业项目固定资产总投资额6.65亿元，超额完成全年下达任务100%，获第一季度“开门红”、半年“双过半”、前三季度80%的投资额任务要求。

【农业执法】　2023年，平和县农业农村局出动执法人员650人次，检查农资经营单位440家，完成农药抽检任务50批次，肥料37批次，兽药6批次，立案查处案件31起，其中农资案件3起，农产品13起，种子案件2起，农机案件8起，农药包装废弃物案件1期，畜牧屠宰案件4起，合计罚没款6.46万元。督促县域内各农资经营单位，做好购、销台账录入，做好农药废弃物的回收处置工作，立案查处农药包装废弃物案件1起，查处农资经营台账未建立或未健全等违规经营13起，责令改正13起。1起私屠滥宰相关问题，关停3个生猪屠宰点，并查获杀猪相关工具。调解13起果农投诉的药害、肥害案件，赔偿果农损失5.58万元。举办4期平和县高素质农民农村学法用法培训班，培训200多人次。加强农资安全宣传，举办放心农资下乡宣传周活动1场、宣传农资辨假识假知识活动1场。平和农业综合执法大队被农业农村部认定为全国农业综合行政执法示范窗口。

【农村集体“三资”监管整治】　2023年，平和县聚焦农村集体资产监管突出问题，以省“点题整治”、市推广“四定一督”工作机制为契机，推行村集体清产核资“三会一公开、五人联签背书”制度。全县清理村集体合同2614份，清理问题合同448宗，至12月31日，整改问题合同369宗，完成率达82.37%；清理拖欠承包金369宗，金额732.85万元，追缴591.53万元，完成率达80.72%；山地耕地超期限合同178宗，整改处理176宗，完成率达98.8%；低价包51宗，整改50宗，完成率达98.4%；拖欠承包金移送法院起诉30宗，其中20宗调解分期缴交承包金。“四个一批”情况：“对到期不还、拖欠不缴等追回清缴一批”涉及总宗数347宗，整改宗数298宗，追回被拖欠资金312.92万元；“对合同不规范等规范完善一批”涉及总宗数67宗，规范完善宗数56宗；“对合同显失公平、权责不清等司法调处一批”涉及总宗数9宗，调处宗数7宗；“对涉及暗箱操作、优亲厚友等查处清理一批”，党政军纪处分3人。

【农业监测】　2023年，平和县农业农村局强化监测工作，落实“检打联动”机制。全年完成水果蔬菜例行监测样品2000个快检，其中酶抑制法1000个，胶体金法 1000 个。每季度配合上级农业部门监督抽查。部署开展县、乡两级农产品质量安全监测工作，严厉打击农业生产违使用农药行为。完成 2022—2024 年度花山溪流域 100 个水样监测点总氮、砷、磷、镉、铊、pH 值 6 个指标的测试及分析、100 个土壤监测点 pH 值、铅、镉、砷、汞、铊、铬 7 个指标的测试及分析，年内完成 6 期水样和 1 期土样。

【农产品质量安全监管】 2023 年，平和县 668 家生产主体纳入食用农产品“一品一码”与合格证制度追溯系统监管，监管端线上登陆 1309 次，巡查 12725 家次；督促生产主体登录 5668 次，新建生产档案 553 个，在产生产档案 803 个，完成赋码 10415 批次。开展食用农产品质量安全风险监测工作，完成农残快检 11388 批次，其中种植类产品 10643 批次，畜禽产品 745 批次，合格率 99.9%。完成县级农产品质量安全定量检测 780 批次，合格率 99.8%。

【农业种植结构调整】 2023 年，平和县制定退果还耕种植结构调优技术指导方案，建设完成坂仔镇旱粮种植基地 25.33 公顷、霞寨镇西安村稻蛙生态立体循环种养基地 27.4 公顷、国强乡高山生态米种植基地 28 公顷、山格镇新陂村高优农业产业基地 120 公顷等种植结构调整示范项目，并组织技术人员探索发展“菜—稻—菜”“稻—蛙—菜”“烟—稻—菜”“旱稻种植”等栽培模式，制作成宣传手册推广。

【种业创新】 2023 年，平和县各乡镇上报 30 个新品种全部确定（不同乡镇之间有重复上报的），30 个新品种示范片点全部完成建设，品种推广新增产值 5095 万元。

【渔业发展】 2023 年，平和县鱼类产量 6513 吨，与上年持平，甲壳类产量为 120 吨，贝类 10 吨，其他淡水产品 500 吨（包含鳖 80 吨、虎纹蛙 420 吨），总产量 7143 吨，比上年同期（6859 吨）增加 284 吨，增长 4.14%。主要增长点为两个方面：新增陆基圆池循环水养殖 60 个，鲈鱼增产约 90 吨；新增稻蛙养殖面积 24.07 公顷，增加产量为 194 吨。

【新型农业经营主体发展】 2023 年，平和县发展龙头企业、家庭工场、手工作坊、乡村车间等多种经营，增补福建奇兰茶王谷茶业有限公司等 5 家企业为省级龙头企业。推荐申报 59 家家庭农场和 18 家农民合作社，其中推荐申报省级示范场 3 家、示范社 1 家；评定通过市级示范场 20 家，示范社 6 家；评审通过县级示范场 36 家，示范社 11 家。推荐申报省级农业休闲示范基地 2 家。与平和农商银行公司合作创建平和县新型农业经营主体服务中心 1 家。

（曾志雄）

种植业

【概况】 2023 年，平和县农业生产主要结构是基础粮食作物和经济作物。基础性粮食作物以水稻为主，经济作物以园林水果、蔬菜和油料为代表，其中园林水果类经济作物主要为蜜柚。全年粮食总产量 2.36 万吨，增长 0.13%；油料产量 0.03 万吨，增长 0%；茶叶产量 1.52 万吨，增长 10.5%；园林水果产量 251.64 万吨，增长 9%；蔬菜产量 21.22 万吨，增长 2.9%；食用菌产量 0.36 万吨，增长 93.5%。

【水果种植】 2023 年，平和县水果种植面积 5.17 万公顷，总产 251.64 万吨，产值 76.84 亿元。其中：柚类面积 4.83 万公顷、产量 240.36 万吨、产值 68.37 亿元，柑面积 1314.6 公顷、产量 4.25 万吨、产值 1.87 亿元，香蕉面积 83.8 公顷、产量 5361 吨、产值 970.17 万元，青枣面积 201.67 公顷、产量 15499 吨、产值 1.94 亿元，番石榴面积 151.53 公顷、产量 8473 吨、产值 3634.6 万元。多年来琯溪蜜柚通过高位嫁接三红蜜柚、红肉蜜柚、葡萄柚、泰国青柚、橘柚及沃柑、红美人、御橙等优新柑橘属品种换种规模累计约 3.24 万公顷，调整优化平和县柚类为主的柑橘品种结构。全县果园继续推广生草覆盖栽培、病虫绿色防控、增施优质商品有机肥等生态栽培技术措施，推广面积达4万公顷以上。花山溪饮用水水源地上两岸果园推广增施商品有机肥，两岸200米范围果园逐年逐步实施退果还耕，举办平和蜜柚“种好柚、卖好价”暨首届柚品王大赛。

【粮食种植】 2023年，平和县落实稳粮惠农政策，印发2023年粮食和油料生产目标、关于调动农民种粮积极性稳定粮食生产十六条措施等通知。重点种植越冬地瓜、马铃薯、杂豆等冬季适栽粮食作物品种。做好春耕夏播工作，全县完成粮食面积4006公顷，粮食产量2.36万吨。强化农业种植社会化服务，探索农户经营+社会化服务体系，全县规模种植粮食2公顷以上35户，比上年19户增加16户。发放耕地地力保护补贴资金2196万元，发放面积2.32万公顷，惠及农户11.22万户；发放实际种粮一次性补贴资金35万元，涉及粮食作物播种面1518.7公顷，发放户数7841户。做好政策性水稻种植保险承保工作，累计发动农户承保3597.73公顷。

【蔬菜种植】 2023年，平和县推进蔬菜产业，巩固山格镇、文峰镇种植蔬菜基地，辐射带动其他乡镇。全县完成2022年秋冬播2023年春收蔬菜3098.8公顷、产量9.60万吨，春播夏收蔬菜758.07公顷、产量2.82万吨，夏播秋收蔬菜2539.27公顷、产量8.80万吨。全年完成蔬菜生产面积6396.13公顷、产量21.22万吨，蔬菜面积产量稳中有升。

【种子工程建设】 2023年，平和县推广早稻品种“恒丰优金丝苗”“荃优822”“盛泰优018”“榕盛优1311”“杉谷优533”，推广面积1580公顷。晚稻中“浙优1号”“中浙优8号”“荃优607”“伍两优钰占”“增香丝889”“兴两优1345”“旱优73”“甬优1540”等，推广面积1820公顷。良种覆盖率达98%。引进新品种推广如“玉苦瓜”“翠绿苦瓜”“春晖丝瓜”“毛豆389”等新品种面积642公顷。完成救灾备荒种子储备项目应储备杂交水稻9000千克。“平和县苦瓜品种展示与示范推广”项目在山格镇新陂村“如玉53号”苦瓜展示示范片13.33公顷，展示苦瓜品种10个。“七比一看”比种业创新工作，平和县推广优新品种11个，“七比一看”竞赛全市排名并列第一。

【生产技术指导】 2023年，平和县制定花山溪流域种植业结构调整改种技术指导专项方案、退果还耕结构调优种植及模式建议及高效栽培模式宣传手册、关于调动农民种粮积极性稳定粮食生产十六条措施的配套方案、平和农讯5期等。推进设施农业温室大棚建设补贴、推广使用厚度0.01毫米以上加厚地膜及农膜再回收利用、推动农作物秸秆“循环化、肥料化、饲料化、基料化、原料化、燃料化”综合利用，综合利用率达到92%。

【植物病虫防治】 2023年，平和县农业农村局做好以琯溪蜜柚、茶叶、水稻为主的各种农作物病虫害预测预报，全年发布病虫情报10期，完成市下达绿色防控任务51万亩，推广绿色防控综合技术149万亩次；发放绿色防控技术手册、农药包装废弃物回收宣传单等共800份以上，推广太阳能杀虫灯、诱虫板、性诱剂等绿色防控措施，推荐高效低毒、低残留农药。

【测土配方施肥】 2023年，平和县制定施肥建议卡和科学施肥指导意见，开展宣传指导工作，推广测土配方施肥技术面积4.67万公顷。建立测土配方施肥示范区，培训基层技术人员。开展土壤化验分析，进行合理施肥。为粮油高产创建和果菜茶标准园创建示范区、种植大户、科技示范户和农民专业合作组织提供全程测土配方施肥技术指导服务。

（曾志雄）

林 业

【概况】 2023年，平和县完

成绿化造林6598.6公顷，其中植树造林1686.17公顷，占任务883.33公顷的190.89%；森林抚育3373.28公顷，占任务3000公顷的112.4%；封山育林1539.15公顷，占任务1220公顷的126.2%，均超额完成年度任务。完成2023年度湘粤赣闽第八联防区第59届边界护林联防值班工作，并组织召开湘粤赣闽第八联防区第59届边界护林联防工作会议。开展“创建国家森林城市我为平和添新绿”主题义务植树活动，种植印度紫檀、黄花梨、多花风铃木、碧桃等300多株。开展花山溪流域实施退果还林工作，验收合格总面积234.29公顷。开展创建国家森林城市现场宣传4场次，发送手机短信20万条提高市民的知晓率、参与率。文峰镇文洋村被命名为“福建省森林村庄”。

【林长制工作】 2023年，平和县完善森林资源保护发展监管机制，出台2023年林长制工作要点、督查考核实施细则等。全县林长275名，副林长610名，其中县级林长2名、副林长2名，乡镇级林长18名、副林长184名，村级林长255名、副林长424名。配合县公安局森林警察大队出台《平和县林区治安态势“三色预警”工作体系实施方案（试行）》，实现林区管理网格化、可视化、数字化。完成县级林长会议1次、林长专题会议1次、县级林长巡林5次，研究部署森林资源保护任务，协调解决森林资源保护发展的重点难点问题。组织全县15名乡级林长、10名村级林长、14名生态护林员参加线下培训及安排全县护林员完成线上培训。

【林业有害生物防治】 2023年，平和县林业局完成松材线虫病防治以菌治虫335.2公顷、药物防治335.2公顷，超额完成任务。年内，没有发生重大林业有害生物灾害。平和县林业局通过国家林草局松材线虫病疫情防控五年攻坚行动中期评估及拔除疫区调查核实，被国家林草局通报表扬，获“松材线虫病疫情防控攻坚行动先进单位”荣誉称号。

【涉林行政审批】 2023年，平和县林业局规范林木采伐管理，严格执行采伐限额管理制度，办理建设项目使用林地审批33宗213.17公顷；办理核发林木采伐许可证709份，采伐蓄积166785.71立方米。争取林地指标，国家林草局批准同意官峰水库项目使用林地98.25公顷。

【林政管理】 2023年，平和县严查严处非法砍伐林木、开垦林地、非法占用林地等行为。完成46个森林督查违法图斑查处整改任务。

2023年7月5日，平和县林业局工作人员放生救助的夜鹭

（县林业局 供图）

完成森林督查变化图斑自查470个。全年查处立案82起，其中移送刑事立案7起，罚没款68.97万元。

【集体林权制度改革】 2023年，平和县出台关于持续推进林业改革发展的实施意见，做好深化改革、生态保护、绿化美化、产业升级等重点工作。在山格镇开展林票发行工作，发行林票548520股，面积60.93公顷，林农增收54.85万元。

【野生动植物保护】 2023年，平和县林业局结合“世界湿地日”“湿地保护宣传周”“爱鸟周”等时间节点，开展“贯彻湿地保护条例 守护湿地生态安全”湿地周主题宣传活动，发放宣传手册200多份。联合相关部门开展代号为“2023清风行动”的打击野生动植物非法贸易联合行动和代号为“网盾行动”的打击整治网络非法野生动植物交易行动。全年收容救助黑领椋鸟、夜鹭、丝光椋鸟等国家级及“三有”野生动物30只（条），拆除捕鸟网120张。

（陈耿鹏）

畜牧业

【概况】 2023年，平和县生猪存栏195623头，肉类产量32900吨；出栏382565头，能繁母猪存栏14451头。牛存栏9748头，比上年减少2%；出栏8036，与上年持平；肉类产量964.32吨。羊存栏9025头，与上年持平；出栏6449头，与上年持平；肉类产量90.286吨。家禽存栏2621434羽，比上年减少9.18%；出栏4030098羽，比上年增长6.49%；肉类产量4872.17吨。

【禽畜强制免疫】 2023年，平和县免疫预防高致病性禽流感167.46万羽，其中鸡77.91万羽、鸭89.41万羽、鹅0.14万羽，应免率100%；口蹄疫72.23万头，其中猪71.86万头、牛0.18万头、羊0.19万头，应免率100%；小反刍兽疫0.19万头、应免率100%。

【动物疫病监测】 2023年，平和县开展禽畜采集血清样品2307份，其中：禽血样1068份，高致病性禽流感H5-13株合格率89%，H5-14株合格率96%；猪采样974份，口蹄疫0型合格率90%，A型合格率87.5%；羊采样115份，小反刍兽疫合格率94.5%；牛羊口蹄疫检测数150份，0型合格率90.5%，A型合格率93%，均高于国家核定标准70%。对年出栏2000以上生猪规模场及部分年出栏1000以上生猪规模场开展非洲猪瘟入场采样监测工作。完成65家规模养殖场采样工作，采集环境拭子656份样品，全部阴性。全年无非洲猪瘟等重大动物疫情发生。

（曾志雄）

农业机械

【概况】 2023年，平和县农业机械站规范开展农机化工作，助力农业农村现代化。农业生产及

2023年5月24日，平和县农业机械站在霞寨镇西安村举办水稻穴播技术现场会。图为演示现场 （县农机站 供图）

其产品初加工等相关机械设备总量增长，保有量21.2万台（套）。农机总动力38.49万千瓦。农机户年末人数96548人。

【农机购置补贴政策】 2023年，平和县完成录入农机购置补贴资金1571.59万元，其中，中央补贴资金1348.29万元，省级补贴资金223.3万元。补贴农机具1501台（套），受益农户954户。补贴机具包括电子质量式柚果分级机、柚果输送机、微喷灌、滴灌、山地果园轨道搬运机、微耕机、背负式电动割草机、茶叶色选机、采茶机、修剪机、茶叶综合做青机、动力喷雾机、油锯、离心泵等。

【农业机械化示范推广】 2023年，平和县农机站分别在山格镇新陂村、霞寨镇西安村举办水稻穴播技术现场会，技术人员演示水稻生产机械化作业环节。协同平和农业发展公司举办“藏粮于技旺丰收”平和县机收减损、维护粮食安全微型水稻收割机现场演示会，通过现场观摩、演示以及互动交流，水稻生产耕种收综合机械化率达78%。

【农机化安全工作】 2023年，平和县农机站开展农机宣传教育，发放农机安全生产宣传手册，向农户宣传农机安全使用注意事项，尤其是实用型的电动修剪机、割草机、轨道运输机的安全使用。做好果园轨道搬运机等各项机具的安全隐患排查。贯彻落实岁末年初农业农村领域安全监管工作，推进农机领域安全检查。全县未发生农机重大安全事故。

（黄婉静）

水利建设

【概况】 2023年，平和县水利局做好水利民生工程、河湖长制工作、水土流失治理、水资源管理、水行政执法、农村饮用水安全、库区移民等工作。完成前岭水库大坝安全鉴定，完成35座公益性水库维修养护资金125万元，完成上峰、东川、新荣、梨仔坑等4座水库划界，报告获平和县人民政府批复；完成平和县九龙江西溪南胜溪流域（梨仔坑）饮用水源地治理及引水工程——引水管道及清淤项目并通过阶段验收及完工验收，项目总投资8442.69万元。

【水利工程建设】 2023年，平和县官峰水库工程被列为“十四五”全国规划的中型水库，建设任务以供水为主，兼顾灌溉及消能发电，工程概算总投资11.42亿元；官峰水库主体工程开工建设；先行试验段，导流洞完成贯通，2号施工支洞完成分部工程投入使用验收。城乡供水一体化项目（一期）工程建设完成投资2亿元，占年度计划投资的250%；完成小溪镇、山格镇、坂仔镇、南胜镇管网铺设175千米，占年度计划任务100千米的 175%。实施安厚镇安全生态水系建设二期项目（涉及河长11.28千米）、平和县小溪镇枫埔溪安全生态水系建设项目（涉及河道总长7.57千米）、平和县花山溪（城区段）安全生态水系建设项目（涉及河

平和县南胜镇欧寮安全生态水系新建廊桥景观。摄于2023年11月21日 （县水利局 供图）

段总长 10.46 千米）、平和县国强乡白叶溪安全生态水系建设项目（涉及河道总长 10.7 千米）。

【河湖长制落实】 2023 年，平和县推进河湖长制工作，流域水质持续改善。平和县 11 个主要国省控断面水质达标率 100%；9 个省控断面水质均值达Ⅲ类水，其中高坑、合溪桥、平和高南村、芦溪镇等 4 个省控断面水质均值达Ⅱ类水；6 个省考小流域断面水质均值达Ⅲ类水，水质达标率 83.3%，其中黄井村下游断面为Ⅳ类水；县城饮用水水源水质均值达Ⅲ类水；23 个乡镇交界断面水质均值达Ⅲ类水，水质达标率 78.26%，其中文峰镇文美村、平和工业园黄井村下游、安厚镇溪尾桥、大溪镇霞径漫水桥、五寨乡浦口下游坝等 5 个乡镇交接断面为Ⅳ类水。

【水资源管理】 2023 年，平和县用水总量估算 1.96 亿立方米，未超过年度控制目标 2.33 亿立方米。平和地区生产总值估算 321.41 亿元，万元国内生产总值用水量估算 60.98 立方米，未超过年度控制指标 83.6 立方米 / 万元；万元工业增加值估算 68.06 亿元，万元工业增加值用水量 18.6 立方米，未超过年度控制目标 19.0 立方米 / 万元；2023 年农田灌溉水有效利用系数为 0.57。建设高标准农田建设项目 7 个，面积 1133.33 公顷，总投资 3240 万元，农田水利设施运行维护监管正常。投入 105200 元，完成南溪水利运行管理中心（灌区）、坑内水库灌区、五寨自来水厂、浩恩自来水厂等 4 个在线监测计量安装项目。征收水资源费 264.8 万元，新核发取水许可证 51 家，核发延续取水 8 家。

【水土流失治理】 2023 年，平和县以蜜柚园坡耕地和林地水土流失治理为重点，突出花山溪流域水保重点区域，实施小流域水土流失综合治理项目，带动其他项目治理。水土流失综合治理，总投资 350 万元，完成上级下达任务 1334.2 公顷。

【农村饮水安全】 2023 年，平和县农村饮用水安全巩固提升工程省级补助资金 102.2 万元，补助对象分别为长乐乡葵山村、安厚镇顶楼村、大溪镇峰山村、秀峰乡坪东村、九峰镇澄溪村，受益人口 4000 人。农村饮水安全维修工程争取中央补助资金 203.4 万元，涉及 31 个村，受益人口 20.74 万人。研究制定《平和县农村饮用水问题整改实施方案》及出台《平和县农村饮水工程运行管理办法》。组织乡镇及在册供水单位管理人员进行水质提升业务培训。

【水行政执法】 2023 年，平和县水利局组织执法人员巡查全县河道 701 人次，取缔非法取水点 2 处；清理河道废弃物 1 起；清除河道高秆作物 2 起，整改中央环保督办件 1 起；立案侦破非法采砂案件 1 起、非法招投标案件 1 起、非法取水案件 3 起。

【水旱灾害防御】 2023 年，平和县汛情总体平稳，主要溪流九峰溪、梅潭河长乐水文站、文峰溪文峰水文站发生超警戒水位的洪水。成立 4 个检查组，分别到各乡镇对水库进行安全生产大检查，对小、中型水库确定水库度汛责任人，做到水库安全度汛有责任人、有防洪应急和调度预案。

【库区移民后期扶持】 2023 年，平和县大中型水库直补移民 4546 人，发放直补资金 272.76 万元。推进移民工业创业园建设，工业创业园 1 号、2 号厂房封顶建设，辅助用房完成主体工程。组织实施中央资金（第一批）项目 6 个，资金 1735.88 万元（按时足额发放直补资金 274.08 万元）；中央资金（第二批）项目 2 个，资金 490 万元；三峡后续工作资金项目 4 个，资金 40 万元；2022 年库区基金项目 3 个，资金 160 万元；小型水库扶助项目 2 个，资金 185 万元。小溪镇五村村移民扶助示范区为全市唯一 1 个申报小型水库市级示范区项目的项目，争取示范区专项资金 300 万元（到位资金 150 万元）。

（曾少燕）

乡村振兴

【概况】 2023年，平和县统筹发展乡村振兴战略实施，做好乡村发展、乡村建设、乡村治理重点工作。

【农村人居环境整治】 2023年，平和县开展4次村庄整齐清洁专项行动，29个村设立“村庄清洁日”，全年转运清理农村生活垃圾8.12万吨，清理村内沟渠535千米、水塘313口，清理农村畜禽养殖粪污等生产废弃物526.5吨，参与群众4.99万人次。完成农村新改建户厕50户、完成4个行政村人居环境补短板建设，完成治理农村通信线违规搭建16.7千米，农村广播电视线违规搭建48千米。建设“四好农村路”44.91千米；培育美丽乡村庭院示范户130户。全县回收废弃农药包装物85吨。完成10个行政村的农村污水设施建设与治理，建设污水收集管网18.62千米，投入资金2098万元，治理2条农村黑臭水体。启动1个乡镇所在地集镇环境整治样板建设。支持条件适宜地区开展森林乡村建设，建设省级森林村庄4个。推动农村饮水“三个责任”的落实，平和县城乡供水一体化工程（一期）项目累计完成投资15760万元，完成小溪镇、南胜镇、坂仔镇、山格镇管网铺设约145千米，受益人口1.53万人，农村自来水普及率达89.3%。加强安全水系综合整治和水土流失治理，建设安全生态水系5千米，完成水土流失治理措施面积1334.2公顷。

【农村建设品质提升工程】 2023年，平和县完成实用性村庄规划169个，占年度任务的119.86%；裸房整治995栋，占年度任务618栋的161%；新建改建农村公路44.91千米，占任务24千米的187.1%；完成管网铺设约126千米；完成5千米安全生态水系建设年度任务。乡村公共服务提升，全县有44个乡镇商贸中心，乡镇商贸中心覆盖率100%，15个乡镇均有快递物流服务站点，“快递进村”覆盖率100%。探索构建生产、供销、信用“三位一体”综合合作服务平台，为农产品流通主体、服务农民产销物流平台建设提供资金保障。

【特色乡镇和试点村创建】 2023年，平和县实施15个省级试点村项目建设，总投资4010万元，完成建设48个试点村项目。筹措乡村振兴省级试点村建设专项资金，累计筹措专项资金2690.14万元，其中省级统筹1627.24万元、市级统筹225万元、县级财政统筹792.9万元；争取实绩突出村省级奖补资金400万元，完成建设4个项目。强化资金使用管理，制定平和县乡村振兴试点示范专项资金管理办法。省级试点村建设专项资金2690.14万元拨付至各项目责任村，实绩突出村省级奖补资金400万元已拨付至九峰镇复兴村用于项目建设，均确保专款专用。平和县五寨乡被认定为全国乡村治理示范村镇。

【庭院经济发展】 2023年，平和县被列为省级庭院经济试点县，各乡镇把庭院经济与人居环境整治相结合，发展种养、特色手工等庭院经济。全年投资379万元，发展庭院经济整治庭院面积3.50万平方米，涉及18个村209个庭院经济示范户，带动28户低收入困难户开展庭院经济，包含23户脱贫户，增收累计约83万元。推进“移动智慧菇房”建设。9月19日，“移动箱式智慧菇房”示范基地在五寨乡开工，采用平和现代农业发展公司+村+农户联合发展模式，建设“移动箱式智慧菇房”的秀珍菇小户型工厂化栽培基地。

【“四个不摘”帮扶政策落实】 2023年，平和县3169户脱贫户（含监测户）没有发生返贫、致贫现象。落实“一键报贫”平台审核机制，受理农户申报信息88条，助推纳入低保8户17人；组织镇村干部每月定期走访排查脱贫不稳定户及突发严重困难户，走访67098人次；组织民政、教育、医保、水利、住建、卫健等行业部门每月开展专项筛查。发放教育帮扶补助金653.25万元，补助学生7928人；开展家庭医生签约服务16365人，做到应签尽签；3169户建档立卡脱贫户（含监测户）的住房全部达到B级以上；农村自来水普及率达到89.2%；农村集中供水率92.32%，高于85%的标准要求。小额贷款存量482笔，金额1239.75万元，覆盖面15.11%；“雨露计划”补助对象418人，发放补助资金125.4万元。对132户监测户帮扶对象配强挂钩干部，实行“一户一方案”帮扶措施。

【稳岗就业增收渠道拓宽】 2023年，平和县开展“就业扶贫日行动”“春潮行动”，到企业开展用工调查，举办招聘活动，开发公益性岗位安排就业，促成就业1490人，包含在公益性岗位就业的脱贫人口313人。开展高素质农民培训，利用中央资金培育高素质农民344人、省级资金培育2259人次。

【乡村治理积分制推进】 2023年，平和县有54个行政村制定积分制方案和成立领导小组或工作专班，开展乡村治理积分制工作，全县设置54个积分兑换点，2022年以来至2023年12月底，积分兑换货值累计26.4万元。

【乡贤力量促振兴】 2023年，平和县发挥乡贤力量助力乡村振兴，完成全县240个行政村乡贤信息摸底工作累计4873人，全县240个行政村全部成立村级乡贤促进会在乡镇备案，全县乡贤促进会累计筹措2035.2万元，主要用于铺设污水管道、铺设下水管道、土地硬化捐款、村容美化绿化、奖教奖学基金等项目，改善人居环境，助力当地乡村振兴项目建设。

【“琯溪有点田”项目建设】 2023年，平和县加快农业产业种植结构调整，开展耕地认领“琯溪有点田”项目建设。举办首届“琯溪有点田”缤纷乡村旅和乡村振兴主题农耕农旅活动，推出山格镇、坂仔镇、大溪镇、国强乡、霞寨镇和芦溪镇6条主题路线。土地认领数字化服务平台“琯溪有点田”微信小程序上线。截至2023年12月，上线“琯溪有点田”认领数字化服务平台耕地400余公顷可供认领，被市、县、乡镇机关164家单位的党员干部12000多名签约认领155.87公顷，并在认领耕地开展主题党日活动、党员志愿服务活动300多场次；为认领人配送12700多份稻蛙香米、梯田生态米及“琯溪有品”系列农特产品套餐。

（曾志雄 林易燕）

安厚农场

【概况】 2023年，平和县安厚农场经济总收入13914.94万元，农场人均纯收入25217.45元；种养业收入7153.80万元，工业产值2266.02万元，第三产业收入2094.46万元。完成福建省安厚农场工会第三届换届选举。

【农场工作】 2023年，平和县安厚农场面向社会资本集资，完

2023年7月27日，平和县安厚农场顶南山作业区插秧现场

（平和县安厚农场 供图）

成2022年第七批次县级土地开发项目9.95公顷，集资963万元。完成平和县安厚农场文峰镇区2023年县级土地开发项目征地2.07公顷，集资217万元；完成2023年第一批次县级土地开发项目立项征地2.82公顷。完成径内作业区龟仔山地块工业征地0.15公顷。完成龙头作业区五队村内道路夯实修复1037平方米、龟仔头作业区三队道路石子和石粉填平1000米。

【补充耕地开发】 2023年，平和县安厚农场引入社会资本，参与土地整治进行补充耕地（水田、旱地）开发，园改耕项目入库6个，新增耕地（水田）4.04公顷，土地质量等级为六等；新增耕地（水田）5.58公顷，土地质量等级为七等；新增耕地（旱地）5.84公顷，土地质量等级为十一等。

（林美春）

柚茶产业

综 述

【柚香奇兰茶产业】 2023年，平和县召开乡村振兴“柚香奇兰”茶产业发展座谈会；举办制茶高级工程师职称制度政策宣讲暨茶叶加工技术培训、平和茶产业高质量发展研讨会活动、平和白芽奇兰制茶师研习班，提升平和县茶叶从业人员的制茶专业理论和加工实操技能水平。在崎岭乡举办2023年平和白芽奇兰茶开采仪式、在彭溪村举办首届彭溪白芽奇兰民间斗茶赛、举办“2023年度‘三平杯’柚香奇兰暨白芽奇兰茶王赛”、参加第十五届海峡论坛·第九届海峡（漳州）茶会以及全省推进“三茶”统筹高质量发展现场会等。县长应邀参加“中国传统制茶技艺及相关习俗”申遗成功暨“三茶统筹”高峰论坛，作柚香奇兰茶的主题推介及展示。参加全省推进“三茶”统筹高质量发展现场会，平和县作为全省5个产茶县代表之一，在会上作典型发言；组织4家茶企参加在厦门会展中心举办的“第30届中国国际广告节大国好货品质国货节”，平和柚香奇兰获大国好货“一县一品”特色产品的荣誉称号。通过开展多项茶事活动，提升茶产业产值，毛茶市场价格每千克增加20元左右。2023年，平和县干毛茶产量约1.5万吨，干毛茶产值约5.6亿元；柚香奇兰产量约20万千克，柚花用量约30万千克，新增柚香奇兰茶产值约1.2亿元。

【特色农业“3212”工程】 2023年，平和县推进建设6个省级“一村一品”示范村（霞寨镇建设村、小溪镇岩坂村、五寨乡前岭村、小溪镇联光村、小溪镇厝丘村、霞寨镇钟腾村），6个村建设项目全部完成，完成投资671.7万元。

【“化肥减量增效”行动】 2023年，平和县印制发放宣传画册6万份、U盘及DVD光盘300份，组织20名农业技术专家与平和蜜柚科技小院工作人员到5个重点乡镇90个村（居）开展宣传指导培训95场，培训指导达4700人次以上，指导化肥减量增效、生态果园建设技术措施。探索平和琯溪蜜柚“轻剪轻肥”生态栽培综合技术，通过学习华安县黄枣村生态柚园科学栽培模式和先进经验，结合平和蜜柚科技小院科学施肥、绿色种植技术，制定平和琯溪蜜柚“轻剪轻肥”生态栽培综合技术方案，印发技术宣传手册推广宣传。8月，组织县农业农村部门技术人员到全县各乡镇开展蜜柚“轻剪轻肥”生态栽培综合技术宣传培训，开展148场宣传培训，并发放《平和琯溪蜜柚“轻剪轻肥”生态栽培综合技术》宣传页7万余份。9月，在坂仔镇启动琯溪蜜柚“轻剪轻肥”生态种管科技宣传月活动，大力推广蜜柚“轻剪轻肥”、生态沤肥等技术。

（曾志雄）

柚类产业

【概况】 2023年，平和县重视蜜柚产业高质量发展，编制平和县蜜柚产业高质量发展规划（2023—2028年）。以高接换种推广火焰山葡萄柚、鸡尾葡萄柚、红美人、台湾沃柑和木瓜蜜丁等优良柑橘新品种，推进蜜柚产业品种结构调整。建设高标准生态柚园示范片，推进蜜柚生态栽培，将沿花山溪两岸及周边2133.33公顷蜜柚园改造成高标准生态果园示范片（带），打造绿色发展、高质量发展的生态蜜柚果园样板。实施退果还耕、退果还林，推进蜜柚产业结构调整。引导推行高海拔、低效益的蜜柚果园进行退果还林、还耕，采用政府财政补助每亩3000元。推广“轻剪轻肥”科学种管，制定平和琯溪蜜柚“轻剪轻肥”生态栽培综合技术方案，印发技术宣传手册推广宣传。构建“种好柚，卖好价”产销机制，推行“平合+公司+银行+合作社（果农）+院校+保险”利益联结模式，发展订单农业，全年共签约面积400公顷，平均收购价格每千克高于市场价0.6元以上。全县蜜柚种植面积4.83万公顷，产量达240万吨，年产值68亿元，延伸产业产值超百亿元，年出口量超18万吨，区域公用品牌价值227.03亿元。

【果园土壤酸化治理项目实施】 2023年，平和县集成推广施用土壤调理剂、石灰石粉或牡蛎壳粉等碱性物质，提高果园土壤Ph值，改良土壤酸化。截至2023年底，在花山溪流域完成土壤酸化治理项目实施4580公顷。由兴和公司开展实施土壤酸化治理，其中小溪镇完成2253.3公顷，南胜镇完成726.7公顷，山格镇完成1293.3公顷，坂仔镇完成306.7公顷，合计完成4580公顷。

2023年9月21日，平和县蜜柚“种好柚、卖好价”暨首届柚品王大赛评选在坂仔镇心田村琯溪蜜柚生态产业园举行。图为颁奖仪式

（张芯昕 摄）

【平和首届柚品王大赛举办】 2023年9月18—21日，平和县蜜柚“种好柚、卖好价”暨首届柚品王大赛评选活动举办，旨在有效发挥“种好柚、卖好价”利益联结机制的示范引领作用，激发广大柚农及蜜柚产业经营者的参与意识和质量意识，提高生态种植积极性，推动全县蜜柚生产向优质、高效发展，助力乡村振兴。此次参评品种为琯溪蜜柚（白肉）、红肉蜜柚、三红蜜柚3个蜜柚良种，各个品种单列评选，共收到60个参评样本。在县公证处工作人员的现场监督下，由专家组、消费者、人大代表、政协委员组成的评委组，从蜜柚外观（色泽、果形、果实整齐度）和内质（可溶性固形物含量、粒化程度、种子数、果肉质地）两个方面对参赛样品进行综合评分，分数从高到低各取前八名，评选出三平贡品（特等奖1名）、三平圣果（一等奖2名）、三平福柚（二等奖2名）、三平宝柚（三等奖3名）。

（曾志雄）

茶业产业

【概况】 2023 年，平和县茶叶种植面积 4180.6 公顷，产量 1.52 万吨。平和白芽奇兰品牌价值评估 36.67 亿元，位列中国茶叶区域公用品牌价值榜第 33 名。平和县提升平和县白芽奇兰品牌宣传，促进茶产业高质量发展，组织开展乡村振兴柚香奇兰产业发展座谈会、平和茶产业高质量发展研讨会活动；举办白芽奇兰茶开采仪式、以“奇香奇兰·福建福茶”为主题的平和白芽奇兰春茶推介会暨 2023 年度“三平杯”茶王赛全民品鉴活动等。

【茶农茶企技术培训】 2023 年，平和县举办 1 场制茶高级工程师职称制度政策宣讲暨茶叶加工技术培训；举办福建农村青年致富“种子工程”平和白芽奇兰制茶师研习班，学员 41 名；组织参加第十五届海峡论坛·第九届海峡（漳州）茶会系列活动，活动内容主要有品鉴会上推介白芽奇兰品牌、组织企业参展、组织学员参加直播带货培训等。

【白芽奇兰茶春茶产销品鉴活动举行】 2023 年 5 月 20 日，2023 年漳州市白芽奇兰茶春茶产销“手拉手”对接会暨“品茶人生·心归平和”茶之旅品鉴活动在崎岭乡天湖堂举行。142 个白芽奇兰茶样参评。选出“十佳品质最优的茶”和“十佳老百姓消费得起的好茶”。获评“十佳品质最优的茶”分别是彭岩山专业合作社、久鼎茶业、平和县荣宗茶业、久鼎茶业、平和县闽山茶叶有限公司、福建奇沁茶叶有限公司、平和县阳山茶厂、曾裕山、平和县桂菊茶叶经营部、漳州市鑫凯兰茶业有限公司。获评“十佳老百姓消费得起的好茶”分别是平和县建山茶场、陈永裕、平和县有堂茶叶专业合作社、平和茗天农业开发有限公司、漳州市项墩香茶业有限公司、平和茗汇农业开发有限公司、漳州市鑫凯兰茶业有限公司、石溪州、陈龙海、陈永才。10 家白芽奇兰茶企代表分别与线上线下销售渠道企业签订“手拉手”购销合同，交易额达 5300 万元。

【2023 年度“三平杯”柚香奇兰、白芽奇兰茶王赛审评活动举办】 2023 年 6 月 9—11 日，平和县举办首届柚香奇兰、第十六届平和白芽奇兰暨首届“三平杯”茶王赛审评活动。5 位茶叶评审专家参照国家标准，采用暗码感官审评，从外形、香气、滋味、汤色等方面对随机编号的参赛茶样进行评审。此次茶王赛收到全县各茶企、茶叶合作社等茶叶产销单位及茶叶种植户选送的 270 份茶样，其中颗粒形茶样 172 份，条形茶样 48 份，柚香奇兰茶样 50 份。赛事设置颗粒形茶样茶王 1 名，金奖 10 名，优质奖 24 名；条形茶样茶王 1 名，金奖 2 名，优质奖 3 名；柚香奇兰茶样茶王 1 名，金奖 6 名，优质奖 5 名。

【农村青年致富“种子工程”】 2023 年，平和县关工委向市关工委推报 3 个具有较强辐射带动能力和发展前景的项目作为“种子工程”示范点，每个示范点给予 3000 元资金支持。全县“种子工程”示范点达 15 个。承办省、市、县三级关工委“种子工程”制茶师（平和白芽奇兰）研习班，41 名“种子”培训学员通过制茶师（四级）职业技能等级认定考核。

（曾志雄 曾钰）

工 业

综 述

【概况】 2023年，平和县在库规模以上工业企业177家，规模工业总产值累计完成188.95亿元，比上年增长6.9%，规模以上工业增加值6.6%，排名第五；工业投资累计完成43.31亿元，比上年增长23.60%；技改投资累计完成13.81亿元，比上年增长12.90%。

【惠企政策落实】 2023年，平和县工业项目服务中心、中小企业服务中心、招商服务中心、产业数字化转型服务中心揭牌，整合资源服务全县范围内工业投资项目，服务内容涉及项目审批咨询指导、全程免费帮代办、辅导项目业主熟悉建设手续报批流程、准备报批材料等，以工业项目服务中心为载体，整合“助企纾困”“千名干部挂千企”“政企直通车”“惠企政策”等平台，实现精准服务企业“全代办”。全年为企业申请奖补资金4212.2万元，兑现各项惠企资金2212.5万元。制定出台关于开展“百名干部挂百企”益企服务专项行动方案，确定辖区内195家民营企业，由县级四套班子成员、正科级（实职）干部、要素保障部门科级干部、重点乡镇科级干部共193名进行精准挂钩帮扶服务，全年挂钩干部进企业帮扶911次，摸底排查挂钩企业困难34个，协调解决34个，问题解决率达100%，企业好评率100%。

【工业企业培育】 2023年，平和县工信局指导临界企业和项目及时入库。全年新增新上规模工业企业45家。福建省鸿星陶瓷发展有限公司、福建平和宝峰罐头食品有限公司被认定为福建省第三批龙头（培育）企业。福建西蝉木业有限公司、平和县旺发木业加工厂、中宝（福建）食品科技有限公司等3家企业入选“漳州市工业龙头企业”名单。

【高质量项目建设】 2023年，平和县工信局推动漳州福熠食品有限公司、漳州市澳利陶瓷发展有限公司等5家企业申报省级重点技术改造项目；中宝（福建）食品科技有限公司申报“省级企业技术中心”“市级工业设计中心”。

【行业监管】 2023年，平和县工信局做好行政审批工作，办理成品油零售经营批准证书变更及核发20件，成品油零售经营规划确认初审2件。应参加年检加油站67家全部通过市商务局审批。开展打击取缔非法加油站（点）工作，组织开展打击黑加油点联合执法2次。

【改制企业后续服务】 2023年，平和县二轻集体工业联社为破产企业和改制后企业职工做好办理养老、医保、经济适用房申请、廉租房申请等事宜。倾听改制企业被安置职工的呼声，请示汇报、反映有关情况，做好职工思想疏导工作。加强行业管理和安全生产检查，规范开展信访工作，监督指导下属企业集体资产运营。推进五金厂资产处置和职工安置工作。

2023年度平和县规模以上工业企业一览表

表5

序号	企业名称
1	福建省宝利新型材料有限公司
2	福建省华诚陶瓷发展有限公司
3	漳州三泉石材有限公司
4	漳州瑞庆木业有限公司
5	平和毅宏木制品有限公司
6	漳州超优陶瓷有限公司
7	福建齐鲁武峰塑料制品有限公司
8	美艺陶（福建）高新建材有限公司
9	漳州市金泰纸业有限公司
10	福建优诺包装有限公司
11	漳州市丰鸿机械有限公司
12	漳州众鑫橡胶有限公司
13	漳州兴森木业有限公司
14	福建省百得利实业有限公司
15	漳州市万宝达建材有限公司
16	福建省群益陶瓷原料有限公司
17	漳州市红兴新型材料有限公司
18	福建彩联陶瓷有限公司
19	福建侨丰陶瓷有限公司
20	福建省集友陶瓷材料有限公司
21	平和中晟燃气有限公司
22	漳州实达新型建材有限公司
23	漳州市程盛再生资源有限公司
24	福建省鸿星陶瓷发展有限公司
25	福建霹雳陶瓷有限公司
26	平和县泰兴汽车配件厂
27	漳州福和应用材料科技有限公司
28	福建柏木林木业有限公司
29	平和华元素生物科技有限公司
30	漳州市进辉木业有限公司
31	漳州林佳木业有限公司
32	漳州华能工贸有限公司
33	漳州时时进工贸有限公司
34	佳亿（漳州）纸业有限公司
35	漳州志鸿工贸有限公司
36	福建澳诚工贸有限公司
37	漳州双嘉工贸有限公司
38	福建省鑫世纪木业有限公司
39	漳州中凯环保科技有限公司
40	福建省鑫源祥木业有限公司
41	福建优晟饲料有限公司
42	漳州市瑞承木业有限公司
43	瀚蓝（平和）固废处理有限公司
44	漳州市正品木业有限公司
45	漳州市闽润丰木业有限公司
46	福建柏年鸿木业有限公司
47	福建峻马木业有限公司
48	福建双龙木业有限公司
49	福建荣辉铝业有限公司
50	平和双益木制品有限公司
51	漳州市俊诚木业有限公司
52	漳州板顺长木业有限公司
53	漳州隆顺木业有限公司
54	漳州市合创木业有限公司
55	福建壹工软包装科技有限公司
56	漳州市伟达工贸有限公司
57	漳州市福泰再生资源股份有限公司
58	福建双龙混凝土有限公司
59	漳州市泉都机械制造有限公司
60	福建省华铭建筑材料有限公司
61	福建宝寨木业有限公司
62	平和县永盛木业有限公司
63	平和县广宇木业有限公司
64	福建鹭博道路工程有限公司
65	漳州市聪敏木业有限公司
66	漳州市鑫宸木业有限公司
67	漳州市鑫呈木业有限公司
68	漳州市鑫达森木业有限公司
69	漳州市林泳木业有限公司
70	漳州市平和建伟木业有限公司

续表 5

序号	企业名称
71	漳州市元璟木业有限公司
72	漳州潮顺木业有限公司
73	漳州市合木木业有限公司
74	漳州亚炎木业有限公司
75	漳州少云木业有限公司
76	漳州平和佳森木制品有限公司
77	福建森锦木业有限公司
78	漳州市双马木业有限公司
79	漳州市佰森木业有限公司
80	福建柏祥木业有限公司
81	漳州信坤木业有限公司
82	平和县兴艺木业有限公司
83	漳州市俊艺木业有限公司
84	漳州松佳木业有限公司
85	漳州市闽平木制品有限公司
86	漳州宝林木业有限公司
87	漳州市鑫盛木业有限公司
88	漳州市吉琛木业有限公司
89	福建省平和汇盛工业有限公司
90	福建兴发机械有限公司
91	平和县永恒金属制造有限公司
92	平和县林兴木材加工厂
93	平和县亿佳木业有限公司
94	漳州市润鑫木业有限公司
95	漳州市财源纸品股份有限公司
96	平和县旺发木业加工厂
97	福建领峰食品有限公司
98	漳州市同兴木业有限公司
99	平和县鑫鑫木业有限公司
100	平和县隆鑫木业有限公司
101	漳州星创木业有限公司
102	漳州市谦谦木业有限公司
103	福建益果园食品有限公司
104	平和县利洲新材料科技有限公司
105	平和县塔牌混凝土有限公司
106	福建省旺发新能源科技有限公司

序号	企业名称
107	福建平和宝峰罐头食品有限公司
108	漳州玉露食品科技股份有限公司
109	鸿源昌（平和）金属科技有限公司
110	平和县优森木业有限公司
111	漳州群强木业有限公司
112	平和县森辉木业有限公司
113	漳州市诚裕木业有限公司
114	漳州市同辉木业有限公司
115	漳州市良辉木业有限公司
116	平和县聚福木业有限公司
117	漳州市天湖纸业股份有限公司
118	中宝（福建）食品科技有限公司
119	福建省平和隆溪工业有限公司
120	福建宏绿食品有限公司
121	漳州市恒达发电有限公司
122	福建省天醇茶业有限公司
123	平和县顺发木材加工场
124	漳州荣香食品有限公司
125	福建乐其家俬有限公司
126	福建广和堂生物科技有限公司
127	平和县骏达混凝土有限公司
128	漳州市建新包装制品有限公司
129	漳州唐宗家居用品有限公司
130	漳州昇泰科技有限公司
131	平和县裕辉食品有限公司
132	平和县金龙食品厂
133	漳州市益达纸业有限公司
134	漳州市澳利陶瓷发展有限公司
135	漳州市上层工贸有限公司
136	福建实鑫木业有限公司
137	福建琯溪源食品工业有限公司
138	福建根动力生物科技有限公司
139	福建越海沙石有限公司
140	漳州瑞辉木业有限公司
141	福建铭盛新型建材科技有限公司
142	漳州市昆沅工贸有限公司

续表 5

序号	企业名称	序号	企业名称
143	平和县裕华新型建材有限公司	154	平和县阳山茶厂
144	平和县隆荣茶业有限公司	155	漳州市双木木制品有限责任公司
145	福建聚卓新能源科技有限公司	156	漳州闽和工贸有限公司
146	福建两顺市政工程有限公司	157	漳州市森发工贸有限公司
147	环盛（福建）新型建材科技有限公司	158	福建省祥兰茶业有限公司
148	平和盛宏工贸有限公司	159	福建海山茶业有限公司
149	漳州市聚福木业有限公司	160	漳州坤城茶业有限公司
150	漳州市勇森木业有限公司	161	漳州震元纸品有限公司
151	福建平和弘裕包装有限公司	162	漳州市宏顺纸业有限公司
152	福建平和华宇机械有限公司	163	漳州市辰达板业有限公司
153	福建省双鑫机械有限公司	164	平和春鑫混凝土工程有限公司
154	平和县阳山茶厂	165	福建省林丰肥料有限公司
155	漳州市双木木制品有限责任公司	166	漳州晨丰农业有限公司
156	漳州闽和工贸有限公司	167	平和县鑫泰德远矿业有限公司
157	漳州市森发工贸有限公司	168	平和坚毅木业有限公司
158	福建省祥兰茶业有限公司	169	漳州霖和良坝水电有限公司
159	福建海山茶业有限公司	170	风竹（漳州）纸业有限公司
160	漳州坤城茶业有限公司	171	福建澳成木业集团有限公司
161	漳州震元纸品有限公司	172	福建西蝉木业有限公司
162	漳州市宏顺纸业有限公司	173	漳州市特好佳塑料制品有限公司
149	漳州市聚福木业有限公司	174	漳州市知铭木业有限公司
150	漳州市勇森木业有限公司	175	漳州市福祥木业有限公司
151	福建平和弘裕包装有限公司	176	漳州市闽喆木业有限公司
152	福建平和华宇机械有限公司	177	漳州市信喆木业有限公司
153	福建省双鑫机械有限公司	—	—

（黄烨婷、卢伯甲）

家居建材业

【概况】 2023年，平和县建材家居规模工业企业有109家，占全县规模工业企业数的61.58%，实现规工产值119.81亿元，比上年增长15.35%，占全县规模工业总产值的63.41%。其中，生态木业产业规工企业88家完成产值75亿元，占全县规模工业总产值的39.6%。

【福建西蝉木业产业园】 2023年，福建西蝉木业产业园聚集福建西蝉木业有限公司、漳州市知铭木业有限公司、漳州市闽喆木业有限公司等12家企业，地块产值合计8.27亿元，地块税收合计2098.54万元（含税）。

【福建乐其家俬有限公司】 2023年，福建乐其家俬有限公司占地面积约3.35公顷，总投资1.2亿元。规划建设六座符合国际现代化厂房及配套设施，按照ISO 9001质量管理体系和

ISO 14001 环境管理体系的标准化、制度化、规范化的现代管理模式进行综合管理，被列为福建省漳州市重点项目和标杆企业。全年完成产值合计 4.92 亿元，出口销售额 4000 万元。

（黄烨婷）

食品加工业

【概况】 2023 年，平和县有食品工业企业 101 家，其中农副食品加工 48 家，食品制造 53 家，其中规模以上食品工业企业有 18 家。食品行业完成产值 22.42 亿元，占全县规模工业企业产值的 11.91%。

【和美科技产业园区】 和美科技产业园区位于三平高速路口旁，离漳州港 65 千米，厦门港 85 千米。产业园区总面积约 39.33 公顷，该产业园定位以食品加工为主。截至 2023 年底，入驻 6 家企业，其中福建兰茶王谷茶叶有限公司、平和县旅游集散中心、漳州市佰果味食品有限公司、福建中果农业发展有限公司 4 家企业开始试运营，新引进生产蜜柚原浆企业 1 家（恒懿鑫）、食品包装企业 1 家（洁方包装）。

【中宝（福建）食品科技有限公司】 2023 年，中宝（福建）食品科技有限公司主导产品包含 FD 冻干系列、果脯果派系列、方便食品等三大类，是一家集研发、生产、销售于一体的现代化食品生产型企业。技术中心面积达 1000 多平方米，各类检测、检验、试验等设备齐全，拥有发明专利 3 项和实用新型专利 20 多项。全年销售额达到 2.8 亿元，实现出口 1.04 亿元。公司 2023 年获“亩均论英雄”标杆企业称号、“平和县纳税大户”，并通过 2023 年福建省企业技术中心认定，实现平和县省级技术中心零的突破。

（黄烨婷）

电 力

【概况】 2023 年，国网平和县供电公司全年售电量 16.32 亿千瓦时，比上年增长 12.68%。营业收入 8.9 亿元、比上年增长 12.57%；利润总额 1983.31 万元，比上年增加 3216.18 万元，比上年增长 260.87%。资产总额 7.05 亿元，比上年增长 10.62%。模拟资产负债率 50.69%，比上年下降 13.48%。全年发展总投入 1.89 亿元，比上年增长 12.51%。全员劳动生产率 63.52 万元/（人•年），比上年增长 23.22%。公司安全生产总体运行平稳，未发生人身、电网事故和设备、网信安全事件。截至 2023 年 12 月 31 日，公司电网连续安全稳定运行 8399 天。

【项目建设】 2023 年，平和供电公司电网“双满意”工程连续三年被列为县委、县政府为民办实事项目清单首位，提前完成年度项目投资计划 7814 万元，完成率 100%。在坂仔、南胜网格建设光储充一体化新型供电单元示范点，平和整县光伏项目入编《百县千项清洁能源示范项目典型案例目录 2023》。全年并网光伏用户 3957 户，接入容量 130.91 兆瓦，比上年增长 99.22%，累计接入 6187 户，接入容量 210.51 兆瓦。落实可再生能源补贴，支付上网电费及补助 5622.18 万元。助推新能源汽车下乡，累计服务建设 1343 户民用充电设施。建成 5 个乡村电气化富民项目，应用“慧农帮”帮扶平台完成帮扶 4.4 万元。治理设备隐患 450 项，用户平均停电时间比上年下降 24.48%，故障平均停电时间比上年下降 43.03%。投产 110 千伏山格变 2 号主变扩建工程、35 千伏芦溪变 1、2 号主变改造工程、110 千伏九峰变 2 号主变扩建工程等 3 项重点工程项目，新增变电容量 101.5 兆伏安。推进 110 千伏霞寨输变电工程、三五配电化站改接国强变 35 千伏线路工程。

【供电服务】 2023 年，平和供电公司优化电网运行方式，应对网供最高负荷首破 29.17 万千瓦，完成全国两会、迎峰度夏等重要时段保供电任务。全年新增用电户 1.22 万户，新增接电容量 40.15 万千伏安，比上年增

2023年5月6日，为做好迎峰度夏前准备，国网平和供电公司工作人员开展变电隔离开关检修消缺工作　　（平和供电公司 供图）

长21.31%。“电e金服”落地5425.79万元，完成率117.95%，完成率排名第一。推动县政府外线（外线：供电公司产权线路从T接点至用户红线范围内的线路设备投资，由政府投资）投资政策100%落地，全县8个地块全部纳入土地开发成本。“百千万”客户大走访，解决诉求121项。挂点、靠前服务省、市重点项目接电项目5个。运用电力大数据分析精准服务政府决策，得到各方批示肯定（感谢信）12次。

【企业管理】 2023年，平和供电公司项目部完成营收1259.47万元，比上年增长57.84%；完成省管产业利润总额75万元。平和整县光伏项目，累计开工135座电站、实现并网119座。电费回收率实现双结零，电费预收比例达88.12%，排名第三，实现年度80%目标。常态化开展“三清理两提高”（清理在建工程、工程物资、工程往来款；提高暂估转资效率、竣工决算效率专项行动）专项行动，实现2年以上挂账金额压降65.60%，工程转资率75.97%。废旧物资拍卖收入143.99万元，比增52.51%。提质增效“一本账”创利160.61万元。开展“合规管理提升年”行动，合规微视频获省公司二等奖。依法依规处理案件2件，挽回经济损失123万元。开展配网项目审计自查，发现监理履职不到位等6类8个问题。

【改革创新】 2023年，平和供电公司构建以资产为核心的经营理念，公司售电量首次突破16亿千瓦时大关，公司利润实现扭亏为盈，主要经营业绩指标稳中向好。加快数字化转型步伐，完成35千伏国强变及坂仔所国强营业网点自建光缆建设；推进3座110千伏变电站智能巡视改造，累计开发18个RPA（机器人流程自动化）应用、1个BI（商业智能）看板上架运行。

（简勇煜、孙捷）

工业园区

【概况】 2023年，平和工业园区有规上企业76家，主要有木业产业、陶瓷产业、造纸产业、塑料产业等产业。实现规模工业产值86亿元，比上年同期增长6.8%；全年财税收入1.3亿元，超全年任务的50%。完成13个签约项目，总投资额3.6亿元，主要为建材家居项目。

【工业园区项目建设】 2023年，平和工业园区推进地块征迁扫尾攻坚工作，完成土地征收64.08公顷，处置批而未供土地17.16公顷、闲置土地0.8公顷。转让盘活实达建材和汇润丰2个项目，推进新建闲置厂房租赁项目9个。

【基础设施建设】 2023年，平和工业园区投资1亿元实施污水处理厂扩容提标工程。完成垃圾堆放场垃圾处置一期工程。完成上峰公路、公园二路、纵三路、纵六路段、国道段的污水管道铺设，铺设管道3千米，建设检查井160个。改造投用径内湿地公园和寨仔湿地公园。规划实施平和工业园区（工业区、黄井村、西蝉社区）污水管网基础设施建设工程和特好佳至后坑和益达至横五路雨污分离管道项目。开展园区基础设施破损情况梳理排查与修复工作，测绘管网15千米，企业排口排查71家；管网清淤检测完成8.1千米，发现重大缺陷11处，清理阻塞36处。完成西南地块九道路、黄上路建设。完成园区立面和绿化改造。

【标准化建设】2023年，平和工业园区联合漳州城市规划院开展现场调研，收集各项资料，开展专项规划编制。严控新增陶瓷、造纸等“两高”（高耗能、高排放）项目，完善园区主导产业链条。引导企业从建筑模板向智能家居等高端木业转变。提升园区开发能力，规划实施科技孵化中心（人才公寓）、纵七路、标准厂房及其配套设施项目。

【生态环境保护】2023年，平和工业园区实施黄井溪流域水环境综合治理项目。严格落实河道巡查制度，发挥河道专管员作用，做好巡岸巡河工作。加强排水企业监督检查，加大入河排污口的溯源排查整治力度。出台扬尘污染整治专项工作方案，加强对在建工地日常巡查，加大道路日常管理和保洁力度。完成10家大气重点排污企业大气污染物排放自动监测设备安装并联网。黄井村下游省考小流域断面监测均值III类水，空气质量综合指数在全市41个重点乡镇空气质量考核排名第16位。

【园区安全生产】2023年，平和工业园区推进安全生产各类大整治大排查活动，落实“一岗双责”，实行每月、季巡查制度，落实常态化检查。开展新《中华人民共和国安全生产法》宣传工作，开展各类演练近百场次。坚持经济发展与维护稳定两手抓两手硬，严厉打击各类违法犯罪活动，解决群众反映强烈的突出治安问题。开展矛盾纠纷排查调处工作。与法官工作室、检察官工作室、黄井警务室、消防站等部门建立健全治安防控、调解、安全生产及消防应急排查等工作机制。

（陈艺伟）

商贸流通

商 贸

【概况】 2023年，平和县新增新上限额以上商贸企业70家，比上年增长59.09%；在库限额以上商贸企业204家。全年完成社会消费品零售总额120.47亿元，比上年增长10.4%，全市排名第三。实际利用外资完成503万美元，全市排名第七；进出口完成6.05亿元，比上年增长65.7%，全市排名第三。漳州平和东湖农产品有限公司申报的“平和琯溪蜜柚”获全国首批地理标志产品品牌证明书，实现地理标志产品品牌认证新突破。

【招商引资】 2023年，平和县围绕机械制造、食品加工、生态木业等重点产业，县主要领导赴泉州、广西等地举办专场招商推介会3场，策划“一把手”赴厦门、北京、南京等地外出招商17次，推动汇润丰木业、东盛大酒店、三平康养小镇综合体、鑫晟旺工贸综合体项目等项目签约落地。全年推动新签约二、三产项目78个，总投资额126.8亿元，排名全市第三。

【海外市场拓展】 2023年，平和县引导和组织企业参加菲律宾食品展、马来西亚和波兰食品展、柏林果蔬展、广交会等线上线下境内外展会，做好各项对接工作，帮助企业开拓市场。海山茶业和玉露食品2家公司参加马来西亚食品展和波兰食品展；海山茶业与马来西亚中国茶业总商会签署平和白芽奇兰茶贸易合作，签约200多万元订单和180万元意向订单，并于10月30日首次出口柚乡奇兰到马来西亚，开拓东盟市场。

2023年6月2—4日，“相约古城　味爱平和”平和县特色产品走进漳州古城展销会活动在漳州古城举办。图为6月2日，项目签约仪式现场

（县工信局 供图）

【住宿餐饮业】 2023年，平和县有餐饮服务单位1364家、单位食堂124家（包含学校食堂106家）。加强餐饮环节浪费行为监管，推广“小份菜”“半份菜”“网络点餐明示食品重量”等做法，倡导使用可降解打包、外卖餐盒餐具。印制“适量点餐 浪费可耻”“谁知盘中餐粒粒皆辛苦”“文明用餐从我做起”“节约粮食 拒绝浪费”“粮食安全不容忽视”等字样桌贴2050张，“崇尚节俭反对浪费”宣传提示语500余张。全年开展非星级酒店专项督导3轮，开具整改告知单4张，4家非星级酒店完成整改工作，整改率100%。

【促消费活动】 2023年，平和县工信局帮助企业拓展销路提升品牌知名度，联合省工信厅、省驻京办、市工信局在北京举办为期5天的“柚香飘北京·产业促振兴”，北京福建会客厅·平和县特色食品展销会，展会期间举办“白芽奇兰茶”“大芹威士忌”和“食味琯溪，寻味南胜”三场品鉴会；联合市工信局、九龙江集团举办为期3天的“相约古城·味爱平和”平和县特色食品走进漳州古城展销会。2场专场展销会吸引线下线上超100万人次观展，促成意向订单1.1亿元；推动福建大芹陆宜酒业有限公司拓宽销售渠道、增加订单。

（黄烨婷、叶子瑜）

电子商务

【概况】 2023年，平和县电子商务服务中心开展电商一件代发、物流快递集中仓储、工商注册代理业务、财税代理业务、电商培训、电商平台对接等业务。全县电商交易额达35.14亿元，比上年增长7.2%；全县网络零售额12.73亿元，增长61.07%。出台关于做好2022年度县级促进电子商务专项资金申报方案，兑现7家快递企业补助资金150万元。

【电商发展】 2023年，平和县探索电商资源整合模式，成立平和县电商行业协会，漳州市贵友工贸有限公司赖游龙当选理事会会长。举办2023年平和县新农人“双百双万”素质提升工程暨电子商务人才培训班，近70名青年参加培训。

【跨境电商企业培育】 2023年，平和县组织企业参加省、市举办的跨境电商培训和政策辅导交流会，分别组织平和县峰兰茶叶专业合作社、福建润丰贸易有限公司、佳亿（漳州）纸业有限公司参加漳州市TikTok专题培训班和漳州市阿里巴巴国际站专题培训班，培育孵化跨境电商企业。

（黄烨婷）

供销合作

【概况】 2023年，平和县供销社全系统有14个基层社和农资、供销农资、土产、果品、供合联资产管理有限公司、茶厂等6个直属单位。商品购进总额44.03亿元，比上年增长13%，其中包含农产品购进22.22亿元，比上年增长5%；商品销售总额47.90亿元，比上年增长13%。其中包含消费品零售额8.74亿元，比上年增长13%；农业生产资料销售11.32亿元，比上年增长12%；完成利润20万元，比上年增长17.23%。完成平和县城关供销社乡镇惠农综合服务中心建设项目。推进“十百千”工程，完成网点建设选点240个。推进“绿色农资”行动，成立第四届农资行业协会，吸收会员93家，涉及14个乡镇，授牌理事单位82家。平和县供销社获2023年度全市供销社综合业绩考核一等奖。

【基层社建设】 2023年，平和县供销社推进基层社组织建设，全系统新建农村综合服务社6个，新发展农民合作社10个，高质量发展基层社2个，改造升级薄弱基层社1个，惠农中心市级试点1个、县级试点1个，土地托管333.33公顷及农业社会化服务面积1933.33公顷。做好基层社改造，定期召开征迁工作专题会议，

2023年2月13日，平和县供销社到文峰镇基层供销社检查春耕备耕、化肥购销台账等工作情况 （县供销社 供图）

摸底崎岭供销社改建项目，初步形成《平和县崎岭供销社房屋征收补偿安置方案》；抓好崎岭供销社项目用地处置工作，加强资产管理，县政府拨付440万元专款用于解决崎岭供销社房屋征收的处置事宜。

【基层社监管】 2023年，平和县供销社成立“平和县供销社进一步严格落实中央八项规定精神、规范财务管理领导小组”，加强对各基层社、公司（厂）的日常监管，督促各基层社、公司（厂）开展自查自纠。对部分基层社、公司进行财务监督指导，完成霞寨、崎岭、九峰、农资公司等7家基层单位财务移交专项工作。按程序做好新一轮资产租赁公开招标，平和茶厂仓库收入租金52000元；平和县土产公司西大路办公楼一层店面收入年租金15000元。开展五寨、城关、霞寨等供销社法人离任审计。

【供销为农服务】 2023年，平和县供销社加强优质肥料特别是优质有机肥采购，春耕化肥冬储完成33337吨。其中优质肥完成22107吨；小化肥完成11230吨。开展农资保供检查工作，到乡镇基层供销社开展春耕备耕、化肥购销台账等工作情况检查，并对农资示范门店建设进行指导，规范系统内农资网点经营行为。到国强乡高坑村开展春耕农资科技下乡活动。

【安全生产监管与宣传】 2023年，平和县供销社抓好安全生产，印发2023年平和县供销社系统平安建设（综治工作）责任书、安全生产和消防工作目标责任书和重大事故隐患专项排查整治2023行动方案，制定“安全生产月”活动方案，开展安全生产大检查10多次。

【花山溪专项整治工作推进】 2023年，平和县供销社加强日常监管，到崎岭、文峰、山格、小溪等供销社开展化肥台账录入工作情况检查；督促基层供销社主任做好属地管理，县供销社随机下乡抽查指导的“双监管”机制，巩固整治成果；与市农资专班到小溪、山格镇开展农资专项联合检查行动，督查《平和县化肥经营示范店创建暂行办法》落实情况。加强部门联动，与市管局、农业局到霞寨、文峰、山格、小溪开展5次部门联合检查行动。参与《平和县花山溪流域乡镇有机肥监管工作意见》制定，加强有机肥监管；配合兴和公司、县农业农村局、县市场监督管理局开展有机肥、土壤改良剂抽检1次。加强宣传，利用平和网、“平和新闻”微信公众号等宣传花山溪整改工作4条次，联合县农业局等部门到国强乡高坑村开展农资科技下乡宣传活动1次。

【“一县一周”农产品展示展销活动】 2023年，平和县供销社组织2家企业参加“一县一周”元宵场福建供销农产品展示展销活动，展出枕头饼、自热饭、梅菜笋丝、葡萄柚、蜜柚等10多个农产品，5日销售额达58900

元，宏绿食品有限公司展销现场与“武夷山水（建字号）”达成30万元预定意向。组织平和全域旅游集散中心（茶王谷）参加“金秋消费季·供销合作社在行动”庆丰收专场的“一县一周”展示展销活动，平和全域旅游集散中心（茶王谷）在展销期间销售额达2.65万元。

（何林彬）

粮食和物资储备

【概况】 2023年，平和县粮食和物资储备局围绕粮食安全党政考核责任制工作，推进依法管粮、依法行政，加强粮食市场监督检查，保障粮食安全。县储备粮公司通过漳州市粮食流通企业安全生产标准化三级达标。

【储备粮监管】 2023年，平和县加强粮食监管，结合涉粮问题整改，建立完善粮食购销全领域制度，落实储备粮巡查制度。加强粮油质量监管，做好2023年政策性粮油库存检查工作，完成2023年度县级储备粮轮换任务。加强应急物资管理。

【粮储基础设施建设】 2023年，平和县推进东坑储备粮库扩建工程。完成粮食购销领域信息化建设。推进充氮气调绿色储粮技术运用，完成东坑储备粮库部分仓气密性改造。

（卢天澍）

烟草专卖

【概况】 2023年，平和县烟草专卖局（分公司）实现税利2.46亿元，比上年同期增长10.43%。被中共平和县委县直机关工委评为“2023年度五星级党组织”。《构建品牌外流风险概率模型》课题获全省系统三等奖、全市系统二等奖。打造“创新人才工作室”。

【烟草市场监督管理】 2023年，平和县烟草专卖局查获涉假案件6起（未查获烟机案件），查获假冒卷烟713.56万支，烟丝烟叶3.14吨及大量原辅材料。推动案件破网追刑，刑拘3人，逮捕13人，判刑8人，查获涉假车辆8辆，全年涉假总案值达514万元，向国家局申报一级重大案件1起，三级重大案件1起；推动签订四方会议纪要，加快涉案物品处置，集中销毁假烟1167万支、烟丝（叶）22.4吨。查处市场案件87起，其中一般案件76起，5万元以上大要案11起，查获涉案卷烟10554条，总案值约166万元，全年平均市场净化率约为95%。

【零售终端建设】 2023年，平和县烟草专卖局打造样板终端，加大力度指导8家“海丝新晟”终端日常运营。新建“海丝新晟”终端15家，实现所有乡镇全覆盖。打造平和联营客户体系，梳理优化联营客户至563户，占客户总数的17.67%。联合开展“暖心帮扶”“爱心助力”等活动5场次，帮助困难零售客户37户，协助办

2023年1月18日，平和县烟草专卖局与县公安局、市管局到小溪镇开展打私专项检查　（平和县烟草专卖局 供图）

理烟商贷 3500 余万元。

【数字转型】 2023 年，平和县烟草专卖局加强与市局信息中心共建，开展数字员工培训、数字化工作座谈，试点运用“文档云”平台。推广运用“数智党建”、办公协同平台，创建资产借用、LED 屏发布、物资借用等数字场景 4 项，党员参与率、员工使用率均达 100%。运用品牌探店、线上直播、线上推广等方式开展营销活动。组织开展数字化课题专项研究，形成“品牌外流风险模型”数字成果 1 项，并落地运用于治理真烟异常流动工作。

【烟草企业管理】 2023 年，平和县烟草专卖局投入 34.63 万元修缮企业文化展厅，投入资金 16.16 万元维修经营业务用房外墙。推动三块土地政府收储及一处房产拍卖工作；针对两起合同涉违约金案提起诉讼，解决赔付难问题。联合开展摆摊普法活动；组织开展“律师坐课直播间”活动，选派 2 名具有执业资格的公司律师到直播间进行普法宣传；组建“蒲公英”普法志愿者队伍，面向社会开展志愿普法活动。

（黄梦婷）

金融业

综述

【存款贷款】 2023年，中国银行保险监督管理委员会漳州监管分局平和监管组强化监管，优化金融服务，辖区银行保险业稳健运行。至12月末，全县银行机构8家，52个营业网点。各项贷款170.96亿元，比上年增长16.4%；新增贷款24.09亿元，比上年增加7.37亿元。各项存款234.16亿元，比上年增长8.45%；新增存款18.25亿元，比上年减少3.21亿元。辖区不良贷款余额1.5亿元，占比0.88%。2023年，根据党和国家机构改革方案，中国人民银行平和县支行相关职能上收到中国人民银行漳州市中心支行。

【金融服务】 2023年，平和监管组组织开展金融支持扩大内需、小微企业金融服务、脱贫人口小额信贷、新市民金融服务等监管督导，推动辖内机构提供对消费领域、小微企业、个体工商户、涉农普惠和新市民金融服务。截至12月底，辖区小微企业贷款、个人消费贷款、制造业贷款、涉农贷款分别比年初增长27%、41.9%、45.5%、19.4%，分别高于各项贷款增速10.8个百分点、25.7个百分点、29.4个百分点、3.3个百分点。个体工商户贷款增加2041户，增长18.8%，贷款余额，增长22.8%，高于各项贷款增速6.7个百分点；脱贫人口小额信贷覆盖面15.88%，超额完成15%的考核指标；为新市民562人提供信贷支持金额1.94亿元。

【金融风险监管】 2023年，平和监管组强化金融风险监测预警和督导检查。守住安全生产底

2023年5月15日，中国人民银行平和县支行、平和县公安局联合开展“5·15”全国公安机关打击和防范经济犯罪宣传日活动

（人民银行平和县支行 供图）

线，围绕大额授信、柜面业务、案防五道防线、员工行为和安防等重点领域加强对法人机构日常巡查；强化保险机构调查核查、邮储代理机构飞行检查；开展重大事故隐患专项排查整治，督促辖区机构常态化开展安全隐患排查；开展安全巡查、重大节假日期间安全大检查和第八轮安全评估，推动辖区机构安防薄弱网点改造升级6个。

辖区信用风险 截至12月末，平和县辖内银行机构总体实现不良贷款“双降”和潜在信用风险下降。全辖不良贷款比年初减少63.86万元，不良率1.16%，较年初下降0.19个百分点；关注类贷款、逾期贷款比年初分别减少0.47亿元、0.42亿元，占比比年初均下降1个百分点。

法人机构信用风险 平和监管组加强日常监管数据指标异动监测分析；开展信用风险隐患排查督导，摸清信用风险底数；按月跟进村镇银行不良贷款处置进展情况，督促前瞻做好信用风险处置规划，逐月逐笔研究“一户一策”化解处置措施；加强与地方政府部门沟通汇报，推进村镇银行风险化解。联合人行、法院开展村镇银行信用风险化解会商，向地方政府汇报村行风险问题，得到县委县政府高度重视，县政府主要负责人组织召开部门协调会、县委书记亲自过问并约谈当地法院督促支持村行不良贷款依法清收工作。截至12月底，平和农商银行不良贷款比年初减少983.79万元，不良率1.02%，下降0.47个百分点；平和润丰村镇银行全年处置不良贷款768.53万元，比上年增长220.88万元，不良贷款比年初减少42.26万元，不良率1.77%，下降0.17个百分点。

村行流动性风险 平和监管组推进村行做好异地同业存放额度管理，指导开展流动性压力测试、集中取款应急演练，加强日常资金头寸监测，确保流动性充足。

2023年，人民银行平和支行协调配合地方政府、金融监管部门，做好防范化解重大金融风险攻坚战各项任务。关注银行业金融机构信贷风险变化情况、地方政府债务风险，防控地方政府债务风险向金融领域扩散；配合地方政府化解企业信贷等风险。做好存款保险相关工作，综合发挥存款保险和央行现场评级对风险早识别、早预警、早纠正功能运用信用评定成果，降低融资成本。开通国库业务绿色通道，收纳各级预算收入10.06亿元，拨款43.29亿元；发挥国库监管“制衡”作用。加强对拨款、集中支付清算等业务的审核监督，建立直达资金台账。组织国债发行，加强国债巡查。

【金融纠纷调处】 2023年，平和监管组跟踪“一站两中心”（银行业保险业消费者权益保护服务中心平和县工作站、金融纠纷多元化解中心、涉农金融审判与司法服务中心）运转情况，走访各银行机构了解对纠纷调解效果看法和存在的问题；加强与地方法院沟通，协调有关诉讼、执行事项，推进贷款维权和处置化解工作。全年接件286件，调解233件，涉及金额1906.3万元。

【外汇服务管理】 2023年，人民银行平和支行加强贸易外汇收支便利化政策宣传，促进外贸新业态发展。支持银行提供更加安全、高效、低成本的跨境结算服务。畅通外汇便利化政策传导机制，常态化对银行开展外汇服务暗访评估，指导银行提升办理“不常见、不好办”等业务的专业能力和服务水平，推动外汇便利化政策落地。加强银行走访、企业调研，引导企业提升应对汇率双向波动和外部冲击风险的能力。

（林钧南 卢纯青）

银行业

【概况】 2023年，平和县有银行机构8家，52个营业网点：至12月末，全辖银行业金融机构贷款170.96亿元，比上年增长16.4%；全年新增贷款24.09亿元，比上年增加7.37亿元。各项存款234.16亿元，比上年增长8.45%；全年新增存款18.25亿元，比上年减少3.21亿元。

2023 年 3 月 15 日，农发行平和县支行员工前往县金融知识普及基地“农发行之窗”，开展“3 · 15”金融消费者权益保护日宣传活动

（农发行平和县支行 供图）

【中国农业发展银行平和县支行】 2023 年，中国农业发展银行平和县支行各项贷款余额 19.09 亿元，比年初增加 3.55 亿元，增长 22.84%；贷款日均余额 17.52 亿元，比上年增加 3.43 亿元，增长 24.34%。

支农成效　配合平和县财政局和南靖县财政局、粮食主管部门落实县级储备粮轮换制度，做好地方粮油储备贷款的轮换与展期工作，投放地方储备粮油贷款 5 笔，展期 14 笔；跟进辖内重点项目，全年发放中长期项目贷款 7.57 亿元。

优化服务　做好数智函证系统、财税库银系统、新版企业网银等服务渠道系统改造上线工作。开展办理非税收入代收缴 1.36 亿元。截至 12 月末，有 147 家客户、159 个账户。开展金融知识宣传活动，组织员工开展入户宣传 15 次，到县金融知识宣传基地“农发行之窗”宣传 4 次，参与县人行等机关牵头举办的宣传活动 3 次。

（吴小霞）

【中国农业银行股份有限公司平和县支行】 2023 年，中国农业银行股份有限公司平和县支行下辖 8 个网点，各项存款余额 43.09 亿元，各项贷款余额 30.02 亿元。不良贷款余额 1939.77 万元，不良率 0.65%，风险总体可控。

普惠金融　加大对蜜柚种植户、收购户及农资经销商等全产业链客户群体的信贷支持力度，通过加快信用村及综合经营模式的准入，扩大“惠农 e 贷”发展客群。至 12 月末，全行“惠农 e 贷”授信余额 10.69 亿元，比年初增加 1.04 亿元，用信余额 8.62 亿元，比年初增加 0.83 亿元，覆盖各县、乡镇和 98% 以上的行政村，惠及农户 7153 户。批准准入信用村 80 个及综合经营村 69 个。“惠农 e 贷”增值服务客户 3486 户，比年初净增 501 户，“惠农 e 贷”增值客户累计提额办理 2590 户，办理率 74.30%。支持小微企业发展，围绕特色产业的生产、加工（包括深加工）、销售、运输等产业链，加大信贷支持力度，获批重点项目 2 个，金额 0.28 亿元。普惠小微贷款户数 89 户，比年初增加 30 户，增长 50.84%，其中“首贷户”比年初增加 25 户；全行普惠贷款余额 5.66 亿元，比年初增加 2.33 亿元，其中法人普惠贷款余额 1.31 亿元，比年初增加 0.4 亿元，法人普惠增量及完成率居全市农行第一；支持制造业企业 13 户，比年初增加 8 户，贷款余额 7000 万元，比年初增加 5320 万元。支持法人绿色信贷客户 1 户，贷款余额 1900 万元，比年初增加 900 万元，完成全年计划的 90%。

（张耿汉）

【福建平和农村商业银行股份有限公司】 2023 年，福建平和农村商业银行股份有限公司（简称“平和农商银行”）资产规模 131 亿元，比年初增加 24 亿元；各项存款余额 97.7 亿元，比年初增加 9.73 亿元，增长 11.06%，存款余额占全县金融机构存款余额的 41.76%；各项贷款余额 65.74 亿元，增加13.99亿元，贷款余额占全县金融机构贷款余额的38.45%；个人贷款户数5.26万户，覆盖面42.87%。涉农贷款余额56.33亿元，比年初增加10.31亿元。平和农商银行获2023年度“漳州市经济建设突出贡献企业”荣誉称号。

普惠金融服务　平和农商银行对接平和居民、新型农业经营主体、外出乡贤和新市民，推进金融服务的广度。全年新增消费贷户数7500户金额6.27亿元，支持554户新市民金额1.98亿元，助力县域新型农业主体1994户金额8.01亿元，并与7家驻外招商联络处建立联系机制。

减费让利服务　平和农商银行推广“闽商易融”，加大“提质增产争效专项贷款”投放力度，落实阶段性减息政策；降低跨省跨行现金支取手续费、企业开户手续费、转账汇兑手续费、电子银行服务收费，免收账户管理费、取消部分票据业务收费，为平和企业、农户减免费用近155万元，各项贷款加权利率比年初下降55个BP，让利乡村振兴5000多万元。

文旅发展服务　平和农商银行融入平和打造以“行旅世界 心归平和”为主题的全域旅游示范县中，创新推出“乡旅贷”产品；设立专项资金8亿元精服务县域民宿、餐饮、特产经营等市场主体；参与五寨乡共促文旅经济乡村振兴发展暨平和县迁台记忆馆启动仪式并授信10亿元；承办平和县主题旅游季活动启动仪式，

2023年12月30日，平和农商银行首张福建农信平和乡风民俗卡在“行旅世界 心归平和”主题旅游季活动上发放

（平和农商银行 供图）

发放全省首张福建农信平和乡风民俗卡；加强对三平寺、高峰谷、灵通山等景区的支付场景建设，为三大景区及周边47家商户提供收款服务，涉及笔数106.18万笔、金额5061.99万元。

绿色发展服务　平和农商银行围绕花山溪流域生态治理、打造“三坑两涧”核心产区和“柚香奇兰”产业发展，推出“福”字系列产品，助力县域实现“园改耕”“退果还林”“退果还茶”“减肥增效”。截至2023年末，累计发放“福绿贷”“福茶贷”“福稻贷”676户金额1.35亿元。对接林产品生产销售企业，入驻“福农e购”林产品企业5家，销售1746件，金额4.4万元。

多社融合发展　平和农商银行与县人民法院联合开展上门专项执法行动，严厉打击恶意逃废金融债务行为。协办“共享与普惠 构建乡村振兴市场共同体”2023年平和中小学生田径运动会。与县工商联共商共建，为民营企业提供金融服务。全年为530户小微企业、个体工商户提供“提质增产争效贷”2.7亿元。

（叶思伶）

【中国银行股份有限公司平和支行】　2023年，中国银行股份有限公司平和支行（简称“中行平和支行”）主营业务收入9375万元，上缴各项税费154.89万元，税后利润3422万元。人民币核心存款余额18.94亿元，比年初增加13266万元。其中：公司存款4.89亿元，个人存款14.04亿元。外币存款162万美元，比年初减少99万元。各项人民币贷款106851万元，比年初减少481万元。其中：公司贷款余额4.42亿元，个人贷款6.26亿元（含信用

卡透支 5605 万元）。

服务实体经济　中行平和支行普惠小微企业贷款户数 195 户，新增 56 户。普惠贷款余额 3.04 亿元，较上年新增 8402 万元。推出中银企 E 贷，包括信用贷、银税贷、抵押贷等线上贷款产品，随借随还按日计息，推动“商贸贷、外贸贷、科技贷”与线上贷款产品融合。全年公司授信客户 40 户，重点支持重点项目以及落户平和工业园区的工业企业、绿色环保企业和本地民营企业。支持小微企业、个体工商户、水果种植户，购置“外滩壹号”“宸洲尚品府”等楼盘，以及二手房交易等住房的按揭贷款需求。

社会保障卡系统民生工程　中行平和支行设立农村普惠金融服务点 84 户，覆盖平和县所有乡镇。社保卡开卡数 64.23 万张（含一、二、三代社保卡）。完成换卡 23.43 万张，完成材料收集 25.87 万张。卫健局的计划生育奖扶资金、林业局的生态林补贴、农村防疫员、农机员补贴，规划建设局的农村危房改造补贴、民政局的残疾人生活补贴、护理津贴等通过社保卡代发。全年代发各种业务 41.34 万笔，总金额 3.90 亿元。

（周思意）

【中国建设银行平和支行】 2023 年，中国建设银行平和支行一般性时点存款新增 2.31 亿元，比上年增长 1.12%；一般性时点贷款新增 3.2 亿元，比上年增长 2.52%。账面利润 4104.83 万元。信用卡客户净新增 1194 户；信用卡专项分期交易额 6382 万元，完成率 98.19%，居全市第 4 名。加权价值商户数的完成率和增速均在全市排名第一，总商户数的活跃率 85%，排名全市第三；新签约手机银行客户活跃率、绑卡同步率和快捷支付动户率均位居全市第七。新增客户数 295 户，完成率 123.05%，全市排名第二。

服务乡村振兴　建行平和支行农户信息建档立卡授信户 243 户，授信金额 2288 万元，全省第二。推进“抵押贷”“闽叶云贷”“商户云贷”“云税贷”等平台快贷产品。普惠贷款新增 1.76 亿元。全年加权价值商户新增 777 户，完成率 201.14%。

（林仕钦）

【邮储银行平和县支行】 2023 年，中国邮政储蓄银行平和县支行（简称“邮储银行平和县支行”）个人自营存款年日均余额 5806.61 万元，较上年末减少 666.19 万元；公司存款（邮银板块）余额 0.98 亿元，年减 1.55 亿元；各项贷款余额 10.5 亿元，比年初增加 1.65 亿元；信用卡新客新增 1403 张。全辖信贷不良余额 1302.1 万元，不良率 1.5%，资产质量五项指标均控制在目标值内。

服务乡村振兴　邮储银行平和县支行入村入户做好信用村创建，对评级成功的信用户实行贷款免担保、利率优惠、放款速度快等措施。在平和县乡村振兴党建学院长乐教学点、平和县芦溪镇政府等多乡镇组织开展“共建信用体系，助力乡村振兴”推进会。介绍信用村评定标准、生源地助学贷款。提供金融、寄递、电商等一揽子综合服务，发挥商流、物流、资金流“三流合一”的协同优势，共同助力乡村振兴战略实施和农业农村现代化建设。

支持实体经济　2023 年，邮储银行平和县支行加强小微企业政策宣导，走访县域重点企业，做好送贷上门。以“科创贷”“小微易贷”等产品为抓手，在生态木业、食品、包装等行业上均取得突破。做好存量客户维护。强化政银企联动，通过县工商联、工信局、县税务局、县工业园区等业务合作平台，宣传企业纾困及提质增效信贷产品。

服务农村经济　邮储银行平和县支行探索邮银协同合作模式，向家庭农场、农民合作社等新型农业经营主体以及农业产业链上下游、个体工商户、商户等提供金融、寄递、电商等一揽子综合服务，发挥商流、物流、资金流“三流合一”的协同优势。

（蔡毅芳）

【中国工商银行股份有限公司平和支行】 2023 年，中国工商银行股份有限公司平和支行各项存款余额 7.55 亿元，比年初增加

0.58亿元，各项贷款余额12.27亿元，比年初增加1.08亿元，增长9.6%。创新信贷品种，推出乡村振兴蜜柚贷、乡村振兴奇兰贷。服务小微企业，落实减费降息政策，免除企业抵押工本费、评估费用、保险费用，减轻企业负担。累计无还本续贷1.2亿元。发放绿色金融贷款6000万元。

（张金玲）

保险业

【概况】 2023年，平和县保险机构13家，26个营业网点；保险机构原保费收入4.24亿元、比上年增加0.17亿元，其中，财产险原保费收入1.37亿元，人身险原保费收入2.84亿元。推广农业保险，服务保障粮食生产、稳定农户种养收益，全年辖区保险机构为当地水稻、林木、养殖等行业承保比上年增加1081户，保障金额26.02亿元。

【中国人民财产保险股份有限公司平和支公司】 2023年，中国人民财产保险股份有限公司平和支公司（简称“人保财险平和支公司”）保费收入8500万元，缴纳地方税收780万元。获2023年度平和县纳税大户称号。

2023年，人保财险平和支公司服务乡村振兴，承办医疗兜底保险、农房保险、水稻保险、森林保险、养殖保险、产业帮扶保险，每年惠及全县上万户脱贫户；开办农民工工资履约保证保险、工程履约等信用保险；为茶叶、林农等贷款提供信用支持。为平和县100多家企业提供风险保障，涵盖车辆保险、企业财产保险、货物运输保险、安全生产责任保险、团体意外伤害保险、产品责任保险等，涉及行业主要有木业、包装业、建筑业、物流业等，在企业安全生产、灾后重建、信用担保等方面为企业发展保驾护航。在机动车辆保险方面赔款2000多万元，涉及人伤调解、财产损失等。

（吴婷婷）

【中国人寿保险股份有限公司平和县支公司】 2023年，中国人寿保险股份有限公司平和县支公司（简称“中国人寿平和先支公司”）有10个营销服务部，与10多个银行网点建立代理保险业务。实现保费1.71亿元。比上年增长2.48%，其中，主要项目保费收入情况：长期险首年标准保费收入942.46万元；首年期交保费收入2941.76万元，比上年增长9.18%；“惠闽宝”保费161.16万元，10年期及以上首年期交保费收入1664.82万元；大短险保费1858.65万元，比上年增长4.35%。全年接待临柜客户11510人次；办理理赔案件 2916件，赔付金额1705.15万元；满期给付件数（含养老保险）2641件，累计1168.43万元。中国人寿平和县支公司被省、市计生协会评为“计生家庭意外伤害保险工作先进单位”，获“2023年计生家庭意外伤害保险工作一等奖”，获“2023年度‘双文明’建功立业劳动竞赛先进集体”称号、福建省分公司“2023年度营销孤单经营执行力标杆单位”称号。

个险渠道　中国人寿平和县支公司个险首年期交达成2545.6万元，十年期及以上期交保费达成1629.55万元，完成率91%。

银保渠道　中国人寿平和县支公司2023期银保首年期交达成369.5万元，完成率103.21%；比上年增长11.1%，其中5年期期交完成229万元，完成率105.2%，比上年增长10.8%；标保目标46万元，完成46万元，完成率100%；短期险完成24.05万元，完成率120.25%。

团险渠道　中国人寿平和县支公司团险首年完成776.31万元，完成率90.26%，完成率全市排名第二，大短险完成1876.96万元，完成率96.60%，职能指标得分9.65分，全市排名第三。

业务拓展　中国人寿平和县支公司开展国寿线上业务推介活动，通过客户活动会、产品推介会、客户临柜服务等契机，向客户推广“国寿智能”App、“国寿e家”等平台应用。深化县域和农村保险服务，推广健康扶贫“一站通”结算服务；加强对老年人、残疾人等特殊群体的人工服务、远程服务和上门服务。

（赖春玲）

交 通

综 述

【交通运输经济指标】 2023 年，平和县公路总周转量 13735.30 万吨千米，排名全市第 12；快递业务量 2072.31 万件，比上年增长 62.53%，增速排名全市第三；邮政业务总量 23972.24 万元，比上年增长 36.25%，增速排名全市第三。

【交通基础设施建设】 2023 年，平和县加强交通基础设施建设，实施一批项目建设。

安厚农场至安厚互通连接线工程　项目路线长约 0.5 千米，三级公路二车道，路基宽度 7.5 米，水泥混凝土路面，工程总造价 932 万元。2023 年 7 月 4 日完成交工验收，建成通车。

国道 355 线九峰互通至镇区路面改造工程　项目路段长 6.19 千米，二级公路，实施沥青混凝土路面改造，改造面积 62437.6 平方米，总投资 2878 万元。完成施工、监理招标。

新建改造农公路　2023 年“七比一看”中“比乡村振兴”任务，市局下达任务 28.5 千米，县年度计划任务 55 千米下达各乡镇。2023 年度完成 55 千米，占年度任务的 193%。

农村公路养护工程　完成县道芦大线养护工程，乡道合福线、山双线、南庭线、前三线、南浦线，村道碗其线、汤大线养护工程。项目结合“一市一主题”除破损路面挖补外，设置路面灌缝、沿线边沟增设、完善交通安全设施等。

危桥改造工程　2023 年完工流因桥、槛醋桥、溪头桥、水井桥、云后桥、山布 2 桥 6 座危桥改造。

新增路网规划库道路　在 2023 年新一轮福建省农村公路网

2023 年 6 月 9 日，平和县交通运输局开展交通运输行业重大事故隐患专项排查整治入企指导，重点检查“两客一危”企业重大事故隐患专项排查整治落实情况　（县交通局 供图）

规划调整工作中，将不在目前路网规划库通自然村未硬化道路采集录入规划库。

【交通安全生产管理】 2023年，平和县交通运输局落实党政领导“一岗双责”制度，与局属单位、股室和相关交通企业签订安全生产责任状，强化部门监管责任和企业主体责任，并加强安全业务培训。全年开展安全生产监管执法人员专题培训3场，参加117人次；开展集中警示教育、安全生产培训11场、应急演练3场，报送安全宣传信息20条。

专项整治　平和县交通运输局聚焦道路运输重大领域制定安全生产大培训大检查大整治、道路交通安全隐患“清源行动”、重大事故隐患专项整治行动、道路交通安全全链条监管等6项专项行动，开展安全指导检查31次，出动人员159人次，检查单位121家次，下发问题整改通报29份，约谈企业16家，发现一般隐患112处、重大隐患问题5个，隐患整改率100%。

安全宣传　平和县交通运输局突出“路政宣传月”和“安全生产月”主题宣传节点，开展道路运输安全政策、法律法规宣传“五进”集中宣传活动，派发安全宣传彩页700份、展板1面、横幅4条。

安监系统推广　平和县交通运输局提升道路运输安全监管标准化信息管理系统的应用能力，强化未入网、未上线企业排查整治，核实未入网企业的运营情况，限期完成安监系统的注册入网工作，督促长期未上线企业定期登录安监系统，更新安全生产工作台账。

【内河水上安全整治】 2023年，平和县交通运输局组织开展汛期内河水上交通安全专项治理行动。重点围绕规范水上生产工作用船安全作业管理；打击非法客渡违法行为；严查乡镇“三无”船舶，违法违规水上漂浮物；开展内河通航水域“僵尸船”和搁浅船的清理工作；开展水上交通安全宣传。检查发现违规的观光用途的竹筏（无动力装置）2艘、采砂船1艘、生产工作用船1艘、泡沫船、竹排等水上漂浮物5艘，下发风险告知函1份。

【交通矛盾纠纷处理】 2023年，平和县交通运输局开展矛盾纠纷排查调处工作，深化“最多投一次”阳光信访工作理念，处理“12345”便民服务平台信访件356件，12328全国交通运输服务监督电话平台134件。

【交通应急体系建设】 2023年，平和县交通局完善防台风暴雨洪涝应急预案和应急抢险队伍建设，全县公路按里程分段明确应急抢险责任人员、机械设备及司机。成立县道防灾抢险队13支57人，乡、村道农村公路防灾抢险队16支662人；针对内涝、树枝倒伏、溜塌方三种灾害类型，成立3支抢险队伍，应急抢险人员808人，其中，内涝抢险队伍675人、挖机146台、铲车78台、渣土车116台、水泵37台、发电机29台、应急照明灯5个、无人机1台；树枝倒伏抢险队伍53人，挖掘机4台、铲车7台；溜塌方抢险队伍80人、挖机18台、铲车17台、渣土车22台。应对2023年9号、11号台风强降雨带来的灾害，组织抢险人员和机械设备开展阻断道路的抢通工作。

（林裕君）

公路建设

【概况】 2023年，漳州市公路事业发展中心平和分中心做好辖区内166.66千米公路的管养任务，其中专养国道159.073千米，乡道7.587千米。分别为国道355福巴线K387+368—K474+236，计86.87千米；国道357东泸线K79+282—K154+426，计72.21千米（不包括与国道355福巴线重合路段）；乡道（Y842）安三线K0+000—K7+587，计7.59千米。全县桥梁56座，其中大桥 7座，中桥25座，小桥24座。隧道5座6洞，分别为西蝉隧道（左右）、大协关隧道、柏松关隧道、南草坪隧道、岭尾隧道。

【公路管养项目建设】2023年，漳州市公路事业发展中心平和分中心争取100万元以下项目2个，100万元以上项目5个，项目建设资金约2900万元。其中，九峰互通改造工程1个，中修工程2个，绿化提升工程1个，水毁修复工程1个，隧道综合提升工程3个，均完工。策划上报2024年公路养护工程6个，其中路面大修改造项目1个，灾防项目3个，安防提升项目1个，设计方案均通过交通厅审查，争取建设资金约8000万元。

【国省道公路养护与管理】2023年，漳州市公路事业发展中心平和分中心开展路面预防性养护工作，完成裂缝封闭14万多延米，沥青修补水泥混凝土路面坑槽、碎板15000多平方米，完成国道355线K387+368—K411+000、K450+000—K470+000路段规则清灌缝23万延米、不规则清灌缝8625延米，投入资金约160万元。投入300万元用于西蝉隧道左洞的内外业专项提升，做好隧道侧壁、标志、标牌、排水沟、管理房等清洁维护工作。

【农村公路养护与管理】2023年，平和县交通局组织100多人次开展全县农村公路养护评估检查，成立农村公路考核小组，每个月考核检查全县14条县道；组织420多人次在每季度对全县的乡、村道进行日常养护内外业检查。落实农村公路管养人员和经费，争取将农村公路养护县级配套资金589万元、灾毁保险配套资金16.5万元和县路长办运行经费5万元全部纳入县级财政预算。

2023年11月，漳州市公路事业发展中心平和分中心在国道355线K459+570—K465+756路段实施路面改造工程铺设沥青

（漳州市公路事业发展中心平和分中心 供图）

【路政执法】2023年，平和公路分中心上路巡查179天次、179车次、452人次，纠正、制止违章42起，发放通知书5份；开展联合整治行动17次，整治滴洒漏车辆9部；大件运输现场核实26起；拆除小广告牌720余块，约900平方米；清理路肩农作物100余棵；制止路肩设置路灯1起，劝退占道贸易3处；函告交通综合执法部门3起。

（赖怡婷 林裕君）

公路运输

【概况】2023年，平和县做好物流、客运、维修驾培等行业管理；完善运输服务，开通公交客运班线2条、开通5条定制校园班车；加大交通违法打击力度，规范运输市场秩序；开展路域整治专项行动、“货车司机暖心服务”等；建立全国首个“绿色通道”抽免检工作机制，助力乡村振兴。

【物流运输】2023年，平和县新增4.5吨以上货运车辆106辆，全县拥有普通运输企业24家，货运车辆443辆；危货企业2家，危货车辆11辆；货运量145.49万吨，货物周转量13000.47万吨千米。

【客运运输】2023年，平和县拥有客运企业3家，客运车辆43

辆（其中班车客运车辆11辆，旅游大巴包车32辆）；公交企业1家，新能源公交40辆；出租企业1家，出租车20辆；拥有旅客运输班线7条（其中市际班线1条、县际班线4条、县内班线2条），通达240个村，通车率100%；拥有1个二级客运站、3个五级客运站。公路客运量30.93万人，旅客周转量7348.3万人千米。

【维修驾培行业】 2023年，平和县有维修企业20家，4家建立二级维护网络管理系统；寄递企业6家；机动车驾驶培训机构3家，开展机动车驾驶员培训和2023年驾校质量信誉考核工作，培训机动车驾驶员4168人。

【交通违法打击】 2023年，平和县交通运输局打击辖区内非法改装、超限超载、非法营运车辆力度，组织出动执法人员4752人次，出动执法车辆849辆次，检查道路运输车辆88224辆，处罚违章运输车辆573辆，其中未取得经营许可非法营运出租汽车14辆，改装车辆384辆，超限车辆113辆，其他污染公路车辆38辆和各类违章车辆24辆。开启科技治超非现场执法设备，4处点位的非现场执法检测设备检测货运车辆72万辆次，执法大队对存在超限运输违法行为的货运车辆立案处罚9辆，向外市进行非现场执法抄告的货运车辆14辆。

【路域整治专项行动】 2023年，平和县交通运输局对国道355线、国道357线和重点县道用地范围内沿线的违法非公路标志和违法广告、乱搭乱盖和附属设施乱牵乱挂等问题开展整改，省级问题清单20处、市级问题清单30处和县级新增排查问题35处，均整改完毕并通过市局验收。

【交通服务旅游发展】 2023年，平和县开通平和汽车站至漳浦的客运班车路线、平和汽车站至三平风景区公交线路等2条公交客运班线，打通交通运输服务全域旅游发展“最后一公里”。

【“一站式”定制班车开设】 2023年，平和县交通运输部门牵头协调长运平和分公司、平和一中、平和职校等单位，沟通协商共同开通5条校园定制班车，分别是2路、3路、6路、8路以及往大溪方向定制班车，覆盖霞寨、九峰、南胜、五寨、国强、安厚、大溪等乡镇。“一站式”定制班车的开设，定时、定点、定线，实行点对点运营模式。平和一中、平和职校指定专人负责统计有乘坐各条线路需求的学生数量，提前一天发在定制班车服务群；再由长运分公司指定专人对接业务，根据学生数调配车辆，并安排接送相关事宜，开启班车“护学”模式，为绿色出行方式提供示范作用。

【蜜柚车辆抽免检绿色通道机制建立】 2023年，平和县交通局牵头对接高速及相关部门，推动平和县人民政府与交通运输部路网监测与应急处置中心、福建高速公路联网运营中心、福建高速公路集团漳州管理分公司签署《福建平和县蜜柚运输车辆通行“绿色通道”预约抽免检工作合作备忘录》，建立全国首个“绿色通道”抽免检工作机制，平和蜜柚高速外运正式进入“免开箱快速查验、快速通行”新时期。

【“货车司机暖心服务”专项行动】 2023年，平和县以平和灵通山省界高速公路部分路段改造提升为契机，11月24日至12月11日在灵通山收费站设置服务点，24小时为过往货车司乘人员免费提供“暖心”服务。

（林裕君）

道路交通管理

【概况】 2023年，平和县机动车保有量157105辆，其中摩托车78800辆、汽车类78305辆（包括校车78辆、大型客车33辆、农村面包车5699辆、重中型货车542辆、重型挂车1054辆）。机动车驾驶人150033人，其中摩托车类驾驶人47824人、汽车类驾驶人130164人。发生交通事故警情数6003起，包含亡人事故28起，造成28人死亡。比上年同期警情数增加981起，增长19.53%；死亡人数比上年同期减少5人，下降15.15%，全县交通安全形势平稳。

【交通秩序整治】 2023年，平和县深化酒醉驾、货车、农村违法超员和违法载人、殡葬服务车辆、摩托车和电动自行车、租赁汽车、客运车辆、渣土车等8项综合治理工作。全县查处各类交通违法行为125388起，其中：酒驾727起、醉驾148起、货车超载957起、超员1638起、涉牌3272起、涉证3290起、未戴安全头盔26818起。与城管局联合开展为期2个多月的集中整治行动，城区电动车、摩托车头盔佩戴率由原来的不到5%提升至95%以上；电动车、摩托车新增登记上牌2762辆。

【道路隐患整治】 2023年，平和县投入资金420余万元，完成5处省级为民办实事项目的隐患整治工作；通过事故复盘分析，整治11处事故多发隐患路段；总投资390余万元对县城区4处灯控路口进行升级改造。

【交通安全宣传】 2023年，平和县开展"美丽乡村行"交通安全活动60余场次，全县两条国道沿线9个乡镇36个村的进村宣传工作。通过创新"幸盔有你""挖呀挖"交通安全童谣、在重阳节向老年人赠送交通安全三件套（头盔、反光衣、反光贴）等方式开展宣传。通过"平和交警"发布交通安全推文163篇，曝光不文明交通违法行为26期。在重要节日、交通运输高峰期，通过"点对点"触发短信，向驾驶人实时推送交通安全出行提示信息50万条。利用"开学第一课"、班会课等时机，到全县26所学校开展交通安全进校园活动。

【车驾管业务办理"一站式"服务窗口设立】 2023年，平和县深化公安交管"放管服"改革，在安厚派出所服务大厅设立车驾管业务办理"一站式"服务窗口，方便农村地区群众办理车辆及驾驶证相关业务，受理业务255笔。深入推进车驾管业务、交通违法处理、交通事故处理线上办理，落实好电话咨询，鼓励引导群众网上办理业务。

（刘以珊）

邮政 通信

邮政业

【概况】 2023年，中国邮政集团有限公司福建省平和县分公司实现业务总收入8735.1万元，完成年度预算的103%，增幅12.8%。完成利润3038.6万元，完成年度预算的100.3%。金融业务收入5867万元，完成年度预算的103.1%，比上年增长14.2%，均列全市第一。寄递业务收入完成1670万元，完成年度预算的105.1%，比上年增长12.6%。助力平和县达成蜜柚农品交易额493万元，邮政寄递蜜柚237.3万件，实现蜜柚农产品寄递收入1058万元。

【邮政物流体系建设】 2023年，中国邮政平和分公司完成1个县级共配中心、10个乡镇共配中心，建设240个村级自提点。推进“邮快合作”“交邮合作”，实施“快递进村”工程，覆盖240个建制村。全年代投社会快件24.2万件，完成率327%；交邮合作站点完成10个，完成率100%。完成重点县三级物流体系建设运营指标，被省分公司推选参评集团“2023年三级物流体系建设运营标杆县”。

【邮政惠农服务】 2023年，中国邮政平和分公司打造白芽奇兰、桔柚2个全国级农品基地。借助中国邮政“919”电商节，发起“平和蜜柚”小店万单销售、邮政金融拼团、农品直播等线上线下销售行动。全年促进惠农交易额664万元。以整村推进的方式加快构建农村信用体系，同11个行政村联合成立乡村振兴工作室。全年新增融资E贷款1462.8万元，完成率104.5%。

（赖鹭萍）

通信服务

【概况】 2023年，平和县工信局协调通信运营商加强5G基地建设，累计建成5G基站400个，全县5G信号覆盖率（行政村）100%，为数字平和提供高速、高质、高效基层网络信息服务。

【中国电信股份有限公司平和分公司】 2023年，中国电信股份有限公司平和分公司业务收入9370万元，完成率100.21%，比上年增长5.58%。加强网络建设和线路建设，推进服务建设。

网络建设 2023年，平和电信分公司完成5G基站建设57个任务，累计达到169个；加大城市光网建设力度实现平和县辖区各小区、自然村全覆盖。开展5G共建共享，推动与友商在4G、干线光缆、杆路、管道、机房等基础网络资源的共享合作。开展2023年电信千兆光宽PON OLT（光线路终端）扩容建设工程，新增10G PON口544个，全县具备千兆宽带能力。

线路建设 2023年，平和电信分公司落实农村人居环境整治提升工作，整理光缆飞线、下垂线路15.6千米，拆除23根旧电杆。开展“平安线路”专项隐患排查整治工作，发动线路维护工程队、现场综合化、各分局社区经理对辖区内的光缆、杆路及人孔等隐患进行排查。整治县城重要路段，确保通信线路安全。

（张炳林）

【中国移动通信集团福建有限公司平和分公司】 2023年，中国移动通信集团福建有限公司平和分公司开通5G基站超400个，实现城关区域及乡镇中心区域100%覆盖，农村区域行政村点亮率100%。5G流量高速增长，环比增长1.5倍。推进农村宽带网络建设，强化重点自然村光网络全覆盖，同步启动千兆升级改造，建设光纤宽带端口超17万个，比上年增长5.8%。加快以“5G+算力网络+能力中台”为代表的新型信息基础设施建设，打造“融云网、融能力、融平台”的行业应用，从数字政务到智慧园区、智慧医疗、智慧教育，探索“5G+”乡村振兴、智慧乡村等信息化解决方案，为企业的数字化转型提供网络连接服务。

履行社会责任 2023年，中国移动平和分公司履行社会责任，开展主题宣传活动，开展“全心全意为您服务”、总经理客户接待日，“3·15”现场咨询、“110”社会服务日、“5·17”、“12·4”等便民服务活动；与崎岭中心小学开展“乡村少年宫”共建、关爱山区留守儿童、老年人银发服务课堂、无偿献血活动、暖心助力高考学子等；组织应急通信抢修突击队驰援受台风“杜苏芮”“海葵”影响的受灾地区；协助平和县政府保障网络安全，在“闽盾-2023”网络攻防演练中，为各机关单位和重要领域提供网络安全防护保障。常态化开展反诈宣传进社区、进公园、进学校、进企业等；在“反诈宣传月”与平和县反诈骗中心联合拍摄《警惕“卡”骗》警示教育专题片，被国家反诈中心采纳，视频转发量达5.5万次。

（李丽珊）

【中国联合网络通信有限公司平和县分公司】 2023年，中国联合网络通信有限公司平和县分公司实现收入3920万元，4G/5G基站总数达到714个，5G实现县城、乡镇镇区、发达行政村室外连续覆盖和重点场景热点覆盖，4G/5G人口覆盖率达到99.1%；宽带千兆端口占比56%。平和联通获优秀县分公司奖、收入贡献奖、重大项目奖、先进团队奖、营销服务创新奖，获评巾帼文明岗等。

网络建设 2023年，平和联通分公司加速新型数字信息基础设施建设，在新增建设、新建智能城域网接入节点、带宽扩容及网络深度覆盖等方面，总投资898.57万元，全面提升4G深度覆盖面，加快5G网络建设，提升千兆光网建设应用和升级。

服务乡村振兴 2023年，平和联通分公司通过八闽数村平台+村通信合作社项目，加大合作村的基础网络设施投资力度，实现全村及偏远地区4G/5G基站深度覆盖、优质千兆光宽带网络优化和信号补强；依托八闽数村平台提高乡村数字化治理水平。

智慧赋能数字政府建设 2023年，平和联通分公司在智慧城市、智慧医疗、公共安全、乡村振兴等重点领域发挥自身在信息化规划、建设、运营、服务等多方面优势，参与县政府数字化建设，在数字领域主要承建有医院、公安局、法院、检察院、教育、城管、气象局、智慧工地等智能化项目，运用大数据、提供基础服务和技术支持。

“数智”平安平和建设 2023年，平和联通分公司承接县公安局智慧安防小区项目的建设，保障县55个小区安全监管，联合县反诈中心在93个小区（含行政村）设2193处反诈宣传点。发挥数字化技术优势，为定点帮扶村平和县五寨乡侯门村配备助农增收电商设备，助力侯门村打造电商直播基地；实施建设集整村公共区域监控、家庭安防十一体的“平安乡村”工程，通过在乡村主要道路、村民庭院、学校等公共区域安装高清智能摄像机，将其接入联通数字乡村云平台，对防火防盗、防范电信诈骗

等事项进行全方位监测。

（陈淑芬）

【福建广电网络集团平和分公司】 2023年，福建广电网络集团平和分公司推进电视宽带、5G移动通信、智慧信息、融媒体和网络安全服务等业务，形成“有线+5G”融合发展新格局。全年开展首季“开门红”、冲刺“双过半”、第三季度“百日冲刺”“百舸争流”等阶段性劳动竞赛和“专项回网升级”“聚类团购”“家电优惠”“年末福利大放送”等专项活动，总收入年度指标完成率108.22%，利润指标完成率115.30%。广电网络平和分公司党支部被漳州分公司党委授予“2022—2023年度先进党支部”称号，被漳州分公司授予“2023年度全市广电网络系统优秀县（区）分公司”称号。

网络建设 2023年，广电网络平和分公司立项工程18个，包括接入网干线工程、新区入网工程、双向网改工程、集客ICT工程等，建设区域覆盖：小溪镇玉溪村、旧县村、政协至阳明路、融邦·外滩壹号小区、君悦府小区、安康中医院；山格镇平寨村和新陂村；霞寨镇官峰村、五美村和高寨村；芦溪镇秀芦村和双峰村；国强乡岩坑村；五寨乡优美村；秀峰乡福塘村；大溪镇灵龙谷生态旅游区。

技术保障 2023年，广电网络平和分公司强化技术培训和运维管控，加强老旧线路优化整改，提升网络性能。加强值班值守和日常巡检，做好专线保障支撑服务，完成高清水利视频系统、政务网视频系统等专线会议现场支撑保障100余场。完成各重大活动和节假日重要时段安播保障工作。

服务乡村振兴 2023年，广电网络平和分公司完成平和县乡村振兴产业孵化中心项目有线电视网络配套工程建设。通过“村企共建”，探索“智慧广电+公共服务+产业振兴”新模式，与平和县南胜镇欧寮村合作“智慧广电乡村振兴”项目；与芦溪镇秀芦村合作整村整转乡村振兴项目；用好互动专区党员远教平台资源，与小溪镇西林村等6个村开展党员远教项目合作，拓展智慧广电与基层党组织共建融合业务。

履行社会责任 2023年，广电网络平和分公司立足落实优抚、低保、特困对象收视优惠政策，向全县建档立卡的503户贫困户免费配置电视高清机顶盒及赠送高清电视节目；落实国家退役军人及军属等优抚政策，向全县优抚对象赠送机顶盒和免收基本收视维护费。参加平和县低收入群体居住场所消防安全改造提升工程项目建设，为2000余户低收入群体居住场所提供5G物联网卡服务；参加科技卫生文化“三下乡”活动，参加“平和2023年国家网络安全宣传周”活动，开展网络安全知识和网络反诈常识宣传。深化“爱家驿站”服务品牌建设，建设爱家驿站·平安驿站，站内设置饮水机、休息桌椅、便民服务箱、爱心雨伞架、爱家书吧（党史学习角）、宣传资料架等便民利民设施。以“爱家驿站”为载体，组织开展“学雷锋，树新风”、“关爱贫困老人”、助力中考、“情系学子，为爱护航”高考助力、无偿献血等公益活动。

（肖卉）

城乡建设

城乡规划

【概况】 2023年，平和县完成县级国土空间总体规划成果编制并通过专家评审；完成32个村庄规划编制及报批，完成20个地块控制性详细规划编制及报批，完成项目选址和用地预审25个，核发用地规划许可证36件，核发工程规划许可证64件，完成项目竣工规划条件核实16个。

【空间规划编制】 2023年，平和县完成“三区三线”划定，衔接已编、在编成片开发方案和已批准建设项目，优化调整中心城区用地布局及区域基础设施、公共服务设施布局，完成规划成果编制，通过专家评审（省市联审）后，提交省直部门征求意见，并根据反馈意见对规划成果进行修改完善。

【村庄规划编制】 2023年，平和县完成32个村庄规划编制及报批。规划按照《福建省村庄规划指南》的技术要求，按村庄分类指引进行管控边界的划定、村庄居民点的布局、历史文化保护和传承、安全防灾减灾、国土综合整治和生态修复、人居环境整治及近期实施项目进行规划和布局。统筹乡村生产、生态、生活空间，提高各类资源利用效率，规范乡村建设活动，改善农村人居环境，促进乡村振兴。

（尤可）

城乡建设管理

【概况】 2023年，平和县实施城市建设品质提升项目55个，完成投资26.715亿元。新建城区主次干道10千米，新增公共停车位150个。结合宜居环境建设、园林县城创建工作和城市建设品质提升，加大园林绿地建设力度，占地1.33公顷的廉洁公园开工建设，占地17公顷的和乐公园（智慧体育公园）投入使用。平和县入选2024年福建省闽台乡建乡创合作样板县名单。

【道路网格优化】 2023年，平和县新建城区主次干道10千米，新建县城北区市政路网一期北环路道路工程、平和县东环路一期（续建）工程等城区主次干道，推进城区“卡脖子”、断头路的道路改造，推进城区三林路、坑平路两条断头路的项目开工建设，优化城区路网布局。完成5个交叉路口交通信号灯改造工程，整体提升城区道路交通通行效率。建成平和县东大路汽车站公共停车场、平和县单建式人防地下室工程等公共停车场，新增公共停车位150个，解决城区部分停车难问题。

【园林绿地建设】 2023年，平和县住建局投资3000万元，完成延寿山公园绿道工程、平和县廉洁公园绿道工程、平和县书香公园绿道工程、中山公园文化中心配套设施改造等绿道工程；投资 1.3 亿元，建设驯水公园、平和县廉洁公园等公园。城区园林绿地占有率持续增长，县城建成区绿化覆盖率达 44.66%，绿地率 41.90%，人均公园绿地面积 16.48 平方米。

【无障碍设施建设】2023 年，平和县住建局加强盲道、缘石坡道、无障碍出入口、无障碍通道等无障碍设施的建设和维护力度，完善无障碍标识标志。实施琯溪路、长安路、河滨路等市政道路无障碍改造，新建盲道 7.5 千米；实施平和车站、文博中心、阳明公园等公共场所无障碍改造，改造无障碍设施 19 个。

【住房安全保障】 2023 年，平和县住建局整治农村既有裸房 2308 栋；委托设计单位编制 5 套农民建房设计图集，供村民建房选择；组织培训农村工匠 303 人，发放农村工匠 303 本；建立农村建房安全五级网格巡查制度和农村建房“四到场”（在宅基地申请审查、批准后丈量、施工关键环节、住宅竣工验收等重点环节到场监管）巡查制度。开展经营性自建房挂牌巡检 3985 栋，处置一般安全隐患自建房 56 栋。完成平和县 19.29 万栋自建房的结构安全性排查和建设合法合规性复核工作。

【农村人居环境提升】2023 年，

2023 年 5 月 29 日，平和县住房和城乡建设局组织开展 2023 年平和县建筑施工领域安全生产月主题活动　　（县住建局 供图）

平和县推进人居环境品质提升，加强村镇建设。提升乡镇污水垃圾治理能力。新建集镇污水管网 18.62 千米，创新全域污水集中打包市场化运维，委托漳州发展水务公司代管 7 乡镇镇区污水厂，确保集镇污水厂稳定运维；推进全县建成 13 个压缩式垃圾集中转运站，实现“村收集、镇转运、县处理”的垃圾处理模式。全年村镇垃圾累计转运 7.8 万吨。

【传统村落保护】 2023 年，平和县加强传统村落保护利用，完成 5 处历史建筑完成测绘建档和编制保护图则，修缮 8 幢历史建筑；推广土楼活化利用，修缮五寨埔坪村思永楼，打造全省首家“迁台记忆馆”。

【样板示范工程建设】2023 年，平和县住建局申报 2024 年闽台乡建乡创合作样板县，深度挖掘文化内涵，打造平和县特有的对台“IP”和文化基因。引进台湾建筑师 8 支团队、台湾乡建乡创人才 32 名，“陪护”服务 19 个村庄，争取省级补助资金 2200 万元，县级配套投入资金 5400 万元。带动乡村产业发展，打造南胜镇欧寮样板村，得到省住建厅发文推广并组织全省相关市、区、县现场观摩，《人民日报》《福建日报》《海峡导报》等先后对其进行专题报道，并在全市样板示范项目现场推进会上交流经验做法。

【安全生产监管】 2023 年，平和县住建局加强在建工地、市政设施、房屋安全、供水安全、消防安全等方面安全管控，常态化开展施工扬尘整治，保障在建工地质量安全。组织开展督导检查

214次，发动752人次，排查隐患问题808个，下发责令整改通知单198份，对施工企业和建造师各记1144.55分，监理企业和总监各记628.9分。推行“互联网+”监管模式，在建工地32个，安装在线视频监控系统26个，覆盖率达82.6%。通过视频远程监控系统发现施工扬尘问题100余条，行政立案5件，处罚金额19万元。保障建设工程消防审验，加强源头管控，开展消防设计审查技术复查项目10个，下发设计、施工图审查单位整改通知书20份，受理办结建设工程消防审验15件。

（尤可）

建筑业

【概况】 2023年，平和县完成建筑业产值10.41亿元，比上年增长43.36%，增速全市县区排名第一。建筑业税收入库8865万元，比上年增收4173万元，比上年增长88.9%。

【建筑企业培育】 2023年，平和县鼓励建筑企业转型升级，培育1家二级企业资质晋升建筑工程总承包一级资质。提升建筑业产值和税收匹配度，鼓励小额项目、非招标项目选择本地企业，鼓励专业分包本地化。全县建筑业企业50家，其中一级资质2家，二级资质4家，三级资质44家。

【绿色建筑推广】 2023年，平和县推广绿色建筑、低碳建筑和装配式建筑。新建房建工程项目24个，建筑面积19.79万平方米，均按建筑节能、绿色建筑设计专篇施工。民用建筑及绿色建筑竣工项目6个，民用建筑面积2.94万平方米，绿色建筑面积2.66万平方米，占90%；建筑节能分部验收均达合格标准100%。

【建筑市场监管】 2023年，平和县推行施工招投标网上运行公开，打击围标串标、资质挂靠、非法转包、违法分包等违法行为。立案查处违反招投标行为4起；开展在建工程建筑市场检查，抽查检查在建项目15个，对存在问题的8个项目下达整改通知书并全部整改到位。

（尤可）

房地产市场

【概况】 2023年，平和县房地产投资4.63亿元，销售面积10.3万平方米，比上年增长1.5%。全年房地产税收入库7872万元，比上年增长8.8%。出台《平和县促进房地产健康发展的若干措施》，受理购房补贴申请350户，发放购房补贴172万元。推广“货币补偿+购房补助”安商一体化新模式，实施5个项目，入库5.82万平方米，安商一体化评比排名全市第四。

【房地产市场监管】 2023年，平和县住建局加强房屋交易过程风险监管，联合市管局不定期开展房地产在售企业市场行为的全覆盖督导检查。牵头实施二手房交易“带押过户”新模式，健全完善存量房交易监管制度、完善租售一体化平台。全县备案房地产中介机构24家。强化房地产领域风险预警机制，对存在逾期交房的问题楼盘，采取一盘一策、专班运作，推进风险处置化解。

【保障性住房管理】 2023年，平和县住建局启动公租房管理信息系统，开通“闽政通”手机APP的个人掌上申请公租房、审核、分配。完成1110户公租房住户信息复核，完成129套空置房源分配。加强保障性住房租后管理，完成1136户入户巡查工作，入户率达到100%。摸排出违规线索6条，追缴416户的拖欠租金，涉及金额106.24万元。加大保障性住房清理力度，执行审验不合格对象退出机制。

（尤可）

住房公积金管理

【概况】 2023年，漳州市住房公

2023年6月20日，漳州市住房公积金平和管理部窗口人员为客户办理住房公积金提取业务

（漳州市住房公积金中心平和管理部 供图）

积金中心平和管理部审批公积金支取4790笔，金额2.09亿元，审批贷款132笔，金额5783.9万元。

【住房公积金归集管理】 2023年，漳州市住房公积金中心平和管理部宣传住房公积金政策。做好公积金归集扩面工作，对未建缴公积金企业70家寄送建缴通知。协助平和工行开设公积金归集缴存业务。实现平和县归集缴存业务银行5家。全县新增缴存单位21户，新增缴存职工785人；实际缴存单位341户，实际缴存人数14918人，全年缴存金额2.89亿元，比上年增加0.23亿元，比上年增长8.65%。

【住房公积金支取审批】 2023年，漳州市住房公积金平和管理部推行“网上办、掌上办”不见面审批服务。落实“跨省通办”，推进“马上就办”审批服务。加强住房公积金支取审批管理，无出现违规支取住房公积金审批和评价不满意受理件。加强对支取资料的真实性审核管理，重点加强对纯商业贷资料的真实性审核。全年审批公积金支取4790笔，提取总金额2.09亿元，比上年增加0.46亿元，比上年增长28.22%。

【住房公积金贷款管理】 2023年，漳州市住房公积金平和管理部做好公积金贷款业务管理工作，加强管理部逾期催讨管理工作。审批发放公积金贷款132笔，贷款总金额5783.9万元。逾期贷款催讨工作从年初连续逾期3—5期4笔，下降到连续逾期3—5期逾期2笔，逾期率从年初1.013‰下降到0.052‰。

（蔡宇凡）

城市管理

【概况】 2023年，平和县城市管理局开展城市精细化管理工作，完善监督管理长效机制，推进县城市容市貌整治、噪声污染、行政执法、卫生保洁、园林绿化、农贸市场、物业小区、城镇燃气、数字城管、“两违”综合治理和渣土车整治工作。平和县城市管理局在全市城管系统队列会操竞赛获二等奖。

【市容市貌整治】 2023年，平和县城管局开展集中专项整治违规设置广告牌、占道经营、乱摆摊设点、露天烧烤、露天垃圾焚烧、学校周边秩序等，整治纠正商家占道经营、流动摊点11800多起，立案查处占道经营行为32起；在县城区设置4处地摊经济疏散区（宝善公园，阳明公园，中山公园，西林路口），173个摊位；劝导纠正非机动车占机动车停车位和人行道乱停放6500余辆次，拆除地桩、地锁、限行栏（杆）等侵占公共道路、停车位的障碍设施145个，清理城区街道两侧各类占道路障石、圆锥、废弃杂物40车次；督促75家城区沿街餐饮店整改油烟直排问题，安装油烟净化器并投入使用；拆除清理各类户外违规广告牌 191 起，处置清理县城“牛皮癣”37147 张。

【噪声污染治理】 2023 年，平和县城管局加大城市管理噪声扰民综合整治力度，加强巡查管控县城社会生活噪声扰民行为，开展建筑工地施工噪声监管执法，加大城市管理噪声污染相关法律法规宣传力度。全年处理城市管理噪声扰民问题投诉 698 起，其中社会生活噪声投诉 657 起，城区建筑工地施工噪声投诉 41 起。受理“12345”政务服务便民热线噪声扰民诉求件，100% 按时回复办结。

【城市管理行政执法】 2023 年，平和县城管局加大行政案件处罚力度，坚决打击违规占道经营、“黑气”经营、违法建设、建筑垃圾违规运输处置、生活垃圾乱倾倒、破坏园林绿化等各类城市管理领域违法行为。全年办结普通程序案件 50 件，罚款 128.43 万元，案件数比上年增加 39 件，罚款金额增加 98.81 万元；办结简易程序案件 183 件，罚款 25600 元，案件数比上年增加 111 件，罚款金额增加 14900 元。

【城区卫生保洁】 2023 年，平和县城管局深化对环卫清扫保洁及生活垃圾转运无害化处置市场化运作服务项目的监管，做好道路清扫保洁常态化工作。采取人工机械组合作业定期对辖区主次干道进行清洗；采取不定时巡查的方式，加强对滨河人行道及公厕监督管理；完善垃圾分类基础设施，于县城区主次干道、物业小区、部分中小学新增布设 85 座垃圾分类亭、分类果皮箱 273 个。

【农贸市场管理】 2023 年，平和县城管局加强农贸市场及周边店面店外经营、占道经营、乱搭乱盖等现象专项整治，完善环卫设施配套等措施。开展集中整治 75 次，规范流动摊贩 7200 余人次，现场批评教育 9300 多人次；完成县城区 3 个农贸市场提升改造；在市场通道安装栅栏和智能水表；开展“省级文明县城”和“国家食品安全示范城市”创建工作。

【园林绿化提升】 2023 年，平和县城管局提升园林精细化管理。引入市场化管理机制，将县城绿化养护管理一体化承包给具有专业资质的园林企业管理。做好公园绿地管理常态化，定期组织开展公园各类基础设施排查检查，排查园林绿地安全隐患 25 处，整改率 100%。开展阳明公园夜景灯改造提升工程。加强日常巡查，联合城市综合执法大队对园林领域行政处罚案件进行处置，处置违法占用绿地 3 处、私自修剪行道树 2 处。完成县城区重要节点、重要路段绿化修剪整形近 12 万平方米，完成裸露地块整治近 2000 平方米。

【物业小区管理】 2023 年，平和县城管局加强物业小区安全检查、公共收益监管、信用评价、物业服务合同的备案、住宅专项维修基金的管理、归集与支用、市政路灯的管理维护等工作。组织执法人员 263 人次检查各物业小区进行消防安全、防汛防涝、二次供水等，发现各类安全隐患 34 项，清理楼道堆放杂物 65 处，整改率 100%；维护巡查县城区路灯，保持城区亮灯率 98% 以上；不定时检查物业小区安全生产，规范电动车充电及停放管理；接到群众投诉件 116 起，均及时处理并获好评；拆除小区内违规搭建 4 处，380 平方米。常态化开展物业小区公共收益监管，抽查辖区 24 个物业小区公共收益收支情况，完成各县区物业小区的公共收益交叉检查；全县 24 个物业小区在福建省住宅小区公共收益监管系统上注册开通账号并填报企业和项目信息，将公共收益结余存入专维金专户或者业委会专户。完成 24 个物业小区四个季度星级评定工作。全年对 20 人次项目负责人信用减分。完成 5 个住宅小区的物业服务合同的备案、2 个小区的业主委员会备案和 6 个小区的住宅专项维修资金使用的申请。

【城镇燃气管理】 2023 年，平和县城管局开展城镇燃气安全生产隐患再排查再整治暨“黑气”打击治理行动。出动检查

2023年5月16日，平和县城管局市场服务中心对市场经营户进行安全生产检查 （县城管局 供图）

112起853人次，排查整治用气企业741家，发现隐患323个，整改率100%；编制实施《平和县城镇燃气专项规划修编（2022—2035）》及《平和县城镇燃气生产安全事故应急预案》；完成居民户内管道燃气设施安全更新改造安装9637户，投入资金464.56万元，完成率91.52%，覆盖80多个居民小区，将橡胶软管更换为金属波纹管和加装燃气安全装置（报警器、自闭阀）。全年办理城镇燃气行政处罚案件31起，罚款47.31万元。

【数字城管建设】 2023年，平和县城管局发挥数字化城市管理系统平台的巡查优势，建立全时段、全方位覆盖的城市管理新模式。数字城管中心上报城市管理问题22759件，包含网格员自行处置并结案3051件，专项普查案件0件，信息采集上报19692件，专业部门处置并结案19692件，有效上报率为99.93%，结案率为100%。

【“两违”综合治理】 2023年，平和县城管局处置“两违”面积54.13万平方米，完成市下达全年目标任务46万平方米的117.67%，提前、超额完成年度目标任务。“两违”智能监管平台举报件34件，全部核查完毕。

【渣土车整治】 2023年，平和县城管局打击建筑垃圾乱倾倒行为，查处建筑垃圾乱堆放行为58起；推动渣土车车企备案工作和建筑垃圾资源化利用企业管理；组织24小时重点路段渣土运输车辆治理专项行动，开展夜间联合执法；组织渣土车常态化巡查执法166次，出动执法人员490余人次，查处渣土车“滴撒漏”污染道路、运输渣土未密闭、包扎、覆盖等违规行为为72起；联合交通交警部门，开展渣土车联合执法行动158次，参与联合执法人员1032人次，查处82辆存在违法违规行为的渣土车。

（林小婷）

供排水管理

【概况】 2023年，平和县水务有限公司日供水能力可达4万立方米，最高日供水量3.5万立方米，年平均日供水量约3万立方米。实际供水总户数约3.6万户，供水区域为县城区及县城周边的高南村、玉溪村、宝善村、古楼村、西林村、联光村、坑里村。全年实际销售水量379.65万立方米，全年水费营收约582.8万元；代收污水费约317.8万元，上缴金额92.2万元；代收垃圾处理费205.3万元，上缴金额28.8万元。

【供水】 2023年，平和县完成书香丽景、康桥水岸二期等8个小区4518户自来水置换工作。做好水质检测，严格执行供水水质日测、日检、日报制度，坚持每日一次自检11项常规指标［游离氯、浑浊度、色度、臭和味、肉眼可见物、pH值、氨（以N计）、高锰酸盐指数（O_2计）、菌落总数、总大肠菌群、大肠埃希氏菌］；

县疾病预防控制中心每月抽检一次检测18个指标[色度、浊度、臭和味、肉眼可见物、pH值、总硬度、铁、锰、硫酸盐、氯化物、氟化物、铬六价、硝酸盐(以N计)、亚硝酸盐(以N计)、氨(以N计)、细菌总数、总大肠菌群、游离氯];每月一次送国家城市供水水质检测网厦门检测站检测43项指标;每年四次送国家城市供水水质检测网厦门检测站检测97项指标,水质完全符合GB 5749—2022《生活饮用水卫生标准》的要求。

【排水】 2023年,平和县城区新建改造供水管网48千米、雨水管网5千米、污水管网6千米;推进英才路及周边片区污水改造项目开工建设;实施县城花山溪沿线污水管网清淤修复工程;城区污水处理率全年保持在92%以上,县城污水处理厂运维连续六年被上级住建部门考核为优秀。新建集镇污水管网18.62千米。加大县水务公司供水水质监管力度,配合水利局建设城区第二应急水源新入户4600户。

【县城区污水处理项目建设】 2023年,平和县完成204千米县城排水管网深度排查,修复改造12处混错接点和破损点;投资200万元,完成迎宾路排洪渠小微、一中周边水体整治。

【乡镇镇区污水治理】 2023年度,平和县总投资约2098万元,推动山格镇三期污水配套管网工程和九峰镇二期污水配套管网工程建设,新建污水管网18.62千米,超额完成上级下达建设任务。同时,推动以县域为单位实施乡镇镇区生活污水运维管理市场化,争取到省级污水治理市场化补助资金500万元,用于完善乡镇镇区生活污水处理设施改造提升、配套管网建设等。

(尤可 张萍萍)

生态环境保护

环境质量

【空气质量】 2023年，平和县环境空气质量优良天数为362天，优良率99.2%，空气质量综合指数2.30。空气质量全省排名并列第44名，比上年同期前进10名，全县大气质量在市“七比一看”竞赛排名位居第一。

【水环境质量】 2023年，平和县城饮用水水源水质均值达Ⅱ类标准。11个主要国省控断面水质达标率100%，其中1个国控断面、2个省控断面水质实现跨类提升。国控断面洪濑汤坑桥水质均值达Ⅲ类标准，长乐葵山水质均值达Ⅱ类标准；9个省控断面水质均值Ⅲ类水达标率100%，高坑、合溪桥、芦溪镇断面水质均值达Ⅱ类标准。

【土壤环境质量】 2023年，平和县推进建设用地污染状况调查、受污染耕地安全利用、土壤治理等工作，全县受污染耕地安全利用率100%，污染地块安全利用率100%。与自然资源局建立用途变更为“一住两公”建设用地信息共享机制，完成4个用地性质变更为“两公一住”地块土壤污染调查，建设用地安全利用率100%。

（高馨柔）

环境监管

【概况】 2023年，平和县推进生态文明建设及环境保护，加强污染防治，推动环保领域改革创新，全县环境质量保持稳定。颁布实施《平和县国家生态文明建设示范县规划（2020—2025年）》，推进生态建设示范区创建向国家生态文明建设示范县创建提档升级。

【碳达峰碳中和推进】 2023年，平和县碳排放强度下降达年度目标要求。落实耕地总量管理，抓好主要污染物和重金属排放减排任务。加快工业、建筑、交通等领域清洁低碳转型和调整优化。强制清洁生产企业审核实施率达到100%，规模以上工业单位增加值能耗下降比例达到规划期序时进度，淘汰4台10—35蒸吨燃煤锅炉。新增新能源网约车204部，淘汰柴油货车63部，柴油客车16辆。健全完善绿色低碳发展投融资机制，县级财政环保投入7856万元。谋划EOD（生态环境导向的开发）融资项目进入省库争取国家支持。

【水源地保护】 2023年，平和县生态环境局开展水源地环境保护专项整治。加强县城及“千吨万人”饮用水水源地规范化建设，强化水源地日常巡查，形成问题清单督促整改。强化水源地水质监测预警。加强对县城饮用水水源、上游各断面及重点小流域水质监测，每月至少监测1次，雨季5—10月监测2次；对花山溪

52个点位加密监测，1—12月开展加密监测18次。

【矿山生态修复】 2023年，平和县推进持证矿山“边开采、边治理”工作，平和县芦溪镇东槐村和国叶蜡石矿、平和县芦溪镇东槐白石岭叶蜡石矿等2个叶蜡石矿新增恢复治理面积1.94公顷，其中平台恢复治理面积约0.19公顷，边坡恢复治理面积约1.75公顷；完成挂网面积约4.53公顷。完成过期矿山平和县安厚镇石壁头山碎石场、平和县文峰文美碎石场、历史遗留矿山平和县大溪镇广辉石场等3个矿山的恢复治理工作，并通过专家验收。

【生态环境保护督察问题整改】 2023年，平和县完成第二轮中央生态环境保护督察反馈的垃圾焚烧发电厂项目个性问题（1个个性问题还在整改）和61件交办信访件销号；第三轮中央环保督察交办信访件113件按照要求现场核查并提交核查报告。完成2021年省级督察反馈的7个共性问题整改销号（3个共性问题、9个个性问题制定整改方案，还在整改）和39件交办信访件整改销号（交办43件，剩余4件报送市级待销号）。

【生态环境监督管理】 2023年，平和县围绕花山溪重点流域、黄井工业园区重点区域，出动执法人员1300人次，检查企业和其他生产经营者580家次，发出整改通知书69份，立案查处环境违法行为69起，罚款90.75万元，移送公安机关刑事侦查案件1件，2个案例入选为省生态环境厅2023年典型案例。开展生态损害赔偿案件3件，投入生态损害赔偿资金0.88万元用于增殖放流鱼苗4万尾。检查64座次水电站生态下泄流量执行情况，完成省督办清单5家问题水电站整改工作。开展工业园区企业监督帮扶整改，到黄井工业园区现场帮扶指导企业，发出监督帮扶意见书20份；印发《平和工业园区工业企业环境执法检查工作方案》，梳理企业存在的环境问题和薄弱环节，指导督促企业进行整改，提升工业园区环境质量。

【生态环境治理项目谋划】 2023年，平和生态环境局策划韩江流域（平和县段）水生态环境综合治理工程、县级水源地水质安全保障暨河湖生态缓冲带保护修复工程并申报入中央库，策划五寨乡鹿溪水环境综合整治项目、花山溪流域绿色转型发展EOD项目并申报入省库，谋划全县农村生活污水提升治理项目。

【“三线一单”落地应用】 2023年，平和生态环境局推进“三线一单”生态环境分区管控落地应用，严把生态环境准入，在污染防治、生态保护、规划环评、项目环评、环境监管、环境风险防范等工作中，严格按照“三线一单”划定的环境管控单元和生态环境准入清单，对“两高一剩”企业、不符合国家产业政策及环境准入条件的建设项目不予受理和审批。

（高馨柔、林毅芳）

污染防治

【大气污染防治】 2023年，平和生态环境局推动锅炉综合整治、工业窑炉深度治理、重点行业挥发性有机物综合治理及低VOCs含量原辅材料替代等领域重点工程项目，全县淘汰4台10—35蒸吨燃煤锅炉，停用4台生物质锅炉，完成辖区内机动车检验机构全覆盖检查、11家加油站三次油气回收改造、2家铸造企业综合治理、4家挥发性有机物治理。加强工业企业监管，全年生态环境部门出动执法人员917人次，检查涉气企业460家次，开展测管联动23家次，开展大气应急减排管控13次，发出监督帮扶意见书15份，责令整改意见书18份，立案查处涉气环境违法行为18起，罚款18.56万元。巡查发现露天焚烧266起，扬尘污染问题18个，其中建筑工地3个、裸露地块11个、道路扬尘4个，印发通报51份。

【水环境治理】 2023年，平和

县研究制定《2023年度平和县水环境断面水质量化考核工作方案》《平和县加强入河入海排污口监督管理实施方案》《平和县2023年碧水工程行动计划》等相关考核及整治方案，压实治水责任。开展溯源排查工作，完成九龙江西溪、鹿溪、漳江、诏安东溪4个流域计216.7千米的溯源排查工作，形成入河排污口清单，共107个。加强水质预警通报，每月对全县16个乡镇（区）出境断面进行跟踪监测，1—12月开展监测12期，发出水质预警通报11份，督促各乡镇完成各类水质问题整治工作。

【土壤污染防治】 2023年，平和县推进建设用地污染状况调查、受污染耕地安全利用、土壤治理等工作。全县受污染耕地安全利用率100%，污染地块安全利用率100%。完成4个用地性质变更为“两公一住”地块土壤污染调查，建设用地安全利用率100%。制定《2023年度平和县受污染耕地安全利用工作方案》，推进全县2560.75公顷受污染耕地安全利用。推进农村生活污水治理。策划实施九峰镇、秀峰乡等10个村庄农村生活污水处理设施建设，计划总投资3373万元，1—12月完成投资3907万元；计划完成33个村庄农村污水提升治理验收，累计完成43个村庄污水提升治理验收，占任务数的130%。开展新污染物调查，完成全县企业化学物质基本信息调查，掌握高关注化学物质产业分布状况，化学物质生产使用的品种、数量、用途等信息。

【“点题整治”城市扬尘管控】 2023年，平和生态环境局排查摸底工作，精准治“尘”，实行台账管理。“三镇一区”（文峰镇、小溪镇、山格镇及平和县工业园区）纳入台账管理的工程地块33个，易产生扬尘问题的工业企业25家，须关注的各类民俗节日50余个，含禁炮区内节日5个。检查平和县建筑工地、城市道路、工业企业、储备土地扬尘问题，7—12月开展检查1145次，发现问题362个，完成整治362个，整改率为100%，行政处罚97起，处罚金额19.36万元。成立5个县级综合督导组，完成13次县级督导，发现21个问题，督促存在扬尘问题的工地立行立改。加大对“点题整治”工作的宣传力度，印刷、张贴“点题整治”宣传海报40余张，印发“点题整治”宣传单200余张。

（高馨柔）

教育 科技

教育

【概况】 2023年，平和县有幼儿园79所，其中，公办幼儿园24所，民办幼儿园55所，在园幼儿11715人（公办7365人、民办4350人），幼儿教师903人；义务教育阶段学校92所（小学76所、初级中学12所、九年一贯制学校4所），义务教育阶段在校生49236人（小学35130人、初中14106人），教师3760人；普通高中6所，在校生8671人，教师654人；中职学校1所（平和职业技术学校），在校生1431人，教师118人。特殊教育学校1所（平和县开智学校），教师15人，学生126人；成人教育学校1所（平和开放大学），在校生1011人，教师13人。全市教育系统学校食品安全“点题整治”工作（平和现场）推进会在平和县召开，平和县教育局做“规范学校校外供餐管理工作”经验介绍。平和县教育局获第十七届漳州市中小学生科技运动会优秀组织奖和漳州市“河长杯”书画展优秀组织奖。平和县第三实验小学被认定为“中小学国防教育示范学校”、福建省首批师范教育实践基地“义务教育阶段学校”。平和县教育系统师德师风教育基地、学生家国情怀教育基地“平和县广兆先生事迹展示馆”设立在平和广兆中学。平和县安厚中学更名为平和县龙华中学。平和县实验幼儿园高南校区和新星幼儿园宝善校区实现独立办学，并分别更名为“平和县第三实验幼儿园”和“平和县第四实验幼儿园”。平和县珊峰明欣希望小学揭牌。

【学前教育】 2023年，平和县第三实验幼儿园、平和县第四实验幼儿园、平和县美峰幼儿园等3所幼儿园通过县级示范性幼儿园评估。全县有省、市、县级示范性幼儿园31所。组织20所优质幼儿园与59所乡村幼儿园进行结对帮扶，推动乡镇幼儿园优质均衡发展。在平和县第三实验幼儿园、第四实验幼儿园、山格中心幼儿园、大溪中心幼儿园开展4场片区研训活动。组织全县幼儿园新教师进行岗位大练兵；推选2名选手参加市级“岗位大练兵”比赛，并获奖。

【义务教育】 2023年，平和县教育局搭建“小学入学一件事”平台，严格实行公民办学校同步招生，坚持义务教育免试就近入学原则，保障进城随迁子女平等就学。9月招生中随迁子女1229人，公办学校接收率100%。全县有8所小学、4所初中申报创建并通过“福建省义务教育管理标准化学校”省级评估验收；15所小学申报创建并通过“乡村温馨校园”市级评估。聘请18位省内一线优秀名师专家到平和县进行中考名师面对面复习策略培训，指导2023年中考复习，受益教师1025人，受益学生4710人；平和县教师进修学校与福建省教育

2023年5月31日，平和县育英小学举办“学习二十大 童心向未来”2023年校园文化艺术节暨“六一”社团汇报演出活动（平和县育英小学 供图）

学院合作，邀请省内专家、一线名师为平和县2024届初三毕业班各学科教师进行中考名师面对面冲刺复习策略研修培训，受益教师1024人，受益学生4368人；举办2023—2024学年全县中小学新任教师技能大赛暨岗位大练兵活动；选送56名老师参加市级中小学新任教师技能大赛，获一等奖4人、二等奖6人、三等奖14人。

【普通高中教育】 2023年，平和县有普通高中6所，平和一中为省一级达标高中，平和二中为省二级达标高中，平和五中、平和六中、平和广兆中学、平和正兴学校等4所为省三级达标高中。

平和一中　2023年，平和一中构建智慧校园信息门户，建成千兆校园网，录播室3间，智慧教室4间，配备校园管理平台、课程帮、区域教育云和国家智慧教育平台体系等平台。开展教研活动“研题1+1”，定时间、定地点、定主讲人、定内容。开展“传—帮—带”活动，新老教师师徒结对18对，引领青年教师专业成长；组织教师参加各级课题研究立项15项，其中县级11项，市级2项，省级2项；结题课题市级5项，省级2项。全校教师撰写并发表在各类各级刊物的论文130余篇。举办“一中学子母校情活动”、“安全教育月”、“社团展示月”、“公民道德教育月”、“行为规范养成教育月”、“校园演讲比赛”、校运会、文艺会演、暑假“我为一中增光添彩”和寒假“牵手校友，感悟成长”等主题教育、社会实践活动。组织参加学科竞赛，市县各类教学技能比赛获奖137人次，包含市级优质课获奖5人，市级新教师教学比赛获奖9人，基础教育精品课市级获奖9人（部优获奖2人），中小学作业设计评选活动中获市级二等奖、三等奖共9人。漳州市第三届中小学创客大赛暨人工智能与机器人挑战赛中指导学生获亚军；第16届全国中学生创新作文大赛全国总决赛中指导学生获国家级二等奖、三等奖。

平和二中　2023年，平和二中注重培养优秀骨干教师，发挥“传、帮、带”作用，鼓励年轻教师参加各级教学技能竞赛，1个课程项目在平和县中小学学科德育精品项目比赛中获一等奖、2位老师在平和县中小学（幼儿园）新任教师教学大赛中获一等奖。学校成立“护绿使者”学生社团，常态化开展“创绿、爱绿、护绿”校园绿植守护活动，创建“绿色校园、健康校园”；举办以“厚植家校情怀，潜心教书育人”为主题的平和二中第二届教师论坛。推进名校合作，组队前往福建省南安国光中学开展校际交流与教研活动，搭建跨市际两所学校的沟通交流平台。举办“平和县书法作品巡回展”；举办题为《阳明心学在福建的实践与发展》《赓续红色基因 争做时代新人——阅读与写作漫谈》讲座。举行师生“千人诵”活动、师生书画作品展暨优秀校友张朝晖书法展等。完成理化生探究实验室建设、信息技术教室建设并投入使用。平和文庙遗存旧构件展示区落成。

平和正兴学校 2023年，平和正兴学校开展“习惯促成长 文明伴我行”“创省文明县城，做文明平和人”“学雷锋精神，做文明学生”等主题教育。重视“榜样的力量”，开展“正兴好少年”月度评选表彰；通过黑板报、告家长书、班会等形式进行安全主题教育宣传活动，举办防震、防火、防空紧急疏散演练活动；举办“共读一本书，共思共成长”读书系列活动，举行经典诵读比赛、师生书画比赛、英语歌曲合唱比赛、师生定点投篮比赛、拔河比赛、体育节、艺术节、科技节等文体活动。落实教学常规的规范化管理，组织教师参加各项教学比赛活动，获市2023年初、高中毕业班教学“关键问题讲解”和“典型试题解析”微课评选二等奖4名、三等奖7名，市义务教育阶段作业设计比赛二等奖3名、三等奖3名，县优质课比赛一等奖2名、二等奖5名、三等奖9名；组织参加学科竞赛，获2023年“大梦杯”福建省青少年数学水平测试三等奖2名，市语文“整本书阅读”评选活动一等奖1名、二等奖8名、三等奖11名，第40届全国中学生物理竞赛福建赛区复赛省二等奖1名、三等奖1名，第40届全国中学生化学竞赛福建赛区复赛省三等奖1名，2023年全国中学生数学奥林匹克竞赛（预赛）暨2023年全国高中数学联赛获福建赛区省三等奖1名。

【职业教育】 2023年，平和职业技术学校设有幼儿保育、机电技术应用、汽车运用与维修、计算机应用、旅游服务与管理、电子商务、新能源汽车运用与维修等7个专业。开展法治宣传、传统文化非遗潮剧、爱国影片进校园活动，强化班主任对学生的思想品德教育；建立技能大赛辅导备赛长效机制，制定《省市各项比赛实施方案》《福建省平和职业技术学校“工匠奖”奖励方案》等规章制度。2022—2023学年教师获省级表彰11人，市级表彰8人，县级表彰42人；学生获省级表彰7人，市级表彰2人，县级表彰32人。资助中职学生3202人次，总金额624.07万元；与平和县实验幼儿园、平和县新星幼儿园、漳州万利达科技有限公司、厦门悦华酒店、厦门大学国际学术交流中心、厦门金龙客车、平和县三平风景区管理委员会、平和县灵通风景区管理委员会等单位合作建立校外实训基地；与平和县青创人才驿站、平和县高峰谷景区、平和县全域旅游集散中心、平和县林语堂故居、平和县潮剧传承保护中心开展校企交流合作。

【特殊教育】 2023年，平和县开智学校抓好师德师风建设，加强教学常规管理，规范教师教学行为。携手瑞思特幼儿园举办“因爱相融 与爱同行 感受融合魅力”第二届融合教育活动；开展平和县2023年随班就读与送教上门工作业务培训，与全县随班就读和送教上门学校的业务指导、帮扶活动，持续开展和做好送教上门服务工作；承办漳州市特殊教育黄捷洪名师工作室“送培送教下乡”活动。

【成人教育】 2023年，平和开放大学做好招生工作，在全县农村实施培养“一村一名大学生计划”。开设小学教育、法学、行政管理（乡村管理方向）等19个专业；完成招生380人，完成率126.67%。做好社区教育，举办“太极人生”全民健身运动；在“9·28”全民终身学习活动周期间，在平和林语堂文学馆创建“市民学习体验基地”并授牌。平和林语堂文学馆是漳州开放大学第13个市民学习体验基地，是县区第一个挂牌的基地。开展老年教育，与县老年大学合作举办2场次“智慧助老”智能手机培训和“智慧生活 远离网络诈骗”培训。

【师资队伍建设】 2023年，平和县教育局落实漳州市师德师风建设长效机制，成立平和县师德师风建设工作领导小组，健全完善师德师风教育、激励、考核、监督和师德失范惩处机制。全县教师签订师德师风“承诺书”；组织2023年121名新任教师参加入职宣誓仪式。全年公开招聘录用新任教师121人（含研究生学历11人）；开展各类专项培训29项，培训9720人次。新增平和县山格中心小学黄冰心（小学科学）、福建省平和第一中学罗荣良（英语）两名老师为福建省第六批中小学（幼儿园、特殊教育）学科教学带头人，新增福建省平和第一中学赖平民、罗荣良，平和县山格中心小学黄冰心等3名老师为2023年漳州市第二批市级高层次人才（D类）。考核测评全县43所中小学幼儿园学校管理队伍，掌握校级干部、中层管理人员德能勤绩廉等情况。

2023年11月9—11日，平和县在平和广兆中学举行2023年平和县中小学生田径运动会暨教师趣味运动会。图为学生组比赛项目

（县教育局 供图）

【责任督学】 2023年，平和县完善对乡镇教育工作督导评估机制，制定印发乡镇党政主要领导干部抓教育工作督导考核办法和标准（试行）。承办漳州市“对乡镇（街道）教育督导”工作现场会，会上平和县教育局向全市推广平和县对乡镇教育督导经验做法，得到省教育厅的高度肯定。在全市率先开展五年一轮第二轮幼儿园办园行为督导评估工作，第二轮第一批督导评估8所幼儿园（新星幼儿园宝善校区、实验幼儿园高南校区、坂仔镇中心幼儿园、山格中心幼儿园、安厚中心幼儿园、大溪中心幼儿园、霞寨镇中心幼儿园、九峰中心幼儿园）。

【德育工作】 2023年，平和县教育局做好德育科研工作，提升学校德育工作实效。全年有39个县级、9个市级德育专项课题结题，2项市级“八个相统一”精品思政课题结题，10个市级德育专项课题、6个市级思政课题立项；创新心理健康教育，委托闽南师范大学开展社会心态调查培训4期，覆盖人员8000余人；举办心理健康教育讲座22场，参与师生4500人次；成立县级蔡锦凤心理健康名师工作室。

【校园文化体育活动】 2023年，平和县开展“抒发闽南情怀 弘扬家乡文化”、“乐春游，趣春耕”、“平和县首届青少年儿童人工智能与机器人挑战赛”、“‘和春而行 亲子拾趣’小学生亲子游园活动”、“全县六一文艺汇演”、“当柚花遇上奇兰”主题征文比赛、“河长杯”书法现场大赛、“弘扬中华传统文化 厚植爱国主义情怀”师生书画展、“躬耕教坛 强国有我”中小学音乐教师才艺展演、青少年儿童科艺创意大赛等主题活动，进一步丰富校园文化内涵。举办2023年平和县中小学生田径运动会暨教师趣味运动会；在漳州市中小学生田径运动会中，平和县荣获小学乙组全市第三名；在漳州市阳光体育小学女篮联赛中，平和县小学女篮3支代表队包揽前三；在福建省第九届残疾人运动会暨特殊奥林匹克运动会中，平和县共获4枚金牌、2枚银牌、4枚铜牌。在泉州师范学院举办的福建省第五届中华经典诵写讲现场大赛中，平和县教师朱钟平、黄镇洋，学生林彦希、李梓翔等获省级表彰。

【教育设施建设】 2023年，平和县新建、续建教育建设项目14个，规划总建筑面积14.35万平方米，估算总投资8.65亿元。竣工验收项目2个（新星幼儿园第二分园、前岭小学教学楼），封顶装修项目3个（坂仔学校师生宿舍楼、芦溪中心小学教学综合楼、金华小学扩建工程），主体在建项目1个（秀峰乡福塘幼儿园），基础施工项目4个（平和县第六实验小学、新美小学教学综合楼、平和县工会幼儿园、平和县下村幼儿园），处于前期工作阶段项目4个（南胜中学2号学生宿舍楼、福建平和职业技术学校迁建工程、大坪幼儿园、玉溪幼儿园）。提升教育装备，投入204.1万元采购多媒体教学触控一体机157台；投入21.25万元采购5套高考智能安检门装备；投入400万元建设教育大数据精准教学系统项目和中小学9间智慧教室；投入360.8万元改造中小学328间近视防控教室照明。

【校园安全】 2023年，平和县落实学校食品安全主体责任，校外供餐工作得到漳州市教育局肯定；全市教育系统学校食品安全“点题整治”工作（平和现场）推进会在平和县召开，平和县教育局做“规范学校校外供餐管理工作”经验介绍。推进学校食堂“互联网+明厨亮灶”建设全覆盖项目。开展专项整治，印发平和县学校安全大检查工作方案、开展全县教育系统重大事故隐患专项排查整治2023行动的通知，开展全县教育系统安全隐患大排查大整治，落实安全隐患“6个清单”“一校一册、一患一档”工作机制。加强学校保安队伍建设，组织开展校园保安人员业务技能培训。

【课后延时服务】 2023年，平和县有课后服务需求的中小学83所，均开展课后服务，占比达100%，学生参与率达88.30%。县城区公办12所学校开展“2+3”及以上课后服务模式，占比达100%。

【校外培训机构监管】 2023年，平和县有合规校外培训机构3家（1家学科类、2家非学科类）。开展暑期专项行动，制定《平和县2023年暑期校外培训监管专项行动工作方案》《2023年平和县无校外培训资质的市场主体违规培训排查整治“百日会战”专项行动工作方案》，县教育局联合县市场监管局、文体旅局、工信局等部门开展校外培训监管专项行动、无校外培训资质的市场主体违规培训排查整治“百日会战”专项行动，责令5家违规开展培训的市场主体停止违规培训活动。组织开展暗访，持续开展分类整治工作。

【2023年平和县中小学生田径运动会暨教师趣味运动会举办】 2023年11月9—11日，2023年平和县中小学生田径运动会暨教师趣味运动会在平和广兆中学体育场举行。全县15个乡镇的52支中小学生代表队和48支教师代表队的1432名运动员参加活动。比赛分为小学组、初中组、高中组、教师组进行比赛。学生组运动员总数832人，参加男女短跑、中长跑、长跑、跨栏跑、跳高、跳远、铅球、垒球等17个大项102个小项比赛；教师组运动员总数600人，参加毛毛虫、同心鼓2个比赛项目。

（陈志勇 陈利明）

科 技

【概况】 2023年，平和县坚持人才下沉、科技下乡、服务“三农”，开展科学普及和技术推广，服务乡村振兴，助力产业发展。承办中国农技协科技小院现场交流观摩活动暨中国农技协学会服务站揭牌仪式、2023年福建省“科普希望行”系列活动。中宝（福建）食品科技有限公司入围福建省工信厅发布第四十批省企业技术中心认定名单。2022年平和县科技研发投入1.9亿元，比上年增长46.9%，排名全市第一（该指标错年考核）。

【科技企业管理】 2023年，平和县引导中小企业向专精特新方向转型，推动漳州绿林生物科技有限公司、福建西蝉木业有限公司等4家企业申报高新技术企业；漳州玉露食品科技股份有限公司、中宝（福建）食品科技有限公司2家企业通过复审。中宝（福建）食品科技有限公司、福建省百得利实业有限公司2家企业参加2022年漳州市创新创业大赛，获全市创新创业大赛优胜奖、全省创新创业大赛优胜奖。

【科特派工作】 2023年，平和县选任省级个人科特派33人，科技特派员团队9个；2021—2023年度市级个人科技特派员37名、市级团队科技特派员6个；2023年度县级科技特派员195名，完成全县行政村科技特派员全覆盖、一二三产业全覆盖及100%技术需求对接工作目标。组建以省种植业技术推广总站为科技服务团，在平和任职科技副县长、县农业局科技副局长、县水利局科技副局长、县林业局科技副局长、县工信局科技副局长。

【产学研成果转化】 2023年，平和县安厚镇的省热作所青枣等果树科特派团队对接漳州市正厚农业开发有限公司，对其青枣大棚栽培技术、果园生草技术、水肥一体化技术、枝条粉碎归田技术等开展技术服务，申请并授权2个实用新型专利；在平和县坂仔镇蜜柚科技小院举办漳州市“碳汇＋女科特派联盟”工作推进会，支持特派员依托服务基地推广新产品新技术，进行科技成果转化与创新研发。地质灾害气象风险自动化预警系统以及“知天气”App平和地灾模块在全县防汛抗旱工作推进会上进行推广和使用培训；平和气象防灾减灾科普基地项目完成建设并投入使用，将气象科普融入中小学生课外实践活动。开展“一过程一策”灾害性天气科普联动，及时报道台风动态及风雨预报，与县融媒体中心联动发布台风、暴雨灾害防御等气象科普，通过微信公众号、“村村响”大喇叭滚动播报；平和县气象局申报研究两项漳州市气象局课题《平和县葡萄柚种植气候要素研究》和《平和地质灾害气象风险预报预警技术研究》；多篇论文在国家级期刊上发表。

【气候品质认证】 2023年，平和县气象局联合市气象局选派科技特派员下乡为农服务，开展蜜柚气候品质认证，由于年内暴雨过程多，且受到台风“杜苏芮”、“苏拉”和“海葵”的影响大，蜜柚气候品质未达优及以上。

【气象防灾减灾】 2023年，平和县气象局开展汛期监测预警服务工作，与县应急管理局完善叫应联防制度和信息共享、与县自然资源局联合会商发布地灾气象风险预警等级；举办2023年度平和县防汛抗旱综合业务培训会，培训全县31个县防指成员单位、15个乡镇、1个工业园区和262个行政村（社区）的分管领导、业务骨干和气象信息员；更新各级各部门党政领导、气象信息员等服务对象信息和气象防灾减灾“一本账”“一张图”，推动气象灾害综合风险普查工作，灾害性天气预警落区精细到乡镇。全年发布各类决策气象服务材料353份，气象灾害预警信号504期，通过短信发布气象服务信息70万余条。在台风“杜苏芮”“苏拉”“海葵”等灾害性天气过程和春运、中考、高考等重要时间节点及节假日开展精细化预报预警服务。织密气象数据监测网，完成8个单雨量站落地升级改造为多要素自动气象站（3个六要素站，5个四要素站），完成官峰水库和梨仔坑水库2个气象观测站的选址。作为全省试点率先完成地基遥感垂直廓线集成控制系统安装调试，并开展资料应用。

【农业气象服务】 2023年，平

2023年7月12日，平和县气象局志愿者毛建波（右）在山格镇开展气象为农服务（卢达鹏 摄）

和县气象局发布蜜柚农用天气专题预报等各类农气服务产品177期，服务地方党政领导、种植大户及贫困户近2万人次；联合县农业农村局专家强化农业生产产前、产中、产后“全链条、伴随式”气象服务，在灾害性过程来临前及时发布农业气象灾害监测预警评估，为农业生产提供气象服务支撑。

【科技宣传】 2023年，平和县启动琯溪蜜柚“轻剪轻肥”生态种管科技宣传月活动，活动现场发布平和琯溪蜜柚“轻修剪”、生态果园建设和生态肥（堆肥、沤肥）生产技术标准；开展“全国科技工作者日”科普宣传活动、以“科普进校园 点燃科学梦”为主题的科普进校园系列活动；平和县气象局健全完善气象科普合作长效机制，与县科协开展合作并签署《科普宣传合作框架协议》，联合县委宣传部、县科协等单位开展气象科普活动10场；开展气象科普宣传报道被国家级媒体采用33条、省级媒体采用6条、市级媒体采用4条。

（黄烨婷 卓丽容）

文 化

公共文化

【概况】 2023年，平和县推动公共文化服务阵地建设，完成三平祖师文博馆布展，图书馆小溪分馆、非遗潮剧体验馆开馆并对外开放，周碧初艺术馆提升改造项目开工建设，策划推进7个乡村戏台、农民文化公园试点建设。做好免费开放工作，博物馆累计接待游客超过5.5万人次，图书馆接待读者8.6万人次。

【图书馆】 2023年，平和县图书馆免费开放年入馆94872人次，总分馆图书外借量113742册次，新增图书9595册。建设与维护“平和县图书馆”微信公众号，发布74条推文，开设每周小人书、线上典籍文化展、线上文化活动、线下活动预告与回顾、图书推荐、知识科普等专题及链接超星读书、网络书香·阅见美好两个电子书阅读小程序，为读者提供丰富的数字资源，满足读者的阅读需求；举办各类活动、展览、讲座22场，其中线下活动17场，线上主题活动、展览、讲座5场，活动的内容和主题涉及走进图书馆、亲子阅读、传统文化等；“4·23”世界读书日期间，县图书馆举办亲子阅读讲座、本土作家阅读分享会；举办“我和孩子共阅读”亲子绘本故事阅读系列活动4次；在微信公众号推出线上展览——2023年“日出新卯 春暖兆福”新春典籍文化展、“网络书香·筑梦同行”主题数字阅读活动；推动县图书馆总分馆制及图书服务点建设，推进“武警平和中队分馆”建设，小溪镇分馆投入试运行，增设“平和县公安局图书服务点”。

（叶朝阳）

【博物馆】 2023年，平和县博物馆接待参观游客55371人次，其中，未成年人参观累计达21853人次。截至2023年年底，县博物馆馆藏藏品共1508件（套），其中一级文物3件，二级文物29件，三级文物343件（套），一般文物422件。

馆藏文物鉴定　2023年，平和县博物馆接受无偿捐赠藏品55件。邀请福建省考古研究院3名专家到馆对2020—2023年期间征集、无偿捐赠文物及部分原馆藏藏品进行鉴定、定级工作，共鉴定藏品357件（套），其中，定级为一级文物3件、二级文物15件、三级文物78件（套）、一般文物233件。

临时展览举办　2023年，平和县博物馆举办5场临时展览，举办“5·18”国际博物馆日——平和籍近现代书画家馆藏作品展，弘扬中华优秀传统文化书法展，纪念周碧初诞辰一百二十周年——周碧初捐赠书画暨名家藏品展，“弘扬中华传统文化 厚植爱国主义情怀”——平和县师生书画展，“学思用贯通·知行信统一”书法作品展，共接待参观群众18000余人次。

博物馆宣传教育　2023年，

平和县博物馆协助各机关单位、社会团体开展主题党日、研学实践等一系列社会教育活动30余场；发挥“红色平和展厅”的党史教育功能，配合各单位党支部开展回顾革命党史、重温入党誓词、学习乡土历史等系列活动。加强未成年人社会教育，县博物馆联合县实验幼儿园、新桥幼儿园、金绿碧桂园幼儿园等学校团体开展一系列春游研学活动，联合小溪镇新东社区、县实验幼儿园、瑞思特幼儿园、优贝乐幼儿园等举办“弘扬雷锋精神 学习雷锋精神”——2023年“学雷锋周”主题活动。

（林欣苍）

【文化馆】 2023年，平和县文化馆开展丰富多彩的文化活动，提升人民群众文化生活水平。组织非遗过大年群众文化系列活动，非遗进乡村公益展演62场次；举办非物质文化遗产管理保护人员暨代表性项目保护单位负责人或传承人培训班培训181人次，其中，童声合唱团52人次，二胡培训班15人次，舞蹈培训班少儿舞蹈2期，成人舞蹈1期64人次，美术简笔画培训班2期，动漫1期50人次；前往长泰区文化馆、云霄县文化馆参加五县区画展；开展潮剧进乡村培训，举办非物质文化遗产摄影展，组织“清新福建•共享非遗怡暖冬”主题活动。

（何溪源）

【林语堂文学馆】 2023年，平和县林语堂文学馆以语堂文化的挖掘与宣传为主任，打造语堂文化特色品牌。与县教育局、县台港澳办、坂仔镇人民政府合作举办“弘扬中华优秀文化，诵读国学点亮人生”大型诵读活动、“寻根闽南，梦圆柚乡”诗歌演艺会，两次活动通过平和新闻中心、《福建日报》等多家新闻媒体报道，线上线下相结合，参与数达到20多万人；协助中央电视台完成《百年巨匠》拍摄工作，定期为平和县坂仔中心小学培训30多名林语堂故居小讲解员。

闽台文化交流 2023年，平和县林语堂文学馆与台北林语堂故居多次合作联办，邀请18位台胞企业家，8位台籍名教授前来参与语堂文化交流与探究，共同诵读中华千年文化经典，共同接待台湾同胞1425人次，港澳同胞1202人次。

实践交流基地创建 2023年，平和县林语堂文学馆通过林语堂先生生平展厅、作品展厅、国学展厅、茶室展厅、影视院等，深度挖掘林语堂文化内涵，清晰还原名人历史，助力坂仔镇“林语堂文化特色小镇”的打造，推动平和文旅融合和发展。与南山书院合作成立漳州书院“林语堂故居研习基地”，与漳州开放大学、平和社区学共建“市民学习体验基地”，与福建福旅影视文化发展有限公司签订《平和县林语堂故居文化核心区提升工程设计施工及运营一体化》合作合同。

（林秋辉）

【周碧初艺术馆】 2023年，平和县周碧初艺术馆重点围绕周碧初诞辰120周年开展相关活动。验收完成周碧初艺术馆藏作品拍

2023年10月10日，平和县举办“寻根闽南 梦圆柚乡”——纪念林语堂128周年诞辰活动 （县文体旅局 供图）

摄及印刷成册的工作；开展周碧初艺术馆进行维修提升工程；开展周碧初艺术馆开馆名家题贺作品装裱工作；承办《平和籍近现代书画家馆藏作品展》；承办纪念周碧初诞辰120周年系列活动，《周碧初捐赠书画暨名家藏品展》《纪念周碧初诞辰120周年主题书画现场笔会》《“画意平和”采风活动》；完成周碧初邮册策划等工作。

（林荣富）

2023年6月1日，福建新华发行集团平和分公司联合县委宣传部、县新时代文明实践中心、教育局、妇联共同举办儿童绘本故事讲演大赛（福建新华发行集团平和分公司 供图）

【新华书店】 2023年，福建新华发行（集团）有限责任公司平和分公司实现营业总收入3423.29万元。其中主营业务收入3395.63万元，其他业务收入27.66万元。全年发行《习近平著作选读》第一卷、第二卷，以及《习近平新时代中国特色社会主义思想学习纲要（2023年版）》《中国式现代化面对面》《党的二十大报告辅导读本》《中国共产党第二十次全国代表大会文件汇编》《中国共产党章程》等政治理论读物约2.11万册。做好一年两季中小学教学用书征订发行工作，全员参与协助教材教辅的分发、配送，以实际行动践行“课前到书，人手一册”的服务承诺。推广“新华亲子阅读家园”绘本项目和“新华悦读家园”借阅项目，推动家庭亲子阅读和青少年阅读。与县委宣传部、县教育局联合授牌“亲子阅读示范园”；成功举办2023年“绘时代风采讲中华故事”首届儿童绘本故事讲演大赛。《和风》《向着春天》新书发布会在平和县新华书店举行，张山梁和黄荣才2位作家分别带着他们各自的新书与平和众多作家和写作爱好者见面，分享写作心得。

（吕文磊）

【文化市场综合执法】 2023年，平和县文体旅局依法监管全县文体旅市场经营秩序，开展重要节假日期间文体旅市场安全生产工作大检查，重点排查娱乐场所、互联网上网服务营业场所、印刷企业、书店、国家A级旅游景区、星级宾馆、旅行社等经营场所；持续推动“双随机、一公开”监管、重点监管与信用监管等进一步融合，加强事中事后监管。全年检查各类文体旅经营单位288家次，出动执法人员887人次，发现安全隐患84处并全部整改到位。

“扫黄打非”工作　2023年，平和县文体旅局开展“正道2023”“新风2023”“护苗2023”等专项整治行动，利用户外LED屏、微信工作群等媒体途径，结合全民阅读、非遗进乡村、知识产权日等主题宣传活动，开展“扫黄打非”宣传行动7场，编制分发“扫黄打非”宣传资料700余份，提高群众对“扫黄打非”工作的知晓率，营造积极健康的社会文化市场环境。

文化市场监督　2023年，平和县文体旅局持续做好出版物市场及网络文化环境监管工作。开展涉未成年人淫秽制品专项整治工作，全面加大校园周边文化市场巡查和整治力度，重点查处销售贩卖含有害内容或未经批准从境外流入的儿童绘本、卡通漫画等非法出版物，有效净化校园周边文化环境。

（黄平山）

群众文化

【概况】 2023年，平和县举办线上文化活动5场、线下活动110余场，举办市级以上民俗类非物质文化遗产摄影展1场；开展戏曲公益性演出73场；与厦门卫视联合录制非遗节目《闽南通》“我是传承人”，播出1期。创排现代潮剧《同心筑梦二十大》参加福建省“争优争先争效”机关党员在行动主题宣讲活动（漳州）宣讲表演，推荐申报《状元与乞丐》剧目入选2023年度福建省舞台艺术精品工程重点剧目（地市项目）名单，组织参加第十六届福建省戏剧水仙花奖比赛，县潮剧传承保护中心获组织奖，县参赛选手朱忠信获专业组表演奖三等奖，参加全国文化馆服务宣传周暨第十届全国地市级文化馆“百馆联动”活动，其中平和土楼（六成楼）等3幅摄影作品入选展览。

【“福”文化主题系列活动】 2023年，平和县围绕“福”文化、平和文化、非遗过大年、人民的非遗人民共享、弘扬中华传统文化、学习贯彻党的二十大精神等主题，县潮剧传承保护中心组织参加2023年平和县春节团拜会展演，以“福兔呈祥 福满乾坤”为主题的学习贯彻党的二十大精神公益惠民展演，演出潮剧《东吴郡主》选段《芳心长慕英雄汉》。

【非物质文化遗产活动】 2023年，平和县组织开展非物质文化遗产活动，潮剧公益性展演76场，其中下基层、进校园、进社区73场，线上展演3场；推进非遗进景区，开展“中秋·国庆八天乐非遗文化‘潮’起来”巡演活动。推动非遗项目走出平和，组织漳州白皮饼制作技艺、漳州窑瓷器（平和青花瓷）烧制技艺等非遗项目参加2023年中国旅游日福建分会场主题活动。

【文化艺术作品交流展】 2023年，平和县举办平和籍近现代书画家馆藏作品展、“弘扬中华优秀文化，诵读国学经典点亮人生”诗歌演艺会活动；举办纪念周碧初诞辰120周年系列活动、周碧初捐赠书画暨名家藏品展、纪念周碧初诞辰120周年主题现场笔会、画意平和采风活动等；承办由福建省文化和旅游厅与福建省农村信用社联合社主办“共促文旅经济乡村振兴暨平和县迁台记忆馆建设启动仪式”等重大活动。到长泰区文化馆参加“五福同享”2023年庆“七一”五县区书画作品巡回展，到云霄县文化馆参加“五福同享”2023年庆“八一”五县区书画作品巡回展开幕式。

（简易妮 游惠艺）

2023年1月24—26日，平和县在平和县文博中心“百姓大舞台”举办“非遗过大年”惠民公益展演　（县文体旅局 供图）

文化遗产保护

【概况】 2023年，平和县有县

级以上非遗项目36项，其中国家级1项、省级4项、市级16项、县级15项；县级以上代表性传承人36人，其中省级1人、市级14人、县级21人。全县有各级文物保护单位和文物普查点492处，其中，全国重点文物保护单位4处、省级文物保护单位19处、县级文物保护单位107处、文物点362处。开展全县各级文物保护单位修缮方案编制，编制完成9个文物修缮方案，崇福堂等3个（文保单位）维修设计方案通过省文物局批复；召开2023年平和县文物保护和文物安全工作会，组织开展对文物安全检查、做好文物安全检查记录，强化文物安全保护工作。平和旧县衙及文庙遗存构件陈列区建设项目获评全国十大阳明文化遗址保护典型案例之一。

【非遗传承人培养】 2023年，平和县举办2023年度平和县非物质文化遗产管理保护人员暨代表性项目保护单位负责人或传承人培训班，县潮剧传承保护中心组织进校园传习、传教、展演7次（场），致力于非遗传承人才的培养工作，县文体旅局公布平和县第三批非物质文化遗产代表性传承人14名、代表性传习所10个；平和县6名非遗代表性传承人列入漳州市市级第八批非物质文化遗产代表性传承人名单。

【文物修缮】 2023年，平和县推进庄上大楼、黄梧宗祠、宾阳楼、寨河旧楼、思永楼、南阳楼等修缮工程和黄田土楼群之咏春楼、中共平和县委旧址之静逸公祖祠抢险加固工程。庄上大楼维修工程于2023年12月竣工，主要包括维修现存外环土楼（包括墙体、屋面、木构件和地面）、岳钟楼、楼内永思堂、追德堂、崇德堂等祠堂，修复外环坍塌严重的土楼，恢复外环土楼的完整性；利用平和旧县衙及文庙历史遗存构件，对文物进行保护修复，建设平和文庙遗存构件陈列区、平和旧县衙构件展示区，建设项目跻身全国十大阳明文化遗址保护典型案例；完成埔坪林氏宗祠建筑群维修工程和南胜窑址主体保护工程的技术验收工作。

【文物活化利用】 2023年，平和县宾阳楼和寨河旧楼作为活化利用试点土楼赴法国国家建筑博物馆参加《福建土楼　活化利用》专题展览，获2023年豪瑞（Holcim）可持续建筑大奖赛亚太地区唯一金奖；有效利用平和旧县衙及文庙历史遗存构件陈列展示，建设项目跻身全国十大阳明文化遗址保护典型案例。

2023年平和县各级别非物质文化遗产代表性项目一览表

表6

级别	项目类别	项目名称	批次及批准时间	保护或申报单位
国家级（1项）	民俗	三平祖师信俗	第四批、2014年11月11日	平和县三平风景区管委会
省级（4项）	民俗	闽台乞龟民俗	第三批、2009年6月1日	平和县慈惠宫管委会
	传统技艺	平和龙艺扎制技艺	第六批、2019年2月25日	平和县侯山宫管委会
	传统戏剧	潮剧（平和）	第七批、2022年1月29日	平和县潮剧传承保护中心
	传统技艺	漳州白皮饼制作技艺	第七批、2022年1月29日	漳州市美嘉味食品有限公司
市级（16项）	传统技艺	平和白芽奇兰茶制作工艺	第四批、2010年11月29日	平和白芽奇兰茶研究会
	传统技艺	漳州瓷（平和青花瓷）烧制技艺	第四批、2010年11月29日	福建克拉克瓷有限公司
	传统技艺	南胜麻枣制作技艺	第五批、2013年2月25日	平和县南胜裕辉食品有限公司
	民俗	闽台走水尪习俗	第六批、2015年9月18日	平和县侯卿庵管委会

续表 6

级别	项目类别	项目名称	批次及批准时间	保护或申报单位
市级（16 项）	民俗	保生大帝信俗（平和）	第六批、2015 年 9 月 18 日	平和县天湖堂管委会
	传统音乐	漳州长乐客家山歌	第七批、2018 年 7 月 19 日	平和县文化馆
	传统技艺	平和大溪豆干制作技艺	第七批、2018 年 7 月 19 日	平和县大溪镇人民政府
	传统技艺	芦溪咸菜腌制技艺	第七批、2018 年 7 月 19 日	福建绳武楼旅游投资有限公司
	传统技艺	小溪枕头饼制作技艺	第八批、2020 年 11 月 24 日	平和县西山候山宫管委会
	传统技艺	灵通岩米酒酿造技艺	第九批、2022 年 12 月 28 日	福建灵通岩酿酒有限公司
	传统技艺	漳州老金枣制作技艺	第九批、2022 年 12 月 28 日	漳州健正食品有限公司
	传统技艺	平和老菜脯腌制技艺	第九批、2022 年 12 月 28 日	福建省勇沛食品有限公司
	传统技艺	平和麦芽糖制作技艺	第九批、2022 年 12 月 28 日	平和县文化馆
	传统体育游艺与杂技	平和弄狮	第九批、2022 年 12 月 28 日	平和县文化馆
	民俗	送王船（平和）	第九批、2022 年 12 月 28 日	霞寨长汀村三王公庙
	传统戏剧	潮剧（南湖）	第九批、2022 年 12 月 28 日	平和县艺新潮剧团
县级（15 项）	传统技艺	天湖堂桌子艺	第二批、2008 年 8 月 12 日	平和县天湖堂管委会
	传统技艺	山格生仁糖制作技艺	第二批、2008 年 8 月 12 日	平和县山格新锦泰食品厂
	种植	琯溪蜜柚栽培技术	第二批、2008 年 8 月 12 日	平和县小溪镇西林村
	民俗	龙井宫保生大帝信俗	第五批、2013 年 8 月 19 日	平和县龙井宫管委会
	传统技艺	福塘椿臼面制作技艺	第六批、2014 年 12 月 25 日	平和县秀峰乡福塘村委会
	传统技艺	芦溪红酒酿制技艺	第六批、2014 年 12 月 25 日	福建绳武楼旅游投资有限公司
	民俗	博济宫石万岁信俗	第六批、2014 年 12 月 25 日	平和县霞寨镇钟腾村委会
	民俗	普济堂王公信俗	第六批、2014 年 12 月 25 日	平和县普济堂管委会
	民俗	芦溪婚俗	第六批、2014 年 12 月 25 日	福建绳武楼旅游投资有限公司
	民俗	石晶宫观音信俗	第七批、2020 年 5 月 8 日	平和县石晶宫管委会
	传统美术	平和传统壁画	第八批、2022 年 9 月 27 日	平和县榜眼府文化研究会
	传统技艺	平和麦芽糖制作技艺（坂仔）	第八批、2022 年 9 月 27 日	平和县兴能糕点店
	传统技艺	平和麦芽糖制作技艺（霞寨）	第八批、2022 年 9 月 27 日	平和县榜眼府文化研究会
	传统体育游艺与杂技	平和弄狮（霞寨）	第八批、2022 年 9 月 27 日	平和县榜眼府文化研究会
	传统体育游艺与杂技	平和弄狮（小溪）	第八批、2022 年 9 月 27 日	小溪镇西山侯山宫管委会 小溪镇坑里村

说明：

1. 平和麦芽糖制作技艺（坂仔）、平和麦芽糖制作技艺（霞寨），合并为平和麦芽糖制作技艺，保护单位为平和县文化馆

2. 平和弄狮（小溪）、平和弄狮（霞寨），合并为平和弄狮，保护单位为平和县文化馆

（何溪源）

文化创作演出

【概况】 2023年，平和县探索创新工作机制，推进文化创作，加大文艺精品创作力度，创作体现地方特色、反映时代风貌的优秀作品。平和县潮剧传承保护中心围绕“福”文化、人民的非遗人民共享、“喜迎二十大”等主题，举办线上文化活动3场、线下活动79场，开展戏曲公益性演出71场。县潮剧传承保护中心推出经典折子戏《十五贯》（尊一声大老爷）、《父子三登科》（薛良登进京）、《白兔记》（回书）、《王金龙》（梅亭雪）、《穆桂英挂帅》（你我皆是忠良后）；折子戏《贼子与县官》《白兔记》（井边会），创作现代原创潮剧《“三争”扬帆担使命》等节目，参加福建省“争优争先争效 机关党员在行动”主题宣讲活动（漳州）专场宣讲。

【非遗潮剧进校园】 2023年，平和县潮剧传承保护中心开展“非遗潮剧进校园”活动7场，先后走进平和县崎岭乡彭溪小学、崎岭中心小学、平和县第三实验小学等学校，参与人数达5000人次，推动中华优秀传统文化的传播，丰富学生的课余文化生活。

【非遗潮剧进景区】 2023年，平和县潮剧传承保护中心在中秋、国庆期间开展潮剧巡回展演，先后走进三平景区、灵通风景区、林语堂故居等8个景区景点开展“中秋·国庆八天乐 非遗文化‘潮’起来”活动，8000人次参与。

【潮剧《状元与乞丐》】 2023年，平和县潮剧传承保护中心复排“福建省舞台艺术精品工程传统剧目”《状元与乞丐》（全剧），在全县各乡镇、各村社和网络平台开展展演宣传，该剧教育人们不能轻易迷信，只有通过努力才能成才的故事。

（游兆亮）

融媒体

【概况】 2023年，平和县融媒体中心围绕“百千万工作”“十个提升”工作目标，打造集舆论引导、新闻宣传、信息发布、公共服务于一体的新型主流媒体，在凝心聚力将平和发展成为全省、全市的“进步之星”“后起之秀”中展现担当和作为。拓展“媒体+”功能，与县直相关部门、乡镇等开展新闻宣传合作，举办直播活动。争取80多万元用于原有老旧的播出系统升级改造。

【政务宣传报道】 2023年，平和县融媒体中心运用“6112”全媒体传播矩阵（“6”指“六号”：“平和新闻”公众号、“平和新闻”抖音号、“平和知透透”头条号、“平和新闻”人民号、“平和新闻”视频号、“平和网”创作号；第一个“1”指“一网”：平和网；第二个“1”指“一报”：柚都平和；“2”指“两台”：平和县广播电视台、平和县广播电台）优势，开辟“学习宣传贯彻党的二十大精神”“主题教育”“学思想、强党性、重实践、建新功”“争优争先争效”“媒体关注平和”“七比一看”“生态环境保护”“平安平和”“文化平和”等栏目，宣传报道平和县经济和社会事业发展的新思路、新举措、新典型、新成效。采编制作播出“平和新闻”1300余条；《柚都平和》刊登稿件1800余条；制作播出专题片20余部。“平和新闻”公众号发布推文4000多条，34条推文阅读量超过1万人次，1条推文阅读量达到3万多人次；公众号粉丝量达10.5万人。“平和新闻”视频号发布短视频160余条，1条推文阅读量14.8万人次。“平和新闻”抖音号直播“学习二十大 童心永向党”六一文艺表演，4370人次观看；直播儿童绘本故事讲演大赛，1582人次观看，粉丝人数达3.4万多人。

【对外宣传】 2023年，平和县融媒体中心采访拍摄的有关平和的新闻被国家级媒体采用12条，省级媒体338条，市级媒体2376

条。《高峰谷景区：樱花迎春开 游客如织来》在央视《新闻联播》栏目播出，《赓续红色血脉 践行初心使命——平和县举行纪念“平和暴动”95周年暨传承红色文化系列活动》登上中国老区网，央视新闻客户端发布《紫藤花开 春意烂漫：在平和感受紫色浪漫》，《漳州平和：紫藤花开优雅浪漫》《平和漳州：老区县长进京推介 为了这个百亿产业》《赵晓志：“阳光玫瑰”让生活更阳光》《漳州平和：推广“五治联合”积分制 激发乡村治理新效能》分别登上“学习强国”学习平台。7篇文章在“学习强国”学习平台发布。

【新闻作品创优】 2023年，平和县融媒体中心被闽南日报社授予“2022年度优秀融媒体中心”称号，1人获评“2022年度十佳通讯员”，4人获评“2022年度优秀通讯员”，《红色土地好清爽》获评“2022年度通讯员好新闻篇目”。在第14周漳州微信影响力“县区融媒体榜单”排第二名；文章《请为我县“科学减肥增效，绿色环保种植”生态文明志愿服务项目投票》阅读量突破2万人次，获热文榜单第一名；在县级融媒体福建号影响力8月排行榜中，“平和新闻”位列第五名。作品《文明平和 同学同行》获“文明漳州城、爱拼才会赢”主题公益短视频大赛二等奖。

（庄文勇）

体育 旅游

体 育

【概况】 2023年，平和县加快发展群众体育，鼓励和引导群众主动参与全民健身活动，加强体育设施建设、体育单项协会组织建设等。举办气排球赛、游泳赛、象棋赛、龙舟赛、篮球赛等20场全民健身活动，超额完成市、县为民办实事任务；举办闽西南气排球特色赛。完成平和县羽毛球、足球等6个体育单项协会换届工作。完成田径、游泳、篮球、乒乓球、足球、羽毛球、摔跤、跆拳道、武术套路、散打、拳击、举重、射击、速度轮滑、网球、柔道等16个项目的运动员省级注册工作，注册运动员320名。

【体育设施建设】 2023年，平和县新增体育场地34个，其中室外体育场地新增15个，室内体育场地新增19个。新增体育场地面积119956平方米，其中室外体育场地面积新增112826平方米，室内体育场地面积新增7130平方米；人均体育用地面积新增0.26平方米。平和县智慧体育公园投入使用。

【全民健身运动会】 2023年，平和县举办气排球赛、游泳赛、象棋赛、篮球赛、羽毛球赛等20场全民健身赛事活动。举办平和县总工会平和县气排球协会“庆元宵”气排球联谊赛、2023年福建省全民健身运动会暨平和县气排球首届精英赛、平和县羽毛球协会“会员杯”羽毛球混合团体赛、平和县教育系统第二届教职工气排球联赛、平和县“南山古城杯”象棋赛、福建省全民健身运动会平和县游泳畅游活动、平和县南山古城划龙舟比赛、平和县“英才尚层杯”篮球邀请赛、平和县全民健身运动会太极武术展示会、平和县“和乐五小”足球超级联赛、平和县全民健身康乐家园体育项目展示会、2023年福建省全民健身运动会平和县五寨乡夏季篮球比赛、平和县全民健身康乐家园体育项目展示会、平和县“8·8”全民健身日游泳比赛、平和县全民健身运动会夏季篮球联赛、2023平和县全民健身运动会羽毛球混合团体赛、2023年平和县中小学生运动会暨教师趣味运动会、2023年平和县干部职工瑜伽比赛。

【老年体育】 2023年，平和县有219个老年人体育活动中心，设置广场舞、门球、乒乓球 、大鼓凉伞、登山、钓鱼、气排球、柔力球、健身操 、太极拳（剑）等26个专项俱乐部和1个健身气功协会、1个科研小组。县、乡、村（社区）老体协班子成员人数达630多人。推进老年人体育健身场地设施建设，有门球场10个、地掷球场5个、气排球场13个、柔力球场37个、乒乓球室129个、棋牌室121个、图书阅览室62个、书画室18个、老年人健身活动中心234座、健身路径338条以及纳凉点、公共绿道、栈道、健身文化广场、公园绿地、沿溪公园等老年体育健身场地517处。平和县老体协获评省老体协2023年度老体协工作先进单位，1人获评省老体协2023年度老体协工作先进个人。

2023年，平和县智慧体育公园建成投用

（图片摄于2023年11月21日 林泽霖 摄）

【青少年体育】 2023年，平和县组织参加2023年福建省少年儿童体育锦标赛，平和县运动员获金牌1枚、银牌1枚、铜牌5枚；组织参加2023年漳州市少年儿童体育锦标赛，平和县运动员获金牌18枚、银牌28枚、铜牌28枚。

【竞技体育】 2023年，平和县组织举办2023年漳州市第五届闽西南气排球特色赛；组织4支气排球队伍参加2023年中国·长泰乡村气排球公开赛漳州赛区选拔赛暨漳州市第六届气排球公开赛，获2个第四名、1个第五名；组建1支气排球队伍（平和代表队）代表漳州参加2023年中国·长泰乡村气排球公开赛。

【平和县首届足球超级联赛举办】 2023年8月6日，平和县首届“和乐五小”足球超级联赛在平和县第五实验小学进行，全县各中小学、高中等9支队伍88名足球爱好青少年参赛。比赛时间为8月6—18日，通过小组循环赛方式，最终决出前三名并颁发奖杯。

【平和县篮球邀请赛举办】 2023年8月8日，平和县“英才尚层杯”篮球邀请赛落幕。此篮球邀请赛有28支队伍参赛，乡镇组冠军为九峰镇代表队、亚军为霞寨镇代表队、季军为国强乡代表队，机关组冠军为政法系统代表二队（公安）、亚军为教育系统代表队、季军为英才尚层代表队。“机关组”和“乡镇组”争夺“王中王”，政法系统代表二队（公安）获“王中王”称号。

【平和县干部职工瑜伽比赛举办】 2023年12月21日，以“‘中国梦·劳动美’凝心铸魂跟党走、团结奋斗新征程”为主题的全县干部职工瑜伽比赛在平和一中体育馆举行。县直机关各系统10支代表队参赛；赛事设置奖项10个，其中一等奖1个、二等奖2个、三等奖3个，最佳风采奖、最佳创意奖、最佳表演奖、最佳组织奖各1个。

【平和县智慧体育公园建设完成】 2023年2月，平和县智慧体育公园（平和县和乐公园）整体施工建设完工并投入使用。智慧体育公园（和乐公园）位于平和县山格镇，占地面积6.67万平方米，总投资约2000万元。该公园是平和县“为民办实事”项目之一，将体育运动和自然环境相融合，是一座以精品公园为标准建设的现代化运动公园，园内设有篮球场、网球场、羽毛球场、气排球场、门球场、五人制足球场、轮滑场和彩虹跑道等，配备室外智能国民体质测试亭、智能健身驿站、智能健身路径、智能健身步道等设施，可满足全人群的健身活动需求，方便群众参与体育活动。

（林玉溪 曾庆生）

旅 游

【概况】 2023年，平和县接待国内旅游541.78万人次，比上年增长47.5%，实现国内旅游收入59.76亿元，比上年增长55.7%。把“加快发展全域旅游”纳入《平和县国民经济和社会发展第十四个五年规划和二〇三五年远景目标纲要》；出台《平和县人民政府关于印发平和县促进服务业发展暂行办法的通知》《平和县扶持产业发展奖励暂行办法》《平和县“‘贷’助绿农 柚语茶香”专项行动方案》等相关支持全域旅游发展的政策。首届“琯溪有点田 缤纷乡村旅”春耕文化旅游季在漳州市平和县山格镇开幕。平和旅游集散服务中心开业运营。平和高峰谷茶园入选文化和旅游部2023年第二期“乡村四时好风光”全国乡村旅游精品线路名单。平和县灵通山景区获评国家AAA级旅游景区，平和县名峰山景区获评国家AA级旅游景区；平和县“蛙天下”水乡渔村休闲渔业基地入选福建省“水乡渔村”休闲渔业基地名单，平和高峰谷入选2023年福建省职工疗休养示范基地，平和县灵通山森林康养基地入选福建省级森林康养基地名单。12月，平和县被福建省文旅厅认定为第四批福建省全域生态旅游示范县。

【旅游业态】 2023年，平和县发展生态、农业、工业、康体、研习等旅游新业态。“农业+旅游”融合发展，印象半径休闲度假山庄入选为省级休闲农业示范点，打造“琯溪有点田”农旅品牌，开启农事休闲体验之旅，启动“琯溪有点田 缤纷乡村旅”2023年春耕开耕活动，“云上平和”综合数字服务平台上线和乡村振兴主题农耕农旅活动，推出6条农事休闲体验游线路；“研学+旅游”渐显雏形，培育建设高峰谷、印象半径、灵龙谷等一批研学基地；“疗休养+旅游”日臻完善，高峰谷景区创成省级养生旅游休闲基地，名峰山等5家单位创成县级职工疗休养示范基地；“林业+旅游”迸发活力，建成灵通山、大芹名峰山等2个森林康养基地；“气象+旅游”发掘潜力，灵通、高峰谷景区获评省级气候福地。推进霞寨镇全域旅游开发等项目建设，完成大溪镇大松梯田、坂仔镇山边村、国强乡高坑村“花溪梦田”等田园景观提升。2023年平和县文旅经济发展大会暨主题旅游季活动在高峰谷启动，以“行旅世界·心归平和”为主题；漳州市平和县大芹威士忌观光园（福建大芹陆宜酒业有限公司）入选福建省2023年度观光工厂名单。

【乡村旅游】 2023年，平和县有12个乡村样本点，合计旅游人数61.85万人次，比上年增长18.87%；旅游收入3815.47万元，比上年增长35.65%。完成大溪镇大松梯田、坂仔镇山边村、国强乡高坑村“花溪梦田”等田园景观提升。灵龙谷负责人陈原辉入选2023年度全省乡村文化和旅游带头人名单。平和高峰谷茶园被列为漳州“栖居茶乡 香飘万里”之旅线路，入选文化和旅游部2023年第二期“乡村四时好风光”全国乡村旅游精品线路名单。该线路为长泰青阳共享茶场—华安哈龙峰生态有机茶园—南靖泓净生态茶园—平和高峰谷茶园—漳浦天福茶博物院—云霄和平洋坑文化茶园。

【红色旅游】 2023年，平和县与广东大埔县签订《闽粤边区红色旅游战略联盟合作框架协议》，举行闽南师范大学红色文化与乡村振兴研究基地揭牌。以“产业引领+红色旅游”模式振兴乡村，西坑村整合红色旅游资源，探索“红色教育基地+乡村旅游运营企业+村委会+合作农户”的乡村产业振兴模式；新建村撬动文旅与农旅融合发展，以红色旅游带动农副产品营销；完成灵龙谷“黄洋界”红色景点提升；2023年，欧寮村被列为省级闽台乡建乡创合作样板村创建单位，依托“红色资源+绿色生态”，保护性开发“神摇漂流”旅游项目，打造“红色欧寮”研学品牌等，平和县“红色欧寮”党性教育基地获评省直机关第二批主题党日活动基地。

【旅游开发建设】 2023年，平和县推进三平旅游基础设施改造提升项目（一期）、南胜红色欧寮旅游配套设施等9个市重点（文旅领域）项目建设，项目合计投资27.95亿元；开展文旅产业链招商，引进重点文旅项目三平康养小镇项目、茶旅综合体项目、大芹山康养旅游项目，项目合计总投资20.97亿元。

【旅游宣传营销】 2023年，平和县举办“行旅世界·心归平和”2023年平和县文旅经济发展大会暨主题旅游季活动、平和县旅游踩线活动暨“自驾助力乡村振兴·带动后备箱经济”自驾游体验活动、“味爱平和·礼进万家”2023平和县首届旅游伴手礼创新设计大赛；“党建+文旅+金融”赋能乡村振兴“行旅世界·心归平和”平和县主题旅游季活动暨创建闽台乡建乡创合作样板县活动启动，平和县全域旅游集散服务中心揭牌，举办2023年漳州市第五届闽西南气排球特色赛、《在希望的田野上》首届“琯溪有点田”春耕文化旅游季等活动；参加漳州市文旅招商推介会、漳州市首届美食节文化节、第十八届海峡旅游博览会、第二十三届中国国际投资贸易洽谈会及第二届乡村振兴产业展等活动；开发“云上平和”小程序，构建“一机游平和”智慧旅游服务，编制平和全域旅游智慧导览图和《平和全域旅游指南》电子书，完善景区智能导览功能；改造建设以茶旅融合为特色，集旅游导览、餐饮、购物、文化展览等于一体的全域旅游集散服务中心。举办全县文旅经济发展大会暨主题旅游季活动、旅游踩线活动、自驾体验游活动等10余场文旅活动；深化媒体矩阵营销，在央视二套投放农旅宣传广告，以及借助东南网、厦门卫视、漳州电视台等主流媒体和微信、抖音等新媒体的报道和推广。开展首届旅游伴手礼创新设计大赛，举办旅游摄影及短视频大赛，拍摄制作《游平和·心平和》《行旅世界·心归平和》《平和旅游微电影》旅游宣传视频；开通“平和文旅之声”旅游公众号、“平和旅游”抖音宣传号，提供和发布旅游信息。

【旅游市场管理】 2023年，平和县开展旅游市场安全综合监管，各有关部门明确职责分工，发挥职能优势，加强沟通协调，配合联动，推动各涉旅企事业单位提高安全思想认识，加强安全管理机制建设，完善安全管理制度和应急预案，充实安全应急队伍，开展自查自检；开展实地督导检查，发现安全隐患问题，协调并督促解决；推动各乡镇落实属地责任，增设安全警示牌，完善安全防护栏，开展安全巡查。根据县旅游市场安全综合监管联席会议工作要求，联席会议成员单位不定期开展旅游市场安全综合监管督导检查工作，重点检查各旅游企事业单位消防安全、团队旅游安全、食品安全、市场运营秩序等方面。通过实地督导检查，发现安全隐患问题，并督促相关企事业进行整改。

【平和县全域旅游集散服务中心运营】 2023年12月30日，平和县全域旅游集散服务中心启动运营。平和县全域旅游集散服务中心位于文峰镇三平高速出入口附近，建筑面积8300平方米、用地约3.33公顷，采用“政府指导、民营投入”模式，改造建设以茶旅融合为特色，是集旅游咨询、餐饮、购物、非遗文化、观光工厂等多种业态于一体的旅游集散服务中心。集散服务中心内包含：旅游服务大厅、餐饮服务区、非遗产品展销区、平和农副土特产品展示区、白芽奇兰文创园等。

【平和县被福建省文旅厅认定为第四批福建省全域生态旅游示范县】 2023年12月1日，平和县被福建省文旅厅认定为第四批福建省全域生态旅游示范县。全县有国家AAAA级旅游景区2个、国家级风景名胜区1个、国家地质公园1个、中国传统村落6个、全国乡村旅游重点村1个、国家级非遗项目1个、国家级历史文化名镇1个、国家级历史文化名村1个、全国重点文物保护单位4处、省级文物保护单位19处、省级传统村落7个、省级非遗项目4个、“福建省全域生态旅游小镇”1个、福建省“金牌旅游村”3个。平和县始终秉承“绿水青山就是金山银山”的理念，实施“全域旅游、全面发展”战略，以“行旅世界·心归平和”为主题，打造“朝圣养生、原乡生活、特色文化、山水康体”等四大体验支撑导向，推进“龙头景区带动、特色资源驱动、产业深度融合”旅游发展新格局，实施旅游要素升级、旅游产业提升、交通体系完善、市场营销推广和资源保护开发等五大重点工程，推动全域生态旅游示范县创建。

（赖小军）

【三平风景区管理】 2023年，平和县三平风景区管委会完成《三平省级风景名胜区总体规划（2015—2030年）》的修编，实施《三平省级风景名胜区中心景区及门户区详细规划（2020—2030年）》的编制工作，制定完善《三平风景名胜区生态和文物保护措施》。全年景区接待游客123.6万人次，比上年增长40.8%，创历史新高。

景区建设 2023年，平和县三平风景区管委会策划“三平文旅康养项目”，在全省旅游经济发展大会上签订投资协议，总投资20亿元；对景区5.5千米道路、山门、夜景工程游客服务中心等进行改造。三平风景区规划面积23.8平方千米，核心景区10.97平方千米，策划形成四大功能片区（祖师文化核心区、中医药文化区、三坪文化村、玲珑湖康养度假区）。

品牌建设 2023年，平和县三平风景区管委会推进三平祖师文化研究、策划展示三平祖师文化、开展非遗传承民俗文化活动。开展高校对接、基地建设、学术交流丛书编写等活动。与以南京大学赖永海教授为主导的博士团队成功对接，特聘其为三平景区规划建设文化顾问；与闽南师范大学闽南文化研究院合作成立“三平祖师文化研究基地”；与漳州卫生职业学院签订“三平祖师中医药研究”合作协议。9月9日，第二届三平祖师文化学术研讨会在平和县三平风景区召开，海内外专家学者共聚一堂，交流学术论文80余篇；编写完成《三平中医药文化》一书，新《三平寺志》重修工作完成初稿。

三平祖师文化展 2023年8月8日三平祖师文化完成布展并对外开放。展厅占地面积1500平方米，展览立面2000平方米，分序厅、三平义中、非遗信俗、香火分灵、闽南医神、红色印记、时代篇章等七个板块，包括闽南人开拓精神、闽南佛教文化、三平祖师佛教文化、三平祖师信仰、三平祖师信俗、三平祖师医药文化、三平祖师文化旅游资源、三平红色文化等内容。

三平红色文化宣传 2023年，平和县三平祖师文化展厅和红军三平会师纪念馆接待255批党建红培团体及游客5.2万人次。培养12位讲解员队伍。刊发宣传原创文稿20余篇，被新华社云平台、“学习强国”学习平台，央视频移动网、漳州新闻网、东南网、《厦门晚报》等20多家媒体平台报道转发，景区公众号关注量、阅读量达到29.6万人次。

2023年12月18日，平和县三平风景区管委会举办2023三平祖师文化民俗（非遗传承）活动 （三平风景区管理委员会 供图）

三平祖师文化民俗（非遗传承）活动 2023年，平和县三平风景区管委会于12月18日（农历十一月初六）举办以“赓续祖师文脉·共襄文旅华章”为主题的2023三平祖师文化民俗（非遗传承）活动，数百名嘉宾出席活动仪式，中国台湾、中国香港、马来西亚等分庙发来祝福视频，新华社现场云、直播福建、央视频移动网等平台进行全程实况直播，累计有信众700多万人次通过直播云端祈福。全部网络平台（含图片、视频、直播）浏览量超740万人次，转发量超500万人次，点赞超647万人次，话题关注度超600万人次。

（卢依琳）

【灵通风景区管理】 2023年，平和县灵通山风景区管委会接待游客人数32.26万人次，比上年增长70.96%；实现旅游总收入1751.2万元，比上年增长33.6%。完成估算总投资4.9亿元在灵通山及周边区域建设的“平和县灵通山国家级风景名胜区、国家地质公园旅游综合开发项目”专项债资金申请工作。平和县灵通山景区被批准为国家AAA级旅游景区。平和县灵通山森林康养基地入选2023年福建省级森林康养基地名单。

品牌建设 2023年，平和县灵通山风景区管委会完成“国家AAA级旅游景区”创建工作、优化智慧景区建设、推进新荣湖及周边景区规划、挖掘资源优势等。完成国家AAA级旅游景区台账建立及硬件设施设备，被批准为国家AAA级旅游景区。完成灵通山“智慧景区信息化建设”项目的游客智慧服务平台（小程序）、景区3D智能导览系统、景区720° VR虚拟展示系统，推出“E游灵通”小程序，实现“一步一景一语音”实时导游等功能，为游客提供个性化智能服务。推进《新荣湖及周边景区控制性详细规划》编制工作，编制成果按程序上报省林业主管部门。增设配套卫生室、应急场所、设施，完善步游道、康养解说系统，优化现有旅游服务，被评定为2023年福建省级森林康养基地。

景区建设 2023年，平和县灵通山风景区管委会完成灵通山周边综合环境改造提升工程，该工程为“平和县灵通山国家级风景名胜区、国家地质公园旅游综合开发项目”基础设施建设所包含的子项目之一，包括玉屏洞景区入口、过境山生态停车场、青云寺放生池提升及新荣水库管理处智能改造等“四大区域”，设置导视系统、广播系统等，整治提升面积约17000平方米，投资额为1006.18万元，竣工验收。推进新荣水库管理处至青云宾馆上山旅游公路提升工程，预算总价为4650.13万元，完成施工图设计服务招标、设计及立项审批工作。推进青云寺至擎天峰防火道路工程建设，估算投资1060万元，完成与林业部门沟通所需手续和前期设计等工作，完成防火道路测量和初步选址。推进青云宾馆至朝天寺防火应急道路工程建设，估算投资4560万元。

景区管理 2023年，平和县灵通山风景区管委会做好安全生

2023年4月14日，平和县灵通山风景区管委会开展消防安全应急演练 （县灵通山风景区管委会 供图）

产、防汛备汛等工作。加强区域联动，部署旅游高峰期安全保卫执勤工作。推进重大事故隐患专项排查整治工作，重点开展人员公众聚集场所等重点领域专项检查。定期开展消防安全、森林防火等各项应急演练，开展安全生产宣传月活动，推动景区抢险加固工作，扑火器材操作使用及扑火安全常识培训，增设安全标志标识牌，提高防范和应急处置能力。借助灵通“景区110”警务工作站，强化景区治安管理，开展日常巡查。强化应急组织保障领导小组工作，全面检查本区域内的防汛设备和重点地段；与大溪镇政府联合制定印发《平和县新荣水库防汛抢险应急预案》；做好监控设施完善、重点区域除草、白蚁防治、应急物资储备等汛前准备工作。8月31日台风泄水期间，在开启闸门时出现蝶阀涡轮故障导致无法泄水，迅速采取应急措施，及时组织专业队伍更换处置并放水腾库。2023年汛期平稳过渡。完成全年灌溉供水任务。

（张倩）

卫生健康

综 述

【公立医院综合改革】 2023年，平和县印发《平和县深化医药卫生体制改革2023年重点任务及分工方案》，细化医改重点工作任务，明确每项任务的牵头部门和配合部门，推动各项工作落实落细。平和县医院医疗服务收入占比35.9%，基层诊疗量占比66.94%。辖区内医疗机构参加药品耗材集中带量采购，药品通用名数396个、耗材种类数23个；执行漳州市互联网诊疗服务3个项目收费标准、整合规范漳州市27个口腔种植类医疗服务价格项目，停用19个医疗服务价格项目等。落实“两个允许”（允许医疗卫生机构突破现行事业单位工资调控水平、允许医疗服务收入扣除成本并按规定提取各项基金后主要用于人员奖励）要求，按照《平和县县级公立医院工资总额核定办法》，统筹考虑医院收支状况、人员结构、服务质量、成本控制、医疗服务性收入增长、床位人员配比和年度绩效考核结果等因素，合理核定公立医院薪酬总量，发挥绩效工资分配的激励导向作用；制定《开展全面提升医疗质量行动》，通过与市医院、厦门第一医院、省儿童医院、省协和医院共建医联体，派青年骨干医护人员到省市三甲医院进修、培训学习，加大重点学科建设和学科带头人培养力度。

【医疗卫生资源补短板】 2023年，平和县医疗机构加强与市级以上三甲医院建立协作关系，建立名医工作室，通过邀请专家到平县坐诊、远程会诊、业务指导等方式，充实县域内优质医疗资源供给。平和县医院通过与漳州市医院、厦门大学附属心血管病医院、福建中医药大学附属第二人民医院、福建省儿童医院及中国人民解放军联勤保障部队第909医院建立医联体协作关系，平和县妇幼保健院与福建省妇幼保健院建立协作帮扶关系，霞寨中心卫生院与市中医院建立定点帮扶关系，促进专科发展。平和县医院完善胸痛中心、卒中中心、创伤中心、呼吸诊疗中心、市级重点专科项目建设，启动静脉血栓栓塞症（VTE）防治中心建设、慢病管理中心通过初审，成为国家呼吸医疗质量控制与管理哨点医院。

【卫生健康信息建设】 2023年，平和县加快卫生健康信息建设，推进“互联网+医疗健康”发展，推广“5G+智慧急救”平台，平和县医院于4月新增加1辆5G救护车；平和县医疗机构预约诊疗与“漳州市卫健委”门户公众号对接，可以通过漳州市卫健委公众号进行线上预约，平和县医院也可以通过公众号进行线上预约，线下可以在导诊护士处预约叫号；完成死亡证明电子化应用管理，并在平和县医院全面使用。推进“千县工程”信息化建设，平和县医院对门诊电子病历进行升级改造，卒中中心和创伤中心施工方进场部署设备和配套软件，完成人员培训工作，并试运行。全市二级以上医疗机构医学检验、医学影像检查结果互认，开展医学检验检查可互认项目27571次，互认3705次，互认率13.44%。

【卫生监督】 2023年，平和县做好卫健行业综合监管。加强食品安全风险监测，全县17个哨点医院报告食源性疾病病例信息771例，超额完成任务。推进福建省营养食堂建设工作，平和县实验幼儿园、新星幼儿园获“福建省营养健康食堂”荣誉称号。加强生活饮用水水质监测，现场监督检查县城周边3家民营供水单位25次，检测25批次。每月现场监督供水量大于千吨的集中式供水单位，检查6次、检测6批次；每年枯水期（1月）、丰水期（5月）水质监测30个农村饮用水监测点、9个二次供水单位监测点各1次，检测 2批次。加强卫生监督协管，对乡镇卫生监督协管员进行现场传、带、教60人次，促进协管员更好掌握卫生监督协管业务技术。做好“双随机”监督抽检工作，监督完成率达100%。做好职业健康监管工作。加强职业病防治技术支撑体系建设，开展职业病危害专项治理，督促建设单位落实职业病防护“三同时”；加强职业健康监督执法，做好职业病危害项目申报42家，申报率100%；定期检测、评价11家职业病危害因素；开展《中华人民共和国职业病防治法》宣传。

【医政管理】 2023年，平和县卫健局加强医疗卫生机构监管，规范各类医疗机构依法执业，加强医疗救治能力建设，提高医疗质量和医疗服务；加强医疗机构院感管理；开展医德医风建设，通过廉洁医院文化建设、医药领域腐败问题集中整治工作，深化医疗机构行风作风建设；开展“平安医院”建设，完善医疗纠纷第三方调解机制。推进基层医疗机构参与“优质服务基层行”基本标准、推荐标准和社区医院创建，提高医疗机构服务质量。全县15家乡镇卫生院中“优质服务基层行”基本标准创建单位13家、推荐标准和社区医院的创建单位1家。全年共受理行政许可事项750件。

【中医药工作】 2023年，平和县推进县公立中医医院筹建，县编委批复核定平和县中医医院编制100名，完成法人登记，以县政府名义与福建中医药大学签署校地合作协议框架，做好人才招聘与储备；霞寨中心卫生院与漳州市中医院建立定点帮扶关系，发挥漳州市中医院人才和技术优势，扩展基层中医馆服务内涵；结合《中华人民共和国中医药法》实施6周年宣传活动，开展中医药知识宣讲及义诊活动，累计义诊17次，服务群众1500余人次。

【卫生人才队伍建设】 2023年，平和县通过全市事业单位统考、人才月、春秋季专项公开招聘，招聘到58人；2023年定向乡镇卫生院高职高专层次招生计划7人；选送58名卫技人员到上级医院参加进修学习，组织县医院到福建医科大学、福建中医药大学等高等院校开展人才招聘宣传推介活动。发挥名医“传帮带”作用，柔性引进上级医疗专家团队建立13个名医工作室，新增3个省级“名医工作室”。入选漳州市D类人才6名。

【项目建设】 2023年，平和县推进平和县医院迁建项目建设，完成住院楼、门诊医技楼、急诊楼、感染楼等主体工程建设；推进城关社区卫生服务中心住院楼建设，于2023年2月15日开工建设，完成住院楼6层封顶；推进芦溪镇卫生院项目开工建设，完成土地划拨、设计招投标。

（陈毓涵 吴毅芳）

妇幼保健

【概况】 2023年，平和县贯彻落实《中华人民共和国母婴保健法》，完善妇幼健康管理体系，围绕妇幼公共卫生服务工作重点，提升全县妇幼健康服务管理

2023年11月26日，平和县妇幼保健院与省妇幼保健院建立协作帮扶关系，县妇幼保健院成立孙蓬明妇科名医工作室并揭牌

（县妇幼保健院 供图）

水平。组织做好孕产妇死亡监测、5岁以下儿童死亡监测、出生缺陷监测、危重孕产妇医院监测、儿童营养与健康监测等国家级妇幼卫生“五网”监测工作；县妇幼保健院与省妇幼保健院建立协作帮扶关系，成立“孙蓬明妇科名医工作室”，由省级名医团队资深专家定期到县妇幼保健院开展诊疗活动；结合医院服务资源，充分整合妇幼健康服务职能，成立“平和县计划生育协会优生优育指导中心”。全县孕产系统管理率91.1%，7岁以下儿童保健管理率94.3%，3岁以下儿童系统管理率93.45%，新生儿访视率96.11%。

【优生优育】 2023年，平和县开展免费婚前医学检查及孕前优生优育检查，全年婚前医学检查346人次，孕前优生优育检查1159人次；开展免费产前筛查460人次，完成率115%；开展免费地中海贫血筛查469对，完成率123.4%，完成血红蛋白分析459对，地中海贫血基因检测19对；开展预防艾滋病、梅毒、乙肝母婴传播服务，完成孕产妇艾滋病病毒、梅毒、乙肝表面抗原检测人数1042人，检测率100%；开展免费增补叶酸预防神经管缺陷项目，免费发放增补叶酸2416人，目标人群叶酸服用率92.5%。

【妇幼公共卫生服务】 2023年，平和县开展35—64岁城乡妇女“两癌”免费筛查，完成城乡35—64岁妇女免费HPV（人乳头瘤病毒）检测3931人，完成率100.7%，乳腺癌检查3947人，完成率101.2%。开展新生儿遗传代谢性疾病筛查项目，完成新生儿遗传代谢性疾病筛查1004人，完成率92.8%；开展新生儿先天性心脏病筛查项目，完成新生儿遗传代谢性疾病筛查1034人，完成率99.5%；做好新生儿死亡及危重孕产妇救治评审工作，新生儿死亡评审2例。做好对托儿所、幼儿园卫生保健工作管理，为新入园儿童健康检查1200人，托幼机构工作人员健康体检808人。开展适龄女性宫颈癌疫苗免费接种，接种第二针2678人、第一针1830人。

【妇幼健康教育】 2023年，平和县妇幼保健院开展妇女保健、儿童保健等健康知识宣传教育咨询，开展主题宣传活动3次，2000多人次参与，宣传面达91%，在活动中免费发放避孕套约2600只、外用药35盒，宣传材料500多人份。全年发出外用药2250盒、避孕套84520只。

（林惠萍）

公共卫生

【概况】 2023年，平和县做好基本公共卫生服务，启动全生命周期健康管理工作，开展爱国卫生运动，做好老年健康服务工作等。加强卫生应急体系和能力建设，做好各项医疗卫生保障工作。

【基本公共卫生服务】2023年，平和县全面启动全生命周期健康管理工作，促进医防融合发展，开展健康管理服务。平和县医院成立健康管理中心，各乡镇卫生院设立健康管理站。利用互联网5G，投入资金搭建数字公共卫生服务一体化平台，打造健康管理新模式，提升基本公共卫生体检工作效率。全县65岁以上老年人健康管理率84.34%，高血压基层规范管理率93.97%，糖尿病基层规范管理率96.33%。

【爱国卫生运动】2023年，平和县开展“文明健康，绿色环保”“爱国卫生月”等主题宣传活动，进机关、进社区、进家庭等向群众讲解健康生活知识，发放健康宣传材料等，引导群众提高自我健康管理能力，提升全民传染病防控意识和能力。做好卫生健康宣传，践行绿色环保生活理念，发放宣传单、张贴海报，倡导公勺公筷、低碳生活、节约用水等理念，实施垃圾分类存放，持续推进垃圾分类工作；全年开展各类卫生健康宣传主题活动、义诊24场，发放卫生健康知识宣传手册、宣传品4200余份，张贴宣传海报1000余张；开展居民健康素养监测工作，加强心理健康科普。举办心理健康讲座13次，平和县样本健康素养水平达26%，密切关注妇女、儿童、青少年、职业人群、老年人等重点人群心理健康。

【老龄健康】2023年，平和县扎实开展老年健康服务工作，做好失能老年人健康评估与服务工作，为128名失能老年人提供健康评估与服务；推进平和县医院设置老年医学科；推进医养结合试点单位综合考评，深入整治养老机构违法违规开展医疗服务行为。

【公共卫生应急处置】2023年，平和县卫健局加强卫生应急体系和能力建设，及时应对突发公共卫生事件应急处置，做好重要会议与重大活动的医疗卫生保障工作，加强医疗卫生应急救援基础设备设施建设和救援队员培训。参与平和县反恐演练、防汛抢险救灾应急综合演练等；参加市县联合桌面推演；参加“健康使命-2023”漳州市化学中毒卫生应急处置综合演练卫生应急演练，提高2支卫生应急队伍综合处置能力。

（陈毓涵）

疾病防控

【概况】2023年，平和县健全疾病预防控制体系建设，加强艾滋病、结核病、丙肝等各类传染病防控工作，关注流感、手足口病、病毒性腹泻、霍乱、水痘、布病、登革热、疟疾等季节性传染病，做好传染病疫情防治和处置工作。结合全国儿童预防接种日宣传、全国疟疾日、防治碘缺乏病日、艾滋病防治宣传日等开展疾病预防控制知识宣传活动。在4月25日全国预防接种宣传日开展主题为“主动接种疫苗，共享健康生活”的现场咨询宣传活动；举办2023年平和县预防接种岗位资质暨入托入学儿童查验预防接种证培训班。2023年6月3日，平和县疾病预防控制局揭牌，推进疾控体系和医防融合改革，挂牌在平和县卫健局。

【疾病控制】2023年，平和县报告乙类传染病2405例，报告发病率536.97/10万，比上年同期上升238.76/10万，丙类传染病1359例，报告发病率303.43/10万，比上年同期下降65.1/10万。加强疫情监测报告，落实手足口病各项防控措施，采集100份标本，在市、县疾控中心检测100份，94份为阳性，6份为阴性；蜱传播的病毒性疾病监测工作，采集重点人群血液标本31份，宿主动物血液50份，结果全部为阴性；布鲁氏菌病监测工作，采集重点职业人群血液标本53份，发热病人血液标本26份，检测结果均为阴性；疟疾监测工作，采集血涂片55份，镜检结果均为阴性。开展2023年性病病例报告质量核查工作及消除丙肝危害工作。

【结核病防治】2023年，平和县落实《全国结核病防治规划》，实行结核病新型防治体系，接诊可疑症状者369人，完成活动性结核病人发现169人，完成年度任务的100.6%，其中涂阳结核病人发现103例，病原学阳性率64.3%，治愈率达94.3%，DOTS（全程监督短程治疗）覆盖率达100%。开展“3·24”世界防治结核病日宣传活动和百千万志愿者服务活动，普及宣讲结核病防治知识健康教育、结核病防治基本知识；在全县范围内通过微信、短信等多媒体平台短视频发送、分享防治结核病科普知识宣传，在全县医疗卫生机构LED和防治结核病宣传栏宣传结核病主题标语。

【艾滋病防治】 2023年，平和县疾控中心开展艾滋病防治宣传教育干预，举办艾滋病防治知识讲座，艾滋病防治宣传教育“五进”（进社区、进校园、进医院、进企业、进家庭）拓展年活动；举办艾滋病检测工作培训班。组织专业人员对公共娱乐场所的服务人员进行知识宣传和行为干预，干预公共场所84间次，干预对象2419人次，发放宣传材料3470份，发放自愿咨询检测联系卡770张，完成暗娼人群HIV（人类免疫缺陷病毒）检测数347人，全部阴性；对监狱和拘留所新收押、收教人员常规HIV（人类免疫缺陷病毒）抗体检测服务，监测426人，全部阴性；开展自愿咨询检测服务，咨询检测545人，全部阴性；开展艾滋病病人随访管理与抗病毒治疗，随访检测比例97.41%，配偶检测比例100%，结核筛查比例99.14%，首次随访率及时率100%，抗病毒治疗覆盖率93.1%，病载检测比例92.9%，病毒抑制率93.4%。

【麻风病防治】 2023年，平和县疾控中心定期开展麻风病人随访工作，随访临床治愈病人和愈后监测病人，做好症状监测和接触者检测工作，培训乡村医生麻风病防治知识和开展麻风病疫点调查。无新增麻风病人。

【免疫规划】 2023年，平和县全县卡介苗应种2747人，实种2741人，接种率99.78%；乙肝应种2747人，实种2744人，接种率99.89%；脊灰应种2714人，实种2695人，接种率99.3%；百白破应种2711人，实种2671人，接种率98.52%；乙脑应种2747人，实种2619人，接种率95.34%；A群流脑应种2747人，实种2690人，接种率97.93%；甲肝应种3255人，实种3135人，接种率96.31%；含麻疹苗应种2747人，实种2647人，接种率96.36%；流脑A+C应种4196人，实种4138人，接种率98.62%。10月份组织接种第一剂次适龄女性接种免费国产2价HPV（人乳头瘤病毒）疫苗，接种1830人。风疹、麻疹报告10例，排除10例；AFP（急性弛缓性麻痹病例）报告1例，百日咳报告1例；加强各预防接种点的规范管理，报告16例疑似预防接种异常反应，平和县疾控中心及时完成审核、个案调查及调查报告上报工作，无死亡、严重残疾、群体性预防接种异常反应。开展预防接种查漏补种，在册和临时接种儿童接种率均达标。

【鼠疫监测】 2023年，平和县为省级流动监测点，在完成年度监测任务后，继续严密监测动物间鼠疫疫情动态，做好疫情“三报”工作，发现宿主动物异常、媒介种群密度增高、自毙鼠或疑似鼠疫病人做好及时逐级上报工作。朱焕新被中国疾病预防控制中心鼠疫布鲁氏菌病预防控制基地评为“2023年全国鼠疫监测先进个人”。

【地方病防治】 2023年，平和县落实地方病防治措施，开展碘缺乏病防治工作、地氟病监测工作。

碘制缺乏病监测 2023年，平和县对安厚镇、九峰镇、芦溪镇、文峰镇、霞寨镇等5个乡镇开展8—10岁学生家中食用盐监测检测和采用超声检查甲状腺200名，检测结果显示尿碘水平总体处于适宜范围，甲状腺肿大率达到国际组织＜5%的消除标准；开展孕妇盐碘、尿碘监测各100名，调查结果显示合格碘盐食用率98%（98/100），按照孕妇尿碘在150—249微克/升为适宜水平，孕妇尿碘中位数为93.2微克/升，比适宜水平明显偏低，大部分孕妇存在碘摄入量不足情况。

地氟病监测 2023年，平和县15个病区自然村已全部改水，完成改水工程的自然村数为15个，改水率为100%，累计受益人口为3210人。调查15个病区村降氟改水工程，调查改水工程运行情况，覆盖自然村15个，覆盖人口3210人；水氟含量监测结果均小于1.2毫克/升，均符合国家卫生标准，合格率为100%。在15个改水村开展儿童氟斑牙的病情监测，共检查8—12岁儿童107人，检出疑似氟斑牙0例。

【慢性病防治】 2023年，平和县疾控中心每季度对15个乡镇的严重精神障碍性疾病患者管理进行督导。全县严重精神障碍性疾病累计建档人数3005人、在册患者数2573人，报告患病率5.69‰、管理率97.78%、规范管理率95.03%、面访率95.53%，患者服药率97.09%、规律服药率75.36%，其中精神分裂症患者服药率96.97%、体检率67.7%。肿瘤随访登记工作，收到医疗机构报告的病例后对病例进行核实，完成2022年度被动随访，完成存活病例的主动随访以及死亡补发病。全年死因监测上报的死亡卡数量4157例，报告死亡率9.046‰，按照死亡原因进行分类，死亡原因数量最多的是心脏疾病，第二肿瘤，第三脑血管疾病，第四呼吸系统疾病，第五损伤和中毒。

【卫生监测】 2023年，平和县开展食品污染物及有害因素监测工作，完成9批次食品采样并送漳州市疾控中心检测；开展食品卫生、饮食卫生等从业人员健康体检11748人次；全县17个哨点医院1—12月上报食源性疾病771例，县疾控中心复核122例；开展居民食物消费量调查工作，完成243户、243名3岁以下婴幼儿食物消费状况和101户家庭蛋与蛋制品购买和消费行为调查；5—10月开展布雷图监测工作，每个月监测2次，共监测12次，布雷图指数33.3%，掌握辖区内病媒生物的种类、数量、分布及季节变化，收集病媒生物动态与当地传染性疾病相关性信息；5月、10月完成对1家快捷酒店、1家美发店、1家美容店共2轮的公共场所监测；完成对小溪镇、山格镇、坂仔镇、南胜镇、文峰镇、安厚镇、崎岭乡等7个乡镇8所学校进行学校卫生“双随机”检测教育环境和水质监测，教室人均面积检测结果合格率45.5%，黑板面照度合格率90.9%，黑板下缘与讲台地面的垂直距离合格率72.7%，教室采光5项合格率80%，学校供水色度、臭和味、肉眼可见物、消毒剂余量均正常，合格率100%，浑浊度合格率62.5%，pH（酸碱度）值合格率62.5%。水质监测15个乡镇36个农村饮用水监测点和城区市政供水，其中枯水期农村饮用水监测66份，合格率80.3%，丰水期农村饮用水监测66份，合格率78.8%，市政供水及水龙头水监测118份，合格率99.1%；5月份监测农村饮用水133份，总体不合格项目以微生物居多；做好省巡视整改工作，加密监测县城3家民营水厂和千吨万人水厂的出厂水和末梢水，共216份，总体不合格项目以微生物居多；采集黄井工业区机井水样47份，有5份pH（酸碱度）和微生物、铁不合格，采集小溪镇6个村的农

2023年9月28日，平和县疾控中心工作人员到文峰镇瓷砖厂开展工作场所职业危害因素监测
（县疾控中心 供图）

村饮水安全水质的水样18份，不合格项目以pH（酸碱度）和微生物居多，全年监测水样664份。完成11家工作场所职业危害因素监测工作，均未发现职业禁忌；开展学生常见病和健康影响因素监测与干预工作，全县调查7所学校1914名学生进行体格检查；监测小学四至六年级，初中、高中进行影响学生健康的行为等相关影响因素，监测1404人；针对小学四年级及以上中、小学生儿童青少年近视高发状况以及脊柱弯曲异常严重情况，调查与之密切相关的行为和环境因素，调查1404人，对2所幼儿园进行视力检测，检测161人，对每所监测学校随机选择6间有代表性班级教室进行教学环境卫生监测，监测教室30间。

【健康教育宣传】 2023年，平和县疾控中心开展各种健康知识和传染病防治法科普活动，组织线上和线下宣传教育，发送短信50万条，多媒体信息50万条；举办10场健康科普讲座，现场咨询活动18场，完成老年人艾滋病防治知识调查问卷，印制结核病防治宣传折页及“三健”折页2000份，发放各类宣传材料7000余份、宣传品3000余份。在全县范围内15—69周岁常住居民开展健康素养监测，完成问卷200份，通过SPSS（统计产品与服务解决方案）统计，平和县样本健康素养值26%；开展吸烟有害身体健康的宣传教育；开展成人烟草流行监测项目，由国家项目办抽取720户家庭监测户，入户随机抽取15周岁以上家庭成员1人，完成成人烟草监测调查问卷1份，有效答卷率95%以上，完成696份问卷；每季度对15个乡镇卫生院（社区卫生服务中心）健康教育工作进行现场业务督导；举办全县健康教育与健康促进业务能力培训班和成人烟草监测培训班。

（林小军）

医疗服务

【概况】 2023年，平和县卫健局加强医疗质量安全管理，改善医疗服务质量，推动优质医疗资源下沉，提高医疗水平，提升县域内医疗服务能力。平和县医院入选全国健康促进医院建设达标名单，综合服务能力达到国家卫健委县级公立医院推荐标准，2023年全市30家医院满意度排第三名。平和县医院参与全市重症救治技能竞赛，获团体三等奖。崎岭乡卫生院、长乐乡卫生院通过2023年“优质服务基层行”活动达到基本标准的基层医疗卫生机构的创建，安厚中心卫生院通过2023年“优质服务基层行”活动达到推荐标准的基层医疗卫生机构和2023年社区医院建设评估（第二批）的基层医疗卫生机构的创建。平和县医院入选国家县域慢病管理中心2023年度第三批建设单位名单。

【公立医院上下联动】 2023年，平和县开展2023年度“千名医师下基层”活动，县卫健局重新抽调平和县医院15名中高级职称医师分别进驻15家乡镇卫生院进行医疗帮扶，建立巡诊机制服务群众。县医院以及各乡镇卫生院发热门诊（诊室）“应开尽开”，畅通上下转诊渠道。发放医师下乡医疗帮扶宣传单594份，并通过微信群、朋友圈转发3801次，派驻医师服务群众1729人次，开展病例讨论、教学查房、业务培训以及举办学术讲座43次，开展送医上门156人次。

【危急重症救治】 2023年，平和县加强医疗救治能力建设，建设平和县医院重症医学、呼吸、麻醉等专业学科，扩建综合ICU床位至15张、完成建设可转化ICU床位25张，达到重症医学能力建设床位占比要求，并组建重症救治医生后备队伍。下沉医疗急救资源，分别在安厚、九峰、霞寨等3个中心卫生院设置“120”急救网点，各配置有1辆救护车，实行24小时值班制。平和县医院推进呼吸诊疗中心、创伤中心的建设，构建布局院前急救体系；强化重症救治能力培训；对危重症的医疗救治，做到“一人一策”，与漳州市医院、正兴医院等市级救治医院做好对接转诊工作。

（陈毓涵 吴毅芬）

社会生活

人口与家庭

【概况】 2023年，平和县有户籍人口589657人、180153户。做好人口工作，优化家庭教育，开展早教、青春健康教育、流动人口健康教育等服务。

【人口流动】 2023年，平和县落实流动人口计生服务均等化，全县流出人口105909人，已婚育妇25818人；流入人口3071人，流入已婚育龄育妇902人。

【婚姻收养登记】 2023年，平和县完成婚姻登记3497对（件），其中结婚登记2204对，离婚登记775对，补发结婚登记证376对，补发离婚登记证69件，撤销婚姻类登记3对，涉外、涉港澳台、华侨人员婚姻登记70对。办理儿童收养登记2件。

【人口监测与家庭发展】 2023年，平和县15—49周岁育龄妇女150427人，已婚育龄妇女102467人。全年出生人口0.4万人，出生率为8.78‰，死亡人口0.44万人，死亡率为9.78‰，人口自然增长率为-1‰。建立健全计划生育特殊家庭扶助保障，完善多元普惠托育服务机制，按上级要求申报0—3岁托育服务试点单位1家市级提升省级项目、2家市级项目，3家通过漳州市卫健委验收。

（陈毓涵、张永发）

人力资源服务

【概况】 2023年，平和县做好挖掘、招录和提升人才方面工作。挖掘各类人才众多，招录中小学、卫生及其他事业单位人员等，开展专项招聘和选优生选拔工作。办理岗位设置核准，为专业技术人才聘任岗位，新增各级职称人员并推荐工勤人员晋升考试。

【人才招录】 2023年，平和县招聘109名中小学幼儿园新任教师，其中21名免费师范生，88名通过笔试、资格复审、体检、政审、聘用公示走上工作岗位；招聘卫生及其他事业单位工作人员112名，其中设置3个专门岗位，面向服务期满“三支一扶”“服务社区”等服务基层高校毕业生及退役大学生士兵；开展卫健和教育人才专项公开招聘；赴省外专项公开招聘3名紧缺急需教育人才；专项公开招聘25名紧缺急需医卫技人才；2023届省内本科高校优秀师范毕业生双向选择招聘8名。组织参加漳州市2023届（春季）选优生选拔工作，共选拔事业类乡村振兴岗位选优生1人，卫生类选优生1人，教育类选优生1人。

【职称评聘】 2023年，平和县办理事业单位岗位设置方案核准5件；审核确认在县城工作满30周年且仍在县城工作、农村工作满25周年且仍在农村工作的专业技术人才，具备相应任职资格的，不受岗位职数限制，直接聘任相应岗位42人；审核确认教育、农林水、建设工程等系列初级专业技术职务确认113人；新增正高级职称1人，新增副高级职称101人，新增中级职称252人；审核推荐135位工勤技能人员参加岗位技能等级晋升考试。

【人才认定】 2023年，平和县认定省级工科类人才1人、市级高层次人才10人，平和县医院引进的主任医师姜杰认定为省级高层次B类人才；通过漳州市2023年中青年领军人才和急需紧缺专业人才访学进修申请4人；选派市级高层次D类人才和市级高层次E类人才各2名参加漳州市高层次人才国情省情市情研修。

（林志东）

2023年7月12日，“职引未来·筑梦青春”2023年高校毕业生招聘会在平和县人社局举办

（县人社局 供图）

劳动就业

【概况】 2023年，平和县新增城镇就业2838人，减员2158人，新增就业680人，城镇新增就业综合增长率36.55%；城镇失业再就业190人，就业困难人员再就业116人。

【就业服务】 2023年，平和县举办2场线上、23场线下用工招聘活动，提供就业岗位2560个，发放招聘材料11000多份，政策宣传手册215本。全县保留聘用44个保洁保绿员和3个社区公益性岗位，优先安置脱贫人员、临时困难脱贫人员、突发困难脱贫人员和困难高校毕业生，发放168人次公益性岗位补贴109.03万元；新增13个基层公共管理和社会服务岗位，发放岗位补贴29.05万元。推进“零工市场”建设，服务企业稳岗扩岗，培育“平和柚师”劳务品牌，被省、市人社部门推介。举办平和县2023年大中专毕业生招聘会。

【惠企惠民政策】 2023年，平和县落实就业创业担保贷款政策，审核通过10人小额创业担保贷款贴息，贷款160万元；发放16家企业带动83人就业的创业带动就业补贴8.3万元；发放新增岗位补贴 24人3.6万元；发放入职中小微企业补贴4人1.2万元；发放见习补贴15人26.03万元；发放各类一次性补贴5.4万元；发放2022年度、2023年度社保补贴456.63万元；吸纳脱贫人口就业奖补6.34万元；审核发放符合2022年度普惠性稳岗返还企业23.89万元。

【重点群体就业】 2023年，平和县新增大学生就业创业人才申报335人；考录引进研究生10人；新认定紧缺急需人才18名，高素质医疗卫生人才2名；推荐3个项目参加大中专毕业生省级、市级创业项目评审力度，其中，漳州市猪猪侠农产品有限公司获省级资助5万元。

【技能培训】 2023年，平和县完成马兰花创业培训6期，培训合格178人，发放培训补贴35.6万元；举办旅游咨询员培训班1期，培训合格53人；发放取得各项技能等级证书的见证补贴215人26.98万元、失业保险技能提升补贴42人5.66万元。

【劳动维权】 2023年，平和县受理欠薪投诉举报337件，涉及劳动者380人，追讨欠薪317.46万元，调解处理劳动纠纷12起。开展各种形式检查183人次，走访20个在建工程项目，涉及农民工2267人，发出问题整改清单16份；对在建建筑施工企业合同履约行为在“福建省农民工工资监管平台”平台上评价16次；17家企业2022年度信用记录诚信等级评定结果在政务网公布。平和县官峰水库导流洞应急工程及引水系统（桩号引A2+980—引A10+680）先行试验段施工项目代表漳州市水利项目参与“国务院2023年度保障农民工工资支付考核”，被评定为A级。立案受理劳动人事争议案70件，审结70件，结案率100%，经调解结案56件，调解率80%。其中，处理全国劳动人事争议在线调解管理平台案件12件；建立“局长调解”工作机制，受理调解申请4件，调解4件，追讨工伤赔偿款58万多元；成立农民工工资争议速裁庭，维护农民工劳动报酬权益；建立青年仲裁员志愿者联系企业工作机制，7名青年仲裁员志愿者挂钩联系企业10家。2人获“2022年度福建省金牌劳动关系协调员”称号。

【劳动关系监管】 2023年，平和县开展劳务派遣行政许可事中事后“双随机、一公开”抽查工作，从全县19家劳务派遣企业中随机抽取2家开展“双随机”抽查工作，并将抽查结果按期公示。开展“春季集中要约”活动，发出工资集体协商要约书115份，签订工资集体专项合同115份，覆盖企业115家，覆盖职工12805人，企业和职工互利共赢。

（林志东）

收入与支出

【概况】 2023年，平和县居民人均可支配收入31422元，居民人均生活消费支出19628元，分别比上年同期增长5.82%、6.5%。

【居民收入】 2023年，平和县城镇居民人均可支配收入41544元，比上年同期增长5.07%；农村居民人均可支配收入26955元，比上年同期增长7.25%。

【居民消费】 2023年，平和县城镇居民人均生活消费支出28281元，比上年同期增长6.4%，农村居民人均生活消费支出15724元，比上年同期增长6.7%。

（许颖秋）

社会保险

【概况】 2023年，平和县持有实体社保卡数53.46万人，电子社保卡签发数41.81万张，电子社保卡签发率78.22%。

【职工养老保险】 2023年，平和县城镇职工基本养老保险参保职工58183人，离退休人员16003人；完成2023年度企业退休人员待遇调整发放工作，养老金调待金额为1039万元，享受人数为14439人，2022年底前退休人员基本养老金月人均增加102.76元。

【机关事业养老保险】 2023年，平和县机关事业单位养老保险单位320个，参保职工8612人，退休人员5091人。完成2023年度机关事业单位退休人员基本养老金调整发放工作，人均调增164.66元/月。

【城乡居民养老保险】 2023年，平和县城乡居民社会养老保险参保人数28.41万人，待遇发放人数9.97万人。2023年城居保基础养老金标准为155元/月。丧葬补助金领取人数4959人，补助金额991.78万元；被征地农民养老金发放人数1214人，发放金额522.04万元；“困难群体”参保人数15008人，代缴保费人数7121人，代缴142.42万元；代发全县3899人次无力参保老年生活保障金443.06万元；代发全县66人次高龄职工老年生活保障金6.9万元。

【失业保险】 2023年，平和县

失业保险参保人数13741人，失业保险基金支出231.51万元，其中失业保险金155.48万元、基本医疗保险费30.91万元、失业补助金8.85万元。

【工伤保险】 2023年，平和县工伤保险参保职工39241人，有241人享受工伤保险待遇，工伤保险基金支出1195.30万元。

【社保基金监管】 2023年，平和县开展劳务派遣单位截留滞留稳岗返还资金专项整治，发放2022年度161家企业的稳岗补贴166.15万元，均直接发放至实际用工单位，未出现补贴被派遣公司截滞留情况，发放合法合规。开展失业保险待遇发放问题专项整治、职业技能培训和评价专项整治，加大冒领基金追缴力度，严厉打击冒领社保基金违法行为。追回7个存续个体工商户仍领取失业保险待遇3.39万元；追回3名财政供养人员领取失业保险待遇0.78万元和5名再就业人员超范围领取失业保险待遇1.23万元；追回118人冒领养老金20.84万元。

（林志东）

医疗保障

【概况】 2023年，平和医保局以“医保基金安全管理提升年”为载体，推动基本医保全面覆盖、经办服务便民利民、基金监管等各项工作。平和医保局联合县委宣传部、融媒体中心在全省医保经办服务行业率先开展“最美医保人”“最美医保窗口”活动，经5轮次评选出15名“最美医保人”、10个“最美医保窗口”，以获奖的“最美医保人”“最美医保窗口”为重点，总结先进经验，推广创新工作方法，树立模范标杆，宣传典型展现风采。全市医保系统比武大赛中，平和代表队获得全市第二名、团体二等奖。

2023年9月24日，平和医保局在全市医保系统练兵比武大赛取得团体二等奖。图为领奖仪式合影 （平和医保局 供图）

【医保付费改革】 2023年，平和医保局深化医保支付方式改革，推进平和县定点医疗机构医保支付方式从过去按项目付费向以DIP（区域点数法总额预算和按病种分值付费）为主的转变。以实行“区域总额、预算管理、病种赋值、月预结算、年度清算”原则，指导医疗机构填报上传医保结算清单、规范病种编码管理，加强对DIP付费高倍率、低倍率、未入组病历分析，实现DIP落地运行。全县18家定点医疗机构实行DIP付费，DIP付费病组（种）覆盖率100%，DIP付费基金覆盖率88%，医保结算清单质控率占比100%，医保结算清单入组成功率占比100%，公立医院按病种（含DIP付费）的出院参保人次数占比100%，医保支付方式改革各项指标全市排名前列。

【基本医疗保险】 2023年，平和医保局通过线上+线下联动，充分利用平和新闻、微信群、宣传车、宣传单、培训等方式，开展多形式、广渠道、全覆盖征缴宣传活动，联合县税务局、效能办全程督导，稳步推进参保扩面；开展职工医保参保征缴稽核工作，完成书面稽核27家企业，新增参保人员160人，补缴金额107795元；开展实地稽核4家央企（国企），新增参保人员24人，补缴金额29064元；联合县医院开展“新生儿一件事”，完成新生儿参保2700多人。截至12月31日，全县职工医保参保人数40628人，完成任务数42290人的96.07%；城乡居民医保参保人数465850人，完成任务数473353人的98.41%，二者合计参保人数506478人，完成总任务数515643人的98.22%，全市排名第六。全年职工医保基金支出10716万元，比上年下降15%；全年城乡居民医保基金支出39464万元，比上年下降5.3%。

【医保基金监管】 2023年，平和医保局完成27家定点医疗机构、76家定点零售药店全覆盖检查，处理定点医药机构数（家）103家，违规处理率100%，暂停医保医师处方权1人，中止医保结算3家4个科室，处违约金3家9.85万元，追回或拒付医保费用（含市检）354.81万元，其中通过智能监控拒付12.64万元，对违反《医疗保障基金使用监督管理条例》的行为，进行行政处罚5家8件（其中审计移交2件）7.11万元，督促医疗机构开展自查自纠，主动退回医保基金1家2.31万元；开展2021年以来死亡和服刑人员违规划拨医保基金追讨工作，追回15名服刑人员个人账户金额2225.13元；追回死亡人员133人个人账户金额4.73万元。

【医疗救助】 2023年，平和县有36553名医疗救助对象导入医保信息平台，落实应保尽保；对部分未享受“一站式”结算的救助对象，及时给予手工补审报销，完成第一、二类医疗救助人员住院医疗救助金52人次，救助金额7.73万元，门诊特殊病种67人次，救助金额3.20万元，第三类医疗救助（低收入家庭的老年人、未成年人和重病患者）76人次，救助金额16万元。根据建立防止返贫监测和帮扶机制的文件要求，守牢防止规模性返贫底线，每月动态监测因病返贫致贫风险人群，全年推送296人次。

【医保便民服务】 2023年，平和医保局完成居民参保登记、信息维护、异地备案等经办事项下放乡镇医保便民服务窗口21个、村（社区）医保便民服务点10个；印发6.5万份医保政策宣传册发放到各定点医疗机构和乡镇、村居经办服务点；开展10场次（含村级一场）基层经办人员业务培训。基层子系统业务经办事项办件计47019件，实现基层医保政策宣传、业务查询、帮办、代办等服务，切实打造“家门口”的医保服务。推动“12345”热线办理工作提质增效，受理办结1148件，好评率100%，其中2件被县效能办肯定推广，4件被市效能办评为优秀件。

【医保窗口服务】 2023年，平和医保局协同县委宣传部、融媒体中心在全省医保经办服务行业率先开展“最美医保人”“最美医保窗口”活动。推行“综合柜员制”，让参保人“进一扇门，取一个号，排一次队”，实现医保业务通收通办。推广医保电子凭证，推进“扫码就付”“指尖办理”等智能应用，有25个医保事项通过“国家医保服务平台”App、“闽政通”App、福建医疗保障小程序等公共服务平台。全年医保窗口受理各类医保经办事项28016件，其中全市通办事项4368件、门诊特殊病种申请及变更3325件、外伤审批3015件、异地就医备案2080件，好评率100%，第二、第三两个季度被评为“红旗窗口”。

（张艳秋）

民政事务

【概况】 2023年，平和县民政局以推进社会救助领域“三个转变”、开展“三个提升年”专项行动、推进“三项创新性工作”为抓手，扎实践行“民政为民、民政爱民”理念，履行好基本民生保障、基层社会治理和基本社会服务职责。

【社会救助】 2023年，平和县民政局开展“先行救助”，完善临时救助制度政策措施，推进取消急难救助户籍限制。全县救助对象增长率为5.06%，低收入人口保障率为3.39%，城乡低保对象13805人，其中脱贫户3284人；城乡特困2771人，其中脱贫户319人；低保边缘人数3772人，实施临时救助4641人次，累计发放城市低保资金375.89万元，农村低保资金5911.68万元，城乡特困资金4260.33万元，临时救助资金661.02万元。加强低收入人口动态监测和救助帮扶，开展社会救助政策宣讲进村（社区）活动76场次，社会救助业务培训41场次，1064人次参加培训。全县脱贫户中纳入城乡低保待遇3284人，纳入城乡特困待遇319人，纳入低保边缘家庭人口493人，对脱贫户中基本生活出现临时性困难的对象采取临时救助211人。通过购买“商业保险”“社工服务”“居家养老服务”减轻困难群体医疗支出和提供帮扶，推进省市县三级服务类社会救助试点工作，形成具有可操作性、可复制推广的“资金+物质+服务”救助模式。

【儿童福利保障】 2023年，平和县有35名社会散居孤儿、271名事实无人抚养儿童，补助基本生活保障金孤儿482人次，事实无人抚养儿童3077人次，累计发放基本生活保障金487.24万元。就读中等学校以上的孤儿有23人，享受“福彩圆梦·孤儿助学”316人次，发放助学金26.32万元；推进“福蕾行动计划”；探访困境儿童3018人次，建档207份；开展个案服务5个，累计服务37人次；开展10场社区主题活动，1708人次受益；组建志愿者团队，服务2344人次；链接社会公益慈善资源，链接金额合计5.53万元。

【残疾人保障】 2023年，平和县民政局完成残疾人“两项补贴”发放工作，享受困难残疾人生活补贴57272人次，重度残疾人护理补贴71320人次，累计发放残疾人“两项补贴”1545.77万元，并录入信息系统。推动政府购买精神障碍社区康复服务项目。

【临时救助】 2023年，平和县民政局不断改善救助环境条件，实行24小时值班接待，全天不间断开展巡查救助。全年累计救助14人次。

【殡葬服务】 2023年，平和县民政局推进殡葬服务改革，开工建设村级生命公园建设项目33个，火化遗体3968具，骨灰移交各乡镇福寿堂管理3889例（包含骨化、外地迁入），不留骨灰213例，落实殡葬惠民政策193例，每例补助1000元，发放补助金额19.3万元。

【基层政权和社区建设】 2023年，平和县加强社区工作者队伍建设，招募7名高校毕业生服务社区，完成2023年高校毕业生服务社区招募任务。开展建立健全村规民约（居民公约），小溪镇新东社区的居民公约、九峰镇下西村、联峰村村规民约和霞寨镇兴霞社区的民主协商案例分别入选漳州市2023年度的优秀村规民约（居民公约）和优秀民主协商案例。全县22个社区，240个村城乡社区和农村社区综合服务设施覆盖率达100%。

【区划地名管理】 2023年，平和县民政局做好区划地名工作，完成省级行政区域界线联合检查任务2条以及13条乡级界线联合检查任务；新增、修改、维护国家地名信息库数据351条，收集11个乡镇“群众自治组织”行政村地名标志，检查维护与更新“街路巷”地名标志牌73块，采集乡村地名信息并录入百度地图1143条。

【社会组织管理】 2023年，平和县民政局推进社会组织登记管理健康发展，做好社会组织登记指导工作。依法登记和依法年检登记在册的社会组织，应参加年检的社会组织184家，已年检151家，年检率为96.7%，注销28家，其中2年以上没有年检、年报的“僵尸型”社会组织清理注销15家。做好社会组织党建工作，新成立1家社会组织党支部（平和县萤火虫社工服务中心党支部），任命6名民政局社会组织综合党委党建指导员，分别指导13家民政局主管社会组织党建工作。

【社工服务】 2023年，平和县民政局强化社工人才队伍建设，联合县委组织部等部门做好社会工作者职业资格考试工作，并举办培训班；新增持证社工207名，全县累计持证社工916名。完善提升15个乡镇社会工作服务站建设，建立健全相关制度，并指导各乡镇社会工作服务站开展工作。全县社会工作服务站通过福建省社会工作服务站星级评定五星级2个、四星级3个、三星级8个，通过数量位居全市第一。

【养老服务】 2023年，平和县有14家乡镇敬老院（含3家区域性养老服务中心），1家县社会福利中心，17个社区居家养老服务站，3个养老服务照料中心。城乡社区22个。平和县民政局落实农村幸福院星级评定申报及评估，完成评定三星级幸福院42家，完成申报五星级幸福院4家；推进养老机构“点题整治”工作，完成整改服务不规范问题21个。

养老机构建设　2023年，平和县民政局完成九峰镇复兴村长者食堂、山格镇高砯村长者食堂2个省委、省政府“为民办实事”项目建设。推进公办养老机构“公建民营”“医养结合”管理模式改革工作，县社会福利中心、文峰镇区域性养老服务中心等7个养老机构与中标方完成资产移交，其中2家养老服务机构运营、2家养老服务机构试运营。

特殊困难老年人探访关爱　2023年，平和县民政局做好特殊困难老年人探访关爱工作和无工资性收入高龄老人的福利工作，完成特殊困难老年人摸排工作，开展特殊困难老年人探访关爱服务项目，优化孤寡老年人服务，保障特殊困难老年人基本养老服务需求。

完全失能老年人补贴　2023年，平和县民政局发放两类特殊困难完全失能老人护理补贴和无工资性收入高龄老人的补贴，发放完全失能老年人护理补贴1.24万元，发放无工资性收入高龄老人补贴797.85万元。

2023年度平和县百岁及以上老年人一览表

表7

序号	姓名	性别	乡镇（街道）
1	林石阵	女	文峰镇
2	叶活水	男	小溪镇
3	游桂花	女	小溪镇
4	林连根	女	小溪镇
5	吴探花	女	小溪镇
6	黄翠眉	女	小溪镇
7	李棉花	女	山格镇
8	林　揖	女	山格镇
9	何火旺	男	山格镇
10	庄　闽	女	南胜镇
11	庄红忍	女	五寨乡
12	李拱照	男	五寨乡
13	胡　鑫	女	坂仔镇
14	何　莲	女	坂仔镇
15	陈　轩	女	坂仔镇
16	林芳议	女	坂仔镇

续表 7

序号	姓名	性别	乡镇（街道）
17	张　回	女	国强乡
18	林梅花	女	安厚镇
19	陈姜美	女	大溪镇
20	叶　新	女	大溪镇
21	张开森	男	大溪镇
22	吴　在	女	大溪镇
23	叶　约	女	大溪镇
24	黄冬归	女	霞寨镇
25	周月英	女	霞寨镇
26	黄桃仔	男	霞寨镇
27	卢　荫	女	霞寨镇
28	赖淑珍	女	霞寨镇
29	叶水花	女	芦溪镇
30	叶亚蜂	女	芦溪镇
31	黄　讼	女	九峰镇

说明：平和县民政局普查时间为 2023 年 7 月

（张永发）

慈善事业

【概况】 2022 年，平和县慈善总会接受社会各界捐赠 1134.23 万元，开展助学、助孤、助困和社会公益等 14 项救助活动，支付 940.29 万元，受益 6500 多人次。县民政局发动企业与社会组织参与公益慈善事业，实施 7 个“慈善手拉手”项目，发放 643.6 万元慈善帮扶资金，受益群众达 6800 余人次。县直机关、企事业单位和社会各界干部职工、爱心人士在“慈善一日捐”活动中捐资 52.02 万元。平和县慈善总会申报的“英才集团扶老济困”项目，获省第五届“善行八闽——公益慈善项目大赛”优秀奖。

【阳光助学】 2023 年，平和县慈善总会资助贫困大学生 67 人，助学金 36.09 万元，其中大一新生和研究生 37 名，助学金 16.4 万元，在校大学生 29 名，助学金 13.92 万元，资助在校孤儿 8 名，助学金 5.77 万元。

【情暖万家活动】 2023 年，平和县慈善总会走访慰问困难群众、病灾户 606 户，每户发放慰问金 300 元。英才集团捐资 16 万元用于慰问全县 40 位百岁老人，每人 4000 元。大世界商贸公司捐资 10 万元，支持老人协会在重阳节开展慰问老年人活动。

【慈善阳光救助】 2023 年，平和县慈善总会面向因患重大疾病困难家庭、遭遇突发事故造成经济困难家庭和城乡低保病残边缘致贫户开展慈善阳光救助项目。市、县联动救助 30 户，每户获补助 5000 元，总额 15 万元；县级救助 100 户，每户补助 1500 元。

【英才集团慈善资助】 2023 年，英才集团给予东槐、高际村老人和村民生活补助和医疗补助，受益群众 5000 多人，总资金 570.6 万元。在英才尚层大厅举行英才集团 2024—2026 年度捐赠善款签字仪式，英才集团续捐善款 2000 万元，用于扶老济困，阳光助学和医疗补助等公益项目。

（周树海　张永发）

民族宗教

【概况】 2023年，平和县委统战部（民宗局）向上级部门争取少数民族补助资金119万元，支持山格镇土田村道路硬化、秀峰乡坝头村环境综合整治提升工程和龙岭村道路硬化，以及崎岭乡南湖村排洪沟建设和标准化路灯建设等。加强规范管理，促进提升宗教事务管理水平。

【少数民族工作】 2023年，平和县委统战部（民宗局）为促进民族工作发展，制定印发关于开展2023年“铸牢中华民族共同体意识主题月”活动的通知，深化铸牢中华民族共同体意识宣传教育。推送申报项目《山哈印象——少数民族特色“领陪式”乡村振兴先行者》在福籽同心爱中华•首届福建省民族乡村三创促三交训练营活动中获一等奖。组织开展“福籽同心爱中华”第十六个民族团结进步宣传月系列宣传活动，营造民族团结进步宣传氛围。

【宗教事务管理】 2023年，平和县委统战部（民宗局）开展崇俭戒奢教育活动；指导或组织宗教界人员举办财务管理、消防安全以及《宗教事务条例》等法律法规的学习培训会3场次；举办全县县、乡镇、村（社区）三级宗教工作网络联络员（网格员）业务培训和宗教界《宗教活动场所管理办法》业务培训；深化创建“和谐寺观教堂”、市级优美民间信仰活动场所、市级民间信仰活动场所备案管理、省级民间信仰活动场所联系点和备案登记管理活动，指导宗教团体加强自我管理、自我约束、自我监督，构建积极健康的宗教关系。重视加强安全检查，确保宗教活动场所的安全。

（陈伟民）

老区建设

【概况】 2023年，平和县做好革命老区建设工作，落实革命“五老”人员及遗属优待政策，保护利用好红色文化遗存，推进老区特色产业发展，推进老区项目建设，做好老区育才助学工程，加强老区宣传，服务老区人民。平和县老促会、县老区办获评全国老区新闻宣传工作会议组委会“2023年度老区宣传工作”三等奖。

【革命“五老”人员及遗属优待】 2023年，平和县民政局每月定期开展“五老”及遗属减员比对，按时足额发放“五老”及遗属定补款，并开展“两节”慰问活动。全县健在“五老”人数73人，遗属203人，发放“五老”和遗属定补275.58万元。

【老区革命遗址保护和特色产业发展】 2023年，平和县民政局推进省级、市级扶建老区革命遗址维护修缮和特色产业发展，获得省级扶建资金老区革命遗址维护修缮项目补助资金100万元，补助中共崎岭支部及农会旧址、刘永生游击斗争遗址、崎岭铺交通站旧址、农民识字班旧址、林胡鳅故居5个革命遗址修缮布展项目；获市级扶建项目补助资金170万元，补助芦溪镇秀芦村红军北上广动员大会遗址、南胜镇欧寮村毛底山红军哨所、长乐乡秀山村顶三乡苏维埃政府革命旧址、长乐乡葵山村朱德、陈毅带领南昌起义军回师入闽长乐迎接处、安厚镇美峰村靖和浦苏维埃龙头苏区办公楼旧址、霞寨镇黄庄村大协关石晶水交通站旧址、霞寨镇钟腾村钟骞牺牲地旧址7个革命遗址修缮布展项目和霞寨镇高山村福建天嵩生态茶叶有限公司茶叶种植项目、芦溪镇蕉路村稻田农业发展有限公司“立体稻田”农业发展项目2个特色产业发展项目。

【老区项目建设】 平和县民政局推进老区项目建设，获中央财政衔接推进老区乡村振兴补助资金25万元，完成扶建乐北下村水口周边环境整治项目和黄井绿景森家庭农场种植养殖项目建设。调研摸清全县老区村跨村、跨乡镇“断头路”109条，实施建设10条，并做好“断头路”项目实施监督工作和材料手续收集归档。

【老区育才助学】 2023年，平和县老促会争取资金支持，发放各种奖学金58.55万元，资助231名老区学子。做好黄仲咸教育奖学金和科华老区育才奖学金颁发工作，发放黄仲咸教育奖学金12.75万元，奖励85人；发放科华老区育才奖学金12万元，奖励60人。组织2023年度考上大学的获奖学生40人参加“2023年漳州科华老区育才奖学金颁奖仪式”，每人获5000元奖学金，平和获奖学生代表在会上作获奖感言。发放2023年度福彩公益助学金，发放助学金13.8万元，助学46名学生。

【老区发展宣传】 2023年，平和县在媒体上宣传报道平和老区建设风貌、革命老区文化建设、红色旅游资源挖掘保护等方面内容30多篇；形成“争当红色资源保护的重要卫士，促进红色旅游做强做大”调研报告，调研报告作为“纪念《中国老区建设》创刊30周年座谈会暨全国老区新闻宣传工作会议”的交流材料；以平和暴动旧址为素材的典型材料选送申报全国“弘扬老区精神，传承红色基因”示范基地。县老促会参加闽西南五市老促会第二十七次工作交流会，并在会上作题为《挖掘保护红色资源，做强做大红色旅游》的典型发言。

（朱汉龙 张永发）

应急管理

综述

【应急体系建设】 2023年，平和县健全完善综合防灾减灾救灾体系，建立随时应对全县和跨区域救援的联动机制，以创建综合减灾示范社区为有力抓手，通过开展创建以漳州市劳模、漳州工匠为带头人，由省市级应急（消防）管理专家、消防技能专业人才、有关县直单位及乡镇防灾减灾救灾业务骨干等组成的汪德全“劳模创新工作室”，推动形成示范效应，提升基层防灾减灾救灾管理水平。成立漳州市黎明蜂患处理中心。

【救灾和物资保障】 2023年，平和县落实好受灾群众救助工作责任，完成政策性农房保险170.02万元、城乡居民自然灾害公众责任险70.01万元的社会保障任务。拨付救灾款245万元，用于受灾乡镇应急抢险、避灾点提升和基础设施修缮等工作。会同县发改局（粮储局）强化救灾物资储备，采购应急发电机、照明灯、凉席、手电、生活物品应急包等价值30万元的物资。

【综合应急演练】 2023年，平和县联合相关部门、应急救援队伍开展演练，提升应急队伍遂行抢险救灾任务能力、检验装备和部门联合协同救援指挥能力。在坂仔镇军营大桥水域开展2023年防汛抢险救灾应急综合演练，县人武部、应急管理局、水利局、卫健局、消防救援大队、气象局、蓝天救援队、特警大队等8支队伍参与，开展搜救落水人员、转移人员物资和封堵决口3个课目演练；在阳明

2023年11月7日，平和县开展县级专业森林消防队伍与九峰镇联合培训演练。图为培训人员在九峰镇福坑村山场进行“以水灭火”实战演练

（县应急管理局 供图）

公园举行2023年“6·16”安全生产宣传咨询日暨综合应急演练活动，县消防救援大队进行油盆灭火应急演练，安然公司进行燃气泄漏演练，县红十字会进行应急救护演练，平和污水处理厂进行有限空间应急演练，平和水务公司进行供水安全演练；县森林防灭火指挥部在九峰镇福坑村山场组织开展森林防灭火“以水灭火”实战演练，近100人参加演练。

【地质灾害防治】 2023年，平和县完成《平和县2023年地质灾害防治方案》及《平和县地质灾害防治“十四五”规划》编制工作，更新完善地质灾害隐患点基本信息数据。开展汛前巡查排查工作，发放地质灾害防灾工作明白卡和地质灾害防灾避险明白卡各1000余份。逐个地灾点编制村级转移预案。做好地质灾害知识宣传培训，发放宣传资料2000余份。加强台风和强降雨期间地灾值班，各乡镇自然所配合乡镇对辖区内地灾隐患点进行巡排查。完成省厅下发“天上看、地上查、动态管”疑似高陡边坡点图斑（计18378宗）的三次核查及整改工作，100%完成地灾核排任务。做好防灾减灾宣传，举办平和县2023年防灾减灾宣传周、防震减灾宣传月启动仪式暨学校地震应急演练主场活动。

（庄澜 林毅芳）

安全生产管理

【概况】 2023年，平和县落实安全生产党政责任，强化隐患排查治理和安全风险防控。召开安全风险管控专题会议，分析研判全县安全生产和自然灾害形势，研究制定政策措施，推动安全生产各项工作的落实。制定2023年度平和县安全生产和消防工作目标责任书，落实安全生产和消防工作责任制，防范和遏制较大及以上生产安全事故发生。

【安全生产排查整治】 2023年，平和县制定并实施安全生产大培训大检查大整治工作方案，全县排查一般隐患数2917处，整改2917处，整改率100%；行政处罚545家次，责令停产整顿16家次，罚款332.60万元。

【安全生产联合执法】 2023年，平和县应急局强化与县监管组协调联动，落实重点领域安全监管执法工作。检查危化经营企业76家次，检查发现存在隐患企业16家，发出责令限期整改指令书16份，整改复查意见书16份，发现一般事故隐患24条，企业自查发现重大隐患2起并整改到位。完善企业安全标准化建设，指导2座生产露天矿山创建安全生产标准化三级；开展非煤矿山“3+N”安全生产综合整治和重大事故隐患专项整治2023行动等专项行动，企业自查隐患58条并整改到位。实施工贸行业重大隐患整治2023行动方案，重点企业自查上报重大隐患27处并整改到位，监管执法过程中检查重大隐患4处；邀请专家服务重点企业14家次，排查隐患100余处，均完成整改；开展工贸行业企业安全生产业务培训8次；开展有限空间、粉尘涉爆、工贸行业重大隐患等专项整治行动，检查企业49家次，隐患排查82处，整改82处。全年开展执法检查149次，行政处罚26次，处罚金额59.84万元。公开典型执法案例2起，发挥生产安全事故和非法违法行为典型案例曝光警示教育作用。

【安全生产专项排查整治行动】 2023年，平和县制定并实施重大事故隐患专项排查整治2023行动总体方案，开展重大事故隐患专项排查整治2023行动，到企业、一线开展精准执法检查，通过差异化的执法处罚措施强化政企互信。全县组织开展督导检查740次，检查企业1797次，排查重大事故隐患50处（其中企业自查37处并完成整改，部门检查13处并完成整改）。

（庄澜）

防汛抗旱

【概况】 2023年，平和县落实《平和县防汛抗旱防台风应急预案》工作要求，强化组织领导，压紧责任落实，修订完善各级预案，完成1个县级预案、16个乡级预案和262个基层村（社区）的防汛防台风预案。定期组织开展培训与演练，开展汛期防灾减灾等各类培训86班次，培训人员2412人次；防汛救灾演练17次，参加演练人员852人次。

【防汛备汛】 2023年，平和县更新2023年乡村危险区域转移人口建档立卡数据台账，核实危险区域建档立卡2317人；整合防汛抢险队伍120支，2259人，备齐冲锋舟、编织袋、救生衣、救生圈等防汛抢险物资。开展隐患排查工作，组织2329人次，查出各类隐患93处并整改完毕，水毁修复8处。汛期加强防御，强化监测预报，滚动发布灾害预警信息；组织32次会商部署，启动防暴雨洪涝应急响应16次、防台风应急响应13次，发出明传电报34次，出动抢险救援3678人次，设备503台次，下沉干部14379人次，转移群众18168人次。

【人工增雨】 2023年，平和县建有1个标准化人工增雨固定作业点和5个地面烟炉作业点，增雨受益面积覆盖率达到80%。全年开展人工增雨作业16场次，燃烧增雨焰条26根，缓解平和县的旱情，改善土壤墒情，最大限度降低农业生产因旱造成的损失。

（庄澜 卓丽容）

森林防灭火

【概况】 2023年，平和县强化森林防灭火工作，加强森林消防队伍建设，强化队伍应急处置能力，推进森林火灾隐患排查整治，做好防灭火宣传工作。严格执行24小时值班和领导带班制度。年内，没有发生森林火灾。加强保障能力建设，新配备专业扑火、防护物资9.55万元，投保队员人身意外保险6.85万元，发放森林消防队队员通信补助。

【森林消防队伍建设】 2023年，平和县加强森林消防队伍建设，全县有森林扑火队4支131人，其中山格镇36人、大溪镇35人、芦溪镇30人、九峰镇30人，靠前驻防驻守在平和县的东西南北的4个乡镇，建立随时应对全县和跨区域救援的联动机制，由平和县森林防灭火指挥部办公室统一指挥调度。强化队伍应急处置能力和管理，组织县级专业森林消防队开展实战演练1次，培训全县125名护林员，指导灵通山风景区、县属国有林场森林半专业消防队伍开展森林防火演练2次。

【森林火灾隐患专项排查整治】 2023年，平和县印发关于开展2023年森林火灾隐患排查整治和打击林区违法用火专项行动、关于组织开展森林火灾隐患排查整治和查处违规用火行为专项行动等通知，抓好森林火灾风险隐患排查整治行动。全年排查果园、林缘火灾隐患23个，建立隐患排查整治台账，明确整改责任人、整改时限、整改措施，完成隐患整治23个，整改率100%。

【森林防灭火宣传】 2023年，平和县加强宣传活动，出动宣传车2722辆次，发放宣传单6.14万份，张挂宣传横幅985条，张贴标语4556张，竖立警示牌777块，发放防火信封5.8万个，组织防火码2.0扫码225次，发送防火宣传短信213.45万条。

（庄澜 陈耿鹏）

防震减灾

【概况】 2023年，平和县制定印发2023年度平和县震情监视跟踪和应急准备工作实施方案，加强地震监测预报预警管理，推进地震灾害风险防治能力建设，做好防震减灾公共服务。推进防震减灾示范创建工作；加强地震应急响应、应急值班值守。地震易发区房屋设施抗震设防信息采集系统录入新建工程425条。指导学校、社区等人员密集场所定期开展地震应急疏散演练。承办漳州市“网格+防震减灾”试点工作现场观摩会。平和县地震办获

2023年10月13日，平和县2023年国际减灾日“地震科普 携手同行”主题活动暨“童声唱诵防震减灾”专项活动展演在平和县坂仔中心小学举行 （县地震办 供图）

评2023年度全省市县防震减灾工作综合考评“优秀”单位。漳州市第三届防震减灾科普讲解大赛平和县学生组选手获一等奖第一名、县地震办获优秀组织奖。平和县第四实验小学获评2022年度福建省防震减灾科普示范学校。

【地震监测】 2023年，平和县地震办加强地震预警信息发布终端管理，全年地震预警终端在线率85%以上。加强区域内4个地震监测台站和4个地震宏观观测点巡查，辖区内监测台及宏观观测点运行情况良好。开展“网格+防震减灾”试点工作，以小溪镇新东社区和山格镇隆庆村为试点，开展防震减灾网格管理“十个一”建设工作，推进防震减灾“三网一员”与社会综合治理网格化管理有机融合。

【地震灾害风险防治】 2023年，平和县地震办参加全县新建项目建设规划汇报会、评审会60个，对项目抗震设防标准等提出反馈意见。参加研究平和县国土空间总体规划（2021—2035年）有关事项。加强建设工程抗震设防事前事中事后监管，开展学校医院建设工程地震安全监管检查2次。

【地震应急响应】 2023年，平和县快速应对南澳5.0级地震。2023年10月23日广东省南澳县海域发生5.0级地震，县地震办及时向县委、县政府提交震情通告，加强资料跟踪，做好震情研判，维护社会稳定，并在“平和新闻”公众号专栏结合震情开展地震应急科普宣传。

【防震减灾宣传】 2023年，平和县举办2023年防震减灾宣传月活动和“地震科普 携手同行”主题活动暨“童声唱诵防震减灾”专项活动，举办“7·28”唐山地震纪念日和国际减灾日防震减灾科普宣传活动、“平和县2023年暨第三届防震减灾科普讲解大赛”活动，开展防震减灾“六进”活动，开展集中宣传12场，举办专题讲座9场，发放宣传材料1万余份。

【平和县2023年防震减灾宣传月、防灾减灾宣传周启动仪式暨学校地震应急演练活动举行】 2023年5月10日，平和县2023年防震减灾宣传月、防灾减灾宣传周启动仪式暨学校地震应急演练主场活动在平和广兆中学举行，各乡镇（场、区）分管领导，县减灾委员会暨县抗震救灾指挥部成员单位分管领导、县直学校分管领导和广兆中学全体师生2300多人参加活动。活动中开展地震应急疏散演练，还举行2023年平和县防震减灾书画大赛暨市赛获奖颁奖仪式，表演“防震减灾科普”闽南语快板；县直有关单位开展集中宣传、气象雷达车现场气象观测、消防救援场景模拟演示和救援器材展示、进行心肺复苏术急救技能演示，举办防溺水安全知识讲座等。

【平和县2023年防震减灾科普讲解大赛举行】 2023年11月21日，平和县地震办联合县委宣传部、县教育局、县科协、县应急局、团县委、县妇联举办“平和县2023年暨第三届防震减灾科普讲解大赛”活动在县第四实验小学举行。该活动有23个参赛选手（学生组12名、成人组11名）进入决赛参赛，评出学生组12名和成人组7名分获一、二、三等奖，并举行颁奖仪式。

【平和县中小学生防震减灾书画大赛暨剪纸摄影作品征集活动举行】 2023年，平和县地震办联合县教育局、文联、科协共同举办“防风险 护发展”平和县中小学生防震减灾书画大赛暨剪纸摄影作品征集活动。该活动以防震减灾工作内容为创作重点，由各学校组织海选和推荐绘画类和书法类作品共303幅，评出4个组别一、二、三等奖共80名，优秀奖若干名。征集中小学生剪纸和摄影优秀作品，推送18件作品参加“2023年度漳州市中小学生防震减灾书画剪纸作品展”评选，其中书法作品9件，分别是小学组一等奖2件、二等奖3件、三等奖1件，中学组一等奖1件、三等奖2件；绘画作品3件，分别是小学组一等奖1件，中学组三等奖2件；摄影作品1件；“廉洁文化”书法作品5件。

（李达意）

消防救援

【概况】 2023年，平和县消防救援大队接处警261起，其中火灾警情154起、抢险救援57起、社会救助46起、其他警情4起，出动车辆450辆次，出动消防人员2685人次，抢救被困人员31人，疏散被困人员5人，抢救财产损失156.8万元，保护财产损失205.6万元，处置平和县“2•20”黄井工业区金泰纸业火灾等较大火灾任务。对辖区内重点单位、不放心场所开展实地熟悉95次、各类实战演练95次制定完善预案44份。

2023年2月20日，平和县消防救援大队在黄井工业区金泰纸厂开展灭火救援任务（黄镇国 摄）

【消防救援能力建设】 2023年，平和县消防救援大队配齐装备设施，推进专业队伍能力提升。新建1座模拟烟热训练装置。搭建绳索救援训练场地，用于开展绳索、山岳救援技术训练。新购置1艘橡皮艇、1架30匹马力舷外机及14件激流救生衣。输送1名指战员参加国家地震中级培训，4名指战员参加总队、支队地下有限空间救援技术暨师资骨干培训，2人参加汽车驾驶员培训，9人完成学历提升，56人取得低压电工证，11人取得消防设施操作证，4人小型船舶（冲锋舟）操作考证；开展“条令纲要学习月”活动、安全“九无”创建活动、纪律作风专项排查整治等活动。

【火灾隐患排查整治】 2023年，平和县消防救援大队开展消防安全重大风险隐患专项排查整治2023行动、冬春火灾防控、各类消防安全专项检查等重点工作，检查单位1115家次，发现火灾隐患或违法行为825处，督促整改火灾隐患或违法行为820处，下发责令改正通知书450份，行政处罚60家，临时查封12家，责令“三停”15家，罚款35.1万元。提请政府挂牌重大火灾隐患2家，督促整改2家区域性火灾隐患。全县基层消防“五加三”必查行动检查单位2131家次；发现用火用电用气隐患133处，整改128处；发现“三合一”场所120家，搬离住宿场所70家，搬离住宿人员154家，技术改造33家；发现违规停放充电隐患124处，落实整改124处，设置集中停放充电区域156处；发现采用易燃可燃材料装修4处，拆除整改4处；劝导整改弱势群体人数110人，不规范行为46处；落实整改疏散通道堵塞占用问题120处；建设实体墙分隔42处；配置逃生面罩280个。

【消防宣传教育】 2023年，平和县消防救援大队结合“5·12”全国防灾减灾日、国际减灾日、安全生产月、“119”消防宣传月等主题及重要节假日等主要节点，印制超2万份宣传材料。组织各乡镇派驻文员协助各村、社区带队开展每日定量入户宣传；发挥大队消防安全知识宣讲队、乡镇派驻消防文员、“社区消防宣传大使”、网格员、消防宣传志愿者等力量开展“全生命周期”消防宣传教育工作，针对典型“小火亡人”和电动车火灾案例，通过开展消防培训及疏散演练活动、发放各类宣传彩页，开展警示教育。向移动用户发送春节、清明节、“五一”国际劳动节、端午节、安全生产月、“119”消防宣传月等消防安全提示短信58万条。

（周小杰）

乡 镇

文峰镇

【概况】 平和县文峰镇位于平和县东部，与龙海、南靖、漳浦接壤。作为平和县的东大门，省道“官九线”贯穿文峰全境，距平和县城仅 14 千米、漳州市区 31 千米、同三高速公路入口处 35 千米、漳州港 65 千米、厦门经济特区高崎国际机场 85 千米。2023 年，全镇土地总面积 246.10 平方千米，设有 9 个行政村和 3 个社区，全镇总人口 1.99 万人。全年税收收入 1.08 亿元，首次突破亿元大关，超额完成全年奋斗目标。全镇工业产值完成 39.73 亿元，比上年同期增长 9.36%。固定资产投资完成 10.66 亿元，比上年同期增长 9.9%。批发及社零指标完成 2.96 亿元，比上年同期增长 12%。新增固定资产投资项目 9 个，其中制造业固定资产投资 7 个。“七比一看”竞赛总分全县排名第二。

【招商引资】 2023 年，平和县文峰镇深入开展“百名干部挂百企”活动，为企业提供“妈妈式”服务，完成工业用地出让面积 16.59 公顷，协助企业办理新增不动产权证 9.23 万平方米，办理工规许可面积 7.99 万平方米。新增新上规模以上工业企业 13 家，新增新上限额以上商贸企业 2 家，规模以上服务业 1 家。培育规上企业 3 家，限上商贸企业 2 家。

【项目建设】 2023 年，平和县文峰镇依托和美科技园区（原闽能科技工业园区），盘活园区内的低效利用和闲置土地、厂房，达成签约二、三产业项目 7 个，包含重大项目 3 个，分别是和泰文康、三平康养小镇、鑫晟旺工贸。完成开工项目 9 个，竣工项目 8 个。

【农旅产业】 2023 年，平和县文峰镇在南霞村“高标准蜜柚示范园试验基地”引进仿野生立体循环项目。以三平旅游文化配套作为主线，投资 3600 万元，建设集旅游咨询、游客集散、文化展览、餐饮住宿、本地购物、研学教育等于一体的旅游集散服务中心，采用政府指导、民营企业运营模式，壮大“现代农业 + 制造业 + 旅游”的发展业态。引导龙山村、前埔村、龟仔头社区等村（社区）的群众建设蜜柚自采园，推动乡村观光旅游和蜜柚产业有机结合，提升蜜柚附加值，完成“圆帅”丝瓜和“冬悦 1901”螺丝椒等 2 个优新品种的申报工作。打造特色药膳文化，鼓励前埔村以 6980 平方米药膳种植基地为实体发展药膳产业。

【环境整治】 2023 年，平和县文峰镇主抓文峰溪水环境综合治理和空气质量提升，制定“一图两单一表”（“一图”：生态环境综合整治作战图；“两单一表”：列出文峰溪流域水质提升综合整治清单和空气质量提升综合整治清单，形成工作任务进度表），确定 11 个工作重点，并设置畜禽养殖、企业整治等 5 个工作专班。投入约46.3万元修复和提升文洋、文美、龙山、三坪4个人工湿地管道，修复管道330米，新增检查井11个。加强河道管控清理，文美村省考小流域断面均保持Ⅲ类水以上水质。配备保洁员42名，垃圾转运车3辆、洒水车2辆、铲车5辆、配套大型露天垃圾收集铁桶50个，建立“村收集、镇转运”的农村生活垃圾治理长效机制，全面推行村庄清洁行动工作。

【社会事业】 2023年，平和县文峰镇加强对重点群体的关爱和帮扶，发放低保救助资金、临时救助款、困难家庭儿童基本生活费等各类资金150余万元。新增低保35户52人、特困7户7人，清退低保16人、特困1人。临时救助生活困难、大病患者124人次，发放救助资金13.93万元。完成文峰镇敬老院公建民营运营管理，完成南霞村幸福院、文美村幸福院以及龟仔头居家养老服务中心提升。投资9000万元建设文美村高速出口至三平沿线立面改造及环境提升工程项目，涉及里程5.44千米。

【平安建设】 2023年，平和县文峰镇完善镇综治中心建设，推进隐患排查、矛盾调处、治安巡逻、法律服务等工作，办理有效事件587件，办结率100%。做好打击治理电信网络违法犯罪和非法出入境违法犯罪工作，劝返滞留金三角涉诈高危人员1人，劝返率100%。

【南霞村“高标准蜜柚示范园试验基地”仿野生立体循环项目引进】 2023年，平和县文峰镇南霞村通过众筹引进的种养加一体化现代农业产业项目，年底投产。项目致力培育多元化经营主体，抓住苗种繁育、种养分区、饲料供给、废物再利用等环节，实现“鸡（蛋）+鱼+柚（稻、蔬菜、中草药）”多重经济效益叠加，以资源生态循环利用推动产业发展升级，促进乡村农业“接二连三”融合发展。该做法被“学习强国”学习平台、“新福建”、漳州新闻等主流媒体报道。

（刘俊杰 林金连）

南霞村仿野生立体循环农业养殖鸡鱼共生区

（摄于2023年11月17日 文峰镇 供图）

山格镇

【概况】 平和县山格镇位于平和县的东大门，南接平和县城，北靠南靖县，东邻国家AAAA级旅游风景区三平风景区，省道牛旧线、官九线在此交会，交通便捷、区位优越，人杰地灵。2023年，全镇总面积177.72平方千米，辖区设有13个行政村和1个社区，全镇人口4.35万人。完成税收1.03亿元，完成全年任务的120.19%。完成固定资产投资额10.69亿元；规模工业产值24.34亿元，比上年同期增长36.56%，新增规模工业企业8家；批发业销售额4.4亿元，比上年同期增长34.57%；零售业销售额1.49亿元，餐饮业营业额613万元，限额以上社会消费品零售总额2.09亿元，新增限上贸易业企业6家。“七比一看”竞赛总分位列全县第一。王阳明廉政文化教育中心被评为“第三批省直机关廉政教育点”。

【招商引资】 2023年，平和县山格镇新签约第二产业、第三产业项目11个，完成率138%，投资额完成16.38亿元，完成率137%；新签约第三产业项目8个，完成率400%。牵头启动批而未供大埔山地块二的“招引征”工作，引进重点项目温德姆酒店商业综合体，引进华安丰宝达建材有限公司，盘活塔牌旧场地2.65公顷。招商引资工作相关经验做法在县级推进会上作典型发言。

平和县山格镇农业种植结构调整示范片区

（摄于2023年3月15日 山格镇 供图）

【项目建设】 2023年，平和县山格镇有市级重点项目9个，年度总投资8.2亿元，完成总投资8.4亿元，占比102%，鸿源昌金属生产、南竹食品加工、瑞诗丹莲食品、联晟国际商贸城、泰香包装制品等项目开工建设。新增入库项目11个，其中“五上”项目6个、“五下”项目5个。推动停产企业永恒金属出让给鸿源昌，进行全面技改升级。推进路网基础配套建设，科技产业园（南区）道路提升改造工程竣工验收。推进北环路延伸段道路工程项目。

【农业发展】 2023年，平和县山格镇打造146.67公顷农业种植结构调整示范片，推行稻菜轮作模式，实施全省首个生态环保型高标准农田项目，创建控酸培肥研究展示基地17.97公顷。举行平和县首届“琯溪有点田”缤纷乡村旅、乡村振兴主题农耕农旅活动，定位“近郊休闲观光体验农业”乡村振兴新模式。推广果园自然留草栽培技术275公顷，果园留草3133.33公顷。推广“恒丰金丝苗”等优良杂交水稻新品种40余公顷，新增种粮面积3.95公顷。

【生态建设】 2023年，平和县山格镇造林12.6公顷，减少化肥施用量约1740吨。国控点水质考核值均达Ⅲ类水标准，推进第二污水处理厂一级A提标改造工程。对高砾溪流域沿线及饮用水水源地范围内的山地蜜柚果园17公顷进行退果还林，常态化开展花山溪流域水环境综合整治。强化环保执法检查，整治“散乱污”企业、餐饮油烟摊点。

【民生项目】 2023年，平和县山格镇建成投用智慧体育公园（和乐公园）、土田村黄新线C942道路改造工程、铜中村道路亮化工程，推进高砾村太子宫桥危桥改造。创新建设高砾村、隆庆村生命公园。护航“工会幼儿园”项目建设，推动非遗文化木偶戏走进山格。完成裸房整治200栋、公厕无害化改造4宗，拆除违法建筑面积346平方米。

【社会保障】 2023年，平和县山格镇全年新开发公益性岗位19个，为19户脱贫户提供就业岗位。新开发帮扶企业1个，带动6户脱贫户稳定就业。为65户建档立卡脱贫户申请发展产业补助资金20.08万元，用于发展蜜柚、蔬菜种植和养殖业。新增低保114人，新增特困25人。幸福工程项目帮扶家庭11户，惠及人口47人。办理生育服务登记证115例，志愿者活动服务总时长超过3.5万小时。

【平安建设】 2023年，平和县山格镇全年调处各类矛盾纠纷361件，化解354件，调解成功率98.06%。深化“平安漳州e家”智治平台运用，“平安乡村”逐步覆盖，在镇区及各行政村主要出入口和学校、重点路段、案件高发区等重点地区安装高清视频监控，实现综治中心与派出所双向互联互通共享。推进食安创城工作，守护群众“舌尖上的安全”。山格镇获评全县平安建设先进集体。

【王阳明廉政文化教育中心完成升级改造】 2023年，平和县投入约76.5万元用于山格镇隆庆村蔡家堡的王阳明廉政文化教育中心二期项目建设升级改造。该中心占地约320平方米，是富有平和地域特色、厚重文化底蕴的廉政教育平台。中心展陈内容共分为三个部分：第一部分主要介绍王阳明生平经历，展示其传奇又辉煌的一生；第二部分主要介绍王阳明与福建特别是与平和县的关系，并概述“阳明心学”中“心即理”“知行合一”“致良知”核心内容形成过程，展示王阳明非凡的文韬武略；第三部分则是系统梳理习近平总书记关于“知行合一”的重要论述，从“廉政”“担当”“为民”三方面展示“阳明心学”的当代价值。

（林裕荣）

小溪镇

【概况】 平和县小溪镇位于九龙江西溪上游的花山溪畔，距漳州市区61千米，是平和县城所在地。主要河流有花山溪和牛头溪，两溪在境内中部的城区东南溪口处汇合，流经山格、南靖、漳州，汇入九龙江。省道郊柏线、牛旧线贯穿全境，并在城区交会。2023年，全镇总面积137.20平方千米，设有23个行政村和8个社区，全镇总人口10.39万人。“七比一看”综合得分在全县排名第三，其中“四上企业”排名全县第二名；小溪镇获评“七比一看”竞赛先进集体、产业发展先进集体，获“七比一看”竞赛贡献奖等。小溪镇环保工作排名全县第一。小溪镇获评“全县平安三率先进镇”。新东社区入选“2023年全国示范性老年友好型社区”名单，并成为全省家校社协同育人试点社区。

【经济建设】 2023年，平和县小溪镇完成税收收入1.80亿元，完成全年任务的120.12%，全镇生产总值完成84.3亿元，比上年增长6.5%。新增规模以上工业2家，新增限上贸易业17家，新增规上服务业4家。固定资产投资额完成12.54亿元；规模工业产值完成16.7亿元；限额以上贸易销售总额6.74亿元，完成批发业销售额2.15亿元，零售业销售额3.8亿元，餐饮业营业额6958.2万元，住宿业营业额959万元。全镇有规模以上企业14家，大坂洋工业区规模以上工业企业7家，在产主要企业22家。入库项目10个，完成新签约第二产业、第三产业项目7个，总投资12.54亿元。依托玉米、番薯季节性轮作方式优化产业种植结构，打造溪州村20.13公顷、联光村9.73公顷农业种植结构调整示范片。建设联光村、共和村种养加一体化基地16.67公顷，打造田园小溪示范区。

【项目建设】 2023年，平和县小溪镇开工项目7个，竣工项目6个。完成平和县人才孵化基地项目859.58平方米拆除工作，实现土地征收0.63公顷。推进平和蜜柚文化博览园、塘内湖休闲公园提升改造工程、厝丘村道路提升改造工程、黑石潭水毁修复工程、枫埔溪安全生态水系建设项目等工程，推动新北环路、东环路、三林路、坑平路建设，打通一批“断头路”。

【民生建设】 2023年，平和县小溪镇推进第六实小、金华小学扩建工程等项目建设。完成宝善公园、延寿山等11.5千米的绿道建设，新建公园绿地5.33公顷。位于平和县国道线355（水港红绿灯至枫埔村段）、县道山国线X581（溪州至五村段）的

2023年7月13日，平和县县道山国线X581（溪州至五村段）的主干道道路亮化工程施工现场　　（小溪镇 供图）

两条主干道道路亮化工程竣工，长约12千米。扩大生活污水处理设施覆盖面，岩坂、湖田、内林等3个村生活污水处理项目开工建设，建设乡镇污水配套管网3千米。纳入低保1717人、低保边缘户885人。救助重大疾病困难群众328人，发放救助资金70.14万元。

【生态建设】 2023年，平和县小溪镇实施“园改耕”及二级水源地保护区退果去青23.19公顷，耕地恢复整治27.45公顷，完成退果50.64公顷。推进“双一百”项目构筑生态缓冲带6.7千米、生产道路建设20.8千米。推广“轻剪轻肥”“生态堆沤肥”生态栽培技术，实施化肥减量1118.73公顷，果园土壤重金属稳定化修复589.86公顷，土壤酸化治理371.33公顷，有机肥免费发放与施用5969吨。强化水源地水质监测预警，完工投用8个生物碳拦截坝、58个生态滤床、3个大三格污水处理项目，辖区内断面水质100%达标。聘请32名焚烧专管员进行网格化管理，城市空气优良天数比率98.9%。

【平安建设】 2023年，平和县小溪镇打造全市“一站式”矛盾纠纷多元调解中心示范样本，成立镇村稳控化解专班，接收处理信访件和矛盾纠纷数88件，劝返境外涉诈高危重点人员7名。受理办结“12345”平台留言639件。悬挂扫黑除恶斗争宣传横幅100余条，发放宣传单45000余张。出动160余人次，完成安全生产“危化品隐患专项整治”等各行业各领域隐患整改85处。排查道路交通安全隐患20处。加强防汛备汛和森林防火，推动安全生产形势持续稳定向好。推进食安创城，199名镇村干部到2294家经营主体开展包保工作。

【“一站式”矛盾纠纷多元调解中心示范样本打造】 2023年，小溪镇综治中心调整村（社区）“近邻评理室”“公调对接调处中心”“法理亲情矛盾调处室”等资源，设置全市“一站式”矛盾纠纷多元调解中心示范样本。聚焦“讲法律依据、摆事实道理、述亲情友情”工作原则，以省级调解先进个人吴惠玲为组长，整合司法所、村（社区）干部、法律顾问等多方面力量，打造一支拥有精湛业务水平、熟练化解各种矛盾的“金牌调解员”队伍，坚持以理服人、以情感人，让调解工作真正成为党委政府和群众之间的“连心桥”。至年底，共调解案件495起，调解成功率96%，履行协议率100%。

（张宇虹 林杨峰）

南胜镇

【概况】 平和县南胜镇位于平和县东南部，交通便捷，地处牛旧线省道边，东邻漳浦县，南界五寨乡，西毗国强乡和云霄县，北接坂仔镇、文峰镇，距离县城19千米。2023年，全镇总面积127.17平方千米，设有11个行政村和1个社区，全镇总人口2.61

万人。限上贸易额累计完成 6.79 亿元，比上年增长 25.47%，其中，限上零售额累计完成 4.22 亿元，比上年增长 26.10%；限上批发额累计完成 2.56 亿元，比上年增长 24.99%，全县排名第一；规模工业产值累计完成 9.41 亿元，比上年增长 40.63%，全县排名第五；完成进出口贸易额 6610.2 万元，比上年增长 98.0%，全县排名第六。南胜镇在“七比一看”竞赛中“看高质量发展成效”全县排名第一，获评“高质量发展成效”先进集体，实现“三连冠”。南胜镇离退休干部支部委员会获评省级“离退休干部‘六好’示范党支部”。欧寮村获评省级闽台乡建乡创合作样板村，年终考评位居全省第一。欧寮村获评省级红色美丽村庄试点村。“红色欧寮”党性教育基地被列为省直机关第二批主题党日活动基地。欧寮村获评省级“一村一品”专业村。南胜镇义路村邦寮社老人活动中心暨帮寮社邻里议事室揭牌成立。

【项目建设】 2023 年，平和县南胜镇完成项目入库纳统 5 个，其中，市级重点项目 2 个，总投资额 5.03 亿元。经营主体量质齐升。签约工业项目 4 个（益达纸业仓储项目二期、景绿木业生产项目、双宇农业食品包装一体化项目、澳利仿古砖生产项目），签约服务业项目 1 家（尚良仲毅无人机防治病虫害项目）。培育涵养优质税源。引进 2 家建筑企业（福建恒瑞泰建设有限公司和福建省华漳建设工程有限公司）。投资 250 万元实施红色欧寮旅游开发配套设施（二期）建设工程，改造提升红色旅游配套的 14 间民宿，完工并投用；投资 30 万元实施南胜镇欧寮村至文峰镇柴船村（欧寮段）道路建设工程，并开工建设；投资 140 万元实施欧寮村冰臼群旅游道路建设工程，进入用地审批阶段。

【乡村振兴】 2023 年，平和县南胜镇深化“一轴三区”党建引领乡村振兴格局，带动电商产业发展。欧寮乡村旅游区，实施旧房改造、环境整治、公共空间等 30 余个项目，完工 25 个；法华种业创新示范区，完成园改耕 12.93 公顷、立体生态农业示范区 1 个；山水子坑风光体验区，实行“1+3”工作法，林地收储 136.07 公顷，3 个人居环境整治项目完工。

【生态建设】 2023 年，平和县南胜镇开展生态果园建设，围绕南胜镇花山溪饮用水源地主河道两侧建设生态果园示范片，面积 339.51 公顷。推动畜禽粪污资源化利用，面积 2000 公顷，覆盖率 41%，综合利用率 93% 以上。推行科技兴农促发展，在 4 个重点村示范片推行“轻修剪”技术及堆（沤）肥技术，开展 14 轮次 800 多人次的琯溪蜜柚“轻减轻肥”培训。

【民生保障】 2023 年，平和县南胜镇投入 100 万元，实施福寿堂改造提升项目，扩建两栋大楼，建设占地 5 亩的生命公园；投入 350 万元，实施路灯提升工程，对新起楼到坎头 8340 米的主干道进行亮化。推动便民利民项目落地，投入 150 万元建成法华村养老服务中心，投入 200 万元建设糠厝桥。优化提升学校办学硬件条件，向上争取 50 余万元在南胜中心小学投建地理园和社科普教育基地。投入 320 万元开展南北街面貌改造提升工程。完成“两违”整治项目 26 宗，完成 3.3715 万平方米，完成市年度目标任务的 112.38%、完成县下达任务目标的 102.17%，完成遗留的、点题整治的“非粮化”图斑；开展全市的“百日攻坚”行动，梳理 2018—2022 年度 30 宗土地卫片执法未整改违法图斑，除 15 宗需要国家分类处置政策外，14 宗完成 9 宗，完成率 64.28%。开展重大事故隐患专项排查整治 2023 年行动，检查商超、企业、景区、餐饮场所 54 家，检查次数 94 次，发现安全隐患 15 处，均整改到位；开展全镇 35 家燃气餐饮场所全覆盖燃气安全检查，组织燃气检查 12 次，出动人员 47 人次，进行燃气专项执法 2 次，查获“黑气瓶”25 瓶，检查燃气餐饮场所及经营点 72 次，发现隐患均限期整改。

2023 年 11 月 21 日，平和县南胜镇义路村邦寮社老人活动中心暨邦寮社邻里议事室揭牌成立（南胜镇 供图）

【南胜镇义路村邦寮社老人活动中心暨邦寮社邻里议事室成立】 2023 年 11 月 21 日，平和县南胜镇义路村邦寮社老人活动中心暨邦寮社邻里议事室揭牌成立。该中心总投资 70 多万元，是一个集老人活动中心、邻里议事堂和邦寮社同心园等于一体的多功能活动场所。邻里议事室的成立可增进邻里之间的交流和沟通，增强乡亲们的凝聚力，为义路村“传承好家训，弘扬好家风”提供学习园地。

（王柏文）

五寨乡

【概况】 平和县五寨乡地处平和县东南部，东邻漳浦，西南与云霄毗邻，北连南胜镇。全乡整个地形是四面环山，中间杂以丘陵，海拔近千米的大帽山屹立于五寨乡北部，纵横东西，把五寨发育成中低谷小盆地，埔坪、优美、前岭、寨河、侯门、新美、新塘等 7 个村为山谷平原区，平均海拔在 80—150 米。高峰、联盟等 2 个村为山谷丘陵地。2023 年，全乡总面积为 91.78 平方千米，设有 9 个行政村和 1 个社区，全乡总人口 2.02 万人。全年完成财政总收入 1208.23 万元，规模以上工业产值 3.47 亿元，社会消费品零售总额 1.07 亿元，实现建筑业产值 8822.7 万元，完成固定资产投资 3.11 亿元。办理人大代表建议 2 件，满意率 100%。五寨乡获“第三批全国乡村治理示范乡镇”“福建省卫生乡镇”等称号。

【招商引资】 2023 年，平和县五寨乡坚持“一把手”招商，组织参加厦门“9·8”投洽会暨第二届乡村振兴产业展、平和县特色产品走进漳州古城线上线下促消费活动等招商、展销活动。完成新签约第二产业、第三产业招商项目 2 个，分别是敏芹木业、友米电子商务，其中敏芹木业为市级重大招商项目。建立限上企业培育名录库，培育酸甜小哥、友米电子商务等电商企业。收回漳州银祥农牧公司无公害生猪养殖场建设项目批而未供土地 15.75 公顷，清理征地遗留尾巴 0.67 公顷、迁移坟墓 24 个、杆线 8 根。盘活规划建设五寨生态木业产业园。完成土地报批 0.83 公顷，收回闲置土地（资产）0.34 公顷。争取生态木业产业园基础设施专项债券发债 3000 万元，争取一般债和乡村振兴专项 1360 万元，为产业园基础设施建设、平和县迁台记忆项目、寨河旧楼活化利用项目、侯门村浦口道路提升等重点项目建设提供资金保障。

【项目建设】 2023 年，平和县五寨乡重点围绕产业发展、基础配套、乡村振兴等方面，推进建设项目 35 个，总投资 5.8 亿元，其中完工项目 14 个，在建 7 个，前期 14 个。在建市、县重点项目 5 个，总投资 3.85 亿元，包含五寨生态木业产业园基础配套工程、平和县迁台记忆项目、寨河旧楼活化利用项目、农地资源可持续利用示范项目、侯门村浦口道路改造提升项目等。

【农业发展】 2023年，平和县五寨乡特色种植达400公顷。引进平和现代农业发展公司，投资“移动箱式智慧菇房示范基地”项目。在寨河村、前岭村、侯门村率先发展庭院经济试点，引导100多户农户在房前屋后闲置土地上种植百香果等经济作物。完成粮食种植面积183公顷、产量1167吨，超额完成县下达的任务。发放耕地地力保护和中央种粮一次性补贴98.18万元。

【生态木业产业园建设】 2023年，平和县五寨乡推进生态木业产业园基础配套设施建设，投入1080万元完成南区15.75公顷土地土方平整。完成园区内规划三路、五路（南段）等道路土地划拨，完成园区内规划道路、管网等配套工程初步设计。入驻园区的6家木业企业完成建设用地规划许可办理和总平面图设计，俊丰木业、俊美木业、俊祥木业进入地勘、环评等环节。新增工业用地出让1.86公顷，办理建设工程规划许可面积1.21万平方米。

【生态建设】 2023年，平和县五寨乡编制完善优美村、新塘村、五农社区村庄规划，基本实现村庄规划全覆盖。投入1200多万元，实施农地资源可持续利用示范项目、侯门村浦口道路提升等项目建设，改造、新建农村道路11.39千米。投入200万元，实施前岭村北坑埔至岭头道路两侧环境提升整治，改造提升道路两侧建筑立面、绿色景观、垃圾收集、文化宣传等，设置行人漫步道，打造成新农村样板路。强化卫片图斑和“两违”综合整治，拆违1.8万平方米。加强农村村民建房审批管理，审批建房17宗，整治裸房160栋。实施6个环境卫生整治项目，改善村容村貌和农村人居环境。开展鹿溪流域水环境综合整治，健全完善6条主要支流和各村（居）河段河长制，形成责任到人、定期监测、考核通报的长效管控机制。推广生草覆盖、轻剪轻肥、沤肥堆肥等生态栽培综合技术，建设示范基地3个、面积44.33公顷，沤肥堆肥示范点1个，举办轻剪轻肥技术培训11场、450人次。严格落实林长制，发放生态公益林、天然林管护补助资金15.86万元，开展松线虫病防治约33公顷、1100多株。

【社会保障】 2023年，平和县五寨乡加大财政支持教育力度和奖学奖教力度，总投资522万元的新美小学教学综合楼及室外配套附属工程完成工程招标，总投资983万元的前岭小学扩建项目建成完工。投入22.88万元，实施4个农村饮用水水质净化提升工程。实施“一事一议”项目8个。启动侯门村、新美村村级生命公园建设。巩固拓展脱贫攻坚成果，组织入户帮扶560人次，帮助108户脱贫户申请小额信贷贷款和产业补助资金91.7万元。健全防止返贫动态监测，新增低保、特困人员84人，取消20人。发放低保、临时救助、残疾人“两项补贴”等各项救助补贴资金67.37万元。

【平安建设】 2023年，平和县五寨乡以前岭村、寨河村、高峰村为试点，完善乡、村两级综治中心规范化建设。成立10个村（居）乡贤促进会，在册会员总人数515名。率先在寨河村、侯门村、前岭村开展乡村治理“五治联合”积分制管理，相关经验做法在“学习强国”学习平台上刊载交流。打击治理电信网络诈骗、非法出入境从事跨境违法犯罪活动，劝返1人，零滞留，劝返率100%。依法主动推进政务公开，公开政府信息22条。妥善处理群众诉求，全年办件235件，办结率100%。落实安全生产工作责任制，开展安全生产隐患大排查大整治和食安创城活动。开展经营性自建房及各类人员密集场所排查，排查面积2.3万平方米。为320户低收入群体的居住场所，增配“4个1”（1个漏电保护器、1个烟感报警器、1个灭火器、1个消防逃生面罩）。组织防抗“苏拉”和“海葵”台风，无人员伤亡和较大财产损失。全年未发生

2023 年 12 月 5 日，五寨乡智慧菇房秀珍菇菌包上架

（五寨乡 供图）

较大以上安全生产事故。

【平和县“移动箱式智慧菇房示范基地”建成投产】 2023 年，平和县五寨乡引进平和现代农业发展公司，投资 1100 万元建设“移动箱式智慧菇房示范基地”项目。平和农业发展公司分别与五寨乡侯门村、福建云佳安生物科技有限公司，就资金、土地、菌包、技术、市场等合作签约。移动智慧菇房采用智能化养菇，利用智能化控制系统控制秀珍菇不同生长阶段所需的光照、温度、湿度、二氧化碳含量等参数，7 天后即行采收清库，每间菇房可循环出菇；通过手机 App，农户可以实时监控食用菌生长过程，控制出菇时间，相比传统的种植模式，移动智慧菇房生产出来的食用菌产量更高、质量更好。通过“公司 + 基地 + 农户”的发展模式，年产秀珍菇等食用菌 800 吨，产值 900 多万元，带动劳动力 34 人。

（庄志培）

坂仔镇

【概况】 平和县坂仔镇位于平和县东半部，东连文峰镇，南接南胜镇，西接国强乡，北邻霞寨镇、小溪镇。系世界文化大师林语堂的出生地。2023 年，全镇总面积 133.66 平方千米，下辖 14 个行政村、1 个社区，全镇总人口 4.1 万人。全年财税收入完成 1463.55 万元，社会固定资产投资 4.36 亿元，规模以上工业总产值完成 3.8 亿元，商贸企业批发产值 44.54 亿元，社会消费品零售业产值 6.55 亿元，餐饮产值 1530.5 万元。全年完成粮食播种面积 95.64 公顷，超额完成县政府下达的全年粮食播种面积和产量。

【招商引资】 2023 年，平和县坂仔镇深化“一把手招商”“乡贤招商”等工作机制，新签约项目 5 个，分别是天照玉仓、桂明商贸、叁柚商贸、果能量工贸、商映电商。

【项目建设】 2023 年，平和县坂仔镇加大重点项目要素保障力度，完成平和职校项目征迁 16.53 公顷、东坑粮库项目 2.33 公顷、西三线项目 4 公顷。完成镇区排洪工程一期、宾阳楼局部修缮保护等 5 个项目建设，推进林语花溪 5 个地块回收及心田产业园区项目盘活。

【乡村振兴】 2023 年，平和县坂仔镇完成乡村振兴“十镇百村”示范工程项目 16 个，总投资 2175 万元。主动融入“坂仔文化旅游片区”发展定位，打造“红色教育基地 + 乡村旅游运营企业 + 村委会 + 合作农户”模式，接待主题教育、党员干部培训等活动约 210 批次、16000 余人次。

【人居环境】 2023 年，平和县坂仔镇推进“拆旧、拓新、整漂亮”工作，打造山边村作为典型示范村，带动各村居开展人居环境整镇推进整治专项行动。实施拆旧拓新专项行动，遏制各类违法建设蔓延势头。对东风、心田、东坑等村主干道两侧的废果池进行集中拆除，拆除废果池36座，竖立40个禁止倾倒废果警示牌，为沿途蜜柚大棚配备废果筐，由第三方每日上门清运。加大“两违”巡查和整治力度，组织大型拆违7次，完成“两违”治理4.01万平方米，处置目标完成率114.62%。

【社会治理】 2023年，平和县坂仔镇发挥“公调对接”办公室作用，调处化解各类矛盾纠纷127起；强力化解信访案件，办理和答复信访件62件，化解历年信访积案1件，一次性办结率100%，群众满意率100%。

【积分制推广】 2023年，平和县坂仔镇在全县率先推广运用“积分制”，实行全镇全覆盖，全镇15个村（社区）结合各自实际，突出围绕人居环境类、乡风文明类两项，推广运用“积分制”。

【村级乡贤促进会全覆盖】 2023年，平和县坂仔镇以乡贤促进会为平台，建立乡贤信息库。全镇14个村、1个社区乡贤促进会全覆盖，吸纳会员1011人，涵盖企事业单位人员、村（社区）“两委”干部和骨干、退休党员干部、教师及热心社会公益及家乡事业的各界人士等。完成乡贤促进会第一次会员大会，选举出第一届理（监）事会会长、副会长、秘书长、监事长、监事、理事等244名，筹措乡贤促进会会费及捐款128万余元。

【生态立体农业项目示范点打造】 2023年，平和县坂仔镇围绕着“头戴帽、腰系裙、脚穿鞋”的生态理念，利用树下空间增设鸡舍，在池塘边增设鹅笼，打造生态立体种养农业。引进广西农科院“仿野生种养技术”项目，建立新型种植养殖试点基地，该项目总面积24.53公顷，其中一期10.53公顷、二期14公顷，目前一期建设完成。

（张家嘉）

国强乡

【概况】 平和县国强乡位于平和县中部地区，闽南第一高峰——大芹山麓东北面，是革命老区乡，也是“中央苏区县”的重要组成部分，为纪念革命烈士赵国强而得名。2023年，全乡总面积144.09平方千米，设有14个行政村，全乡总人口2.6万人。全乡固投累计完成2.8亿元，比上年同期增长10.07%；规工产值累计完成2.79亿元，比上年同期增长9.93%；限上贸易额累计完成1.3亿元，增长翻番，并荣获奖牌4枚，奖牌数位居全县第三、乡级层面第一。国强乡在“七比一看”竞赛中位居全县第五，其中“七比”全县排名第三。“1234”乡村建设新模式作为全省典型案例报送至国家乡村振兴局，新建村获“福建省乡村振兴典型示范村”称号。

【项目建设】 2023年，平和县国强乡结合花山溪流域综合整治，在六成楼周边退改低效柚田，打造集中连片认领示范带，丰富亲子体验娱乐项目，推进特色文化3D彩绘、彩虹步木栈道、花溪逐浪亲水等项目建设，推出“花溪梦田”缤纷乡村旅主题路线。“五一”国际劳动节后的周末及节假日每日均有上千名游客到此游玩。新建村开展红色旅居、菜篮子、新建漂流等工程，打造新建村红色文化旅居康养基地。

【产业升级】 2023年，平和县国强乡以河田鸡养殖为养殖主产业，探索生态种养的良性循环模式，采取“合作社+乡贤+农户”工作思路，在国强乡乾岭村打造生态立体种养示范区。探索立体种养发展新模式，推出国强“月子鸡”特色名片。利用泮池、古爽等村先发优势，依托生猪规模养殖场，实行“零排放、零污染”环保发展模式，畜禽粪污还田还园36.67公顷。

【生态建设】 2023年，平和县国强乡推进花山溪水流域治理，探索蜜柚产业前埂后沟、轻剪轻肥、生态沤肥技术，实施化肥减量行动，推进生态果园建设196.67公顷。依托山水林田湖草

2023 年 3 月 26 日，国强乡乾岭村蔡田开展春耕 （国强乡 供图）

沙“双一百”工程，完成生产道路新建 10 千米，利旧提升 10 千米，生态沟新建 4.5 千米，缓冲带补植修复建设 20 千米，河岸缓冲带植被恢复 2.5 万平方米，生态护坡 600 米。探索高质量粮经复合模式，在高坑、乾岭、白叶、三五、延山等地种植特色紫米、优质玉米等作物，探索发展“豆类旱作轮作”“稻—蛙—菜”等现代农业发展新模式，形成国强特色农产品。

【民生保障】 2023 年，平和县国强乡新增低保人员 43 人、新增特困人员 9 人，实施临时救助 160 人，发放救助资金 9.25 万元。全乡建有敬老院 1 家、农村幸福院 12 家、农村老年人活动中心 2 家，农村养老服务设施覆盖率 100%。投资 450 万元开展集镇区 3 处老旧厕所改造工程、乾岭村立面整治及节点景观提升工程、松湖村环境整治提升工程、岩坑村亮化及环境提升工程等。向上争取乡村级“一事一议”财政奖补资金 190 万元，对白叶、梅子等 9 个村开展道路硬化、公共活动场所建设、沿河护岸建设等项目。

【平安建设】 2023 年，平和县国强乡运用“社会治理智治平台”，成立以离退休干部、教师、村支部书记、老党员为主力的调解团队，创新应用“图示调解法”，形成“一网覆盖、多方联动”的联动矛盾纠纷调处机制。国强乡信访工作经验在全市分享。联合县消防救援大队、坂仔市场监管所等部门，通过培训会、宣传会、现场模拟实践等形式，开展安全宣传教育活动。开展节假日和重要时间段的安全生产隐患排查与整改，全年没有出现重大安全生产事故。

【花溪梦田亲子休闲农业观光示范区打造】 2023 年，平和县国强乡打造“花溪梦田”项目，该项目属于农业种植结构调整示范片的子项目。国强乡以花山溪综合整治为契机，退改低效果园，深挖“五古”（古楼、古树、古桥、古渡口、古非遗）文化、非遗文化“走水尪”和黄梧宗祠等人文特色，秉持“田园变游园、草地变营地、民房变客房、村民变股民”的发展理念，连片种植特色紫米、油菜花等粮油作物，配套旅游设施，打造农事体验基地，做活生态观光农业，推出“灵山秀水·清新国强”乡村旅主题路线。2023 年 5 月以来，累计接待游客和研学学生约 8.2 万人次。

（陈龍）

安厚镇

【概况】 2023 年，平和县安厚镇位于平和县南部，东南与云霄县交界，西连大溪镇，北与国强乡相邻，安厚原名“庵后”，因圩场设在文殊庵后面而得名。2023 年，全镇总面积 122.34 平方千米，设有 22 个行政村和 2 个社区，全镇总人口 6.51 万人。全年完成固定资产投资 3.2 亿元，规模工业总产值 3.67 亿元，线上商贸产值 0.81 亿元。财税收入 800.66 万元，完成全年任务的 114.38%。

【工业发展】2023年，平和县安厚镇全年投资7.07亿元建设市、县级重点项目20个，包含市级重点建设项目4个，总投资3.75亿元。推进机械产业园建设，基本完成工业用地红线范围内23.75公顷征地任务，迁移坟墓58座，挖填土石方13.4万立方米。签约项目5家，摘牌4家共出让土地6.88公顷。实施高速路口至机械产业园1.96千米配套道路改造提升工程。成立工业服务中心，推行“一个服务专班挂钩一个项目”工作模式，为落地企业提供全程代办服务，完成极速办理惠企事项3件，兑现奖补资金24万元。协助福建两顺市政工程有限公司成功申报重大技改项目。

【农业发展】2023年，平和县安厚镇通过“园改耕”新增耕地54.09公顷，完成粮食播种面积422.67公顷，粮食产量2495吨。引进种植牛大力、七指毛桃等中草药约6.67公顷，黄美人1.6公顷。打造安厚老菜脯特色产业。在美峰村建设电商直播基地，线上销售老菜脯、青枣、即食燕窝、蜜柚等农产品。建成御龙山庄露营基地。推广运用琯溪蜜柚“轻剪轻肥”生态栽培综合技术和种养加生态栽培模式。

【生态环境】2023年，平和县安厚镇开展农药废弃物、生活垃圾、污水、黑臭水体大整治行动，无害化垃圾处理7559.34吨，农药废弃物回收转运7.38吨。开展“千吨万人”水源地环境保护工作，完成水源地保护区退果7018棵近9公顷。投资360万元建设生态滤床3段。整治牛蛙非法养殖场97家。

2023年11月14日，全县“园改耕”工作推进会在安厚镇召开

（安厚镇 供图）

【乡村振兴】2023年，平和县安厚镇推进“十镇百村”项目建设，在省级乡村振兴示范村美峰村实施的4个专项资金试点示范项目全部竣工验收。推进美丽乡村创建，完成10户省级“美丽庭院”、1户省级“绿色家庭”、8个县级“美丽微景观”及2个“美丽乡村小公园”评选工作。挖掘特色文化资源。

【人居环境】2023年，平和县安厚镇完成6批239宗农村村民建房申请，完成自建房安全隐患排查2.3万余宗，完成裸房整治156栋，完成经营性自建房挂牌巡检491宗。深化农村“两违”专项整治，拆除“两违”总面积43942平方米，完成率118.76%。完善交通路网，建成平和县安厚农场下坪至高速匝道连接线公路0.56千米，完成安厚镇镇区立面改造。

【社会事业】2023年，平和县安厚镇扩大保障覆盖面，新增五批低保、特困户，其中低保114户、特困35户。发放残疾人补助、农村困难残疾人创业补助及临时救助34.65万元，协调46户申请小额信贷共发放贷款119万元，审核发放“雨露计划”资金13.5万元。奖学奖教蔚然成风，奖励师生325名，发放奖金43.74万元。抓好医保卡办理、“两险”缴交等便民服务。

【平安建设】2023年，平和县

安厚镇创建全市首个“无毒乡村”守护行动省级联系点，优化“公调对接”工作模式。完成派出所翻建搬迁工作，建设社会治安综合治理中心。实施网格化管理模式，按照“属地管理”原则开展工作。整治电动车、摩托车交通违法行为取得成效。安装“平安乡村”高清视频监控，实现全镇重点地区全覆盖。采取多部门联合调解方式，化解各类矛盾纠纷50余起。打击治理电信网络诈骗，缅北涉诈高危人员劝返率93%，滞留金三角、阿联酋、柬埔寨涉诈高危人员劝返率88%。

【安厚老菜脯特色产业】 2023年，平和县安厚镇探索非遗产业发展新模式，充分挖掘非遗文化，激活非遗产业，并将其与农业产业发展紧密结合，引进福建省勇沛食品有限公司，采取“乡贤＋村财投入＋农户”三级合作入股模式，流转土地10公顷种植酒瓶底萝卜，打造安厚老菜脯特色产业。萝卜种植采用“水稻—萝卜”的轮作模式，在水稻收割后开始种植萝卜。每到萝卜收成时期，约0.67公顷的萝卜就需要雇用三四十名本地农民进行现场作业。安厚镇在美峰村建设电商直播基地，线上销售正宗安厚老菜脯、青枣、即食燕窝、蜜柚等农产品，拓宽富民增收途径。“安厚老菜脯”传统制作技艺是第九批漳州市非物质文化遗产保护项目。在漳州市第二届闽台美食文化节上，安厚老菜脯荣获“漳州十佳美食伴手礼”称号。

（黄家煌）

大溪镇

【概况】 平和县大溪镇位于平和县西南部，东连安厚乡，西接九峰镇，北邻国强乡，南与云霄、诏安两县交界。大溪地势西北高、东南低。西北部山峦绵延起伏，海拔在500米以上，漳州市最高山峰大芹山，雄伟挺立，成为大溪的屏障。中部、东南部较平坦，海拔200—300米。2023年，全镇总面积139.26平方千米，设有25个行政村和1个社区，全镇总人口6.25万人。财税收入完成1100.7万元，完成全年任务的122.3%；进出口贸易额5761万元，实际利用外资200万美元。规模工业产值完成1.91亿元，限上批发业完成2077万元，限上零售业完成2671万元，限上餐饮完成990.7万元，限上住宿完成947.2万元。固定资产投资新增入库总投资9.2亿元，完成投资3.45亿元。

【现代农业】 2023年，平和县大溪镇新建高标准农田180公顷，退果还耕近33.33公顷，巩固17.2公顷园改耕粮食生产。完善农业基础设施，完成机耕路建设23.1千米、修复灌溉渠道26.9千米、拦河坝3座。推广农业“五新”技术，引进毛豆上海青、杂交水稻“隆望优889”“兴两优1345”“留香优15号”“野香优669”“中浙优8号”等高产优质的粮食新品种。

【产业建设】 2023年，平和县大溪镇实施“多村联动，支部领办”村集体产业项目，发展本地富硒水稻、高山蔬菜、“农禾康”米粉等、大芹陆宜威士忌特色产业品牌化运营。大芹威士忌观光园获评省级观光工厂，成为平和县首家省级观光工厂，福建省首家威士忌观光园获评2023年东京威士忌与烈酒竞赛中国最佳威士忌奖。截至2023年底，大芹陆宜威士忌系列酒款在世界威士忌各大赛事中获得奖项42项。

【全域旅游】 2023年，平和县大溪镇投入144万元绘制3500平方米农耕文化壁画，投资560万元建成梯田观景台、9.8千米旅游主干道等农旅产业配套设施。开展“在希望的田野上”“琯溪有点田”缤纷乡村旅，构建“农业＋旅游+N”休闲体验农业产业体系，擦亮大溪“千亩梯田”“观光工厂”“洪门祖庭”“闽台同名名镇”等名片。

【人居环境】 2023年，平和县大溪镇完成农村宅基地异地新建住宅审批8宗，原址翻改、扩建住宅审批128宗，落实裸房整治

207 栋。投资 4648 万元建成镇区污水厂，日处理污水量 2500 立方米，对镇区周边 7 个行政村生活污水进行收集处理，服务人口 3.3 万人。其他村庄建成 6 个微动力处理站、20 个“大三格”化粪池。加大环保治理投入力度，推进畜禽养殖污染治理、牛蛙养殖场清理整治等行动。探索通过“积分制”调动村民参与乡村治理积极性；打造“美丽庭院”，166 户家庭参与，累计兑换货值 1.22 万元。投资 400 余万元，建设镇污水厂配套管网（新光段）。争取财政奖补资金 162 万元，完成全镇 14 个村级公益事业“一事一议”项目。建设 6 个村级生命公园；落实农村道路新建、改造 7.35 千米；完成大溪镇店前旅游基础设施－河道生态景观提升工程，实现主镇区堤岸决口合龙。

【民生工程】 2023 年，平和县大溪镇新增城乡低保 149 户 207 人、死亡及清退 64 人；新增特困（五保）23 人、死亡及清退 11 人。临时救助困难群众 216 人，发放救助资金 41.34 万元。组织挂钩干部进村入户走访慰问脱贫户，累计慰问物资 9.5 万元，常态化组织干部走访排查贫困户和农户 3425 户次。

【平安建设】 2023 年，平和县大溪镇整合综治、信访、司法等基层政法部门职能，成立镇综治中心，科学设置“一站一厅三室”，排查调处人民调解案件 450 余件，调解率 100%。发挥创新社会治理方式的平台作用，新增 4 个专属网格划分与轮廓绘制，完成漳州市域治理智治平台网格事件的采集与流转办理 1000 余件。开展燃气安全检查专项行动，没收不合规瓶装液化气罐 50 多瓶，指导更换符合指标的液化气瓶。组织观看消防宣传片 1 次，发放消防知识、森林防火、安全生产等宣传单 1300 余份。开展全覆盖安全隐患大排查大整治行动，联合镇派出所组织干部职工 40 余人，出动 330 人次，转发电子宣传海报 500 余次，发放宣传材料 300 余份，劝导群众佩戴头盔。

（游鸿钧）

2023 年，平和县大溪镇污水处理厂建成

（摄于 2023 年 9 月 26 日 大溪镇 供图）

霞寨镇

【概况】 平和县霞寨镇地处平和县西部，东接小溪镇，西连崎岭乡，南与国强乡毗邻，北邻芦溪镇、山格镇。省道郊柏线穿境而过。整个地形是四面群山环抱，中间夹以丘陵、平川。小坪洋、大坪洋、霞寨洋三块小平川田连阡陌，粮蔗丰茂，是霞寨的膏腴之地。2023 年，全镇总面积 203.90 平方千米，设有 26 个行政村和 1 个社区，全镇总人口 4.47 万人。全年财税收入完成 1201.93 万元，比上年同期增长 5.97%。完成固定资产投资 6.2 亿元，完成规模以上工业总产值 5207 万元。限上贸易共 12 家，其中限上批发 8 家，完成销售额 3.9724 亿元，比上年同期增长 10.2%；限上零售 1 家，完成销售额 930 万元，比上年同期增长 15%；限上餐饮 3 家，营业总

额 1089 万元，比上年同期增长 19.5%。新增 2 家限上餐饮、2 家限上批发企业；农业项目取得新进展，引进 2 家企业。

【招商引资】 2023 年，平和县霞寨镇协助举办 2023 年平和县文旅经济发展大会，创新开展春耕、夏粮丰收等活动，促成福建福蛙米业有限公司、福建润霖农业集团有限公司等企业主动入驻。

【现代农业】 2023 年，平和县霞寨镇推进综合立体治理，投资 380 万元建设生态果园，投资 270 万元开展水土流失综合治理项目，推进花山溪两侧 200 米范围开展退果还耕 97.18 公顷，实施“双一百”工程，完成缓冲带建设及施工便道征迁面积 7.66 公顷，新建生产道路 38 千米、修复利旧道路 5.5 千米、建设生态拦截沟 6.5 千米、修复河岸缓冲带 8 千米。

【第三产业】 2023 年，平和县霞寨镇实施建设村五彩稻田生态农业旅游等项目，以高标准农田项目为依托，完善田间道路网络，建设田园驿站、生态厕所、生态停车场等旅游设施，打造休闲农业观光基地。以西部乡村振兴、钟腾传统古村落保护、茶叶特色农产品扶持等专项资金为靶向，推动高寨亲子游乐园、“红军寮”红色研培基地、星空营地、共享茶室、登山健身步道等项目建设。

2023 年，平和县霞寨镇实施建设村五彩稻田生态农业旅游等项目。图为五彩稻田（林泽霖 2023 年 7 月 11 日摄）

【城乡建设】 2023 年，平和县霞寨镇实施镇区综合提升工程，实现镇区道路“白改黑”等改造提升；对联荣、大湖、三合等村的道路进行硬化、拓宽及新建错车道；对国道沿线的违章建筑进行拆除，新建官五线（Y863）道路防护栏 1.2 千米。落实“一长两员”及公厕管理制度，及时检修长汀、团结等村公厕照明设施，修复受损便池及水箱；动员户厕改造，完成 4 户三格化粪池改造，推进治污减排。

【生态环境】 2023 年，平和县霞寨镇加强河流监管整治，督促河道专管员加大河道巡查力度，及时清理漂浮垃圾。不定期开展河道整治活动，清理占用河道种植蜜柚 5 处 352 株，拆除违章搭盖 1 处。全年交接断面水质均达到Ⅲ类水以上。

【民生工程】 2023 年，平和县霞寨镇探索“公建民营”医养结合新模式，将敬老院移交委托平和东方医院进行经营管理。动员老人到各村幸福院参加娱乐活动，实行服务活动签到制度。满足群众多元化殡葬服务需求，在建设村先行建设公益性生命公园。发放“雨露计划”补助资金 14.4 万元。落实产业帮扶，发放衔接资金 86.78 万元，发放小额贷款 54 户 173.8 万元，申报产业保险 49 例，理赔 12.3 万元。强化就业保障，开发公益性岗位 55 个，发放奖补 27.5 万元。

【社会治理】 2023 年，平和县霞寨镇强化信访调处，办结 1 件信访积案；接收信访件 22 件，比上年下降 51%；受理矛盾纠纷 140 余起，调解率 99%，“平安三率”逐季度提升。

【西安村稻蛙菜综合种养基地打造】 2023年，平和县霞寨镇打造西安村稻蛙菜综合种养基地，发展稻蛙菜生态立体循环种养产业。在早稻、再生稻的稻田中套养虎纹蛙，水稻以蛙的排泄物为主要营养来源，蛙类为水稻清除虫害，循环种养，发挥出每亩稻田的最大效益；蔬菜大棚种植反季节瓜果类蔬菜。生态堆肥，利用稻草、秸秆、稻谷壳等田间材料进行堆肥，利用蜜柚废果添加有益菌种进行发酵利用，产出的肥料因其富含多种功能性微生物和丰富微量元素，既能够给农作物施肥，又能改良土壤结构，优化土壤生态环境，提高农产品品质。推进农文旅融合发展，因地制宜探索稻下养蛙、稻下养鱼等模式，将“一地多用、一地多收”的农业发展模式与农耕文化体验有机融合，设置农事体验、“浑水摸鱼”、野餐等项目，全年接待游客、学生8000多人次。

（吴琦璐）

2023年6月26日，平和县芦溪绳武楼漳台交流基地授牌仪式在芦溪镇蕉路村绳武楼举行。图为参加揭牌仪式人员合影 （芦溪镇 供图）

芦溪镇

【概况】 平和县芦溪镇地处平和县北部山区，与南靖县书洋镇和龙岩市永定区湖坑镇交界。经济作物主要有晒烟、水果、蔬菜等。芦溪是革命老根据地。2023年，全镇总面积307.40平方千米，设有17个行政村和1个社区，全镇总人口4.07万人。全年引进招商引资项目3个。完成规模工业总产值超5亿元；完成固定资产投资项目入库10个，累计2.42亿元；限上社会消费品零售总额完成4000余万元，比上年同期增长超35%；新增“四上”企业4家。全年财税收入较去年再上新阶，“七比一看”中进出口总额位列全县第一。“蛙天下”水乡渔村休闲渔业基地获“第十六批福建省‘水乡渔村’休闲基地”称号。“漳州市平和县雪茄烟第一晾制场”挂牌。芦溪绳武楼被授予“漳台交流基地”称号。

【项目建设】 2023年，平和县芦溪镇谋划、储备、申报、推动漳汀村乡村振兴项目、绳武楼周边环境整治等项目落地增效，2个市级重点项目完成投资1.11亿元。引进漳州市高镇农业开发有限公司开展雪茄烟种植及烟叶晾制项目，种植2.8公顷雪茄烟，亩均产值达1.2万元以上。引进平和县稻田农业发展有限公司碾米厂项目，建设平和县第一家标准化SC（食品生产许可证）米厂，延长“稻蛙菜”产业链条。

【乡村振兴】 2023年，平和县芦溪镇实施高标准农田建设，核发耕地地力保护补贴、实际种粮一次性补贴等各类奖补资金10万余元。以绳武楼、陈氏家庙等文物古迹为载体，发挥中国传统村落芦丰村、秀芦村和省级乡村振兴试点示范村蕉路村辐射带动作用，发展乡村游、生态游、红色游、体验游。推动芦溪至南靖书洋高速出口连接线纳入全县交通项目前期盘子，芦丰至东槐道路改造提升工程完工，东槐至南靖葛竹道路二期项目开工建设。完成镇村污水设施提升工程，实施芦丰、新村水毁修复工程、安全生态水系三期项目。完成双峰等村人居环境整治、多个农村饮用水提升工程、芦溪镇中心小学教学楼重建项目，推动芦溪镇卫生院项目进入设计阶段。蕉路村引入碾米厂项目，与厦门国际旅行社签订旅游战略合作协议，开展总投资约2000万元的绳武楼旅游项目；东槐村村集体经济突破200万元。

【人居环境】 2023年，平和县芦溪镇强化“卫片图斑”整治，处置“两违”3.78万平方米。组织做好农村宅基地审批和建房规划许可有关工作，完成宅基地审批121宗。完成15个村庄规划编制，5户庭院被列为省级乡村“五个美丽”建设典型。

【民生保障】 2023年，平和县芦溪镇走访慰问五老遗属、百岁老人等各条战线群众46人，完成困难群众临时救助208人次；实施“慈善阳光”项目救助7人；开展国家基本公共卫生服务项目，家庭医生签约服务完成1.01万人。

【社会治理】 2023年，平和县芦溪镇深化“乡村110”建设，加强公共安全视频监控建设与联网，建设“网格化监控平台”。打击治理电信网络诈骗、非法出入境从事跨境违法犯罪活动。落实辖区内重点场所排查全覆盖，加强安全生产、消防安全、森林防火等重点领域隐患整改。完成全镇18个避灾点、10个临时避灾安置场所改造提升。加强平安宗教活动场所创建，宗教、民间信仰等活动开展安定和谐有序。完成全部“三资”问题整改，收回拖欠金额44.41万元，收回124.53公顷林地使用权，增加村财140余万元。

【芦溪镇雪茄烟种植项目】 2023年，平和县芦溪镇推进树林村雪茄烟叶种植及晾制厂房建设项目。“漳州市平和县雪茄烟第一晾制场”在芦溪镇挂牌。芦溪镇农业雪茄烟叶种植及晾制基地于3月份建设完毕，配有晾制厂房1500平方米、烘干设备1组，共种植雪茄2.8公顷，种植品种主要为茄芯海研200、201和茄衣海研101。2023年，芦溪镇雪茄成品烟叶亩产量100—125千克左右，产值12000元左右，每亩净利润5500元左右。

（吴钰娜）

崎岭乡

【概况】 平和县崎岭乡位于平和县西部山区，东邻霞寨，西接秀峰，南依九峰，北连芦溪，省道公路贯穿崎岭腹地。2023年，全乡总面积127.99平方千米，设有13个行政村，全乡总人口2.39万人。全年社会固定资产投资完成4.28亿元，比上年同期增长81.60%。规模工业产值完成9848.3万元，比上年同期增长801.40%。贸易总产值完成1.11亿元，比上年同期增长110.1%，其中批发9296.20万元、餐饮795.60万元、零售1013万元。财政收入预计可完成805万元，完成任务数750万元的107.33%；向上争取资金639.68万元，完成任务数600万元的106.61%。溪头村被评为“漳州市2023年度市级‘一村一品’专业村”，漳州正尖山茶业有限公司获评“福建省‘福龙优品·邮政惠农’优质农产品生产基地”。

【招商引资】 2023年，平和县崎岭乡坚持“一把手”招商，飞地招商引进企业5家。其中，飞地规模以上工业企业3家（漳州市双木木制品有限公司、漳州市森发工贸有限公司、漳州市闽和工贸有限公司），批零企业3家［福建兰茶王谷茶叶有限公司、云山青茶叶（漳州）有限公司、漳州市竞择电子商务有限公司］。

【现代农业】 2023年，平和县崎岭乡实施“园改耕”和退果还耕项目，在新南村、时陂村实施“园改耕”3.52公顷；在桂竹村实施退果还耕，冬种小麦、春种毛豆6.67公顷；在合溪村种植推广牛大力1.67公顷；在新南村、诗坑村“稻稻麦”连作推广2.05公顷；在茶叶5个主产区推广应用商品有机肥100公顷，辐射带动833.33公顷以上；在彭溪村、溪头村建相对集中连片的示范片2个；与长青环保科技有限公司对接，到南湖村、桂竹村现场调研种养加管理一体化实施模式，策划黑水虻养殖项目。完成1家农业产业项目新开工任务。举办茶叶推介会等3场茶事活动，以白芽奇兰茶为主导产业向上申报国家级农业产业强镇。

【项目建设】 2023年，平和县崎岭乡保障平和县第二水源地官峰水库施工，完成省重点项目官峰水库工程进库道路、水源地保护和库区主体140多公顷的征地。协调解决官峰水库导流洞应急工程及饮水系统先行试验段项目、南湖村至土坑仔道路硬化工程征地问题，库区主体于10月开工建设。推进西三线闽粤支干线天然气管道建设工程施工，西三线闽粤支干线天然气管道建设工程涉及彭溪村、合溪村、诗坑村、际头村、下石村等5个村，完成征地赔青约17.33公顷。全乡投资建设项目11个，其中，涉及水利工程2个（平和县崎岭乡安全生态水系建设项目、崎岭乡韩江流域综合水环境治理工程项目）、交通工程2个（平和县乡道Y872合福线养护工程项目、崎岭乡乡道岩际线道路建设项目）、市政工程4个（平和县崎岭乡际头村和合溪村污水管网提升工程、崎岭乡下石村桥上书屋周边环境整治提升工程、玉楼春及周边环境整治提升工程项目、百福茶园项目）、产业发展项目3个（崎岭乡顶寨村十镇百村项目、药王谷项目、茶王谷项目）；2个项目完成建设，7个项目开工建设，2个项目完成项目前期。8个“一事一议”项目均完成。

【城乡建设】 2023年，平和县崎岭乡完成崎岭乡时坡村碗其组道路塌方维修工程、浮坪村福诗线路口至浮坪小学路面排水沟工程、南湖村土坑仔原小学至高崎道路扩宽工程等3个农路建设工程，谋划平和县乡道Y872合福线养护工程和崎岭乡乡道岩际线道路建设项目。完成合溪村村规修编工作，实现村庄规划全覆盖。排查全乡9712栋农村自建房，完成裸房整治101户。办理农户建房申请24宗，开展40户经营性自建房月度巡检工作。

【乡村振兴】 2023年，平和县崎岭乡推进“五美”乡村建设，创建美丽庭院50个、美丽乡村微景观4个，改造提升美丽乡村小公园1个。推进乡贤促进会建设，发展200余名乡贤入会。推进顶寨村省级示范村建设，在顶寨村、南湖村、溪头村试点实施“积分制”乡村治理，累计兑换奖品2668元。顶寨村和南湖村全智能箱式食用菌出菇基地项目与平和现代农业发展有限公司签订协议，增加村财收入。

【生态环境】 2023年，平和县崎岭乡实施安全生态水系建设项目和崎岭乡韩江流域综合水环境治理工程项目，提升全乡水体质量；完成际头村、合溪村河道污水管网提升工程，进行污水纳管。推进化肥减量增效工作，发放化肥减量（增效）宣传册3000份，出动化肥减量（增效）宣传车62车次，组织各村种植户分期轮回全覆盖宣传培训12期。在诗坑村开展堆肥、沤肥试点；组织举办“轻剪轻肥”专题培训会3期，162人参加；制作并悬挂横幅标语36条；分发宣传手册2000多份，张贴挂图28幅。推进垃圾无害化处理、生活污水治理、13个村公厕管理、农村建房管理等工作。

【民生工程】 2023年，平和县崎岭乡落实民生保障专项资金，发放残疾人补贴款8.21万元，发放临时求助89人次13.83万元。新增低保88户95人，新增特困10人。崎岭乡文体公园及运动场地提升项目、溪头村至国强新建断头路建成并投入使用，际头村、合溪村河道污水管网、农贸市场修缮、福寿堂提升和崎岭乡卫生院宿舍楼建设等工程项目稳步推进。发动乡贤捐资奖学奖教。做好防止返贫监测各项工作，排查全乡5898户农户、242户建档立卡脱贫户以及10户重点户的基本信息，消除返贫风险。发放省级专项产业扶贫发展资金76.26万元，扶持210户脱贫户发展产业；“雨露计划”补助45名脱贫户大中专学生13.5万元；累计办理脱贫户小额信贷38人95.08万元。

【社会治理】2023年，平和县崎岭乡开展电动车、摩托车加装遮阳伞整治工作，开展26次清伞行动。加大矛盾纠纷排查化解力度，调解矛盾纠纷53件，“12345”平台受理群众诉求123件，办结123件，办结率100%，满意率100%。开展平安“三率”宣传工作，发放宣传材料26400份。开展“6·16”安全生产月、“道安进校园”等宣传活动，出动乡、村干部进村入户4500多人次，开展安全生产重大隐患排查专项行动，组织实施森林防灭火应急演练。

（林智君）

九峰镇

【概况】平和县九峰镇九原名河头大洋陂，位于平和县西隅偏南，雄栖在闽南第一高峰，海拔1544.8米的大芹山山麓。2023年，全镇总面积203.53平方千米，设有25个行政村和2个社区。全镇总人口4.74万人，全年地区生产总值完成29.23亿元；固定资产完成投资4.24亿元，新增项目14个；规模以上工业总产值5.73亿元，比上年同期增长29%；限上批发累计完成2.84亿元，比上年同期增长36.2%；限上零售累计完成1.27亿元，比上年同期增长26.3%；餐饮业零售额完成1695.9万元，比上年同期增长67.9%；财税收入完成1324.98万元；向上争取资金1861.55万元；农民人均纯收入22698元。九峰镇获评平和县“2023年度乡村振兴与生态建设先进集体”。

【产业发展】2023年，平和县九峰镇联结本地茶商茶企成立九峰茶叶协会，签约茶厂项目4家。赴浙江杭州对接中国农业科学院茶叶研究所，建立工作站框架协议以及学习当地茶叶基地生产营销模式。依托复兴村高速出口村区位优势，投资450万元建设茶叶粗加工厂，预计可提供岗位30个，年加工茶叶75万千克，带动村财增收30万元，帮助解决“茶农散、茶叶加工厂少”等问题。实施“强村带弱村”结对帮扶行动，由复兴村与三坑、眉山、澄溪、联峰、新山等5个茶叶主产村签订《茶叶生产合作意向书》，预计可带动1300余户茶农增产增收。

【项目建设】2023年，平和县九峰镇建设镇区污水2期管网工程、广福路白改黑项目等7个县级重点项目，投资额2.23亿元，加快建设朱熹文化公园一期建设项目、大芹山革命培训基地建设（续建）项目等2个县级重点项目。建设城西村文化中心广场硬化、下北村美丽乡村路灯改造等15个“一事一议”为民办实事项目，惠及全镇约2.74万名群众。完成西气东输三线闽粤支干线九峰段15.41千米线路，涉及12个村约3067公顷土地征迁。

【文化旅游】2023年，平和县九峰镇完成10户美丽乡村庭院、10个美丽乡村微景观、2个美丽乡村小公园等“五个美丽”任务。完善乡村旅游基础设施，G355高速路口至镇区6.18千米“白改黑”及周边环境整治提升工程、镇区广福路主干道亮化工程，将朱积垒故居、朱思故居、黄田古村落、城隍庙、印象半径景区、名峰山庄等“红、古、绿”景点串联起来，打造以镇区文物古迹为“核心”、“复兴—澄溪—黄田—积垒”为“支柱”的乡村旅游内循环。

【生态环境】2023年，平和县九峰镇完成人工造林更新96公顷，森林抚育429.13公顷，封山育林154.67公顷，均超额完成任务。更新县级河长制公示牌1块、镇级河长制公示牌22块，湖长制公示牌7块，打捞河漂物约320吨，处理河岸垃圾约21吨，清理占用河道种植约7000平方米。完成7个千人以下饮用水水源保护范围划定，在9月份通过专家评审。投资40余万元建设九峰溪碧楼点水质提升工程，建成主河道2座生态拦水坝及福坑村入河渠两级拦水坝。实施九峰溪（九峰段）河道排污口整治工程、九峰溪碧楼点水质提升工程，开展河道清“四乱”整治工作；加强生猪养殖日常巡查监管，拆除非法养殖牛蛙3处；实施“轻剪轻肥”行动，建设下坪村“轻剪轻肥”生态栽培技术示范点，推广有机肥144公顷、绿肥种植58.33公顷。严格农村宅基地审批，管控旧房改建185宗。新增国土开发项目24公顷耕地，完成 66.67公顷“退果还耕”项目。

2023年11月，平和县九峰镇复兴村公共服务中心改造工程完工
（九峰镇 供图）

【乡村振兴】 2023年，平和县九峰镇打造黄田、复兴、澄溪、积垒等4个乡村振兴试点村，规划复兴、三坑、下北等3个产业示范村，辐射带动周边乡村振兴进程。投入65万元，在澄溪村、黄田村、振阳村打造“庭院经济”项目，培育“庭院经济”重点村。完成黄田村主干道环境整治白改黑项目、复兴村础溪民兴水渠修复工程（二期）等10个“十镇百村”项目，总投资额1500万元。组织27个村（居）成立乡贤促进会，吸纳1422名乡贤入会。

【民生保障】 2022年，平和县九峰镇向198户脱贫户发放乡村振兴补助资金39.04万元，为监测对象提供公益性岗位20余个，帮助脱贫户实现“家门口”就业；开展“雨露计划”职业教育补助工作，申报“雨露计划”40人，补助资金达11.85万元。组建以工作队长、村“两委”为主体的小额信贷工作队，主动对接农商银行九峰支行，完成脱贫人口小额信贷50户。

【社会事业】 2023年，平和县九峰镇新增低保、五保154个，办理老人证231位；开展临时救助233人次，救助金额31.83万元；慰问困难户214 户，慰问金额7.45万元。创建“一厅式办公、一站式服务”便民服务大厅，“12345”收到诉求件444件，办结444件，云平台办理事项5541件，窗口办理宅基地审批102件、市管事项170件、户籍业务2667件、其余各类事项380余件，群众满意率100%。新建养老机构复兴村长者食堂，完成复兴村综合服务中心残疾人无障碍改造。做好困难残疾人就业创业补助9人、扶困助残圆梦大学生补助9人，办理残疾人证55人次，推动困难残疾人基本生活“应保尽保”。平和崇福堂被授予漳州市文明进步和谐生态（美丽）寺观教堂称号。协助平和威惠庙申报市级优美民间信仰活动场所；协助永隆庙开展省级民间信仰活动场所备案点登记管理申报工作。台湾开漳圣王信俗文化联盟晋香团到九峰镇威惠庙参加开漳圣王1366周年庆典暨开漳圣王海峡两岸文化交流联谊会；台湾台中市奉天宫与平和九峰威惠庙缔结友好宫庙；台湾高雄市左营慈安宫到平和威惠庙开展文化交流；平和城隍庙邀请台湾金门等地城隍庙开展城隍文化交流活动。调整充实返贫监测工作专班，动态更新脱贫户信息314户987人。申报“雨露计划”教育补助38人，补助资金11.4万元。发放产业扶贫补贴56.896万元，申请小额贷款131.47万元。开发公益性岗位22个。

【社会治理】 2023年，平和县九峰镇依托九峰镇“公调对接”平台，成立九峰镇一站式矛盾纠纷调处中心暨综治中心，受理调解矛盾纠纷388起。依托西部区域联合派出所，探索“两队一室”勤务运行新模式。开展“闽粤平安边界”创建，排查边界地区矛盾纠纷隐患情况。强化“平安三率”宣传，制作平安建设相关宣传小视频10个，移动短信群发22万余条。第三、四季度“平安三率”排名位居全县前列。

【基层组织建设】 2023年，平和县九峰镇发展党员20名，转正44名，储备积极分子54名，优化党员结构。新增第一书记18名，实现第一书记制度25个村全覆盖。开展“干部大讲堂”14场次，组织27名村（居）书记到永春县考察学习，组织党员致富带头人等440余人收看蜜柚种植技术视频。

（林彦彤）

长乐乡

【概况】 平和县长乐乡位于闽粤两省交界处的长乐乡，与广东省大埔县、龙岩市永定区为邻，距县城64千米，境内崇山峻岭，是重点老区乡。2023年，全乡总面积60平方千米，设有9个行政村，全乡总人口1.29万人。全年完成财税收入602.48万元，超额完成全年任务。固定资产投资完成2.08亿元，规模工业产值完成1.22亿元，限上批零住餐销售额完成7275.2万元，新增入库固投项目6个，总投资2.68亿元。新增“四上”企业排名全县第一。

【农业发展】 2023年，平和县长乐乡全年种粮214公顷，总产量1324吨，种粮面积和产量均比2022年稳中有增，完成全乡493.44公顷50多万元的耕地地力保护补贴发放。引进盛泰优018、杉谷优533、晚季引进荃优967、中浙优1号等优质高产杂交稻组合。投资240万元建设南庭等5个村高标准农田建设项目。园改耕8.4公顷，退果还粮5.67公顷。

【红色文化建设】 2023年，平和县长乐乡投资200多万元建设誓师大会广场，承办纪念“平和暴动”95周年暨传承红色文化展演，被人民网以及省市县各级媒体广泛报道。加强长乐革命红色遗址保护，争取各级资金53万元，对秀山村顶三乡苏维埃旧址、葵山村朱德回师入闽迎接处等3处革命遗址开展修缮提升。投入22万元建设乐北青少年革命教育基地，打造青少年革命传统教育基地、红领巾校外体验基地；投入55万多元建设平和暴动烈士陵园附属设施改造提升工程；投入520.68万元打造红色旅游路线暨“百路千村”综合提升项目；投入146.97万元建设芦大线沿街立面改造及红色文化提升项目；投入80余万元实施建南村红色旅游产业配套工程，提升旅游环境和

2023年，平和县长乐乡投入资金53万元，对秀山村顶三乡苏维埃旧址、葵山村朱德回师入闽迎接处等3处革命遗址进行修缮提升。图为乐北村苏维埃革命旧址　（摄于2023年11月 长乐乡 供图）

增加参观景点。

【人居环境】 2023年，平和县长乐乡完成植树造林51.1公顷，森林抚育179.8公顷，封山育林86.07公顷，松林改造36.6公顷。房屋征收征迁量完成3902.2平方米，超额完成全年任务。安商一体化落实1个项目，土地征收3.33公顷，年度耕地整治任务完成5.04公顷。违法占用耕地图斑查处整改3宗，农村住房管理宅基地审批15宗。完成裸房整治131栋，“两违”整治1.40万平方米。投资20多万元实施建南村马房贡到长潭山庄步行道种植绿化树及周边环境提升；投资31万元实施葵山村村容村貌提升项目；投资20多万元实施乐北村下村“一事一议”道路硬化及水口环境整治工程；投资10多万元实施联三村村内道路硬化工程。

【民生事业】 2023年，平和县长乐乡投资150万元建设长乐乡联三等村水生态环境综合整治项目。投资40万元实施长乐乡水源提升工程，新建拦水坝1座，铺设管网8千米，解决镇区周边群众4500人供水困难问题。投资30.3万元实施农家村农桑寮河道整治及村部提升工程。投资8万元实施乐北村饮水安全维护养护工程，投资20万元实施葵山村供水工程，解决两村1500名群众供水困难的问题。投资40万元建设建南村长圳水渠修复工程，修复建设长圳水渠总长约2千米，为66.67公顷农田进行灌溉。投资60万元建设建南村长米老屋背等小组周边环境整治带动产业发展项目，投资65万元建设乐北村庭院经济项目，投资20多万元建设农家村中草药种植庭院经济项目。发放困难残疾人生活补贴和重度残疾人护理补贴29.07万元，发放孤儿及事实无人抚养儿童基本生活保障补助10.64万元；新增农村低保25人、农村特困10人；临时救助51人次，发放临时救助资金13.69万元。开发公益性岗位25个，争取补助资金12.5万元，累计发放贷款40笔83.22万元，未出现逾期情况。“雨露计划”申报41人，补助金额12.3万元。为全乡有产业有劳动生产能力脱贫户111户31.5公顷蜜柚购买产业扶贫保险。

【社会治理】 2023年，平和县长乐乡完善乡、村两级综治中心标准化建设，统一群众接待室、矛盾纠纷调处室、监控研判室等功能室门牌标识。制作客家话版本宣传语录通过“村村通”广播进行循环播放，分发宣传单页4000多份，悬挂横幅10余条。成功劝返滞留境外疑似涉诈人员1人，公安部通报滞留境外高危人员动态清零。落实防溺水、防汛安全防护工作，编制《长乐乡防暴雨洪涝灾害预案》，根据各村情况制定相应的村级防汛方案。完善防溺水指示牌和永久性宣传标语设置，联合学校开展防溺水工作宣传。

（曾锦鹏）

秀峰乡

【概况】 平和县秀峰乡位于平和县西北部，闽粤两省三县交界，西北毗龙岩市永定区，北接芦溪，东与九峰、崎岭、长乐、广东大埔衔接，全乡以山地为主。2023年，全乡总面积87.42平方千米，设有10个行政村，全乡总人口1.85万人。全年完成财税收入428.89万元。新增二、三产项目3.5个，总投资1.25亿元；限上贸易企业新增6家，引入1家总投资2000万元的外资企业——福建省柚牧生态农业旅游有限公司落地秀峰，完成实际利用外资12.89万美元，进出口额2957.3万元，实现在库限上企业和进出口额的新突破。全县“七比一看”工作排名第六。秀峰乡获评高质量发展成效“先进集体”，获“七比一看”竞赛“进步奖”等。举办秀峰乡2023年“福籽通信爱中华·第十六个民族团结进步宣传月”活动。

【产业发展】 2023年，平和县秀峰乡实施耕地恢复整治项目和秀峰村县级土地开发项目一期、二期，新增耕地27.05公顷，全年粮食种植面积扩展至248公顷，

2023年9月19日，平和县举办秀峰乡2023年“福籽通信爱中华·第十六个民族团结进步宣传月”活动 （秀峰乡 供图）

经济作物种植面积增至270.53公顷。种植特色农产品约97.49公顷，推广“钦蜜9号”百香果、“阳光玫瑰”葡萄等优质农产品。在平和县文旅经济发展大会上，展示阳光玫瑰葡萄、文田村洋半天茶油、南峰村虎头蜂酒、三联村生态土鸡蛋等特色农产品。

【乡村振兴】 2023年，平和县秀峰乡投入项目建设资金约2600万元，实施平和县秀峰乡福塘村历史建筑修缮工程、福塘旅游线路周边环境整治、秀峰乡福塘村小流域整治提升工程、福塘光伏产业工程等项目。完成秀峰乡福塘村南阳楼内外立面修缮、古建筑和古驿道周边的环境整治，实现游客服务中心活化利用，推进光伏产业建设。推荐《钟灵毓秀、生态秀峰欢迎您！》在全县“我的家乡是天底下最好的地方”短视频大赛中荣获一等奖，《福塘太极村》荣获二等奖；《钟灵毓秀、生态秀峰欢迎您！》在“五个美丽看漳州，助力乡村振兴”短视频创作大赛中荣获优秀奖。福塘村椿臼面设计产品亮相第二十四届中国国际投资贸易洽谈会平和展区。

【人居环境】 2023年，平和县秀峰乡实施文明城市创建行动，组织开展村庄清洁、集镇市场整治、垃圾分类等专项活动10余次。推进两违整治，依法强制拆除非法牛蛙养殖2处3.67公顷、非法建成猪圈1宗600多平方米，促成2宗2000多平方米猪圈补全手续。委托第三方采用“船舶＋挖掘机”模式，完成坪洄水库库区水浮莲清理整治。推进坪东等村水生态环境综合整治项目、村级污水管网铺设项目和美丽乡村建设项目（一期），其中秀峰村美丽乡村建设项目拆除集镇区18户25间老旧房屋、350多平方米猪圈。

【民生事业】 2023年，平和县秀峰乡推进民生设施建设，打造秀峰乡龙岭村畲族元素法治公园，完成双塘村村道亮化工程和双已山饮用水维修养护工程。推动乡村道路工程落地实施，包括平和县秀峰乡村道南然线（C781）路面硬化工程、平和县县道X580芦大线（K13+540—K27+000）养护工程、龙岭村大仓组畲族村道路硬化及秀峰乡村道坪陈线C795路面拼宽改造工程，新建改造农路2.22千米。开展“两不愁三保障”及饮水安全保障“回头看”，发放“雨露计划”补助9.9万元，脱贫户产业补助资金41.3万元。协调农商银行发放小额信贷助力脱贫户产业发展资金27.23万元，对119名困难群众给予救助11.93万元。

（林理鸿）

荣 誉

先进单位

2023 年平和县获省部级以上表彰先进单位一览表

表 8

获表彰单位名称	获表彰名称	颁奖单位
平和县	平和旧县衙及文庙遗存构件陈列区建设项目获评全国十大阳明文化遗址保护典型案例之一	全国阳明史迹保护研究联盟
中共平和县委宣传部	平和县“科学减肥增效，绿色环保种植”公众参与志愿服务项目获得生态环境部、中央精神文明建设办公室 2023 年“美丽中国，我是行动者”十佳优秀公众参与案例	生态环境部、中央精神文明建设办公室
平和县妇联	“碳汇 + 女科技特派员联盟”	中华全国妇女联合会
长乐乡乐北村邓亚点家庭	全国最美家庭	中华全国妇女联合会
平和县人民检察	全国维护青少年权益岗	团中央权益部
平和县人民检察	2022 年度影响力法律融媒体作品	中央广播电视总台视听新媒体中心
平和县税务局	全国无偿献血促进奖特别奖	国家卫生健康委、中国红十字会总会与中央军委后勤保障部卫生局
平和县科协青少年科学工作室	2023 年度最具特色工作室	中国科协青少年科技中心
平和县科协青少年科学工作室	全国“科创筑梦青少年科学工作室”	中国科协青少年科技中心
平和县林业局	松材线虫病疫情防控攻坚行动先进单位	国家林业和草原局
平和县小溪镇新东社区	全国示范性老年友好型社区	国家卫生健康委员会老龄健康司
县老促会、老区办	2023 年度老区宣传工作三等奖	全国老区新闻宣传工作会议组委会
平和县五寨乡人民政府	第三批全国乡村治理示范村镇	农业农村部、中央宣传部、司法部
平和县宾阳楼、寨河旧楼	2023 年豪瑞（Holcim）可持续建筑大奖赛亚太地区唯一金奖	豪瑞（Holcim）可持续建筑基金会

续表 8

获表彰单位名称	获表彰名称	颁奖单位
芦溪镇秀芦村	第六批中国传统村落名录村落	住房城乡建设部、文化和旅游部、国家文物局、财政部、自然资源部、农业农村部
平和县第三实验小学	国防教育示范学校	教育部、中央军委政治工作部
中宝（福建）食品科技有限公司	福建省知识产权优势企业	福建省人民政府

2023 年平和县获市厅级表彰先进单位一览表

表 9

获表彰单位名称	获表彰名称	颁奖单位
中共平和县委宣传部	平和县“科学减肥增效，绿色环保种植”公众参与志愿服务项目入选 2023 年福建省“美丽中国，我是行动者”优秀公众参与案例名单	福建省生态环境厅、中共福建省委精神文明建设办公室
平和县社科联	“深入学习贯彻习近平新时代中国特色社会主义思想”网上竞答活动优秀组织奖	福建省社会科学界联合会
平和县助残志愿者	2023 年福建省学雷锋志愿服务“五个最美”先进典型宣传（最佳志愿服务组织）	中共福建省委宣传部、中共福建省委文明办等 18 个部门
平和县爱心助学志愿者协会	第五届“善行八闽——公益慈善项目大赛”组织奖	福建省民政厅、福建省慈善总会
平和县助残志愿者协会	第五届“善行八闽——公益慈善项目大赛”活动 组织奖	福建省民政厅、福建省慈善总会
平和县助残志愿者协会	2022 年福建省新时代文明实践志愿服务项目大赛优秀奖	福建省志愿服务项目大赛组委会
中共平和县委宣传部	2022 年度舆情信息工作“先进单位”	中共福建省委宣传部
平和县教育系统关工委	全省关心下一代工作突出成效奖	福建省关心下一代工作委员会
福建兴和投资发展集团有限公司	漳州市五一劳动奖状先进集体	中共漳州市委、漳州市人民政府
平和县医院护理部	福建省巾帼文明岗	福建省妇女联合会
平和大溪镇下村村五星组陈东凤家庭	福建省最美家庭	福建省妇女联合会
平和县安厚镇赖树荣、赖来香家庭	福建省最美绿色家庭	福建省妇女联合会
平和县计划生育协会	2022 年计生家庭意外伤害保险工作先进单位	福建省计划生育协会、中国人寿保险股份有限公司福建省分公司
平和县审计局	2023 推荐参评审计质量比较好的审计项目	福建省审计厅
平和县审计局	2022 年度审计统计工作开展较好的县级审计机关	福建省审计厅
平和蜜柚科技小院	第 20 届福建青年五四奖章集体标兵	福建省共青团

续表 9

获表彰单位名称	获表彰名称	颁奖单位
平和县市场监督管理局坂仔市场监督管理所	先进集体	福建省市场监督管理局
国网福建省电力有限公司平和县供电公司调控中心调控运行班	国网福建电力 2023 年度安全生产工作先进集体	国网福建省电力有限公司
漳州市公路事业发展中心平和分中心黄井公路站	福建省“安康杯”先进集体	福建省总工会、福建省应急管理厅、福建省卫生健康委员会
福建省平和县气象局	2022 年度福建省气象部门财务综合管理先进集体	福建省气象局
平和县灵通风景区	2023 年福建省级森林康养基地	福建省林业局 福建省民政厅 福建省卫生健康委员会 福建省总工会 福建省医疗保障局
平和县医院	第九批全国健康促进医院建设达标	福建省卫生健康委员会
平和县地震办公室	22023 年度全省市县防震减灾工作综合考评优秀单位	福建省地震局
中共平和县委统战部	全省统战宣传工作一等奖	中共福建省委统战部
中共平和县委统战部	全省统战信息工作第六名	中共福建省委统战部
中国人寿保险股份有限公司平和县支公司	2023 年度营销孤单经营执行力标杆单位	中国人寿保险股份有限公司福建省分公司
国强乡新建村	福建省乡村振兴典型示范村	福建省乡村振兴促进会、福建省乡村振兴基金会
平和县芦溪镇“蛙天下”水乡渔村休闲渔业基地	第十六批福建省“水乡渔村”休闲基地	福建省文化和旅游厅
平和县五寨乡人民政府	福建省卫生乡镇	福建省爱国卫生运动委员会
南胜镇欧寮村	2023 年度省级“一村一品”专业村	福建省农业农村厅
南胜镇欧寮村	省直机关第二批主题党日活动基地	中共福建省委省直机关工委办公室
南胜镇欧寮村	红色美丽村庄试点村	中共福建省委组织部
南胜镇欧寮村	闽台乡建乡创合作样板村	福建省城市建设品质提升工作组办公室
中共平和县南胜镇离退休干部支部委员会	2023 年省级“离退休干部‘六好’示范党支部”	中共福建省委老干部局、中共福建省委离退休干部工作委员会
平和县南胜镇社工站	福建省乡镇（街道）五星级社会工作服务站名单	福建省民政厅
平和县大松小学	省级义务教育管理标准化学校	福建省教育厅
平和县九曲小学	省级义务教育管理标准化学校	福建省教育厅
平和县廖安小学	省级义务教育管理标准化学校	福建省教育厅
平和县彭溪小学	省级义务教育管理标准化学校	福建省教育厅
平和县仁山小学	省级义务教育管理标准化学校	福建省教育厅
平和县三径小学	省级义务教育管理标准化学校	福建省教育厅
平和县三坪小学	省级义务教育管理标准化学校	福建省教育厅
平和县新农小学	省级义务教育管理标准化学校	福建省教育厅

续表 9

获表彰单位名称	获表彰名称	颁奖单位
平和县芦溪中学	省级义务教育管理标准化学校	福建省教育厅
平和县文峰学校	省级义务教育管理标准化学校	福建省教育厅
平和县秀峰中学	省级义务教育管理标准化学校	福建省教育厅
平和县长乐学校	省级义务教育管理标准化学校	福建省教育厅
平和县第三实验小学	福建省义务教育教改基地校	福建省教育厅
平和县第三实验小学	福建省首批师范教育实践基地	福建省教育厅
平和县第四实验小学	2022 年度福建省防震减灾科普示范学校、科普教育基地	福建省地震局
平和开放大学	招生工作先进集体	福建开放大学
平和县教育系统关心下一代工作委员会	全省关心下一代工作突出成效奖	福建省关心下一代工作委员会
平和县潮剧传承保护中心	第十六届福建省戏剧水仙花奖、组织奖	福建省文学艺术界联合会、福建省文化和旅游厅
平和县作家协会	2022 年度全省作协系统信息供稿先进单位	福建省作家协会

先进个人

2023 年平和县获省部级以上表彰先进个人一览表

表 10

获奖姓名	工作单位	奖项名称	颁奖单位
张山梁	中共平和县委宣传部	2023 年度国家社会科学基金项目《明清时期王阳明传记资料整理与研究》立项	全国哲学社会科学工作办公室
卢溪河	霞寨镇高寨村	福建省劳动模范	中共福建省委、福建省人民政府
罗荣毅	国网福建省电力有限公司平和县供电公司运维检修部	福建省劳动模范	中共福建省委、福建省人民政府
林淑贞	平和县妇幼保健院	福建省先进工作者	中共福建省委、福建省人民政府
黄庆永	漳州市公路事业发展中心平和分中心黄井公路站	福建省先进工作者	中共福建省委、福建省人民政府
胡木清	平和县工商联	2023 年度全国工商联调查点工作先进个人	中华全国工商业联合会
陈国明	国家税务总局平和县税务局	全国无偿献血奉献奖终身荣誉奖	国家卫生健康委、中国红十字会总会与中央军委后勤保障部卫生局
陈国明	国家税务总局平和县税务局	全国无偿献血奉献奖金奖	国家卫生健康委、中国红十字会总会与中央军委后勤保障部卫生局
陈国章	国家税务总局平和县税务局	全国无偿献血奉献奖铜奖	国家卫生健康委、中国红十字会总会与中央军委后勤保障部卫生局

续表 10

获奖姓名	工作单位	奖项名称	颁奖单位
陈晓程	国家税务总局平和县税务局	全国无偿献血奉献奖铜奖	国家卫生健康委、中国红十字会总会与中央军委后勤保障部卫生局
林新福	国家税务总局平和县税务局	全国无偿献血奉献奖铜奖	国家卫生健康委、中国红十字会总会与中央军委后勤保障部卫生局
林志鹏	国家税务总局平和县税务局	全国无偿献血奉献奖铜奖	国家卫生健康委、中国红十字会总会与中央军委后勤保障部卫生局
李志贤	国家税务总局平和县税务局	福建省税务系统先进工作者	国家税务总局福建省税务局、福建省人力资源和社会保障厅
黄国义	平和蜜柚科技小院	中国农技协“百强乡土人才”	中国农村专业技术协会
粟文远	漳州市平和生态环境局	2023 年度中国环境报社宣传工作先进个人	中国环境报社有限公司
朱焕新	平和县疾病预防控制中心	2023 年全国鼠疫监测先进个人	中国疾病预防控制中心、鼠疫布鲁氏菌病预防控制基地
林丽玉	平和县科学技术协会	全国科技工作者状况调查点优秀调查员	中国科协创新战略研究院

2023 年平和县获市厅级表彰先进个人一览表

表 11

获奖姓名	工作单位	奖项名称	颁奖单位
杨福英	平和县爱心助学志愿者协会秘书	2023 年福建省第七批五星级志愿者	中共福建省委文明办
张山梁	中共平和县委宣传部	《闽中王学研究》入选福建省第十五届社会科学优秀成果奖	福建省社会科学优秀成果评奖办公室
黄荣才	中共平和县委宣传部	《山村舞蹈》入选 2023 年度定点深入生活扶持项目	福建省作家协会
曾国恩	漳州市金盾保安服务集团有限公司平和分公司派遣至九峰派出所	漳州市劳动模范	中共漳州市委、漳州市人民政府
林延忠	漳州正尖山茶业有限公司	漳州市劳动模范	中共漳州市委、漳州市人民政府
林焕辉	福建平和城市建设投资开发有限公司	漳州市劳动模范	中共漳州市委、漳州市人民政府
汪德全	平和县应急服务中心	漳州市劳动模范	中共漳州市委、漳州市人民政府
卢锦盛	中国邮政平和分公司	漳州市劳动模范	中共漳州市委、漳州市人民政府
陈淑女	平和县芦溪镇秀芦村	福建省最美执委	福建省妇女联合会
朱惠珍	平和县人民法院	“全省优秀法官”	福建省人力资源和社会保障厅、福建省高级人民法院
卢芸强	平和县人力资源和社会保障局	2022 年福建省金牌劳动关系协调员	福建省人力资源和社会保障厅、福建省总工会、福建省企业与企业家联合会、福建省工商业联合会

续表 11

获奖姓名	工作单位	奖项名称	颁奖单位
张文财	平和县人力资源和社会保障局	2022 年福建省金牌劳动关系协调员	福建省人力资源和社会保障厅、福建省总工会、福建省企业与企业家联合会、福建省工商业联合会
陈国明	国家税务总局平和县税务局	2023 年福建省“最美职工家庭”	福建省总工会
黄庆永	漳州市公路事业发展中心平和分中心黄井公路站	2023 年福建省“最美职工家庭”	福建省总工会
林丽玉	平和县科学技术协会	福建省 2022-2023 年农技协优秀工作者	福建省农村专业技术协会
叶德练	平和蜜柚科技小院	2022-2023 年福建省农技协最美科技工作者	福建省农村专业技术协会
林新民	平和蜜柚科技小院	2022-2023 年福建省农技协优秀乡土人才	福建省农村专业技术协会
叶伟强	平和县市场监督管理局	2023 年全省知识产权保护工作成绩突出个人	福建省知识产权局
黄洋平	平和县市场监督管理局	先进个人	福建省市场监督管理局
周伟奇	平和县自然资源局	全省自然资源系统先进工作者	福建省自然资源厅
朱艳、黄俞玮	平和县水政监察大队	2023 年度全省水行政处罚优秀案卷	福建省水利厅
林石生	国网福建省电力有限公司平和县供电公司	国网福建省电力有限公司劳动模范	国网福建省电力有限公司
蔡艺友	平和县气象局	2022 年度福建省观测与网络业务先进个人	福建省气象局
蔡艺友	平和县气象局	第五届福建省综合气象业务职业技能竞赛人工影响天气作业二等奖	福建省总工会
蔡艺友	平和县气象局	福建省气象青年新秀	福建省气象局
庄毅斌	平和县气象局	第九届福建省气象部门天气预报职业技能竞赛个人全能第十五名	福建省气象局
蔡艺友	平和县气象局	第四届福建省气象观测质量管理体系知识竞赛优胜个人第三名	福建省气象局
黄东来	平和县关心下一代工作委员会	全省关心下一代工作特别贡献奖	福建省关心下一代工作委员会
陈培基	大溪镇关心下一代工作委员会	全省关心下一代工作突出贡献奖	福建省关心下一代工作委员会
陈文明	霞寨镇关心下一代工作委员会	全省关心下一代工作突出贡献奖	福建省关心下一代工作委员会
游南星	小溪镇关心下一代工作委员会	全省关心下一代工作突出贡献奖	福建省关心下一代工作委员会
郑彩虾	中国人寿保险股份有限公司平和县支公司	2023 年度“双文明”建功立业劳动竞赛先进工作者	中国人寿保险股份有限公司福建省分公司
朱志明	中共平和县委机要局	全省机要系统先进工作者	福建省人力资源和社会保障厅、中共福建省委机要局

续表 11

获奖姓名	工作单位	奖项名称	颁奖单位
张　容	国强乡人民政府	福建省医保经办系统医保经办政务服务比武竞赛团队二等奖	福建省医疗保障局、福建省总工会
谢生建	霞寨镇人民政府	全省征兵工作先进个人	福建省征兵领导小组
朱寿生	平和第一中学	福建省优秀教师	福建省人力资源和社会保障厅、福建省教育厅
周绍彬	平和第三中学	福建省优秀教师	福建省人力资源和社会保障厅、福建省教育厅
周慧良	平和县秀峰中学	福建省优秀教师	福建省人力资源和社会保障厅、福建省教育厅
卢碧玉	平和县育英小学	福建省优秀教师	福建省人力资源和社会保障厅、福建省教育厅
吴丽霞	平和县第三实验小学	福建省优秀教师	福建省人力资源和社会保障厅、福建省教育厅
杨文钦	平和县第五实验小学	福建省优秀教师	福建省人力资源和社会保障厅、福建省教育厅
黄俊荣	平和县育才中学	福建省优秀教育工作者	福建省人力资源和社会保障厅、福建省教育厅
黄冰心	平和县山格中心小学	福建省第六批中小学学科教学带头人	福建省教育厅
罗荣良	平和第一中学	福建省第六批中小学学科教学带头人	福建省教育厅
朱淑凤	平和县育英小学	福建省三八红旗手	福建省妇女联合会
赖小凤	平和职业技术学校	2023 年福建省职业院校技能大赛中等职业学校班主任能力比赛二等奖	福建省教育厅
叶燕停	平和职业技术学校	2023 年福建省职业院校技能大赛中等职业学校班主任能力比赛二等奖	福建省教育厅
黄惠碧	平和职业技术学校	2023 年福建省职业院校技能大赛中等职业学校班主任能力比赛二等奖	福建省教育厅
叶艺良	平和职业技术学校	2023 年福建省职业院校技能大赛中等职业学校班主任能力比赛三等奖	福建省教育厅
胡坤辉	平和职业技术学校	2023 年福建省职业院校技能大赛中等职业学校班主任能力比赛三等奖	福建省教育厅
钟丽英	平和职业技术学校	2023 年福建省职业院校技能大赛中等职业学校班主任能力比赛三等奖	福建省教育厅
朱忠信	平和县潮剧传承保护中心	第十六届福建省戏剧水仙花奖专业组表演奖三等奖	福建省文学艺术界联合会、福建省文化和旅游厅
黄水成	平和县融媒体中心	2022 年度全省作协系统信息供稿先进个人	福建省作家协会
林泽霖	平和县融媒体中心	2022 年度全省作协系统信息供稿先进个人	福建省作家协会
周文莉	平和县作家协会	2022 年度全省作协系统信息推送先进个人	福建省作家协会

2021-2023年平和县现役军人获二等功情况表

表12

姓名	性别	籍贯	现服役部队	立功情况
曾学亮	男	平和	中国人民解放军国防大学	2022年获军队二级表彰
陈旭亮	男	平和	中国人民解放军某旅	2022年立个人二等功
赖锦程	男	平和	中国人民解放军某旅	2021年、2023年各立个人二等功1次

（平和县退役军人事务局）

附 录

2023年平和县机关部门、乡镇（场、区）和企事业单位正副职领导干部名录

（注：参考省、市做法，名单以2023年12月31日在职者为准，相同职务人员做适当归类，不作为排序，其中“★”为女同志）

中共平和县委

书　记：蔡绿璇★

副书记：黄永健　郑炎山（正处长级）

常　委：吴志英★　郭毅置　李　真★　许晓斌　林丽玲★　林英强　王国东　戴永福

平和县人大常委会

主　任：朱新丰

副主任：朱顺忠　林慧颖★　钟育辉　张连清

平和县人民政府

县　长：黄永健

副县长：林英强　戴永福　吴映红★　林贵良　吴朝东　林琦志　林方晔　徐荣德　谢钟琛（科技副县长 挂职）

政协平和县委员会

主　席：李瑞林

副主席：林启明　曾文汉　蔡立保　谢伟宏

平和县纪检监察机关

县纪委书记、监委主任：许晓斌

县纪委

副书记：陈木坤　杨跃盛

常　委：张耀光　蔡劲楚　蔡冬梅★　张东升

县监委

副主任：陈木坤　杨跃盛

委　员：张耀光　蔡劲楚　林明生　蔡从龙

纪检监察组

县直机关纪检监察工委书记：曾培锋
副书记：林妙华★

驻县委办纪检监察组组长：蔡奇宏

驻县政府办纪检监察组组长：张少华
副组长：赵琼琼★

驻县委组织部纪检监察组组长：何伟泉
副组长：刘剑旭

驻县委宣传部纪检监察组组长：黄金龙
副组长：林丽君★

驻县文化体育和旅游局纪检监察组组长：朱仁山
副组长：杨坤章　朱保平

驻县农业农村局纪检监察组组长：吴锦程
副组长：蔡少峰　杨　惠★

驻县人社局纪检监察组组长：杨祥隆
副组长：张志军

驻县市场监督管理局纪检监察组组长：罗文雄
副组长：林周城　李丽蓉★

驻县交通运输局纪检监察组组长：黄志军
副组长：赖胜民　赖建兴

驻县公安局纪检监察组组长：曾跃明

驻县人民检察院纪检监察组组长：朱宏达

驻县人民法院纪检监察组组长：黄友三

中共平和县委工作机关及直属单位

县委办

主　任：蔡立保
副主任：江海清　吴伟龙　李海明
保密局局长：朱彩英★

人大常委会机关

人大常委会办公室主任：吴聪勇
副主任：余淑芬★
人事代表委主任：杨俊生
副主任：陈锦绣★
监察和司法工委主任：陈耀华
财经委主任：赖伟民
副主任：卢振德
农经委主任：黄良仕
副主任：叶明山
教科文卫委主任：曾春玉★
侨台民宗委主任：黄松生
城建环保委主任：黄深泉
副主任：林绍东
信访办主任：吴茂长
副主任：曾卫军

政协机关

政协办主任：杨锋滨
副主任：李惠生
经济与科技委主任：林坤和
副主任：张荣裕
社会法制委主任：张阳平
副主任：蔡成发
科教卫体委主任：林建水
副主任：黄志中
台港澳侨委主任：游佩静★
提案委主任：赖艺玲★
副主任：曾庆辉

文化文史和学习委主任：朱赐养
副主任：卢波思
农业农村委主任：李建文
副主任：林桂梅★

组织部
部　长：吴志英★
副部长：吴金成　杨龙峰　柯雅瑄★　张　津

宣传部
部　长：李　真★
副部长：黄荣军　张山梁　黄荣才

统战部
部　长：林丽玲★
分管日常工作副部长、民宗局局长：林智文
副部长：胡木清　曾韶光　曾玉城★　曾荣德

政法委
书　记：王国东
副书记：叶　斌　黄镇城

编办
主　任：陈　建
副主任：吴雅琼★

台港澳办
主　任：龚奕斌
副主任：叶剑锋

县直机关党工委
书　记：吴志英★
常务副书记：吴振坤
副书记、纪工委书记：曾培锋
副书记：朱朝东　蔡志平

巡察办
主　任：张东升
副主任：童桂贤★　黄镇平
巡察一组组长：曾小群
巡察一组副组长：游宇晖
巡察二组组长：叶志文
巡察二组副组长：林志远
巡察三组组长：陈维平
巡察三组副组长：周玉彬★

老干局
局　长：柯雅瑄★
副局长：朱秋城

党校
校　长：吴志英★
副校长：张群雄　周家庆

党史和地方志研究室
主　任：林丽红★
副主任：廖美清★　黄镇滨

档案馆
馆　长：张茂成
副馆长：黄镇城　郑智慧

平和县政府工作部门及直属单位

政府办
副主任：林　伟　叶银辉　王勇鹏　曾艺云★（兼）

发改局
局　长：傅炎民
副局长：陈高翔　黄碧洪★
粮储局局长：庄赞立

教育局
党委书记、局长：卢和强
副局长：曾庆生　黄增贤

公安局
党委书记、局长：徐荣德
副局长：陈志达　何成城　黄建安　吴良平

民政局
党组书记、局长：黄洪河
副局长：卢建福　杨丽娟★

财政局
党组书记、局长：李振忠
副局长：陈　喆　林　伟

司法局
党组书记、局长：陈耀勇
副局长：周水山　吴小敏

人社局
党组书记、局长：石艺军
副局长：赖志雄　黄秀清★

自然资源局
党组书记、局长：吴志育
副局长：林建君　林元龛

住建局
党组书记：黄志雄
局　长：庄汉生
副局长：蔡小勇　曾凡华

交通运输局
党组书记、局长：陈振平
副局长：何志德　杨振兴

水利局
党组书记、局长：赖建生
副局长：张历国　陈镇坤
曾　萍★（科技副局长，挂职）

农业农村局
党组书记、局长：李明聪
副局长：陈晖津　周小龙　蔡伟龙
王贤达（科技副局长，挂职）

农业机械站
站　长：黄毅军

供销社
主　任：黄清流
副主任：庄泽勇　蔡贤达　罗小雨

二轻联社
主　任：杨慧全
副主任：黄启文　陈聪禾

工信局
党组书记、局长：张少云★
副局长：卢建昌　赖舒达　叶晓斌
范必强（科技副局长，挂职）
科学技术局局长：林兹荣
贸促会会长：林明达

文体旅局
党组书记、局长：卢　胜
副局长：简易妮★　郑兴华
旅游服务中心主任：赖小军

县融媒体中心
负责人：叶庚成
副主任：李润南　曾建彬　周淑荣★

卫健局
党组书记、局长：陈苍山
副局长：叶志鹏　吴燕华
卫生监督所所长：叶夏顺

退役军人事务局
党组书记、局长：陈联荣
副局长：游南长　邱骏腾　李宏明（兼）

应急局
党组书记、局长：张元清
副局长：卢位南

审计局
党组书记：赖荣章
副局长：赖东泸

林业局
党组书记、局长：林立武
副局长：曾力克　叶圣宏　潘清塔（挂职）

市场监督管理局
党组书记、局长：卢林海
副局长：周建斌　庄文琛

统计局
党组书记：卢鑫城
局　长：赖警苗★
副局长：吴漳旺　蓝娇红★

地震办
主　任：李　惠★

信访局
局　长：曾艺云★
副局长：周松凯

城市管理局
党组书记、局长：李林城
副局长：周长发　周志荣
市容市政中心主任：陈建章

行政审批局
副局长：赖五洲　沈艺斌

行政服务中心管委会
主　任：叶俊城
副主任：吴文珍★　江　莉★

三平管委会
党组书记、主任：卢文深
副主任：李云龙　林建生

灵通风景区管委会
主　任：林荣耀
副主任：叶河清　曾陈彬

疾控预防控制中心
主　任：陈丽淑★

县总医院
党委书记：陈荣秋
院　长：陈文斌

县妇幼保健院
院　长：黄跃平

福建兴和投资发展集团有限公司
董事长：林项利
副总经理：黄聪阳　王玮奇

福建平和城市建设投资开发有限公司
董事长：张亚狮
总经理：叶文宪　卢林毅　赖炜梁

福建平和旅游投资开发有限公司
董事长：赖文革
副董事长：曾国辉（挂职）
总经理：林中伟（挂职）

平和县交通发展有限公司
副总经理：叶建民（主持工作）

平和县人民检察院
党组书记、检察长：黄国盛
副检察长：黄明生　黄佳鑫

平和县人民法院
党组书记、院长：高长江
副院长：沈蔚林　赖贤平

平和县群体组织

总工会
主　席：林丽玲★
党组书记、常务副主席：陈连明
副主席：林添才　叶春华★

共青团县委
副书记：林昕阅★　卢琳琪　张　婷★（挂职）
　　　　吴锦林（兼职）

妇联
党组书记、主席：陈小红★
副主席：卢颖芳★　黄琳倩★

科协
党组书记：赖捷民
主　席：林丽玉★
副主席：罗国欣　叶劲松

侨联
主　席：江爱荣

台联
会　长：林丽娜★

工商联
主　席：林启明
常务副主席：胡木清
副主席：吴鸿章

文联
主　席：黄荣才
副主席：王达理

残联
理事长：黄茂林
副理事长：吴志城　林洋海

红十字会
常务副会长：林跃忠
副会长：周宏雷

计生协会
会　长：林慧颖★
常务专职副会长：张思斌
专职副会长：张汉强　杨勇生

社科联
主　席：罗梓盈
副主席：林胜洁

慈善总会
执行会长：周瑞民
副 会 长：李耕云　蔡新城

老促会
会　长：江益权
副会长：黄汉洋

关工委
第一主任：吴志英★
主　任：张百忍

驻平和中央和省、市属机关企事业单位

税务局
局　长：洪文成
副局长：朱泽清　吴世民　胡炳文　叶彬欣
纪检组组长：陈　捷

医疗保障局
局　长：陈志坤
副局长：张　欣

医疗保障监测中心平和分中心
主　任：林国信

住房公积金管理部
主　任：曾卫东

生态环境局
党组书记、局长：卢　立
副局长：朱永松　叶生华

气象局
副局长：庄毅斌（负责工作）
气象台台长：蔡艺友

漳州市公路局平和分局
主　任：刘　架
副主任：张新禄　林志凌　黄杨旸

烟草专卖局（分公司）
局长、经理：陈艺惠
副经理：张永忠

国家平和县供电公司
党委副书记、总经理：林石生
党委书记、副总经理：杨高光辉
副总经理：江　毅　陈艺鑫　杨昆明

中国人民银行平和县支行
行　长：阮毅辉
副行长：郑上海　曾祥锋

中国银行保险监督管理委员会漳州监管分局平和监管组
组　长：苏顺庆

中国农业银行股份有限公司平和县支行
行　长：黄朝专
副行长：陈建河　黄艺平

中国银行股份有限公司平和支行
行　长：蓝亚忠
副行长：陈志鸿　黄力洲

中国建设银行股份有限公司平和支行
行　长：赵子荣
副行长：张超煌　李木兴

中国工商银行股份有限公司平和支行
行　长：高　杰
副行长：郭艺明

中国农业发展银行平和县支行
行　长：姚景宇
副行长：郑　立

福建平和农村商业银行股份有限公司

董事长：杨江亮

行　长：卢松恋★

监事长：沈艳海

副行长：吴文金　赖仲愈

邮储银行平和县支行

行　长：欧阳亦林

副行长：李海平

中国邮政集团公司福建省平和县分公司

总 经 理：郑木昌

副总经理：朱钦清　钟勇文

中国电信平和分公司

总 经 理：曾　强

副总经理：杨　霞★　李振辉

中国移动通信集团福建有限公司平和分公司

总 经 理：黄秋生

副总经理：卜兴建　吴远恒

中国联合网络通信有限公司平和县分公司

总经理：戴晓棠

中国人民财产保险股份有限公司平和支公司

经　理：林杉河

副经理：游立敏

中国人寿保险股份有限公司平和县支公司

经　理：郑海城

副经理：高　阳　连志勇

福建新华发行（集团）有限责任公司平和分公司

经　理：林荣强

副经理：蔡伊祎★

福建广电网络集团股份有限公司平和分公司

总 经 理：赖日升

副总经理：朱琪瑞　邓景民

乡镇（场、区）

文峰镇

党委书记：赖进杰

党委副书记、镇长：赖智平

人大主席：周　良

党委副书记：赖耿明

党委政法委员：吴银川

党委委员、纪委书记、监察组组长：叶明智

党委组织委员：张　星

党委宣传委员：刘俊杰

党委统战委员：林光辉

副镇长：庄　昕★

便民服务中心主任：陈　祥

综合执法大队大队长：何国泉

农业农村服务中心主任：韩晓贤

山格镇

党委书记：黄建鑫

党委副书记、镇长：林锦锋

人大主席：吴志强

党委副书记：张清峰

党委政法委员：李瑞东

党委委员、纪委书记、监察组组长：叶炜毅

党委组织委员：杨　鑫★

党委宣传委员、统战委员：曾景辉

党委委员、副镇长：吴庆通

副镇长：李宗武　赖小能★　蓝艺华★（科技副镇长）

农业农村服务中心主任：张　勇

便民服务中心主任：张金碧★

综合执法大队队长：黄长灵

小溪镇

党委书记：赖文尧
党委副书记、镇长：叶庆南
人大主席：吴金溶
党委副书记：陈君武
党委政法委员：李泽龙
党委委员、纪委书记、监察组组长：陈生福
党委组织委员：曾明杰
党委宣传委员、统战委员：叶长虹
党委委员、副镇长：林柏峰
副镇长：朱坤林　沈佳臻★　张宇虹★
农业农村服务中心主任：何志发
便民服务中心主任：何建国
综合执法大队大队长：林宗平

南胜镇

党委书记：杨龙坤
党委副书记、镇长：郑剑锋
人大主席：潘嘉贤
党委副书记：李林源
党委政法委员：林绍昌
党委委员、纪委书记、监察组组长：陈小彪
党委组织委员：罗嘉沩
党委宣传委员：易芳芳★
党委统战委员：吴培游
副镇长：陈晓婧★
综合执法大队队长：朱英林
便民服务中心主任：林　绿★
农业农村服务中心主任：胡镇成

五寨乡

党委书记：陈志平
党委副书记、乡长：杨玉龙
人大主席：庄聪智
党委副书记：游永烽
党委政法委员：卢建平
党委统战委员：吴城洪
党委委员、纪委书记、监察组组长：卢娜萍★
党委组织委员：林美娟★
党委宣传委员：林景荣
副乡长：陈思明
便民服务中心主任：林秋伟
农业农村服务中心主任：陈远彪
综合执法大队大队长：林顺鑫

坂仔镇

党委书记：林海光
党委副书记、镇长：黄燎原
人大主席：陈佳生
党委副书记：陈婧弘★
党委政法委员：叶文腾
党委委员、纪委书记、监察组组长：陈杰伟
党委组织委员：张建树
党委宣传委员：张龙辉
党委统战委员：李雅玲★
副镇长：黄智泓　何浩田
便民服务中心主任：罗奇伟
农业农村服务中心主任：吴广福
综合执法大队大队长：林圳晖

国强乡

党委书记：林志伟
党委副书记、乡长：卢艺铭
人大主席：蔡小勇
党委副书记：黄伟煌
党委政法委员：黄鹏龙
党委委员、纪委书记、监察组组长：张文君
党委组织委员：吴晓游
党委宣传委员：曾建良
党委统战委员：郑耿伟
副乡长：陈姝琳★　林绿鸿
农业农村服务中心主任：蔡林海
便民服务中心主任：周思静★
综合执法大队大队长：林韶清

安厚镇

党委书记：杨武牧
党委副书记、镇长：李添元
人大主席：吴秋发
党委副书记：黄志聪
党委政法委员：朱炼初
党委委员、纪委书记、监察组组长：曾鹏程
党委宣传委员：赖志强
党委组织委员：朱佳莉★
党委统战委员：林惠娇★
副镇长：黄　滔　张聪发
农业农村服务中心主任：张子龙
便民服务中心主任：李小真★
综合执法大队大队长：赖爱平

大溪镇

党委书记：陈盛林
党委副书记、镇长：赖志慧★
人大主席：赖文辉
党委副书记：朱智生
党委政法委员：吴长平
党委委员、纪委书记、监察组组长：黄俊杰
党委组织委员：刘国才
党委统战委员：张高照
副镇长：戴秀艺★
便民服务中心主任：陈碧美★
农业农村服务中心主任：张金霸
综合执法大队大队长：林建立

霞寨镇

党委书记：林永金
党委副书记、镇长：庄坤明
人大主席：林清益
党委副书记：林文平
党委政法委员：蔡志光
党委委员、纪委书记、监察组组长：曾树金
党委组织委员：石李菁★
党委宣传委员：周艺燕★
党委统战委员：卢宥均
副镇长：陈小勇
农业农村服务中心主任：吴坤元
综合执法大队大队长：蔡林宏
便民服务中心主任：赖智清

芦溪镇

党委书记：刘伟宏
党委副书记、镇长：陈耀辉
人大主席：周良基
党委副书记：卢志杰
党委政法委员：朱林庄
党委委员、纪委书记、监察组组长：林勇银
党委组织委员：曾明杰
党委宣传委员：曾慧斌
党委统战委员：邓晓颖★
副镇长：黄西漳
农业农村服务中心主任：庄荣玮
综合执法大队队长：张晓刚
便民服务中心主任：叶盛泽

崎岭乡

党委书记：林志坤
党委副书记、乡长：曾明新
人大主席：周南辉
党委副书记：张伟华★
党委政法委员、司法所所长：黄泽斌
党委委员、纪委书记、监察组组长：林艺煌
党委组织委员：陈博鑫
党委宣传委员：叶淑霞★
党委统战委员：曾安邦
副乡长：张志聪
便民服务中心主任：曾维锋
综合执法大队大队长：黄林立

九峰镇

党委书记：庄振坤
党委副书记、镇长：黄杰文
人大主席：林跃明
党委副书记：卢镇辉
党委政法委员：朱景明
党委委员、纪委书记、监察组组长：陈　勇
党委组织委员：曾文淮
党委宣传委员：陈金彪
党委统战委员：朱松和
副镇长：张　靖★
便民服务中心主任：林锦辉
农业农村服务中心主任：李文伟
综合执法大队大队长：曾国辉

长乐乡

党委书记：曾达文
党委副书记、乡长：林晓锋
人大主席：罗林福
党委副书记：邹艺军
党委政法委员：张志金
党委委员、纪委书记、监察组组长：赵锦辉
党委组织委员：林泽鹏
党委宣传委员、统战委员：曾建军
副乡长：何　琼★　赖泽鹏
农业农村服务中心主任：林荣链
综合执法大队大队长：黄龙鹏
便民服务中心主任：曾文杰

秀峰乡

党委书记：朱海波
党委副书记、乡长：赵　勇
人大主席：吴炎清
党委副书记：高靖祥
党委政法委员：朱永裕
党委组织委员：黄江鑫
党委宣传委员、统战委员：李艺文
副乡长：曾志超　许凯斌
便民服务中心主任：卢林毅
综合执法大队大队长：张钦扬
农业农村服务中心主任：张金喜

安厚农场

党工委书记：曾子文
副场长：赖文革 张志兴

工业园区

党工委书记：林琦志
党工委副书记、管委会主任：林江成
管委会副主任：陈艺伟　谢生建

文献选编

砥砺奋进新阶段 勇毅前行谱新篇
推动新时代新平和现代化建设再启新征程

中共平和县委员会

2023年是全面贯彻党的二十大精神的开局之年，平和县委始终坚持以习近平新时代中国特色社会主义思想为指导，深入学习贯彻党的二十大和二十届二中全会精神，认真落实党中央决策部署和省委、市委工作要求，扎实开展主题教育，深入实施“深学争优、敢为争先、实干争效”行动，紧扣“产业发展项目建设提升年”活动和“七比一看”竞赛，着力扩大内需、优化结构、提振信心、防范化解风险，全力推进“四区”建设、“五优”创建，全方位推进高质量发展，推动新时代新平和现代化建设再上新台阶。获评“福建省全域生态旅游示范县”“省级第五轮第一批平安县”“省级园林县城”；成功入选“福建省闽台乡建乡创合作样板县”。

一、坚持深化转化，全面贯彻党的二十大精神。坚持把学习宣传贯彻党的二十大精神作为首要政治任务，在全面学习、全面掌握、全面落实上持续用功，不断推动学习宣传贯彻往深里走、往实里走。一是全面加强政治引领。坚持以政治建设为统领，毫不动摇坚持和加强党的统一领导，引导党员干部深刻领悟“两个确立”的决定性意义，牢记“国之大者”，进一步增强“四个意识”、坚定“四个自信”、做到“两个维护”。严格落实“第一议题”制度，2023年县委常委会会议传达学习习近平总书记重要讲话重要指示批示精神189篇次，开展县委理论学习中心组学习会、扩大会38场次。二是全面掀起学习热潮。用好平和乡村振兴党建课堂、红色教育现场教学点，开展多形式、分层次、全覆盖的教育培训。持续发挥县乡村文明实践中心（所、站）传播新思想阵地功能，20支“新思想耀八闽‘福小宣’在身边”特色宣讲小分队、用好“新时代宣讲师”等队伍，以“文艺+宣讲”的创新形式，累计开展宣讲470多场次。在媒体平台开设专题专栏，累计推出宣传报道169条。三是全面提升落实质效。切实把党的二十大精神落实到平和工作各领域全过程，深入开展“产业发展项目建设攻坚年”活动，实施“七比一看”竞赛，聚焦实施“深学争优、敢为争先、实干争效”行动，激励全县上下以“争的意识、拼的姿态、抢的劲头”勇当主力军，确保党的二十大决策部署在平和落地生根、开花结果。

二、坚持高标高质，推动主题教育走实见效。扎实开展主题教育，以学铸魂、以学增智、以学正风、以学促干，牢牢把握“学思想、强党性、重实践、建新功”总要求，认真研究谋划、精心组织实施，动员全县35个党委、29个党总支、766个党支部、2.2万余名党员全面参与，坚定拥护“两个确立”、坚决做到“两个维护”。一是以学为先，强基铸魂凝共识。学思想学理念学方法，以学懂促深化，以弄通促内化，以做实促转化，挖掘整合本地特色资源，开发20门主题教育专题党课。打造以县委党校为县级主教学点、28个乡镇级分教学点的“一校多点”布局模式，形成辐射全县262个村（社区）的教育平台，实现县乡村主题教育全覆盖。在西坑党校创设的“习近平生态文明思想和乡村振兴战略重要论述”主题教室，获评“漳州市主题教育特色教育基地”，主题教育开展以来，已有8000余名学员到此参观学习。二是以实见效，破解难题促发展。深入开展调查研究，在群众和社会中倾听呼声、解决问题，汲取智慧、促进发展。推行“一线调研法”，处级领导干部形成调研报告29篇，现场研究解决问题68个，提出改进工作的办法和举措596条。聚焦平和工业园区改造提升、花山溪流域整治、蜜柚产业可持续发展等方面，开展专题调研270次、建言献策活动282场，收集群众意见建议1116条。注重在“找准切入点发力点、精准采取对策、为群众办实事”上见真章。2023年度完成11个为民办实事项目。54个行政村实施乡村治理积分制，兑换货值19.28万元。建成4个农业产业结构调整示范片，建立退果蜜柚树综合开发利用基地，推动蜜柚产业绿色发展。三是以改促行，真查实改补短板。动真碰硬抓好检视整改各项工作，明确正面案例和反面案例各4个，检视梳理问题399个并全部完成整改销号。聚焦群众急难愁盼问题，梳理形成具有区域性、代表性的12个问题作为县级问题。建立“旬报”制度，实行台账式管理、项目化推进，制定专项整治方案4份，专项整治措施7条。建立问题清单全口径台账，以“一周一报”动态跟紧整改进度，问题全部完成整改销号。及时总结提炼主题教育有效做法，制定形成关于促进民宿发展、乡村振兴产业发展、促进民营经济高质量发展等方面文件3份。

三、坚持稳中求进，实现经济持续稳健发展。坚持稳中求进工作总基调，整体经济赶超跨越姿态明显。持续夯实“稳”的基础，积蓄“进”的动能。一是经济回暖回升态势不断延续。2023年“七比一看”竞赛总分跃居全市第4，同比提升7个位次，其中“看产业发展”排名全市第1。全年完成：GDP 318.18亿元，增长6.7%，增速位列全市第3；农业总产值119.86亿元，增长6.5%，位列全市第2；一般公共预算总收入12.92亿元，位列全市第4，增长23.8%；地方一般公共预算收入9.17亿元，增长14.3%，位列全市第5；城镇居民人均可支配收入41544元，增长5.1%；农村居民人均可支配收入26955元，增长7.2%。二是产业转型升级成效更加显著。全县规模工业总产值188.95亿元，增长6.9%，位列全市第3；规模工业增加值增长6.6%，位列全市第3；新增新上规模工业企业45家。建立全国首个“绿色通道”抽免检工作机制，开启蜜柚高速运输快速通道。引进三平康养小镇项目，高峰谷入选2023年福建省职工疗休养示范基地名单，大芹威士忌观光园获评福建省观光工厂，灵通山景区创成国家AAA级旅游景区。与大埔县签订《闽粤边区红色旅游战略联盟合作框架协议》。三是城乡融合发展进程有序推进。优化城区路网布局，缓解城区交通压力，投资2800万元破解一批“断头路”难题。实施“十镇百村”试点示范项目77个，完成投资9140万元。编制村庄规划38个，建设省级“一村一品”示范村6个，创建“绿盈乡村”高级版12个，新建改造农村公路55公里、乡镇污水配套管网12.2公里。驻村第一书记、乡贤促进会实现村级全覆盖。芦溪镇秀芦村获评“中国传统村落”，南胜镇欧寮村被列为省级闽台乡建乡创合作样板村。

四、坚持深化改革，增强现代化建设新动能。坚定不移推进全面深化改革，进一步激发高质量发展的动力和活力，以改革开放的新成效推进新时代新平和现代化建设。一是改革效能有效释放。创新耕地保护和粮食安全工作新模式，经验做法在全省工作会议上作典型发言。深化人才发展体制机制改革，实施“智汇柚都·才聚平和”人才工程，“1+N”人才政策体系日臻完善，引才聚才留才的成效进一步凸显。纵深推进医药卫生体制改革，挂牌成立平和县疾病预防控制局。投入7.3亿元统筹推进九龙江流域（平和段）山水林田湖草沙一体化保护和修复工程建设，加快推进美丽平和建设暨花山溪流域绿色转型发展。二是创新活力充分涌流。深化“数字平和”建设，扶持科技创新平台建设，积极培育省市级孵化器等载体。强化企业科技创新主体地位，2023年全县共有46家企业新增研发投入，合计1.94亿元，增幅46.9%，位列全市第1。高新技术企业数量稳步提高，共有4家企业通过高新技术企业认定。推动产学研合作落地，健全新时代科技特派员机制，培育产业新业态新模式。三是营商环境明显提升。制定完善促进民营经济高质量发展的政策措施，出台《平和县关于进一步促进民营经济高质量发展的实施意见》，5255个审批服务事项绑定标准化事项目录清单。推行开办企业“一件事一次办”“审核合一，一人通办”制度，新登记企业增长率43.44%。持续开展“百名干部挂百企”活动，走访企业738次，解决诉求34件，申请奖补4212.2万元。优化提升全省首个县级“助企纾困”专栏，大力推行“拿地即开工”等措施，成功服务46家企业，推进12个项目开工。依托全省首个审管互动系统，为2941个企业或项目提供高效优质的服务。设立县级“政企直通车”平台，支持增产增效惠及企业14家，补助金额70万元。扎实推进普惠金融工作，为168家纾困企业发放贷款2.58亿元。县工商联获评2023年度全国“五好”县级工商联。

五、坚持两岸融合，建设台胞台企幸福家园。坚持贯彻新时代党解决台湾问题的总体方略，践行“两岸一家亲”理念，持续推进两岸和平发展、融合发展。一是以经贸牵引，深化人文融通。推动平台产业融合发展，鼓励台湾青年来平和创业就业，同等享受各类创业项目支持政策。加强与台湾专业园区和商协会对接合作，举办厦漳泉台商交流联谊会，66名台商协会会长以及台商代表会聚大芹山，共谋发展。充分发挥对台资源优势，深入挖掘和保护好两岸历史档案文献，积极筹建“迁台记忆”馆，持续推进三平寺省级闽台交流基地创建工作。二是以政策助力，拓宽社会参与。在政策允许范围内，积极引导台湾专业团队通过辅导培训等方式，多角度全方位参与平和乡村振兴。全县19个村庄以闽台乡建乡创为抓手，引进台湾设计团队开展驻村“陪护式”设计服务，创建典型示范项目6个，推动“设计下乡”，带动乡村产业发展。先后创建了南胜镇欧寮村半山民宿改造、芦溪镇蕉路村绳武楼木雕文化手作体验课打造、山格镇隆庆村蔡家堡改造提升、崎岭乡桂竹村文化书屋等一批典型示范项目，助力乡村振兴，促进闽台民间的交流合作和融合发展。依托乡建乡创闽台合作项目和大学生“扬帆计划”，引进20名台湾青年人才来我县就业创业和实习实训。健全涉台司法服务一体化机制，加强涉台检察工作，保障台胞台商合法权益。三是以情感系带，增进同胞情谊。用好“江丙坤生平事迹陈列室”等对台交流窗口，实施亲情乡情延续工程，加强涉台文物保护，持续开展寻根谒祖、族谱档案对接、信俗交流等活动。2023年开展民间交流活动18场次，600多位台胞参与活动。依托三平祖师、开漳圣王等信俗文化，吸引400多位台湾信众来平交流，拍摄央视港澳台探访两岸同根共祖主题新媒体节目《寻林记》、推送台湾宗亲回乡谒祖等新媒体作品在主流媒体刊播，促进两岸同胞情感认同、心灵契合。

六、坚持执政为民，以人为本增进民生福祉。始终坚持人民至上理念，把为人民添福造福作为最大追求，增进民生福祉，厚植绿色底色，保持社会稳定，持续增强人民群众获得感幸福感。一是在创造高品质生活上求实效。全力落实“四大群体”增收计划，加快推进金华小学扩建、第六实验小学建设等14个教育项目，建成平和县智慧体育公园。县医院迁建项目主体结构封顶，县公立中医院组建有序推进，推进“公建民营”“医养结合”改革，医疗卫生服务不断强化。加速推进城镇建设，建成区绿化覆盖率达44.66%。开通6条“定制班车进校园”线路和平和汽车站至三平风景区公交线路。二是在守护高颜值生态上下实功。久久为功推进花山溪综合整治，持续推进“双一百”工程建设，官峰水库列入国家“十四五”中型水库规划并开工建设。全面推进河（湖）长制、林长制，与永定区、大埔县建立水生态环境协同保护新模式。着力农村水环境整治，持续跟进黄井溪流域污水处理厂提标扩容建造工程、污水管网扩建工程建设进度，为加强生活源污染管控、减轻流域水体负荷提供保障，加快建设绿色和谐美丽乡村。全县11个国省控断面水质达标率100%，其中，3个国省控断面水质跨类提升至Ⅱ类；县城饮用水水源达标率100%。全县空气质量优良率指标为98.9%，县城环境空气质量全省排名同比前进10位。三是在实现高水平安全上出实招。全面提高安全生产水平，安全生产形势稳定。2023年共排查一般隐患数2917处，已整改2917处。全力推进食安创城工作，进阶提质食品安全。深化扫黑除恶斗争，深入开展信访“治重化积”工作。在全市率先建设社会治理中心（综治中心），健全矛盾纠纷多元化解机制。2023年全县共排查调处矛盾纠纷6476件，调解成功6474件。坚持“以防为主、防治结合”，持续提升应急管理和防灾减灾救灾能力。

七、坚持民主法治，有序推进县域治理现代化。坚持党的领导、人民当家作主、依法治国有机统一，不断发展全过程人民民主，切实把制度优势转化为治理效能。一是深入践行全过程人民民主。落细落实加强和改进新时代人大工作的若干措施，2023年县人大常委会听取和审议“一府一委两院”专项工作报告13项、形成审议意见11个，依法作出决议决定2项，组织开展工作视察、调研、执法检查、专项督查21次。组织市、县人大代表26人次异地考察学习，62名县人大代表参加履职培训。加强政协协商民主建设，持续加强基层协商平台建设，在全县设立12个委员联络点、15个乡镇联络组，搭建委员学习交流平台，推动协商平台、资源、活动下基层。完善政协协商成果落实与反馈机制。2023年共召开协商座谈会6场次，完成调研视察课题36场次，形成议政材料35篇，促进履职提质增效。二是巩固发展新时代统一战线。召开县委统战工作领导小组会议、民族工作联席会、宗教工作专题会等7场次，召开全县统战工作会、侨务工作会以及统战工作现场会等3场次。加强党外代表人士队伍建设，组织开展系列主题活动9场次。积极推进港澳台侨海外统战工作，先后开展互访交流活动4场次，在平和广兆中学建立“平和县广兆先生事迹展示馆”，组织参访团赴香港开展招商推介、经贸交流活动，邀请菲律宾漳州总商会代表团到我县考察柚茶产业，共谋发展。促成平和广兆中学、香港培侨中学、南安第一中学三校缔结为姊妹学校。进一步做好工会、共青团、妇联、侨联、残联等群团组织工作。三是持续建设高水平法治平和。深入实施“八五”普法规划，持续推动法治宣传教育工作，累计开展活动46场次，培养“法律明白人”1310人。探索轻罪案件从“治罪”到“治理”新模式，不起诉171人，促进社会内生稳定。以推进“市县主战、派出所主防”改革为牵引，打造“一联合所两中心”，全面提升基层警务质效。成立“漳州市社会治理研究中心平和实践基地”“平和县信访+社会治理服务中心”，开创社会治理新格局。成立平和县生态环境治理执法司法协同中心，设立全国首个“净土法官工作室”，建立跨部门执法协作联动机制，开展生态调研活动7场次。

八、坚持守正创新，全面推进文化强县建设。聚焦宣传思想文化工作，担负新的文化使命，举旗帜、聚民心、育新人、兴文化、展形象，不断开创新时代平和宣传思想文化工作新局面。一是突出旗帜领航，坚定思想方向。深入学习贯彻习近平文化思想以及习近平总书记对宣传思想文化工作作出的重要指示精神，在深入学习贯彻习近平新时代中国特色社会主义思想上下功夫，自觉做党的创新理论的坚定信仰者和忠实实践者，掀起“大学习、大研讨”热潮。围绕学习宣传贯彻习近平总书记在福建工作时提出的思想和方略等重大理论与现实问题深入开展理论研究和阐释，推出一批研究成果，一批案例得到省、市推广，不断将学习贯彻习近平新时代中国特色社会主义思想引向深入。二是强化阵地建设，壮大主流舆论。做好党的二十大、生态环境保护、主题教育等宣传报道。推进县融媒体中心提质增效，建成“6112”传播矩阵，一批新闻作品在央媒刊播。以点亮、擦亮、照亮文化名牌为抓手，推广红色文化、祖师文化、阳明文化、语堂文化、福文化。推动阵地建设提档，加强全县爱国主义教育基地“建、管、用”。通过加强全媒体传播体系建设，提高新闻舆论传播力、引导力、影响力、公信力，唱响主旋律、弘扬正能量。三是发挥资源优势，彰显平和魅力。充分挖掘红色资源，举办纪念“平和暴动”95周年系列活动。推进非遗传承，开展“中秋·国庆八天乐 非遗‘潮’起来”巡演活动，组织开展“非遗”传统文化“六进”活动。编辑出版《平和客家山歌》；组织开展“六个一”阳明文化系列活动。扎实推进土楼活化利用，有序推进庄上大楼修缮工程，打造宾阳楼和寨河楼作为活化利用试点土楼，赴法国国家博物馆参加专题展，荣获2023年豪瑞可持续建筑大奖赛亚太地区唯一金奖。组织开展“行走中国·海外华文媒体漳州行”走进平和主题采访等活动，推出一批有深度有热度的宣传报道。“科学减肥增效，绿色环保种植”生态文明志愿服务项目入选环保部、中央文明办“美丽中国，我是行动者”提升公民生态文明意识行动计划“十佳公众参与案例”。

九、坚持从严从实，涵养风清气正政治生态。认真落实新时代党的建设总要求，全面落实从严管党治党政治责任，把严的主基调长期坚持下去。一是全面从严管党治党。开展2023年全面从严治党主体责任落实情况检查，加强党内法规制度建设，健全全面从严治党体系，组织全县党建领导小组成员单位、各乡镇（场、区）形成党建重点课题调研文章36篇。集中发力抓好省委巡视反馈问题整改落实，深化成果运用。严格落实保密工作责任制和意识形态工作责任制，深入开展意识形态领域风险排查，全县实现零重大网络敏感舆情、零重大网络安全事件“双零目标”，意识形态领域平稳安全。二是扎实推进组织建设。突出新时代好干部标准，树立重实绩、重实干、重担当的用人导向，用好干部业绩档案，持续加大干部正向激励力度，不断完善干部担当作为激励保护机制，统筹职务与职级并行工作。2023年全县共有6批次83名干部得到提拔重用、190名干部得到职级晋升。坚持分类别指导、分领域统筹推进，深入开展基层党建“扩面提质年”活动和新兴领域“全域覆盖、全面提质”攻坚行动，推动基层党建全域提升、领域提效、品牌提质。三是持之以恒正风肃纪。聚焦干部作风“五不”问题专项整治和“一线看作风，多维识干部”专项行动，扎实开展“整肃纪律作风”专项行动，开展“股长做派”“科长天大”作风突出问题专项整治。2023年全县查处违反中央八项规定精神23起35人，通报典型案例8起10人；查处形式主义、官僚主义问题15起25人。巩固深化“点题整治”，共查处群众身边腐败和作风问题34起50人，给予党纪政务处分25人。扎实开展基层小微权力监督平台建设，梳理“小微权力”清单6类45项，累计公示公开党务、村务、财务等信息27537条。

政府工作报告

——2023 年 12 月 28 日在平和县第十九届人民代表大会第三次会议上

平和县人民政府县长 黄永健

各位代表：

现在，我代表平和县人民政府向大会作政府工作报告，请予审议，并请县政协委员和其他列席人员提出意见。

一、2023 年工作回顾

今年来，在市委、市政府和县委的正确领导下，在县人大、县政协的监督支持下，全县上下坚持以习近平新时代中国特色社会主义思想为指导，认真学习贯彻党的二十大精神，深入实施“深学争优、敢为争先、实干争效”行动，地区生产总值完成 321.41 亿元，增长6.1%（预计数，下同），顺利完成县十九届人大二次会议确定的目标任务，经济社会发展后劲十足，赶超跨越态势彰显。

（一）抓当下、顾长远，全力办好大事难事

一是竞赛评比成绩突出。扎实开展“产业发展项目建设提升年”活动和“七比一看”①竞赛，1—11 月总分排名全市第 4。坚持“全域旅游、全面发展”，我县被认定为第四批福建省全域生态旅游示范县，“五优”创建取得新突破。抓住全省“土地整治补充耕地”试点机遇，实施“园改耕”6403.38 亩，新增耕地 1797.2 亩；耕地恢复整治 2131.3 亩，新增粮食产能 396.6 万公斤，补充耕地完成率、粮食考评等指标居全省前列，耕地保护和粮食安全工作成为全省典型。一般公共预算收入、地方一般公共预算收入分别完成 13.09 亿元、9.22 亿元，增长 25.4%、15%；城镇、农村居民人均可支配收入分别完成 42703 元、27270 元，增长 8%、8.5%。成功入选福建省闽台乡建乡创合作样板县。

二是流域治理成效显著。全面落实花山溪整改倒排工期实施方案，流域水质稳定达标，县城饮用水水源达标率 100%。深入总结推广科技小院绿色种植技术，及“轻剪轻肥”“生态沤肥”综合技术，实施有机改土肥 7.43 万亩。落实常态化管护措施，280 个小流域治理设施平稳运行。果园土壤酸化治理 9.43 万亩，水土流失治理 2 万亩，沿花山溪流域建成“双一百”②工程，构筑生态缓冲带。

三是项目攻坚成果丰硕。建强项目前期办，举行集中签约、开竣工活动，西三线闽粤支干线、东坑储备粮库扩建等重点项目持续推进，固定资产投资完成 91.85 亿元，增长 8%。大项目建设取得突破，总投资 11.42 亿元的官峰水库列入国家“十四五”中型水库规划，主体工程开工建设；总投资 4.03 亿元的梨仔坑应急水源工程成功试通水；持续推进城乡供水一体化工程，供水保障有效落实。全年固投入库项目 147 个，投资额 135 亿元。

（二）勇攻坚、敢争先，产业经济加速发展

一是特色农业提质增效。农业总产值完成 120.18 亿元，增长 5%。实施蜜柚产业高质量发展规划，打造蜜柚核心产区，构建“种好柚，卖好价”产销机制，开展首届“柚品王”评选活动，蜜柚出口超 18 万吨，“平和琯溪蜜柚”品牌价值达 189 亿元。改进制茶工艺，加大推介力度，举办“三平杯”白芽奇兰暨首届柚香奇兰茶王赛等赛事，参加北京“三茶统筹”③高峰论坛等活动，全县涉茶产值 5.6 亿元，茶叶价格创历史新高。柚香奇兰茶产量突破 40 万斤，柚花用量超 100 万斤，新增产值 1.2 亿元，增势明显。探索种养加一体化生态循环农业，总结“菜—稻—菜”等模式，建成“四大示范片”④，新陂村建成全省首个生态环保型高标准农田。

二是生态工业日益壮大。规模工业总产值完成186亿元，增长7%，规工增加值增长6.7%；工业用电量累计9.47亿千瓦时，比增17%。好又多木业、福熠食品等项目持续推进，新增新上规模工业企业45家，位居全市第2；工业投资完成38.1亿元、增长8.7%。扎实推进工业园区标准化建设，纵三路、西南地块九道路建成通车，污水厂提标扩建、污水管网二期顺利推进；全力完善安厚机械产业园、五寨生态木业产业园基础设施，工业经济承载空间有效拓展。

三是商贸文旅融合发展。成功举办“柚香飘北京·产业促振兴”等展销活动，新增限上贸易企业70家，社会消费品零售总额完成117.61亿元，增长7.8%。进出口总额完成4.27亿元，增长9.2%。建立全国首个“绿色通道”抽免检工作机制，开启蜜柚高速运输快速通道。成立电商行业协会，电商交易额34亿元，增长6.25%。利用厦门国际投资贸易洽谈会平台，大力推介平和文旅；三平康养小镇顺利推进，全域旅游集散服务中心建成投用；灵通山成功创建国家AAA级旅游景区，大芹威士忌观光园入选省观光工厂；坂仔宾阳楼、五寨寨河旧楼活化利用在法国国家建筑博物馆展出，获“意大利豪瑞可持续建筑大奖赛”亚太地区唯一金奖；庄上大楼修缮工程基本完成；出台支持文旅人才培养、民宿发展等政策，上线“云上平和”小程序，旅游人数、收入均增长35%以上。落实稳健的货币政策，1—11月全县各项贷款170.3亿元，比增16%；各项存款233.72亿元，比增8.71%，位居全市第二。

（三）优服务、重创新，营商环境全面优化

一是招商引资有质有效。坚持领导挂帅、团队出征、全员参与，“一把手”带队外出招商17次，举办机械制造、生态木业等推介会，新签约项目69个，总投资124.97亿元。坚持“亩均论英雄”，通过“腾笼换鸟”盘活闽能光电产业园等地块，引进茶王谷、汇润丰木业等项目，推动西蝉、鑫源祥等闲置厂房招商入驻新企业。用地保障高效推进，获省批准农转征收土地2157亩，处置批而未供土地1152亩、闲置土地999亩。

二是创新驱动持续发力。支持技改升级，4家企业申报高企[⑤]。加强基础设施共建共享，建成5G基站628个。深入实施“智汇柚都·才聚平和”计划，深化与张福锁院士、廖红教授团队合作，进一步发挥蜜柚科技小院、蜜柚研究院的示范引领作用；与中国农技协、省农技协分别建立东湖国家级和茶王谷省级创新驱动服务站；联合中国茶叶研究所成立“陈宗懋院士团队平和工作站”，成为全省第一个县级茶院士工作站；与福建农林大学、闽南师范大学、福建中医药大学等高校建立合作关系。“扬帆计划”引进508人。

三是精准服务惠企便民。出台促进民营经济高质量发展的系列措施，优化民营经济发展环境。推进政务服务标准化、规范化、便利化，5255项审批服务事项绑定标准化事项目录清单，梳理6个“一件事”主题套餐[⑥]，政务服务高频事项实现“跨区通办”。推行“开办企业注册一人通办”制度，新增企业数增长10%。组建重点项目服务专班，设立“四个中心”[⑦]，推行“拿地即开工”。坚持依法行政，全县39个行政执法单位全部接入一体化执法平台。

（四）抓内涵、提品质，城乡建设稳步推进

一是城区品质不断提升。编制完善国土空间总体规划和道路、排水防涝等专项规划。推动新北环路等城区道路建设，打通一批“断头路”。建成智慧体育公园，新建绿道11.5公里、公园绿地80亩，县城绿化覆盖率达44.66%，获评省级园林县城。提升城区供水基础设施，改造供水管网48公里，完成7个商住小区、8个公建单位供水替换。实施第二污水处理厂一级A提标改造工程，新建改造雨污分流管网10.8公里。推广“安商一体化”新模式，新增一级总承包资质企业1家，建筑业产值完成9亿元，增长30%。强化“卫片图斑”整治，处置“两违”52.86万平方米。

二是乡村振兴扎实推进。实施文峰高速至三平、九峰互通至镇区路面等改造，安厚农场至安厚互通连接线工程建成通车，3个安全生态水系[8]建成投用。实施“十镇百村”[9]试点示范工程项目77个，建设省级“一村一品”示范村6个[10]，改造危桥6座[11]，新建改造农村公路55公里、乡镇污水配套管网12.2公里。编制村庄规划38个，驻村第一书记、乡贤促进会实现全县各村全覆盖。芦溪镇秀芦村获评“中国传统村落”，南胜镇欧寮村成为省级闽台乡建乡创合作样板村。

三是生态环境持续向好。加快各级环保督察反馈问题、督察信访件整改、销号，抓好第三轮中央生态环保督察问题立行立改。持续推进蓝天、碧水、净土行动，2个国控断面、9个省控断面[12]水质达标率100%；空气质量优良率99.1%。10个村庄农村生活污水处理设施建成投用。加强县城及“千吨万人”饮用水水源地规范化建设，强化水质监测预警。全面推进河长制、林长制，与永定区、大埔县建立水生态环境保护新模式。造林绿化完成9.91万亩。

（五）聚民心、暖人心，民生福祉更加殷实

一是民生保障持续加强。全面完成11个为民办实事项目[13]。加快金华小学扩建、第六实小等14个项目建设，追加教师公积金财政配套资金1480万元，补充新任教师121名；严格落实“双减”政策，提升课后服务水平，中高考质量逐年提升。隆重举办纪念“平和暴动”95周年活动。县医院迁建主体结构封顶，县公立中医院组建有序推进，搭建数字公共卫生服务一体化平台，国家基本公共卫生服务成效明显。

二是社会服务不断优化。扎实开展公共就业服务，城镇累计新增就业2666人。推进“公建民营”“医养结合”改革，完成3家敬老院和3家区域性养老服务中心[14]建设，建成2个长者食堂[15]，政府购买居家养老服务6万余人次，新东社区入选“全国示范性老年友好型社区”。开通5条“定制班车进校园”线路[16]。村级生命公园建成4个[17]、开工建设33个。

三是社会治理平稳向好。成立全市首个县级社会治理中心，整合资源力量，多元化解矛盾纠纷，化解率92.04%，排名全市第一。与闽南师范大学合作共建“信访+社会治理服务中心”，初信初访和积案化解成效显著。大力推进食安创城工作，守护群众“舌尖上的安全”。深入开展重大事故隐患专项排查整治，完成户内燃气设施安全更新改造，加强防汛备汛和森林防火工作，安全生产形势稳定向好。

（六）转作风、提效能，自身建设有效加强

深入开展学习贯彻习近平新时代中国特色社会主义思想主题教育，把理论学习、调查研究、推动发展、检视整改等贯通起来，以主题教育实绩实效赋能高质量发展。始终把讲政治、抓落实贯穿于政府工作全过程各方面，系统落实十一届省委巡视整改，认真落实市委市政府和县委工作部署。自觉接受人大、政协监督，办理人大代表建议45件、政协委员提案85件，满意率均为100%。严格落实“一岗双责”，筑牢意识形态安全“护城墙”。开展干部作风“五不”问题专项整治[18]和“整肃纪律作风”专项行动，有效提振干部干事创业精气神。加强财政预算管理，强化审计监督。高水平开展“八五”普法，主动推进政务公开。

同时，扎实推进国防动员、退役军人事务等工作，全力做好统计、民族宗教、党史和地方志、档案、老干部、气象、防震减灾等工作，大力支持工青妇、科协、计生协、红十字、慈善、残联、文联、台联、侨联等群团工作，各项事业均取得新成绩。

各位代表，过去一年的发展成绩来之不易，是市委、市政府和县委坚强领导、科学决策的结果，是县人大、县政协大力支持，全县人民团结拼搏、不懈奋斗的结果。在此，我谨代表平和县人民政府，向全县干部群众，向人大代表、政协委员，向武警官兵、公安民警和消防救援队伍指战员，向离退休老干部，向所有关心关注家乡发展的乡贤、关心支持平和发展的各界朋友，表示衷心的感谢，并致以崇高的敬意！

同时，我们也要清醒地认识到，当前我县发展还面临不少问题和困难：一是项目支撑力度不够，大项目、好项目少，有效投资后劲不足；二是产业结构不够优化，产业带动力不强；三是民生领域短板较多，教育医疗优质资源供给不足问题依然存在；四是部分干部思想、作风等与高质量发展要求不相适应，引领改革发展的压力仍然较大。对此，我们将以更高站位、更严标准，更强举措，切实加以解决。

二、2024 年工作安排

2024 年是中华人民共和国成立 75 周年，是实施“十四五”规划的关键一年。政府工作指导思想是：以习近平新时代中国特色社会主义思想为指导，全面贯彻落实党的二十大和二十届二中全会精神，坚持稳中求进工作总基调，按照上级党委、政府和县委的工作部署，深入开展“产业发展项目建设增效年”活动和“七比一看”竞赛，继续以“四区”建设[19]为主线，“五优”创建[20]为载体，持续奋进、奋发、奋斗，切实增强经济活力、防范化解风险、改善社会预期，巩固和增强经济回升向好态势，推动经济实现质的有效提升和量的合理增长，增进民生福祉，保持社会稳定，为漳州加快现代化滨海城市建设作出平和贡献。

主要预期目标是：地区生产总值增长 6%，农业总产值增长 5%，规模以上工业总产值增长 7.3%，固定资产投资增长 8.5%，社会消费品零售总额增长 6.5%，一般公共预算总收入增长 6.5%，地方一般公共预算收入增长 5.5%，城镇、农村居民人均可支配收入分别增长 8%、8.5%；完成省市下达节能减排降碳约束性指标任务。重点抓好七个方面工作：

（一）坚持项目支撑、投资拉动，夯实发展后劲

一是强化项目支撑。坚持长中短项目统筹、大中小项目配套、省市县项目齐抓，做强项目支撑。用好、用活国家和省支持老区苏区振兴发展政策，找准谋划切入点，在产业发展、乡村振兴、基础设施等方面开阔思维谋项目，争取更多特别国债、预算内补助等资金支持。健全项目前期专项经费使用管理机制，统筹做好项目前期工作，提高项目成熟度和申报成功率。做好项目服务，扎实推进琯城水厂等 75 个省市重点项目建设，力争固投完成 99.66 亿元。

二是构建开放格局。以更加主动的姿态深化开放合作，借梯登高、借力而上，拓宽视野、敢想敢干，深度融入两岸融合发展示范区国家战略。突出精准招商，用好产业链招商地图和优质企业图谱，利用产业、资源和外出乡贤多等优势，积极承接厦漳泉、珠三角、长三角等地产业辐射和溢出，多元化吸引各类主体参与特色农业、生态工业、全域旅游、基础设施等建设，力争签约项目 66 个、总投资 90 亿元以上。强化招商实效，开展落地建设“回头看”，大抓落地率、到资率、开工率。

三是改善发展环境。深化“百名干部挂百企”帮扶活动，优化“妈妈式”服务。坚持“两个毫不动摇”，进一步完善、落实促进民营经济高质量发展政策体系。推进相对集中行政许可权改革，完善“审管互动系统”“助企纾困”等平台，落实各项惠企政策。积极推行“拿地即开工”，探索“竣工即投产”，全面缩短项目审批和验收时间。完善社会信用体系建设，开展严重违法失信行为专项治理。深入实施“智汇柚都·才聚平和”计划，加大招才引智力度，激发创新活力。全力做好第五次全国经济普查工作，确保普查结果经得起历史和实践检验。

（二）坚持动能转换、结构优化，壮大工业实力

一是培育产业竞争优势。坚定不移推动工业高质量发展，更好发挥新型工业化引领和支撑作用。实施优质企业培强扶优工程，引导中小企业向“专精特新”发展，重点推进裕华琳食品（二期）、福泰工贸等建设，力争工业固投完成 45 亿元、新增新上规上企业 20 家以上。对现有陶瓷企业、造纸业进行技术改造，提升产业水平，乃至“腾笼换鸟”、转型升

级。大力扶持西蝉木业、中宝食品等龙头企业，力争生态木业、食品加工、新型建材等主导产业完成产值152亿元，规工总产值达205亿元。

二是强化园区载体建设。围绕产业发展规划招引企业，推进产业集聚入园。实施工业园区环境质量暨建设管理综合提升工程，加快园区总体规划修编，以及环评、供热、供气、供水等专项规划编制，建设人才公寓、纵七路等配套设施，打造绿色生态新园区。推动安厚机械产业园基础设施及项目孵化中心建设，促进5个民企项目开工。完善五寨生态木业产业园规划，推进路网、供水、供电等基础设施建设，引进更多木业上下游企业落户园区。

三是深化节约集约用地。树牢“亩均论英雄”导向，评选一批标杆企业，强化评价结果运用，对评价较低的企业实行用电、用水、用气、污染物排放标准等容量限制。鼓励企业入园入区上楼，建设标准厂房30万平方米。积极开展低效用地再开发试点，系统梳理各类闲置资产，有效盘活低效和闲置土地，加快清理“僵尸企业”，力争处置批而未供土地750亩、闲置土地526亩。

（三）坚持三农为本、强农富农，推动乡村振兴

一是全力推动农业增效。规划建设种养加一体化现代农业产业园，在山格镇、文峰镇进行连片试点示范，着力打造“一县多园”发展新格局。加快建立蜜柚核心产区，放大科技小院、蜜柚研究院功能，持续推广“轻剪轻肥”“生态沤肥”综合技术，以及蜜柚生态立体种养示范，实现“种好柚、卖好价”双向促进。深化与陈宗懋院士团队合作，快速壮大白芽奇兰产业；制定柚花食品安全标准，围绕柚茶饮品、柚茶提取物等方向，打造柚、茶精深加工产业集群，延长“柚花+”产业链条，提高特色农产品附加值。

二是全力推动农村增色。学习运用“千万工程”经验，扎实开展“十镇百村”试点示范三年行动，加快15个省级试点示范村建设，培育“五个美丽”示范点[21]，打造乡村振兴平和样板。科学编制村庄规划，推进农村人居环境整治，加强传统村落保护利用。推进国强乡高坑村、霞寨镇钟腾村、坂仔镇宝南村等乡建乡创项目建设，促进闽台融合。搭建“聚乡贤”平台，推动乡贤深度参与乡村发展、建设、治理等工作。

三是全力推动农民增收。坚持“一村一策”，谋划集体增收路径，培育新型农业经营主体，推广“公司+合作社+金融+农户”模式，发展订单农业，壮大蔬菜、中药材等特色产业，多渠道促进群众增收。牢牢守住粮食安全和耕地保护底线，持续推进“园改耕”，全力抓好“米袋子”“菜篮子”工程，计划补充耕地5000亩，建设高标准农田5400亩。开展国家储备林项目建设，推动森林资源培育和林产业提质增效。严格落实“四个不摘”要求，持续完善易致返贫人口快速发现和响应机制，坚决守住不发生规模性返贫的底线。

（四）坚持扩大内需、融合发展，激发三产活力

一是升级发展商贸服务。引进、扶持一批物流企业，培育生产性、生活性等大型商贸企业。支持产销分离，大力推进“个转企”，壮大限上企业规模，力争新增限上贸易企业50家以上。规范发展电商行业，拓宽“平和味”特色农产品销售渠道，力争电商交易额突破36亿元。提升建筑业综合竞争力，支持建筑企业外拓业务，力争建筑业产值完成10亿元以上，税收行业占比9%以上。精准施策，促进房地产行业健康发展。

二是提速发展文旅产业。巩固提升全域生态旅游示范县创建成果，强化三平、灵通、高峰谷等带动作用，提升大芹山、灵龙谷、印象半径等建设水平，推进景区“创A”“升A”工作。加快推动三平康养小镇、温德姆酒店等建设，深化土楼活化利用，提升全域旅游集散服务中心运营水平。持续推广“我在琯溪有点田”，建设“四季有花”“四季有果”的农业大观园、生态百花园，让平和成为“花的海洋、香的世界”。精心打造旅游线路、串点成线，讲好平和故事，让游

客真正体验“游平和、心平和”。

三是突破发展数字经济。打造数字经济新引擎，大力发展物联网、大数据、智能制造等产业。加快创建省级数字乡村试点县，推动服务业与农业、工业融合，提升农村电商发展水平，积极争创国家级数字乡村试点县。促进基础设施共建共享，完善5G网络布局。积极参加数字峰会，挖掘、培育一批数字化转型试点示范项目。创新金融服务手段，助力农业转型升级和乡村振兴；加大信贷投放力度，支持小微企业发展。

（五）坚持内外兼修、补齐短板，提升城镇品位

一是拓展城区功能。聚焦“老城区做减法，新城区做加法”，深入实施“大城关”战略，做好“产城人”融合文章，打造滨水新城片区、产城融合片区，进一步扩大中心城区规模。持续优化城区基础设施，实施北环路延伸段、北环市政路网等项目建设，优化城区路网。推动黑臭水体、老旧小区等改造。完善花山溪两岸慢行系统，建设廉洁公园，加快阳明公园及周边配套建设，打造城市“会客厅”。

二是创建文明县城。坚持常态化创城，聚焦群众关切的身边小事，深入推进创城“六大专项”整治行动[22]。强化“两违”管控，保持新增违建“零容忍”高压态势。改造城区农贸市场，规范经营秩序。聚焦物业管理的痛点、难点，着力完善住宅小区的基础设施、环境卫生、秩序管理，提升物业服务管理水平。实施文明好习惯养成计划，开展文明劝导、文明出行等实践活动。

三是完善基础设施。交通领域，加快安厚溪尾至白石段、三平风景区上境至楼脚公路等项目建设，新改建农村公路55公里，改造危桥4座[23]，推动4个项目前期[24]；积极向上争取高铁过境设站，加快推进漳梅高速招银经漳浦至平和段建设，完善综合交通运输网络。水利领域，加快县城区、枫浦溪等安全生态水系和城乡供水一体化建设进度；加强农村饮用水监管养护，确保农村饮水安全；建设一批灌溉渠道、水毁修复等工程。能源领域，加快推进整县屋顶分布式光伏发电、西气东输三线闽粤支干线及联通工程、110kv霞寨变电站二期扩建等项目建设。

（六）坚持生态优先、改善环境，共建美丽家园

一是全力推动流域治理。盯紧“供、减、转、治”要求，持续推动花山溪问题整改。全力推进官峰水库大坝主体建设，全面实施梨仔坑水库环境综合整治，编制应急水源保护区划定方案。加快生态果园建设，推进化肥减量增效，推广增施有机肥，强化农资市场监管，切实减少化肥施用量。推进退果还林还耕，减少蜜柚种植面积1万亩，完成土壤酸化治理3万亩；全面清理河道“四乱”行为。实施果园前埂后沟、坡改梯等工程，完成水土流失治理1.5万亩。

二是持续加强污染防治。紧盯第三轮中央环保督察反馈问题，对账销号，举一反三，确保问题整改到位、取得实效。着力改善水环境，统筹推进城乡生活污水治理，全面整治流域入河排污口；加大畜禽养殖规范管理力度，减少污染物排放。着力改善大气环境，建立健全城市扬尘综合管控长效机制，大力整治高污染燃料小锅炉。着力改善土壤环境，落实土壤污染防治及风险管控措施，加大受污染耕地治理，确保耕地土壤安全。

三是大力推动绿色发展。深化“三线一单”成果落地应用，严把项目准入关口。实施碳达峰行动，抓好能耗双控，推进重点领域、重点行业节能降碳，加快淘汰落后产能，坚决遏制“两高”项目。抓好生态环境治理项目，推动韩江流域（平和县段）、花山溪流域绿色转型发展EOD等项目落地实施。深入开展绿色生活系列创建行动，加快形成绿色低碳生活方式。

（七）坚持以人为本、改善民生，提升幸福指数

一是办好群众满意实事。落实“双减”政策，提高课后服务质量；积极对接福建师范大学、厦门双十中学，加大城乡结对帮扶力度，共建共享优质资源。加快推进教育技术装备、第六实小等项目建设，改善办学条件。深

化医药卫生体制改革，完善公共卫生服务体系，提高基层防病治病和全生命周期健康管理；优化医疗资源配置，深化与公益基金、医疗机构合作，推进县医院迁建以及芦溪、山格卫生院迁建项目，加快筹备公立中医院。

二是健全社会保障体系。落实积极就业政策，城镇登记失业率控制在4.5%以内。稳步推进社会保障、医疗保障、劳动权益保障扩面提质，确保应保尽保。加大未成年人救助保护力度，关心关爱低保、特困、孤儿等困难群体。大力发展文化事业，筹划开展非遗宣传推广、惠民公益演出等活动，实施崇福堂、黄田土楼群-聚顺堂等文物保护修缮。发挥三平祖师等民间信仰精神纽带作用，开展形式多样的平台交流活动。鼓励开展全民健身赛事活动，建好、管好、用好群众身边的健身场地设施。持续推进殡仪祭拜服务中心、村级生命公园项目建设，提升殡仪服务质量。

三是持续优化社会治理。常态化开展扫黑除恶斗争，严厉打击电信网络诈骗。提升社会治理中心运行水平，加强和改进信访工作，依法及时解决群众合理诉求。严控政府和国有企业债务风险，强化财政和审计监督、食品药品安全监管。稳妥推进金融机构风险化解，打击违法违规金融行为。同时，深入推动双拥共建发展，完善退役军人服务保障体系，发挥工青妇作用，推动产业工人队伍建设改革，做好档案、党史和地方志、气象、防震减灾、老龄、外事、侨务、台港澳、民族宗教、关心下一代等工作。

三、努力建设人民满意的政府

各位代表，立足新发展阶段，新形势、新任务对政府工作提出更高要求，我们将以更大力度推进政府治理体系和治理能力现代化，加快建设人民满意政府。

一要牢记国之大者，始终做到对党忠诚。坚持不懈用习近平新时代中国特色社会主义思想凝心铸魂，巩固拓展主题教育成果，坚定拥护“两个确立”、坚决做到“两个维护”，不断提高政治判断力、政治领悟力、政治执行力，始终在思想上政治上行动上同以习近平同志为核心的党中央保持高度一致。深入贯彻上级党委政府和县委的工作要求，严格落实意识形态和保密工作责任制，以实际行动、实绩实效践行对党忠诚。

二要牢记实干兴邦，始终做到勤政为民。积极践行以人民为中心的发展思想，大力弘扬“四下基层”“四个万家”等优良作风，深入开展“问需于民、问计于民、问效于民”行动，完善“12345热线”等平台，积极回应群众关切。坚持解放思想、与时俱进，强化对经济政策、招商引资、项目建设等领域的学习研究，提高干部队伍专业化能力。坚持以实绩论英雄，用好“两单一表”[25]工作法，对重点工作、重点项目清单化管理，做到“工作项目化、项目目标化、目标责任化”。

三要牢记自我革命，始终做到清正廉洁。深入落实新时代党的建设总要求，严格遵守中央八项规定精神，纵深推进政府系统党风廉政建设和反腐败斗争，驰而不息纠“四风”树新风。自觉接受人大监督、政协民主监督和监察监督，主动接受群众和舆论监督。强化重要部门和关键岗位综合监管，坚决整治“股长做派”“科长天大”现象。落实“八五”普法规划，深化行政执法体制改革，推进严格规范公正文明执法。增强财政可持续性，严控一般性支出，兜牢基层“三保”底线，政府机关要习惯过紧日子。

各位代表！初心如磐，使命在肩；任重道远，实干为先。让我们更加紧密地团结在以习近平同志为核心的党中央周围，在上级党委政府和县委的坚强领导下，埋头苦干、勇毅前行，为谱写新时代平和高质量发展新篇章而努力奋斗！

名词解释

①“七比一看”竞赛：比征地拆迁与耕地保护、比项目招商、比工业攻坚、比项目攻坚、比争取资金、比乡村振兴与生态建设、比新增“四上”企业，看高质量发展成效。

②“双一百”工程：沿花山溪流域建设100公里河岸缓冲带和100公里果园生产道路。

③“三茶统筹”：统筹发展茶文化、茶产业、茶科技。

④“四大示范片”：坂仔镇旱粮种植、霞寨镇稻蛙生态立体循环种养、国强乡高山生态米种植、山格镇高优农业产业园。

⑤ 4 家企业申报高企：美艺陶（福建）高新建材有限公司、漳州市财源纸品股份有限公司、福建省百得利实业有限公司、福建壹工软包装科技有限公司。

⑥ 6 个“一件事”主题套餐：我要开食杂店一件事、个体餐饮店注销一件事、美容美发店注销一件事、企业开办一件事、道路货物运输经营许可证到期换证一件事、不动产登记一件事。

⑦“四个中心”：工业项目服务中心、中小企业服务中心、招商服务中心、产业数字化转型服务中心。

⑧ 3 个安全生态水系：南胜镇南溪（欧寮段）、芦溪镇（秀芦段、益头段）、崎岭乡安全生态水系。

⑨“十镇百村”：漳州市组织实施的乡村振兴“十镇百村”试点示范三年行动，重点抓好一批乡村振兴重点乡镇和乡村振兴重点村，打造具有漳州特色的乡村振兴示范样板。

⑩省级“一村一品”示范村 6 个：霞寨镇建设村，小溪镇岩坂村，五寨乡前岭村，小溪镇厝丘村，小溪镇联光村，霞寨镇钟腾村。

⑪改造危桥 6 座：改造流因桥、槛醋桥、溪头桥、水井桥、云后桥、山布 2 桥等 6 座危桥。

⑫ 2 个国控断面、9 个省控断面：“2 个国控断面”指长乐葵山、南靖洪赖汤坑桥断面；“9 个省控断面”指国强乡高坑、芦溪镇、小溪镇高南村、崎岭乡合溪桥、秀峰乡坪洄、九峰镇碧楼、五寨乡乌门场、安厚镇溪尾桥、大溪镇龙岗村断面。

⑬ 11 个为民办实事项目：1. 城市口袋公园建设；2. 县城公共停车项目；3. 发放残疾人“两项补贴”（按照困难残疾人生活补贴每人每月 120 元，一级残疾人护理补贴每人每月 150 元、二级残疾人护理补贴每人每月 100 元）；4. 2023 年近视防控教室照明改造工程；5. 新时代电力“双满意”工程；6. 道路交通安全隐患路段整治；7. 实施全民健身活动；8. 实施 HPV 疫苗免费接种项目；9. 农村生活污水治理；10. 道路亮化工程；11. 生活垃圾转运及无害化处理项目。

⑭ 3 家敬老院和 3 家区域性养老服务中心：“3 家敬老院”指山格镇敬老院、霞寨镇敬老院、五寨乡敬老院；“3 家区域性养老服务中心”指南胜镇区域性养老服务中心、文峰镇区域性养老服务中心、崎岭乡区域性养老服务中心。

⑮ 2 个长者食堂：九峰镇复兴村、山格镇高砾村长者食堂。

⑯ 5 条“定制班车”进校园线路：分别是 2 路、3 路、6 路、8 路和大溪方向班车，覆盖霞寨、九峰、南胜、五寨、国强、安厚、大溪等乡镇。

⑰ 4 个村级生命公园建成：霞寨镇建设村、山格镇隆庆村、山格高砾村、芦溪镇东槐村。

⑱干部作风“五不”问题专项整治：整治“履职不担当、工作不碰硬、落实不见效、能力不适应、内心不敬畏”等突出问题。

⑲“四区”建设：统筹推进“新型工业聚集区、现代农业示范区、文化旅游度假区、生态闲适新城区”建设。

⑳“五优”创建：统筹推进“县域经济发展‘十佳县’、省级文明县城、全域旅游示范县、生态文明建设示范区、国家农业现代化示范区”创建。

㉑“五个美丽”示范点：福建省深入实施乡村振兴战略的具体举措，具体指开展“美丽乡村庭院、美丽乡村微景观、美丽乡村小公园（小广场）、美丽田园、美丽乡村休闲旅游点”建设活动。

㉒创城“六大专项”整治行动：市容市貌专项整治、交通秩序专项整治、公共卫生专项整治、市场秩序专项整治、市政设施专项整治、文化市场专项整治。

㉓改造危桥 4 座：太子宫桥、复兴桥、安里桥、西坑桥。

㉔ 4 个项目前期：甬莞高速小溪服务区出入口工程、漳梅高速公路招银经漳浦至平和段工程、云平高速长乐互通提升完善工程、县道梅芦线提升改造工程。

㉕“两单一表”：问题清单、责任清单和限时整改表。

媒体关注平和

中共平和县委十四届五次全会召开

中国共产党平和县第十四届委员会于2023年9月7日召开第五次全体会议。全会由县委常委会主持，县委书记蔡绿璇讲话。全会听取和讨论了蔡绿璇受县委常委会委托作的工作报告，审议了《中共平和县委 平和县人民政府关于进一步促进民营经济高质量发展的实施意见》。蔡绿璇就《实施意见（讨论稿）》向全会作了说明。

全会充分肯定县委十四届四次全会以来县委常委会的工作。一致认为，县委常委会坚持以习近平新时代中国特色社会主义思想为指导，坚定拥护“两个确立”、坚决做到“两个维护”，推动全县上下深入学习宣传贯彻党的二十大精神，深入实施“深学争优、敢为争先、实干争效”行动，完整、准确、全面贯彻新发展理念，积极服务和融入新发展格局，深入开展“产业发展项目建设提升年”活动和“七比一看”竞赛，统筹疫情防控、经济社会发展、发展和安全，深入推进“四区”建设、“五优”创建，全方位推进高质量发展，有力推动新时代新平和现代化建设取得新成效。

全会指出，习近平总书记高度重视民营经济发展，党的十八大以来作出一系列重要论述，为完善中国特色社会主义市场经济体制、发展民营经济提供了根本遵循。省委十一届四次全会全面部署实施新时代民营经济强省战略，不断创新和发展“晋江经验”，发出了推动福建从民营经济大省向民营经济强省跨越突破的“动员令”。市委十二届五次全会围绕进一步促进民营经济高质量发展作出部署。全县各级各部门要认真学习，务实举措，严实作风。

全会强调，进一步促进民营经济高质量发展，要以习近平新时代中国特色社会主义思想为指导，全面贯彻落实党的二十大精神，深入贯彻落实习近平总书记关于民营经济发展的重要论述和对福建工作的重要讲话重要指示精神，进一步提振民营经济发展信心，打造一流营商环境，激发各类市场主体活力，着力支持全县民营经济提质增效、转型升级、再创优势。

全会提出，到2027年，实现民营经济质的有效提升和量的合理增长，民营企业综合实力、民营企业创新能力、民营经济社会贡献显著提升。

全会提出，要进一步激发民营企业内生发展动力，完善公平竞争的市场体系，鼓励引导民间资本扩大投资，进一步强化民营企业要素支持和加快民营企业转型升级，不断优化民营企业发展环境。要以“民营经济”赋能“四区”建设、“五优”创建，加快产业转型升级，大力发展新兴产业；要坚决落实关于促进民营经济高质量发展措施，打造营商环境“天花板”、做大民营经济“总盘子”、营造亲商重商“浓氛围”，促进平和民营经济发展壮大；要加强党的全面领导，站位平和经济社会发展全局，推动相关政策措施取得实效。

全会强调，要做好今年后四个月工作。深入开展“产业发展项目建设提升年”活动和“七比一看”竞赛，确保完成全年目标任务；要激励约束，发挥考核“指挥棒”作用，激励引导广大党员、干部扑下身子、沉到一线；要压实责任，进一步形成围绕中心干、服务大局干、聚焦发展干的强大合力；要绷紧防大汛、抢大险、救大灾这根弦，加快补齐短板弱项，完善应急处置预案，提高应对灾害能力，确保人民群众生命财产安全和社会大局稳定。

全会号召，全县上下要坚持

以习近平新时代中国特色社会主义思想为指导，深入学习贯彻党的二十大精神，一如既往地支持广大民营企业和民营企业家成长在平和、扎根在平和、发展在平和，加快新时代新平和现代化建设，在谱写中国式现代化福建篇章和现代化滨海城市建设中展现平和担当、贡献平和力量！

（注：本文2023年9月13日刊发于《闽南日报》，撰稿人：赖桂碧）

让绿色成为平和高质量发展的底色

——访平和县委书记蔡绿璇

平和，因蜜柚而兴，享有“世界柚乡、中国柚都”的美誉。但蜜柚长期过度种植所引发的花山溪流域生态问题，引起了各级领导和相关部门的关注，牵动着平和人民的心，也制约着平和的高质量可持续发展。

难点就是突破点，直面问题不回避。去年以来，在省委、省政府和市委、市政府的坚强领导下，平和攻坚克难、以干得助，举全县之力推进花山溪流域综合整治。各部门聚焦“提高效率、提升效能、提增效益”，坚持问题导向、目标导向、结果导向，多点发力提升流域水质，扎实推进化肥减量增效、土壤污染防控、农业产业结构调整、饮用水水源地环境保护、农资市场执法监管等工作。上下同心“一盘棋”，花山溪“整治攻坚战”取得阶段性明显成效：“黄牌”警示如期解除，全流域水质自去年10月中旬起持续稳定达标。

生态环境问题的复杂性、艰巨性、长期性，决定了其治理必须坚持长短结合、标本兼治、久久为功。当前，平和正以花山溪综合整治为契机，加快推动农业转型升级。充分发挥特色农业优势，加快创建国家农业现代化示范区，引进蜜柚、柚花和茶叶的深加工项目，提升琯溪蜜柚、白芽奇兰品牌价值。持续推进农业种植结构优化，打造10个稻菜轮作高优农业示范区，打响“平和味”系列农产品品牌。依托本地特色农业和文化旅游资源，提升“朝圣游、文化游、红色游、乡村游、体验游”品质，打响旅游品牌，做活全域旅游。

党的二十大报告提出，中国式现代化是人与自然和谐共生的现代化。这为乡村振兴描绘了蓝图，我们将继续以习近平生态文明思想为指引，坚定不移践行“两山”理论，持续推进花山溪流域整治。直面挑战，乘势而上，实施九龙江流域（平和段）山水林湖草一体化保护和修复工程，积极创建国家级森林城市，深化林改、开展碳汇试点，让绿色成为平和高质量发展的底色。在此基础上，围绕“强链、补链、延链”做文章，创新绿色发展、科技驱动、三产联动、闽台融合的现代农业发展模式，坚定不移走生产发展、生活富裕、生态良好的文明发展道路。

（注：本文2023年1月4日刊发于《福建日报》，撰稿人：赵锦飞 赵文娟 苏益纯 罗龙海）

稻蛙田里说丰年

大风刮得蔬菜棚上的塑料膜呼呼作响，农历正月十五，笔者走进平和县芦溪镇芦丰村百亩稻田蛙养殖示范基地，放眼望去，白茫茫的一片。

张朝君掀开塑料膜，摘下一把芥菜，轻轻抖去菜叶上的露水。“这打过霜的芦溪芥菜，更甘甜可口。今年温度太低，芦溪的芥菜产量不高，基本都卖完了，往年这里的芥菜可以收到正月初呢。”说完，他抓起一只在田埂里过冬的稻田蛙，乐呵呵地向我们展示。

上半年，在田里种上高优水稻，投放蛙苗，稻蛙共生；下半年，轮种芥菜、萝卜等蔬菜，还肥于田、改善土壤结构……“一地多用，一地多收”的生态农业发展模式，让张朝君和他的老乡们越干越有劲。

2020 年，在山东经营食品加工的张朝君回到老家平和考察农业项目，本打算为自己的食品供应链增加几个品类，但没想到青山绿水中几只奔走的稻田蛙，却让他琢磨着做起生态养殖。

在平和芦溪镇芦丰村村口，一块块水田四周用布网拉起了围挡，水田错落有致，里面划分了荷花池、消纳田、种植田等区域。元宵节一过，合作社的农户们就会过来打田平整土地，然后再放水养田。3 月播种、4 月插秧，等开春的第一季水稻长到 30 厘米后，就开始分批次放养虎纹蛙……稻田为蛙提供栖息场所，蛙为稻田清除所生的害虫，二者相互共生。

“芦溪镇四周环山，这里山清水秀，泉水无污染，十分适合虎纹蛙的养殖。”张朝君回忆说，2020 年到芦溪时，当地的农民并没有参与养殖这种蛙，多数村民还是精于种菜，当时芦溪镇政府也正好在当地探索这种“稻蛙共生”的立体循环养殖模式。

“搞农业，不能总走老路。”常年在外地跑餐饮行业的张朝君深知生态农业可持续发展空间大，且虎纹蛙市场价值高，于是他决定回乡试水，养殖“稻田蛙”。

开垦荒地、修建引水沟渠，荷花池变成了生态田；考察、学习，引蛙苗，分享养殖经验……两年时间，张朝君一刻也不停歇，在村干部与集美大学水产学院的对接帮助下，第一年，他的每亩稻田平均可产出 1750 公斤虎纹蛙，一只蛙的收购价在 12 元左右，再加上种植水稻与芥菜，每亩田收益多达 2 万元。

很快，张朝君成立了平和县芦稻蛙养殖合作社，以“公司 + 合作社 + 农户”的方式，带领老乡们一起养殖虎纹蛙，并对种养管理、农产品销售进行全程指导和帮助，他与村镇干部一同探索订单农业、基地直供等特色营销模式。

“一亩地控制产出约 1500 公斤的稻田蛙，青蛙的所有排泄物可以完全被水稻吸收，这样的黄金养殖比例，不仅使田里水质清澈，而且水稻长势喜人。”张朝君说，目前他在抖音开设了“山野稻田蛙”账号，通过拍视频卖蛙，并向广大网友展示平和的绿色养殖模式和乡野风光，在旺季，销量一度走高。

“稻蛙共生”的立体养殖模式，使芦溪镇当地的水稻增产又增收，高优品种的水稻一季亩产最多可达 700 公斤。目前，平和芦溪镇稻田蛙生态养殖面积达 318 亩，2022 年，全镇销售稻田蛙 330 吨，产值高达 1000 万多元。

“现在改成‘稻田蛙’模式，水稻产量增加了，不施肥不打药，稻米质量提上去了，价格也翻了一番。”合作社社员叶建青说，乡亲们得到了更多的实惠。

“生态养殖的核心理念是回归自然、返璞归真。”张朝君希望可以在全县推广稻田蛙的立体循环养殖模式，并运用好防治体系，让更多的农民发展绿色农业，享受实惠。

（注：本文 2023 年 2 月 16 日刊发于《福建日报》，撰稿人：于莉）

平和县培育柚香奇兰新产业新业态，既巩固优势传统产业地位，又塑造新的竞争优势——柚茶融合，闯出新天地

春节开假以来，漳州平和县紧锣密鼓地谋划着发展大计，吹响进军柚香奇兰茶产业的号角——

1 月 28 日，节后上班首日，平和县开了一场特殊茶话会，商会、柚农、茶企等代表“围炉”品茶，准备在柚香奇兰上全力“拼经济”。

时隔两天，15 个乡镇的负责人和 60 多家茶企的代表再次集聚在县农业农村局，大家畅所欲言，交流新式茶饮和制作技艺。

素有“中国柚都”美誉的平和，琯溪蜜柚产量全国第一，涉柚产值超百亿元；白芽奇兰跻身中国农产品区域品牌百强榜，产值超 20 亿元。二者虽各美其美，但如果各自为“1”，山区资源要素不足，提档升级难以破题。平和因地制宜尝试 1+1，让柚花和白芽奇兰强强联手，培育出柚香奇兰新产业新业态，发挥“1+1 ＞ 2”的协同效应，既巩固优势传统产业地位，又塑造新的竞争优势。近日，记者来到平和县，探寻让传统产业老树开新枝的新思路。

突破传统产业发展瓶颈

目前，平和蜜柚种植面积近 70 万亩，是我国最大的柚类生产基地。虽然跨越了百亿元大关，但受制于品种单一、过度种植、供过于求、深加工不足等因素，高质量发展成色不足。

白芽奇兰是平和第二重要农业经济作物，目前全县种植面积约 6 万亩，产值 20 亿元。在全省超 1400 亿元的茶产业版图中，平和白芽奇兰只是“小荷才露尖尖角”。

蜜柚和白芽奇兰，两个传统产业虽大，但都不强，面临着提档升级的问题。如何提高产业体系现代化水平，提增发展质效，平和在“融合”二字上做文章，让两条产业链发生化学反应。

其实，民间早有探路者。县白芽奇兰茶协会会长张国雄是全县首吃螃蟹的茶人，他最早研制出柚香奇兰这款新茶，让柚花与白芽奇兰牵手，并美其名曰“柚花与奇兰的恋爱产品”。

早在 2003 年春季，张国雄把果园部分柚花带回家，无意中和白芽奇兰混在一起。几天后，他惊奇地发现，奇兰茶吸收了柚花香气，泡起来别有一番滋味。经过 3 年潜心研究，他于 2007 年研制出首款柚香奇兰。不过，响应者寥寥，因为当时柚子价格坚挺，大家舍不得疏掉太多柚花。

张国雄说，这些年科学种柚观念蔚然成风，民间常有“一树花，半树果；半树花，一树果”的说法。每年三四月，约 7 亿公斤的柚花绽放枝头，一般需要疏花三分之二，此前这些花大多用于堆肥，资源白白浪费。“现在柚花用于制茶，每公斤价格在 12 元至 40 元之间。对于柚农来说，这是一笔实实在在的收益。”

小溪镇柚农曾国强跟记者算了一笔账，他共有 1000 棵柚树，每棵树可产 10 公斤柚花，扣除疏花时的损耗，可采到一半的花，即 5000 公斤，收入增加了六七万元，而且不影响柚子年终收成。

“柚花经过摊凉、去杂物，与奇兰茶坯进行拼和、窨花、散热、起花、转窨、初烘、复烘等一系列流程，这款新茶香型特别，辨识度高，奇兰茶木质香与柚花清香完美融合，一经冲泡，茶香扑鼻，举杯入口，醇厚甘爽，尾水依旧带着淡淡果香。”张国雄说。

如今，县里 60 多家茶企开始试水柚香奇兰。去年 6 月，平和召开农业结构调整暨柚香奇兰茶产业发展座谈会，首次提出发展柚香奇兰茶产业。同时，第十五届平和白芽奇兰暨第一届柚香奇兰茶王赛首次将柚香奇兰纳入比赛，释放出迈上新征程的强烈信号。

“二者融合实现了‘1+1 ＞ 2’的效果，不仅拉长了各自产业链，培育出福茶新秀，再造一个百亿

产业，而且还碰撞出了新的火花，窨制后的柚花、茶梗，还能做成枕头、香囊等下游产品。同时，柚香奇兰与新式茶饮无缝对接，前景可期。”县农业农村局三级主任科员卢和金说。

市场利好带来更多期待

市场上一些利好消息纷至沓来，也让大家对柚香奇兰有了更多期待。

日前，中国连锁经营协会新茶饮委员会发布的《2022新茶饮研究报告》显示，我国新茶饮市场规模从2017年的422亿元增长至2021年的1003亿元。去年新茶饮规模预计达1040亿元，新茶饮门店总数约为48.6万家。今年，市场规模有望达1450亿元。

“近年来，新式茶饮成为消费市场一大亮点，柚香奇兰这款新茶破圈，必须要打破传统茶饮的路径依赖，深耕新式茶饮这块市场，瞄准年轻人和北方这两大市场，推出杯装茶、袋泡茶等迎合时尚、社交标签的产品。”福建奇兰茶王谷茶叶有限公司负责人黄建军说，传统茶饮拥抱新式茶饮，是一片新蓝海，而且提高了附加值，按照袋泡茶的价格，每500克白芽奇兰的价格超过800元，是原来的好几倍。

作为县里白芽奇兰茶产业的“领头羊”，目前奇兰茶王谷与漳州本土新中式茶饮连锁品牌合作，为后者提供4万公斤柚香奇兰，研制柚香系列茶饮，预计上半年新品面世。“柚香奇兰系列茶饮品备受市场青睐，主打年轻消费者市场，具备成为爆品的一切元素。因此，当务之急是构建稳定的供应链。”黄建军说。

不仅仅是奇兰茶王谷，进军新式茶饮市场的大有人在，张国雄一口气推出了几款柚香奇兰杯装茶。经过这些年的调制试验，他觉得2克柚香奇兰茶叶最合适，食品级滤网膜覆于茶叶其上，注入沸水便可饮用，售价为五六元，已卖出10多万杯。

“杯装茶简化了传统工夫茶复杂的冲泡流程，更加便捷、时尚、卫生，适应了年轻人的消费需求，拓展了茶饮场景。同时，在包装上融入三平寺、林语堂等当地传统文化，增强消费者的新鲜感与体验感。”张国雄信心满满地说，“变装”后的柚香奇兰前景更好。

目前，第二届柚香奇兰茶王赛正在酝酿，预计100多家茶企将参赛。去年柚香奇兰产量约5万公斤，产值约5000万元，今年产量有望翻番，达到12万公斤。

“做大做强柚香奇兰，需要市场之手与政府之手互补，优化配置资源，逐步完善冻干工艺、提炼香精等配套项目。柚香奇兰只是一个开端，柚香与各类茶都可组合拼配，逐步开发‘柚香+’系列新式茶饮，将成为助推平和乡村振兴的新引擎。”平和县县长黄永健说。

（注：本文2023年2月18日刊发于《福建日报》，撰稿人：赵锦飞 赵文娟）

闽南平和美味端午飘香北京 白芽奇兰茶和大芹威士忌匠心诗情擘画产业振兴新篇章

林语堂先生说：“我的家乡是天底下最好的地方。”他认为人世间最值得慎重其事的就是吃，吃是故乡的记忆。让林语堂心心念念的故乡就是福建漳州平和县。这个端午佳节平和县千里迢迢将闽南美味带到了首都，北京福建大厦的假日因为“北京福建会客厅·平和县特色食品展销会”并不寂寞。活动从6月20日开幕至今，热度持续攀升，客商络绎不绝，茶品、酒品、蜜柚制品、平和茶点等名优特产倍受青睐，线上线下隔空联动风生水起，收获满满。平和县的白芽奇兰茶、大芹威士忌等龙头产业则专门搭台亮相，展示饮品文化，你方唱罢我登场，全情拥抱首都民众，博得满堂彩。

白芽奇兰王者幽香，俘获京城茶客心

白芽奇兰是平和县的传统名茶，从王阳明“品茗立县”可窥其历史文化渊源，平和县是国家认定的中国茶叶（白芽奇兰茶）之乡。6月21日，作为平和特色食品展销会上的明星产品代表之一，白芽奇兰茶的主要产区平和县崎岭乡和九峰镇在北京福建大厦闽都阁联合组织了白芽奇兰专场品鉴会。国家发改委环资司原司长何炳光，国家机关事务管理局原司长、全国机关事务管理研究会常务理事胡江南，华侨茶业发展基金会理事长邵曙光，中国农业科学院作物科学研究所高级研究员卢新雄，中国社会科学院民族学与人类学研究所研究员、《民族研究》常务副主编兼编辑部主任，中国社会科学院大学特聘教授曾少聪，中科院大气物理研究所高级研究员林鹏飞、中共平和县委书记蔡绿璇等领导、茶业专家、在京乡贤等嘉宾出席了本次品鉴会。

会上，平和县领导首先为来宾朋友介绍了白芽奇兰茶产业的发展历程，讲述了当地如何依托国家乡村振兴各项利好政策，用行动铸就品牌高质量发展之路。好茶一方面源于平和县得天独厚的好山好水和高海拔生态环境，更重要的是平和茶人谙于平和、根植大众，用历史的沉淀深耕、匠心打磨，不断精进制茶工艺，以赛促成长，坚持产品创新融合，品牌形象释出又能秉持着与茶品文化底蕴一脉相承的诗情风雅。从一人一树到一个产业，白芽奇兰逐渐显露王者锋芒，跻身福建五大名茶，是平和县两大农业支柱产业之一，品牌价值超过36亿元，不仅连续获评全国区域茶品牌百强，还入选了中欧地理标志第二批保护名单，成为享誉国际的平和“福”名片。

品鉴会上，大家还通过影像宣传片如临实境般了解了“闽南乌龙重摇青”的传统，观看了白芽奇兰“一遍摇匀、二遍摇青、三遍摇香、四遍摇水”四摇四晾的独特制作工艺，此平和白芽奇兰茶的制作工艺已入选第四批漳州市非物质文化遗产项目名录。

茶艺师现场分享和解读了白芽奇兰茶冲泡品鉴的个中技法。白芽奇兰以“奇香兰韵”著称，其香兼具山野清新和醇厚馥郁，回味无穷，而且鲜有的7泡以上仍有余香。宾客们纷纷被白芽奇兰韵味悠长的芬芳所征服。

平和县坚持茶文化、茶产业、茶科技“三茶”统筹发展理念，近年潜心研发创新又推出新品柚香奇兰茶，这是以白芽奇兰成品茶和“柚中之王”平和琯溪蜜柚的鲜花为原料，利用茶叶的吸附性，通过拼和窨制而成。柚香奇兰”最大的特点就是“一经冲泡，香气四溢，满屋飘香，心情愉悦”，除了保留奇兰茶品本身的传统卓雅属性，更想送给现代人沁入心脾的健康和快乐。平和县柚香奇兰茶的推出，同时赋能县域蜜柚产业和茶产业，融合发展，意义深远。

大芹威士忌以酒会友，惊艳绽放首都盛夏

如果说白芽奇兰是平和人暗香浮动，沉静如海的生活心态的体现，那么大芹威士忌一定是他们隐藏的热烈性情。

2007年大陆首家单一麦芽威士忌酒厂——福建大芹陆宜酒业在平和县海拔1544.8米的大芹山南麓开启了中国威士忌产业的创业奋进之路。2020年大芹单一麦芽威士忌品牌开始投放市场销售。现今大芹威士忌系列酒款2021年、2022年连续获得世界威士忌大赛、国际烈酒挑战赛等20个奖项，让世界刮目相看。

这次北京福建会客厅·平和特色食品展销会上，大芹威士忌也成为当仁不让的风光主角，展区始终人头攒动，现场试品好评连连。应广大客商要求，6月21日，平和县大溪镇人民政府联合大芹陆宜在北京福建大厦祥和厅举行了大芹威士忌专场品鉴会。大芹陆宜企业代表介绍了大芹威士忌的发展历程，该企业不仅坚持向世界顶尖威士忌文化看齐，坚持研发上等酒品，近些年以“威士忌、茶叶、咖啡、水果、精致农业与工业旅游”的发展模式，陆续建成五条威士忌生产线、威士忌酒文化展示厅、橡木桶酒库等配套设施，专注打造中国一流的威士忌酿造、交易和酒文化体验中心。

品鉴会上，来宾们品尝了大芹单一麦芽威士忌在波本桶、雪莉桶以及葡萄酒桶等风味桶熟成的不同口感，每一款从入口到尾韵都可以在炽烈的酒香中感受到独有的大自然的浓墨重彩，尽释舌尖和身心的双重诱惑。即使不习惯烈酒的朋友也可以爱上他们的芹梅梅酒，丰富的果香入口即惊艳。

作为大陆首家单一麦芽威士忌酒厂，大芹威士忌无疑为平和县一二三产业融合，食品工业丰富业态，构建新格局、新未来擘画了崭新瑰丽的篇章。

北京福建会客厅·平和县特色食品展销会是平和县2023"三品"全国行系列活动之一，是全面贯彻落实党的二十大精神和中央经济工作会议精神，落实福建省委十一届三次全会和省两会部署，深入实施"深学争优、敢为争先、实干争效"行动的重要举措。本次活动由福建省工业和信息化厅、福建省人民政府驻北京办事处、漳州市人民政府大力指导下，由平和县人民政府、漳州市工业和信息化局和漳州信息产业集团主办，平和县工业和信息化局和平和数字乡村农业科技有限公司承办，漳州市中小企业发展服务中心协办。

（注：本文2023年6月21日，发布于央视网）

笃行实干建新功 蓄势聚能促提升

今年来，平和县全面学习把握落实党的二十大精神，聚焦"深学争优、敢为争先、实干争效"，以开展"产业发展项目建设提升年"活动和"七比一看"竞赛为抓手，大兴调查研究，转变思维理念，找准工作重点，精准科学施策，不断推动各项事业高质量发展。

聚焦"三争"提士气

立足"争优"，平和持续兴起"大学习"热潮，深学细照笃行习近平新时代中国特色社会主义思想和党的二十大精神，用足用好习近平同志在福建工作期间深入漳州、平和调研留下的宝贵财富。着眼"争先"，平和围绕解决"能力不适应"问题，常态化开展有针对性的干部专业化能力培训，帮助干部掌握新知识、熟悉新领域、开阔新视野。聚力"争效"，平和坚持"以实绩论英雄"的选人用人导向，深入开展"一线看作风、多维识干部"专项行动，建立村干部报酬与工作绩效挂钩机制，实施"十大人才工程"，建立县级决策督查机制，深入开展干部作风"五不"问题专项整治和深化"整肃纪律作风"工作。

念好发展"稳"字诀

今年来，平和县坚持"稳字当头、稳中求进"的总基调，突出做好稳增长、稳就业、稳物价等方面工作，积极推动经济社会高质量发展。

据悉，1至5月，平和县固定资产投资完成38.9亿元，增长9.16%；固投入库项目103个，占年度计划的147.14%；入库总投资40.03亿元，占年度计划的44.48%。1至5月，4个省重点项目完成投资2.39亿元，占年度计划49.9%；61个市重点项目完成投资39亿元，占年度计划的52.48%。

强化精准招商，今年平和县主要领导外出招商11次，3月、5月分别在泉州、广西等地举办机械制造、生态木业专场招商推介会，现场累计签约项目23个，总投资额46亿元。同时聚焦文旅特色产业，总投资额42.5亿元。在多地举办特色食品展销会推介平和特色食品，其中北京福建会客厅·平和县特色食品展销会通过3场推介会和1场央企对接会订单签约总额近9000万元，为漳州味巡展系列活动开启了意义非凡的精彩首秀。平和白芽奇兰春茶推介会暨2023年度“三平杯”茶王赛全民品鉴活动在漳州举办。已举办8场的用工招聘活动，提供就业岗位2130个。紧盯“菜篮子”工程，规范市场行为，落实巡查检查工作机制，严把食品安全关质量关。

民营经济添动力

今年来，平和深入开展“百名干部挂百企”专项行动，截至6月底，全县挂钩干部累计进企业帮扶395次，摸底排查挂钩企业困难，及时协调解决。打造“助企纾困”平台创新全生命周期服务企业模式，该做法被省工信厅予以专刊全省推广，同时也作为2023年第一批漳州市优化营商环境工作典型经验做法在全市推广。

服务企业，平和立足审管互动平台，精简审批事项和流程，目前已承接划转事项234项；充分发挥“企业纾困”专栏作用，今年来已为18个项目梳理两单一表，解决企业在项目报批方面的急愁难盼问题。

与此同时，平和还充分发挥政府投资引导带动作用，支持民间投资参与102项重大工程等项目建设。推动传统产业高端化、智能化、绿色化转型升级，持续提升核心竞争力。今年来，平和共完成2022年新增新上限上企业奖励366万元，有效激发企业投资和经营活力。

民生福祉再提升

民族要复兴，乡村必振兴。2023年，平和全县“十镇百村”试点示范工程共计划实施77个项目，已开工77个，开工率100%，竣工15个，累计完成投资8789万元。同时进一步促进柚茶产业发展，打造绿色发展、高质量发展的生态蜜柚果园样板。

聚焦解决教育、医疗、养老及社会保障等民生领域突出问题，2023年，平和为民办实事项目共11项，年计划投资约13173.11万元，截至5月底，累计完成投资6673.69万元、占年投资计划的50.66%。

守好生态阵地，平和持续推进花山溪流域综合整治，开展水源地环境保护专项行动；持续打好蓝天、碧水、净土保卫战，加强水质预警通报，加强露天焚烧、扬尘等问题整治。上半年，全县11个主要国省控断面水质达标率100%，空气质量优良率98.9%，全省排名同比前进6名，完成36个村庄污水提升治理验收。

防患未然化风险

2023年以来，平和对在售在建的39个房地产开发项目进行全面排查，未发现重大风险项目。加大不良贷款处置力度，深入排查各种形式的网络借贷活动。落实安全生产责任制，深入开展重点领域行业专项整治和隐患排查整治。健全安全事故和灾害应急处置预案，加强救援队伍能力建设，做好应急准备、物资储备和装备维护，全面落实好安全防范工作各项责任措施。

（注：本文2023年7月3日刊发于《闽南日报》，撰稿人：林泽霖）

平和主题教育走深走实 全域旅游硕果累累

今年来，平和县坚持学思用贯通、知信行统一，以全域生态旅游示范县的创建实效，检验主题教育的深度，努力形成旅游发展格局不断创新、旅游发展基础不断夯实、旅游新动能全面激发、旅游新品牌不断涌现的全域旅游新局面。今年12月1日，平和县被福建省文旅厅认定为第四批福建省全域生态旅游示范县。

平和县素有“八县通衢”之称，旅游资源丰富。目前，全县共有国家4A级旅游景区2个、国家级风景名胜区1个、国家地质公园1个、中国传统村落6个、全国乡村旅游重点村1个、国家级非遗项目1个、国家级历史文化名镇1个、国家级历史文化名村1个、全国重点文物保护单位4处、省级文物保护单位19处、省级传统村落7个、省级非遗项目4个、“福建省全域生态旅游小镇”1个、福建省“金牌旅游村”3个。

自创建福建省全域生态旅游示范县工作启动以来，平和县始终秉承“绿水青山就是金山银山”的理念，大力实施“全域旅游、全面发展”战略，以“行旅世界•心归平和”为主题，着力打造“朝圣养生、原乡生活、特色文化、山水康体”等四大体验支撑导向，推进“龙头景区带动、特色资源驱动、产业深度融合”旅游发展新格局，深入实施旅游要素升级、旅游产业提升、交通体系完善、市场营销推广和资源保护开发等五大重点工程，全力推动全域生态旅游示范县创建，文旅经济发展成效显著。

国家级风景名胜区、国家地质公园——灵通山，位于平和县境内西南部，主峰海拔1288米，具有险峰、奇石、飘云、清泉、幽谷、迷洞之秀。主要景点包括“七峰十寺十八景”等，尤其以“天然大佛头像”、“珠帘化雨”千米飞瀑和被称为中国南方“悬空寺”的灵通寺等三大自然人文景观最为称奇。

高峰谷景区是国家4A级旅游景区，毗邻3万亩生态林，景区占地3600亩，群山环抱千亩茶园，森林覆盖率超过73%，负氧离子含量20000个／立方厘米，是中国30座最美茶园之一、福建省首批气候福地、福建省森林康养基地、福建省职工疗休养示范基地。该景区以茶文化为主题，是集生态休闲、养生度假、旅游观光于一体的休闲康养基地。

平和县境内分布着众多别具一格的土楼建筑，有全国重点文物保护单位2座（绳武楼、庄上大楼）。绳武楼被专家誉为最具中国传统文化的“土楼木雕博物馆”“土楼艺术博物馆”，楼内共有24个开间，处处可见石雕、木雕、泥塑、壁画等，富丽精工，精美绝伦，仅木雕就有646处，无一雷同。庄上大楼环山而建，“楼中有山，山外有楼”是其最大特色，共有142个开间，是世界最大方形土楼。

三平风景区是国家4A级旅游景区，是闽南旅游朝圣圣地，三平寺始建于公元845年，至今已有1178年历史。三平祖师信俗列入国家级非物质文化遗产代表性项目。信众遍布36个国家和地区，年接待游客超百万人次，海内外祖师分庙360多座。

高标准定位 构建旅游发展新格局

平和县严格按照省、市部署要求，把创建福建省全域生态旅游示范县摆在重要位置，成立以县委书记为组长、县长为第一副组长的平和县创建全域旅游工作领导小组，提供了“党委统筹、政府负责、部门乡镇分工”的制度保障。同时，把全域旅游工作纳入政府年度考核指标体系；建立景区和非景区景点安全管理专项整治、旅游市场安全综合监管等联席会议制度，成立平和县餐饮酒店行业协会等多个涉旅协会，进一步加强文旅市场行业自律等机制保障；同时，将“加快发展全域旅游”纳入《平和县国民经济和社会发展第十四个五年规划和二零三五年远景目标纲要》，编制完成《平和县全域旅游规划设计》，积极推动多规合一，以规划引领全域旅游高质量发展。出台了《平和县扶持产业发展奖励暂行办法》《平和县促进民宿发展实施办法》等系列政策，努力突破制约旅游发展的瓶颈与障碍，不断完善全域旅游发展的体制机制、政策措施、产业体系。

快节奏建设 夯实旅游发展新基础

平和县按照“惠民生、补短板”要求，从旅游六要素入手，着力完善城乡旅游软硬件配套设施和服务水平。

旅游交通路线不断优化——加快旅游道路建设，实现A级景区通四级双车道及以上等级公路。增设42个旅游交通标识牌，完善旅游引导标识系统。推动旅游客运或公交路线向旅游景区延伸，在平和车站、高峰谷景区、三平风景区等合理布局建设停车场。

旅游基础设施不断完善——投资3000多万元，改造提升集旅游咨询集散功能、研学、餐饮、特产超市、非遗沉浸式体验、观光工厂等多种业态为一体的平和县全域旅游集散服务中心，推动

"接二连三"产业融合发展，该项目创新"政府指导、民营投入"模式，采取运营前置，试运营以来其社会效益和经济效益已逐步突显。大力推进旅游厕所建设，加强旅游厕所管理，打造平和休闲美食夜市，引进贵宾舍等连锁酒店，改造提升青云宾馆、名峰山庄等住宿设施，培育福庆楼、桃源居、欧寮等一批特色民宿。

旅游服务水平不断提升——对照创建指标，从"吃、住、行、游、购、娱"旅游六要素入手，清单化推进补短板工作，着力完善城乡旅游软硬件配套和服务水平。开发"云上平和"小程序，构建"一机游平和"智慧旅游服务，编制平和全域旅游智慧导览图和《平和全域旅游指南》电子书，完善景区智能导览功能。全面加强旅游业经营单位信用管理，完善旅游投诉处理机制，开展旅游行业专项整治行动和涉旅部门联合整治行动。加快旅游人才培养引进，为我县旅游产业可持续发展提供坚强的人才保障。

多渠道营销 展示平和旅游新品牌

平和县立足本地资源禀赋，打造特色鲜明、具有较强带动力的旅游产品，创新宣传手段，不断培育壮大文旅文创品牌。

树立旅游品牌形象——坚持品牌培育，巩固提升三平国家4A级旅游景区品牌形象，高峰谷创成国家4A级旅游景区，推动灵通山、名峰山等创A工作。培育1个全国乡村旅游重点村，1个全域生态旅游小镇和3个金牌旅游村。精心策划和打造县内外精品旅游线路，高峰谷、绳武楼等景区景点入选"稻花香里说丰年"全国乡村旅游精品线路、全国百条红色茶乡旅游精品线路、福建省百条红色旅游线路和花样漳州红色旅游精品线路。

积极参与线下展会——广泛发动全县文旅企业参与厦门"98"国际投洽会和各级旅游博览会、文博会、漳州花博会、漳州美食文化节等，宣传推广平和文旅资源。深化与省旅游发展集团、省民宿协会、省自驾游协会、市文旅康养集团、各大旅行社等合作，在推广平和全域旅游、"引客入平"、项目招商等各方面发挥积极作用。

创新线上宣传推广——优化设计"行旅世界·心归平和"logo，推出"五福系列"宣传短视频，通过举办摄影及短视频大赛、旅游伴手礼包装设计大赛、拍摄制作"游平和·心平和"旅游宣传短视频，并借助东南网、厦门卫视等主流媒体和"花样漳州 文旅之声""平和文旅之声"等抖音号、视频号进行全方位、多角度的报道和推广，持续加强平和全域旅游宣传。

下一步，平和县将继续保持创建势头，充分发扬工匠精神，在强化城市景观风貌建设、探索全域旅游发展模式、优化旅游供给方面下功夫、练内功、提品质，引领平和全域旅游向更高水平迈进！

深层次融合 激发旅游发展新动能

平和县坚持以文塑旅、以旅彰文，深度推动"旅游+"，大力促进农文旅融合发展，打造兼具农业、文化和旅游特色的新业态、新主体、新模式。

"农业+旅游"尽显张力——依托琯溪蜜柚、白芽奇兰茶等资源优势，举办"柚见花开"赏花游、蜜柚采摘游，打造金牌旅游村——柚海布达拉宫高寨村。平和国家现代农业（蜜柚）产业园入选国家现代农业产业园认定名单。推出田园艺术景观——大溪千亩梯田，休闲农业——印象半径，立体循环农业——"稻蛙菜"，"蛙天下"水乡渔村休闲渔业基地入选福建省"水乡渔村"休闲渔业基地，以及成为全省典型的互动式体验农业示范点——"琯溪有点田"等多种业态的农旅融合产品，不断激发农业的多种功能，丰富旅游产业链，让农村一二三产业融合发展，成为农耕文化、民俗文化等的传承体。

"文化+旅游"日臻完善——大力开展文旅产业链招商，引进三平康养小镇等重点文旅项目。举办"行旅世界·心归平和""柚见花开·心归平和""醉美茶缘·香约平和""引客入平"踩线等系列主题旅游季活动，围绕"一乡镇一主题"策划开展系列营销、文旅节庆活动。

"其他+旅游"蓬勃开展——

不断创新发展“其他+旅游”，推进多业态深度融合发展。如，在乡村旅游点印象半径举办闽西南气排球特色赛、在崎岭举办“茶之旅”茶山越野跑等体育旅游活动；建成灵龙谷等一批研学旅游基地；建成5家县级职工疗休养示范基地和高峰谷省级养生旅游休闲基地，推动疗养旅游发展；推动大溪镇云端筑梦园区（大芹陆宜酒业观光工厂）、文峰镇茶王谷茶叶观光工厂等建设。通过发展“旅游+”让人流、资金流加速聚集，推动业态品质、服务品质加速提升。

（注：本文2023年12月11日刊发于《闽南日报》，撰稿：平和县融媒中心 平和县文化体育和旅游局）

统计资料

平和县2023年国民经济和社会发展统计公报

平和县统计局

2023年，全县各级各部门深入贯彻落实党的二十大及二十届二中全会精神，认真贯彻落实党中央、国务院决策部署和省委、省政府及市委、市政府工作部署，坚持稳中求进工作总基调，完整、准确、全面贯彻新发展理念，加快构建新发展格局，经济运行实现质的有效提升和量的合理增长。

一、综合

初步核算，全县实现地区生产总值318.18亿元，按可比价格计算（下同），比上年增长6.7%。其中，第一产业增加值完成62.51亿元，比增6.5%；第二产业增加值完成87.43亿元，比增8.6%；第三产增加值完成168.24亿元，比增5.7%；人均地区生产总值70145元，比上年增长6.6%。三次产业结构由2022年的19.9:28.3:51.8调整为2023年的19.6:27.5:52.9。

年末全县户籍总户数18.02万户，户籍人口58.97万人，比上年末减少1.08万人，增长-1.8%。

年末全县常住人口45.31万人，比上年末增加0.09万人，其中，城镇常住人口22.23万人，占总人口比重（常住人口城镇化率）为49.06%，比上年末提高0.36个百分点。根据常住人口推算，全年出生人口0.4万人，出生率为8.78‰；死亡人口0.44万人，死亡率为9.78‰；自然增长率为-1‰。

二、农业

全县农林牧渔业完成总产值119.86亿元，增长6.5%。粮食总产量2.36万吨，增长0.13%；油料产量0.03万吨，增长0%；茶叶产量1.52万吨，增长10.5%；园林水果产量251.64万吨，增长9%；蔬菜产量21.22万吨，增长2.9%；食用菌产量0.18万吨，增长0.16%。

2023年主要农产品产量

表1

产品名称	产量（万吨）	比上年增长(%)
粮食	2.36	0.13
油料	0.03	0
茶叶	1.52	10.5
园林水果	251.64	9
#蜜柚	240.36	9.1
蔬菜	21.22	2.9
食用菌	0.18	0.16

三、工业和建筑业

全县规模以上工业总产值188.95亿元（快报数），增长6.9%；规模以上工业增加值增长6.6%。年末规模工业企业数177家，比上年末增加32家。产值增长速度较快行业依次金属制品业，产值4.61亿元，增长1597.8%；电力、热力生产和供应业，产值1.67亿元，增长89.1%；食品制造业，产值10.08亿元，增长36%；造纸和纸制品业，产值6.72亿元，增长33.5%；木材加工和木、竹、藤、棕、草制品业，产值68.89亿元，增长24.4%；通用设备制造业，产值0.31亿元，增长13.1%；酒、饮料和精制茶制造业，产值5.71亿元，增长11.7%；非金属矿采选业，产值5.17亿元，增长10.2%；非金属矿物制品业，产值44.99亿元，增长9.7%。

2023年规模以上工业企业主要行业产值

表2

指标名称	累计产值（万元）	增长（可比价）
金属制品业	46127	1597.8
电力、热力生产和供应业	16723	89.1
食品制造业	100753	36.0
造纸和纸制品业	67169	33.5
木材加工和木、竹、藤、棕、草制品业	688884	24.4
通用设备制造业	3097	13.1
酒、饮料和精制茶制造业	57124	11.7
非金属矿采选业	51674	10.2
非金属矿物制品业	449908	9.7
橡胶和塑料制品业	95216	-2.3
印刷和记录媒介复制业	61138	-2.7
石油、煤炭及其他燃料加工业	8154	-7.4
汽车制造业	8468	-9.8
燃气生产和供应业	2911	-15.5
化学原料和化学制品制造业	86403	-21.4
家具制造业	54806	-21.5
农副食品加工业	67482	-28.1
文教、工美、体育和娱乐用品制造业	12372	-29.2
纺织业	2204	-42.1
仪器仪表制造业	8823	-58.9
医药制造业	30	-98.6

全年建筑业实现增加值24.39亿元，比上年增长13.3%。全县具有资质建筑业企业51家，比上年增加7家，建筑业总产值增长43.6%。

四、固定资产投资

固定资产投资92.77亿元，比上年增长9.1%。其中，项目投资88.13亿元，增长12%；工业投资43.31亿元，增长23.6%；房地产开发投资4.64亿元，增长-26.9%。房地产销售面积10.3万平方米，同比增长1.5%。

五、国内贸易

全年社会消费品零售总额

120.48亿元，增长10.4%。分规模看，限额以上消费品零售额23.89亿元，增长12.7%；限额以下消费品零售额96.59亿元，增长9.9%。

在限额以上零售企业商品零售额中，粮油食品类零售额6.06亿元，增长20.1%；饮料类零售额1.4亿元，增长8.6%；烟酒类零售额0.37亿元，增长-19.3%；服装、鞋帽、针纺织品类零售额0.49亿元，增长53%；化妆品类零售额0.18亿元，增长0.7%；日用品类零售额0.38亿元，增长3.8%；五金、电科类零售额0.23亿元，增长11.4%；体育、娱乐用品类零售额0.03亿元，增长2.1%；电子出版物及音像制品类零售额0.02亿元，增长5.2%；家用电器和音像器材类零售额0.1亿元，增长15.5%；中西药品类零售额0.11亿元，增长-22.9%；中草药及中成药类零售额0.05亿元，增长-20.8%；文化办公用品类零售额0.04亿元，增长1.4%；家具类零售额0.28亿元，增长66.9%；通讯器材类零售额0.03亿元，增长3.9%；石油及制品类零售额0.4亿元，增长22.5%；建筑及装潢材料类零售额0.5亿元，增长8.3%。

全年限额以上批发和零售业通过公共网络实现的商品销售额6.2亿元，比上年增长20.6%。

六、对外经济

全县全年实际利用外资0.05亿美元。

七、交通、邮电

全县公路里程1908公里。

全县固定电话用户42480户、移动电话用户448582户、固定互联网宽带接入用户218584户。

八、财政和金融

全县一般公共预算总收入12.92亿元，增长23.8%，其中，地方一般公共预算收入9.17亿元，增长14.3%。一般公共预算支出41.65亿元，增长41.9%。

12月末，全县金融机构本外币存贷款余额405.11亿元，同比增长11.8%。其中，本外币存款余额为234.16亿元，增长8.7%；本外币贷款余额为170.95亿元，增长16.4%。

九、人民生活

全体居民人均可支配收入31432元，增长5.8%；其中，城镇居民人均可支配收入41544元，增长5.1%，农村居民人均可支配收入26955元，增长7.2%。

全体居民人均生活消费支出19628元，增长6.5%；其中，城镇居民人均生活消费支出28281元，增长6.4%；农村居民人均生活消费支出15724元，增长6.7%。

期末参加城镇职工基本养老保险人数87893人；参加基本医疗保险人数506562人，其中：城乡居民465850人；参加城乡居民基本养老保险人数284489人；失业保险参保人数13741人；城市居民最低生活保障人数703人，农村居民最低生活保障人数13102人。

十、教育、科技、文化、卫生

全县年末普通中学22所，小学校76所，普通中学专任教师2061人，小学专任教师2353人，普通中学在校学生22777人，小学在校学生35130人；全年专利授权204件；公共图书馆图书藏量152.7千册，体育场地数2153个；医疗卫生机构296个，医疗卫生机构床位2353张，卫生技术人员2031人，其中，执业（助理）医师593人。

资料提供单位

县委办
县人大机关
县政协机关
县委统战部
县委台港澳办
县档案馆
县残联
县科协
县侨联
县工商联
县台联
县委党史方志室
县人武部
武警平和中队
县政府办
县自然资源局
县信访局
三平管委会
灵通管委会
县行政审批局（行政服务中心）
平和住房公积金管理部
县纪委监委
县委组织部
县委巡察办
县委机关党工委
县委编办
县委老干局
县委关工委
县委党校
县总工会
团县委
县妇联
县委宣传部（文明办）
县教育局
县文体旅局
县融媒体中心
县卫健局
县总医院
县妇幼保健院
县疾控中心
县计生协会
县文联
县红十字会
县慈善总会
县新华书店
县老体协
县委政法委
县法院
县检察院
县公安局（交警大队）
县司法局
县民政局
县老促会
县消防救援大队
县退役军人事务局
县发改局（粮储局）
县住建局（人防办）
县人社局
县统计局
平和生态环境局
县地震办
县城管局
县水务公司
县农业农村局（农机站）

县林业局
县水利局
县供销社
县气象局
县工信局（科技局二轻联社）
县交通运输局
县应急局
平和公路分中心
中国邮政平和分公司
中国电信平和分公司
中国移动平和分公司
中国联通平和分公司
广电网络平和分公司
县供电公司
县财政局（金融办）
县审计局
县市场监管局
县税务局
县烟草专卖局
平和医保局
福建兴和集团
县城投公司
县旅投公司
县交投公司
人民银行平和支行
县银保监组
农业银行平和支行
中国银行平和支行
建设银行平和支行
工商银行平和支行
邮政银行平和支行
平和农商银行
农发银行平和支行
人保财险平和支公司
人寿保险平和支公司
文峰镇
山格镇
小溪镇
坂仔镇
南胜镇
五寨乡
国强乡
安厚镇
大溪镇
霞寨镇
芦溪镇
崎岭乡
九峰镇
长乐乡
秀峰乡
安厚农场
平和工业园区

索 引

说 明

一、本索引采用主题词分析法，按主题词首字汉语拼音字母顺序排列。

二、栏目、分目标题用黑体字。“专记”“大事记”“人物”“附录”内容不作索引。

三、索引主题词后的数字表示页码，用 abc 分别表示左中右栏。

C

D

E

F

G

H

J

K

L

M

N

P

Q

R

S

T

W

X

Y

Z